비혼, 결혼, 이혼

가족정책으로 바라본 여자 남자 이야기

- Her and his story through family policy -

● 변화순 지음 ●

교육과학사

머리말

2002년 한국여성정책연구원 재직 15년 만에 처음으로 안식년을 맞아 하와이로 떠났다. 하와이로 출발하는 시점부터 계속 나의 삶과 전공은 어떤 연관이 있는가를 고민하였다. 왜 나는 지난 35년간 줄곧 가족, 여성, 가족갈등, 부부관계, 이혼, 가정폭력, 부성 혹은 실직남성, 가족정책 등에 관심을 가지는가? 그리고 '이것이 나에게 주는 실천적 함의는 무엇인가'를 생각했다. 이 질문의 실마리를 푸는 작업이 쉽지 않았지만, 하와이에서 영성 추구와 더불어 최근 프로이트의 병인론을 배우면서부터 조금씩 풀리기 시작했다.

누구에게나 '나는 누구인가?' 라는 정체성 추구는 가장 중요한 관심사이다. 자기를 찾아가는 여정을 학문 선택 과정과 맞물려 이야기로 풀어내는 것도 의미 있을 것으로 생각되어 글을 쓰기 시작했다.

또한 연구원에서 계속 정책과 관련된 보고서를 쓰면서 전문분야를 부드럽게 풀어내고 싶었으나 마땅한 지면을 찾기가 쉽지 않았다. 정책보고서를 이야기로 풀어 딱딱함에서 벗어나고 싶은 마음은 항상 있었다. 이성 중심의 사고를 요하는 학문의 세계에서도 이야기라는 형식을 빌어 감성적으로 공감할 수 있는 방법을 늘상 찾아 보았다. 정책을 어렵고 딱딱하게 쓸 것이 아니라 누구나 이해하여 개인적 삶에 정책이 자리매김할 수 있도록 하는 방법은 없을까를 생각했다.

안식년에 이러한 고민이 구체화되었다. 하와이라고 하면 우선 떠오르는 이미지는 다민족 다문화 사회이다. 제44대 미국대통령 버락 오바마(Barack Obama)의 통합 이미지 정치 배경이 하와이이다. 하와이 여성들과 교류함에 있어서 가장 놀라왔던 점은 그들은 자신에 대해 매우 솔직하다는 점이다. 재혼한 엘리스(원주민계 미국여성)는 남편 아들의 여자 친구가 한국인이란다. 그녀는 한국 연속극(그 당시 '겨울연가' 를 방영하고 있었다)을 통해 한국에 대해 많이 알게 되었다. 이혼 후 독신인 후미꼬(일본계 여성)는 현재 중국계 남자 친구가 있다. 그런데 남자 친구와 결혼하고 싶은 마음은 없고 애인으로 사귄다. 왜냐하면 결혼은 여자에게 부담이라고 생각하기 때문이다. 쥬디(미국계 여성)는 은퇴 후 그 곳에 노년기를 보내기 위해 남편과 함께 이주하였다. 현재 남편과 결혼한 지 30년이 되었다. 이렇듯 그들은 자신에 대해 솔직하게 밝히고 서로 이해하였다.

재미(하와이) 한국인도 만났다. 재혼 여성, 남편이 아시아인 혹은 미국인인 여성, 이혼한 여성, 그리고 사별한 여성 등을 만났다. 70년대 이민 간 사람들은 한국의 70년대 가족 가치관에서 벗어나지 못한다. 그들은 자신의 문제를 해결하고 싶으나, 남에게 알려질까봐 말을 하지 않는다. 열린사회에서 닫힌 관계를 갖는다는 것이 얼마나 힘든 것인가를 느꼈을 때, 다문화사회에서 우리가 추구해야 할 덕목이 무엇인가를 생각하게 되었다. 그것은 다양한 가족 형태를 가진 타인의 삶을 나의 시각에서 바라보는 것이 아니라 있는 그대로 이해하고 공감하는 것이다.

개인의 문제를 해결함에 있어서 가족정책, 여성정책, 그리고 이를 둘러싼 제도적 개선이 우선되어야 했다. 그러나 정책연구로만으로 뭔가 채워지지 않는 구석이 있었다. 거시적, 제도적 방안은 개인 문제 해결에 있어 필요한 인프라 구축이지만 그것만으로 심리적 어려움을 해결할 수는 없다. 미시적 차원에서 개인 스스로 갈등을 해결할 수 있는 역량이 겸비되어야 하는데 과연 무엇이 역량강화인가를 생각하였다. 사람은 누구나 성장과정에서 상처를 받는다. 이 상처를 주위 사람들이 잘 받아주면 쉽게 극복할 수 있다. 그렇지 않으면 이 상처는 트라우마가 되면서 훗날 이와 유사한 상황에 접하면 반복적이고 과잉된 행동으로 나타나 자신도 제어하기 힘들다. 이것을 극복하기 위해서 종교, 정신분석, 심리적 치료, 영성, 혹은 역량강화(empowerment) 등을 통해서 자신 혹은 타인과의 관계를 개선한다.

이러한 고민들을 딱딱하지 않게 이야기로 전개하고자 시도한 것이 이 글의 핵심이다. 개인적 사례에 사회적 의미를 부여하고자 우선 나의 이야기를 드러내야겠다고 생각했다. 그리고 지난 25여 년간 한국여성정책연구원에서 필자가 연구한 부부관계, 이혼, 중년기 남성, 다문화가족의 이혼 중에서 이야기로 꾸려질 사례들을 정리하고 싶었다.

이 글은 크게 4부로 나뉘어진다. 1부는 개인적 경험에서 사회적 의미를 찾아보았다. 여성으로서 느끼는 성차별을 극복하고자 시도한 자전적 이야기이다. 2부는 다양한 가족, 정책으로 풀어보고자 하였다. 포스트모더니티 사회라고 일컫는 다양한 가족의 구조적, 가치적 의미를 탐색하였다. 또한 가족정책의 개념정리와 더불어 한국의 가족정책을 소개하였다. 최근 여성가족부가 가족정책 전담부서로 확대된 시대적 상황과 요구를 밝히고, 여성정책과 가족정책의 경계선은 무엇이고, 이들이 함께 어우러져 시너지를 낼 수 있는 방안을 모색하였다. 3부는 현재 우리가 경험하는 다양한 가족의 삶을 비혼, 남성과 여성의 부부생활 사례를 통해 보았다. 특히 결혼, 부부갈등, 중년기 여성, 중년기 남성의 고민을 살펴보았다. 이는 최근 부부가 함께 살면서도 '한 지붕 두 가족' 과 같은 삶을 사는 가족의 문제도 매우 심각해 이들을 이해하는 작업이 필요하기 때문이다. 4부는 증가하는 이혼에 대한 실태,

원인과 정책을 다루었다. 이혼은 여전히 개인에게 심각한 스트레스원이다. 일단 결혼하면 부부는 평등하고 행복하게 살아야 하지만, 이혼을 결정하면 '쿨하게 이혼' 하는 것이 필요하다.

남편과 가족이 관련된 개인사를 드러낸다는 것이 쉬운 결정은 아니었다. 그러나 개인적 삶은 자신만의 것이 아니라 우리 모두가 공유할 수 있는 이야기라는 것을 깨달았다. 또한 자신의 사례 분석이 정신분석학에서 가장 좋은 출발이라는 프로이트(1856년~1939년, 오스트리아)의 '꼬임' 에 넘어갔다. 혹자는 나의 이야기가 성공한 엘리트 여성의 자랑이라고 비판할 수 있겠다. 그러나 그가 자신의 삶과 가족관계를 능동적으로 풀어간 이야기도 사회적 현상이고, 이러한 이야기가 독자적 삶을 살아가고자 하는 이에게 다소나마 도움이 될 것 같아서 부끄러움을 무릅쓰고 드러냈다.

한 가족사회학자의 성장과정, 직업선택, 결혼, 자녀양육 등 삶의 양태에 여성학, 가족학 및 가족정책을 결합시키는 과정이 자신의 정체성을 추구하는 독자들에게 참고가 될 수 있기를 기대해본다.

이 이야기는 많은 저항과 비판적 견해를 견지한 남편 박경삼과 소재를 제공해 준 아들 박연준이 있어 가능했다. 본문에서도 밝히고 있지만 돌아가신 시아버지 박기복 씨에게 늘상 감사드린다. 이 글이 아무에게도 도움이 되지 않을까 걱정하는 나에게 용기를 주고 협력을 아끼지 않은 젊은 후배들, 그리고 가족정책 공동연구진들에게 고마움을 전한다. 그들이 없었으면 '가족 이야기' 는 없었다.

불광동 연구실에서

차례

4 이혼, 어떻게 이해해야 하나!

01부

나의 경험에서 사회적 의미 찾다

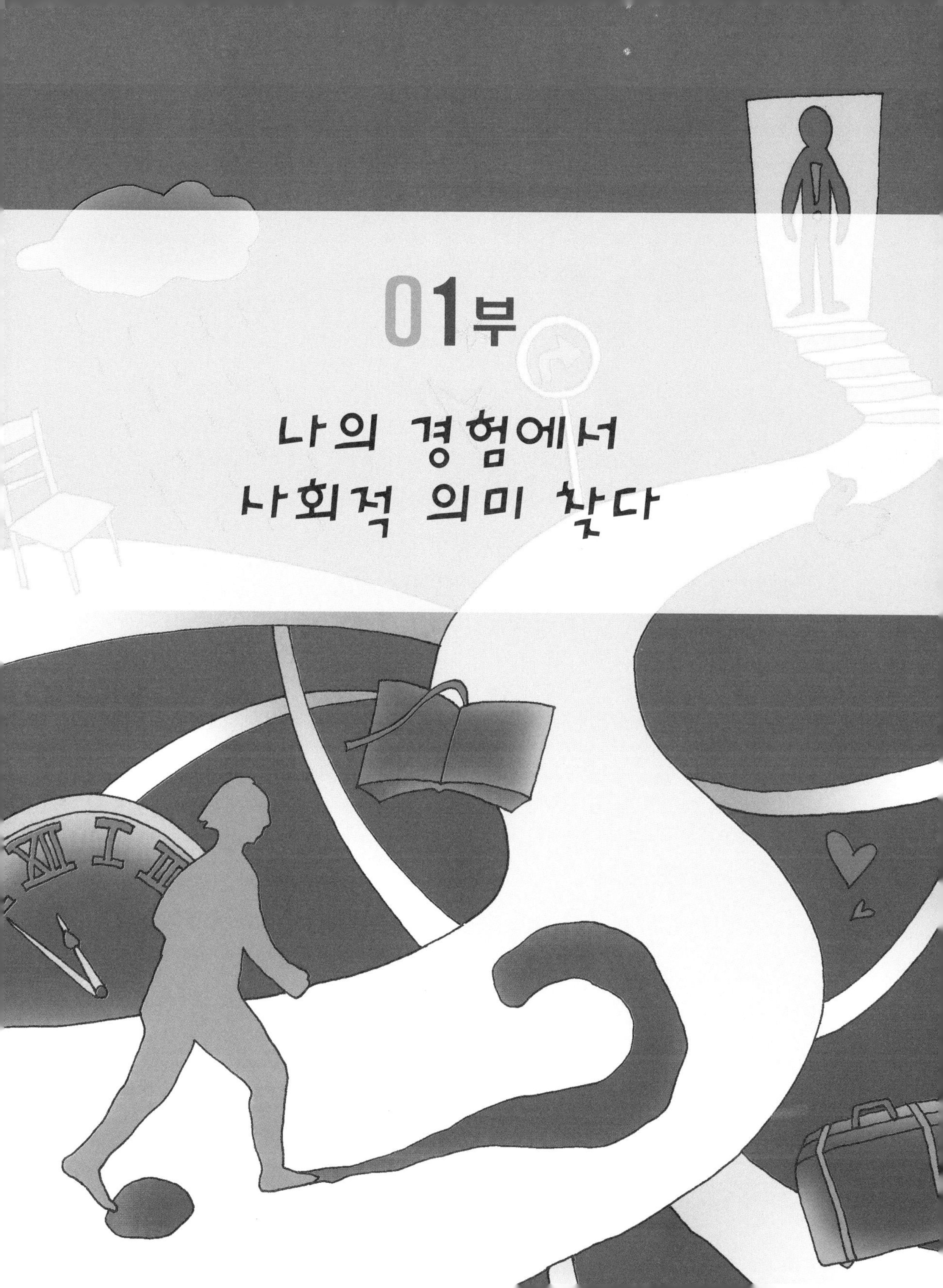

성차별 인식하다

요리와 세탁, 집안청소, 아이들의 양육 등 셀 수도 없이 많은 일을 여자는 '아내' 라는 운명으로 일을 한다. 반면에 월급만 주고 내 할 일 다했다는 식의 남편들, 때때로 아내와 쇼핑을 하기로 약속한 일요일에 중요한 모임이 있다며 급히 나가는 남편을 보면 여자들은 배반당한 기분이 든다. 하지만 남편에게 따져봐야 싸움을 거는 꼴밖에 되지 않으므로 속만 상한다. 부부싸움은 이렇게 사소한 것에서 시작된다(결혼심리를 이야기하는 여성들의 모임 엮음. 2005).

나의 부모 부부갈등도 이 유형에 속했다. 치밀하시고 완벽을 추구하는 성향이 강한 아버지, 반면 모성적 감성에 기반을 둔 어머니의 성격차는 좁혀지지 않았다. 갈등의 원인은 주로 경제적 자원 관리 문제였다. 어머니는 살림살이 비용을 장부에 기록하지 않으신다. 아버지는 계산이 틀리면 그 차이를 밝혀야만 하기 때문에 어머니는 스트레스를 받으셨다. 공부가 짧으셨던 어머니께서는 매일 기록하는 습관이 안 되셨다. 그런 분에게 글쓰기를 강요하여 부부간 갈등이 지속된 것이다. 남성 중심적 사고방식에서 어머니는 참다가 폭발하신다. 시간이 지나면 다시 반복하신다.

어린 시절 나는 '왜 어머니는 아버지의 비위를 맞추시지 못하고 같은 문제로 반복해 싸우시는 것일까?' 를 곰곰이 생각했다. 이 점이 필자가 가부장적 부부관계에 대해 문제의식을 가진 첫번째 계기이다. 단 여기서 주지하고 싶은 것은 나의 가족이 가족갈등, 가정폭력, 이혼 등에 길들여져 있는 가족이라기 보다는 가족 간에 일상적으로 일어날 수 있는 내부적인 문제들에 대해, 나는 "왜?" 라는 질문을 늘상 던졌고, 이것이 훗날 학문과 연결되면서 가족문제, 여성문제를 해석할 수 있는 가능성을 제공했다는 점을 전제로 한다.

두 번째, '부부는 왜 동일한 사안으로 10년 전이나 현재나 변함없이 싸우는 것일까' 라는 의문이다. 많은 부부들의 싸움 원인과 내용은 결혼 후 10년이 지나도 늘상 같다. 또한 부부싸움의 양태는 세대간 이동을 하여도 유사하다. 가족 연구과정에서 할머니들의 살아온 이야기를 인터뷰하면 한 많은 이야기가 많으셨다. 그러면서 공통적으로 '내 이야기를 하면 책으로 세 권도 더 될 것이다' 라는 말을 반복하신다. 사람들은 왜 상처를 입으면서 계속 동일한 상황을 이야기하는 것일까? 특히 여성들에게는 왜 이러한 반복이 자주 있는 것일까를 생각해 보면서 여성들이 남성들보다 감정적으로 상처를 더 많이 받는다는 사실을 깨닫게 되었다. 이에 대한 답변은 사회학적 해석으로 충분하지 못해, 심리학 그리고 정신분석학을 더 깊이 연구하게 되었다. 존 브래드 쇼(2006)의 「가족」에 의하면 적절하게 배출되지 못한 억압된 감정이 인간의 의지를 망가뜨렸기 때문이라고 설명한다. 뇌의 편도체는 억

쉬어가기 ....

억압된 감정

존 브래드 쇼(2006)는 기능장애를 일으키는 가족(역기능 가족)의 프로필을 예시로 보여주면서, 그러한 가족체계에서 어떻게 개인의 의지가 망가지게 되는지를 설명하고 있다. 사람의 의지는 지각, 판단, 상상, 추론과 같은 눈을 필요로 하기 때문에 만약 이러한 자원이 없으면 의지는 장님이 된다. 그래서 마음이 억압된 감정의 영향 아래 있을 때는 지각, 판단, 추론, 상상을 사용하지 못하게 된다.

"우리가 오감을 통해 받아들인 정보는 의미가 부여되어 우리의 기억창고에 저장된다. 새로운 정보가 들어오면 이미 알려진 정보와 비교가 되고, 그에 따라 저장되거나 새로운 조각의 기억으로 남는다. 그러나 미해결된 감정이 들어있는 정보는 처리될 수 없다. 그래서 어떤 경험이 해결되지 않았을 때는 적당하게 저장될 수 없는 것이다. 미해결된 경험은 감정이 배출되지 않았거나 의미가 부여되지 않았기 때문에 생긴다. 감정에 의해 편파적이 된 마음은 기능을 제대로 할 수 없다.

압된 감정의 영향을 받는데, 특히 외상적 사건은 편도체에 극적으로 각인이 된다. 그래서 훗날 고통스러웠던 처음의 순간과 비슷한 일이 생기면, 편도체는 유사성을 인식해서 즉각적으로 반응하게 된다는 것이다. 과거에 분출됐어야 하는 적절한 감정이 억압되었던 상황에서, 어떤 식으로든 최초의 해결되지 않은 상황과 유사한 새로운 경험을 대면하게 된다면, 그 당사자는 옛 경험을 재연하고 강박적으로 행동한다. 그래서 이전에 해봤지만 결코 효과가 없었던 행동을 똑같이 반복하게 된다.

이러한 피해의식이 남성보다 여성들에게 더 많다. 이 이유는 여성들은 자신의 목소리를 낼 수 있도록 훈련을 받지 못해서이다. 따라서 인간은 자신의 적절한 감정을 억압당하면(우리의 생애 초기의 중요한 관계대상자인 아버지(혹은 부모), 남편 등이 감정의 표현을 금지함으로 인해), 그 감정들

무시나 학대 또는 밀착에 의해 버림받은 아이의 진짜 감정을 억압하기 위해 몇 가지 기제가 사용되는데, 이러한 경우에 아이의 감정이 배출되지 못하게 되고, 감정들이 얼어붙게 된다. 그런데 이 얼어붙은 에너지는 아이의 창조적인 지능 안에 계속 남아 있어서 마치 녹음기의 시작 버튼처럼, 새로운 혹은 비슷한 어떤 경험이 일어나면 오래 전에 녹음되었던 것이 돌아가기 시작한다. 마치 파블로프의 개(Pavlov's dog)처럼 자극이 주어질 때마다 자동적으로 반응이 일어난다. 이것이 반작용 또는 재연의 원리로, 과거의 지능을 너무 오염시키는 바람에 새롭고 창조적인 반응이 불가능해지는 것이다. 차단된 감정이 이성의 추론과 판단을 인수받게 되고 그 결과는 누적된다.

어떤 식으로든 최초의 해결되지 않은 스트레스와 유사한 새로운 경험을 대면하게 될 때 우리는 강박적으로 옛 경험을 재연할 수밖에 없다. 우리는 강박적으로 행동한다. 전에 해봤지만 결코 효과가 없었던 행동을 똑같이 반복한다. 적절하지 못한 말을 하고 실제로 일어난 일과 전혀 상관없는 강렬한 감정을 느낀다"

존 브래드 쇼(2006)

은 방어기제로서 분노, 회피, 순종, 해리 등의 모습으로 표출되어 겉으로 보기에는 비이성적인 행동을 할 수도 있다. 따라서 억압된 감정은 적절한 표현을 통해서 애도 과정을 거칠 필요가 있다. 자신의 의지가 좌절되거나 치료할 수 없을 정도로 상처를 입으면 이와 유사한 환경에서 동일한 행동 혹은 이야기를 반복한다. 그러면 그 상황을 이해하지 못하는 제3자는 '또, 시작했군!' 하면서 그를 이해하지 못하고 치우쳐 버린다. 프로이트 역시 이 문제를 '상처론' 이라는 개념으로 설명한다.

나의 성장과정에서 부모님은 아들에 대한 기대가 컸고, 딸은 시집을 가

쉬어가기....

프로이트의 상처론

사람들은 심리적 모욕을 받거나 폭력을 당하면 상처를 받기가 쉽다. 그러나 그것이 모든 사람에게 반드시 상처가 될까? 이런 경험을 받으면 반드시 상처가 될 것인가? 배신, 성폭력, 유기의 경험이 누구에게나 다 트라우마를 유발하는 것일까?

정신분석에서 트라우마(trauma)란 인간의 의지에 의해서 잊을래야, 또는 씻을래야 씻어지지 않는 평생 정신적 부적응에 미치는 어떤 자극이나 사건을 말한다. 정신적 트라우마는 자아기능이 좋을 때는 자아가 상처를 받지 않는다. 일단 마음의 상처가 되면 그 흔적은 자신의 의지에 의해서 지워지지 않는다. 트라우마는 무의식에 들어가는 것, 의식에 의해 씻어낼 수 없으며 무슨 원인 때문인지를 잘 모른다. 자신이 상처를 입었다고 타인에게 표현을 하면, 그것은 오리지날 상처가 아니다. 오리지날 상처 부분은 그 부분의 유사한 기억, 트라우마인 이상 그대로 똑같이 상처받을 수는 없다.

라 플랑쉬(La Planche, 프랑스 정통 프로이디언)에 의하면, 그런 경험을 겪으면 모든 사람이 상처를 받을까? 그렇지 않다는 것이다. 그렇다면 그 현상은 어디서 찾을 수 있는가? 그에 의하면 강렬한 자극에 대해 개인마다 차이가 있는 다중기능의 방어체계가 평상시 기능을 할 수 없어 적절히 대응 못할 경우 트라우마에 걸린다는 것이다.

이물질 상태가 계속 들어와서 전체를 아프게 하는 상태, 평상시 방어기능이 완전히 깨지는 사건, 예를 들어 수치심(존재자체의 수치심을 건드리는 일) 등의 사건 등에 의해 상처를 받는

면 남의 집 사람이라고 여기셨다. 이것은 아들과 딸의 불평등한 대우이다. 또한 어머니, 선배가 살아가는 삶의 모습은 부정적 이미지로 투사되어 그들과 같은 삶을 살지 않겠노라고 생각하면서 꾸준히 나에게 적합한 진로를 탐색하였다. 어떤 전공을 택할 것인가?에 대한 질문을 끊임없이 했으나, 그 당시 여성에게 적합한 사회적 역할모델은 많지 않았다.

남녀공학 대학시절 여학생은 계속 과 수석과 더불어 상위권을 차지하였다. 서클 혹은 과 대표가 남학생이고, 부대표가 여학생이던 시절 그것이 남녀차별인지 느끼지 못했다. 그러나 졸업 후 취직 시험에서부터 현실은 냉혹하였다. 성적

다. 단, 상처와 힘든 것(혹은 '성장통' 이라고 하는 오히려 자아발달에 긍정적 기여를 함)과는 다르다. 힘든 것을 극복하는 것과 평생영향을 미치는 트라우마와는 다르다.

어렸을 때 과잉자극을 받았다고 해서 모두 트라우마가 되는 것은 아니다. 트라우마라 하는 것은 2번의 자극과 결합이 되어 평생 지속되는 트라우마가 되는 것이다. 현재의 시각으로 과거의 시각이 해석되는 것, 즉 트라우마는 무의식에서 연결되어서 내부로 연결되는 것. 외부자극과 내부자극이 같이 결합되는 것을 말한다.

'반복' 한다는 것은 상처가 되었다는 증세의 사인이다. 즉 반복은 무의식의 징표이다. 감당할 수 있는 것을 말로 반복하는 것은 아직 자아가 덜 깨진 상태를 보여준다. 인간의 생체에는 항상성을 유지하려는 기능이 있는데 자기 유기체내의 긴장을 최소화하려는 상태, 긴장이 들어오면 바로 방출해야 한다. 방출하지 못하면, 기존 리듬이 깨진다. 자극을 분출하고 정화시키는 기능이 안 되면 병이 생기게 되는 것이다.

트라우마란 의식이 감당하지 못하여 자동적으로 방어 기재가 작용하는 것으로 자아가 자신을 감당하지 못한 이물질을 말한다. 자아기능이 좋을 때는 자아가 상처를 받지 않는다.

이창재의 '신경증'(2009) 수업 중에서

순으로 보면 여학생이 상위이었지만, 취직은 남학생은 100%, 여학생들은 그렇지 못했다. 사회의 진입장벽에 막히면서 남녀차별을 심하게 느끼게 되었다.

많은 방황과 고민 끝에 우리 사회의 남녀차별관행을 개선하기 위해서는 공부를 계속해야겠다는 생각이 앞섰다. 마침, 1976년 한국여성단체협의회 주최로 세계여성지도자대회가 한국에서 개최되었다. 이 대회에 자원봉사를 하면서 국내외 유명한 학자들, 여성운동가들을 한자리에서 만났다. 한국의 초기 여성운동가이신 이태영 박사, 홍숙자 박사 등 유명하신 분들의 활동을 보면서 많은 자극을 받았다. '저들도 공부하고 활동하면서 사회를 바꾸어 나가고 있는데, 내가 못할 이유가 어디 있겠는가, 나도 공부를 계속해 우리사회 여성 삶의 변화에 기여하겠다'라는 생각을 했다. 이처럼 자신의 인생항로에 영향을 주는 사건은 어디에나 있다. 그것이 내게 중대한 의미로 다가올 때 인생의 전환점(turning point)이 된다.

사회학 중 가족과 여성학을 전공하겠다고 생각했다. 그 직접적인 동기는 주위에 참고 사는 여성을 어렵지 않게 보았기 때문이다. 하나, '젊었을 때 이혼을 생각했지만 친정 부모님을 생각해서 참는다'는 먼 친척 언니. 남편의 사랑을 받지 못한 그녀는 친정 부모 의사에 따라 결혼하고, 자식을 낳고 남편의 큰 소리에도 참고 살았다. 둘, 자신의 뜻에 무조건 복종하기를 원하는 남편과 성격 차이로 일주일이 멀다고 부부싸움 하는 이웃 여성. 셋, 매우 똑똑하여 전문가로서 자신의 길을 선택할 것 같았지만 남편에 대한 내조, 자녀양육을 위해 가정주부로 인생진로를 바꾼 여성. 넷, 못배운 것이 서러워서 자식들은 어떻게 해서든지 좋은 학교에 보내고자 하는 여성 등등. 이러한 여성들을 통해 가족과 여성의 삶은 과연 어떤 의미인가를 생각하였다. 경제학자 벡커(Becker) 외에 의하면 그들은 나름대로 '손해'와 '이익'을 계산하며 합리적으로 잘살고 있다고 한다(Becker, 1977). 부부갈등으로 인한 정서적 가정폭력 피해자, 이혼하고 싶지만 동생을 생각해서 참고 살았던 여성, 남편보다 똑똑했지만 집안의 성공을 위해 남편의 내조자로 위치를 바꾸면서 자신의 직업을 포기한 여성, 혹은 경제적 능력이 없어 참고 살 수밖에 없는 여성들의 '손해'와 '이익'을 눈여겨보면서 이들의 삶이 개인적 차원이 아니라 우리 사회 여성들의 일반적인 문제라는 생각을 하게 되었다. 이러한 현상은 어느 정도 차이는 있지만, 지금도 우리 주변에 수없이 존재한다. 젊은 여성들 자신은 언니 혹은 어머니와 닮고싶지 않아 결혼하지 않겠다고 한다. 과거에 비해 현재 여성의 지위는 법과 제도적으로 평등하게 개선되기는 했지만, 이들이 경험하는 내적인 갈등은 여전히 변한 것이 없다.

여성의 시각으로 가족 연구하다

졸업 후 결혼과 직장은 별개의 것으로 '결혼 아니면 직장' 선택을 두고 고민했다. 여성에게 있어 직장은 필수, 결혼은 선택인 요즘에 비하면 우리 사회에서 성역할 태도는 지난 30년 동안 그렇게 많은 변화가 있었다. 취직도 하지 못했지만 일단 결혼에 대한 생각을 잠시 접고 공부를 계속하기로 마음먹었다.

대학 동아리 후배에게 사회학을 새로 공부하고 싶다는 생각과 더불어 내 성향이 사회학과에 맞는가를 의논하였더니, 한번 함께 해보자는 용기를 주었다. 몇 차례 실패와 도전 후 드디어 1977년 9월 연세대학교 대학원 사회학과에 입학할 수 있었다.

석사학위 논문 제목은 '여성의 취업과 성역할 태도에 관한 연구'(1980)로 성역할 태도가 여성의 취업에 미치는 영향에 대해 연구하였다.

서양근대사회에서 여성에 대한 역할기대는 전통적 성역할 태도에 비해 개방적으로 변화된 것은 사실이지만, 최근(1980년대) 한국사회에서 여성에 대한 역할기대가 전통적 관념에서 얼마나 변화했는가는 문제시 된다. 특히 한국사회는 경제구조를 중심으로 급격한 변화를 일으킨 반면, 가치관이나 규범은 지체현상을 보이고 있어 여성이 가정과 사회에서 받는 억압과 차별대우는 계속되고 있다. 따라서 여성이 취업함으로써 생기는 역할 변화로 인한 반응과 갈등은 여러 면에서 다양하고 클 것으로 예상된다. '취업여성이 점점 증가하고 있는 한국사회에서 기혼여성의 취업경험여부 및 종류는 여성이 처한 전통적 역할 태도와 어떠한 관련이 있는가' 가 연구의 출발이다. 연구결과, 취업을 하고자 하는 욕망이 성역할 태도를 변화시키기 위한 주요변수가 아니라 교육, 경제적 지위 등 다른 요인과 복합적으로 작용하고 있었다. 즉, 여성이 바깥 일을 한다는 것이 자신의 성취욕구에 의한 것만이 아니라 생계 및 다른 요인이 작용한다는 점과 이런 경우 성역할 태도는 반드시 부부 평등한 태도를 취하지 않는 것으로 나타났다. 그렇다면 여성들이 취업을 했지만, 가정내 부인의 역할을 전적으로 수행하는 이중역할에 대한 부담이 크다는 추론도 가능하다.

부부 서로 길들이다

주변에 보면 부부가 둘이서 함께 공부하기 위해 유학을 떠난 사람들이 많았다. 귀국시 남편은 학위를 마치고 부인은 마치지 못한 경우가 대부분이었다. 많은 부부가 공동 목표를 이루지 못하고 남편만 학위를 받는 절반의 성공만을 거둔 채 귀국한다. 부인도 함께 공부를 하고 싶다면 남아서 남편도 부인을 외조해야 하는데 그렇지 못했다. 이것은 남편은 생계부양자이고 부인은 양육자라는 전통적 가족 가치가 반영된 결과이다.

자신이 하고 싶은 일을 성취하지 못한 여성들은 생애 목표가 좌절되면 그 욕망은 자녀에게 투사되어 자녀의 교육열, 남편의 출세에 총력을 다하는 '하키맘'이 된다. 그런데 문제는 가정생활에 만족하는 즐거운 하키맘이 아니라, 자신이 이루지 못한 출세를 자식이 풀어주는 한 많은 하키맘이 된다. 좋은 대학을 나오는 것이 수직적 계층상승에 주요인이 되는 우리사회에서 자식을 일류대학을 보내야 하는 극심한 교육열에 이 하키맘들이 주역을 한다.

남성들은 똑똑한 부인을 만나고, 그 부인이 자신과 아이들 돌보기를 원한다. 똑똑한 여자와 결혼해 그가 살림을 하는 현모양처가 되기 바란다면, 그것은 나에게 해당되는 일이 아니다. 맞벌이 부부에게 있어 남편은 부인에 대한 가사역할 기대나 부담은 줄여 주어야 한다. 왜냐하면 일과 가정의 양 역할을 모두 수행하기를 기대한다면 둘 다 성공할 수 없고, 이로 인해 부인은 직업을 포기하게 되기 때문이다. 중년이 되어 자신의 삶이 성공적이지 않은 것을 깨달을 때 그 여성은 배우자에 대해 불만을 느낄 것이며, 부부간의 갈등을 야기하기 때문에 결혼 초에 다소 불편하더라도 여성이 직장을 원한다면 부부간 가사역할은 분담해야 한다. 이러한 분석을 바탕으로 결혼배우자는 '나를 상대방에 맞추기 보다는 내게 적합한 사람을 선택해야겠다'는 결론에 도달했다. 능력, 외모, 인간성을 겸비한 '백마 탄 남자'는 가부장적 세상 기준이 만든 것이다. 그것을 기다릴 필요가 없이, 나는 내 인생의 주인으로 자신의 갈 길을 택하는 것이 우선이라는 것을 깨달았다.

남편과 나의 만남은 서로 인생의 큰 축을 변화시켰다. 건축학 전공인 그는 전통적 성역할 태도를 가진 평범한 회사원이었다. 사회학도인 나와 학문적으로 서로 통하는 것이 없었다. 대학원 석사과정에 있던 나는 '내가 하고자 하는 바를 이해하고, 지원해줄' 상대방을 찾고 있었다. 여성이 사회활동을 하기 위해서는 남편의 지원이 필수적이다. 내가 학업을 계속해서 대학원은 물론 평생 사회활동하는 것을 이해할 수 있는 배우자가 필요했다.

우리사회는 결혼을 먼저하고 그 후 적응을 통해 상대방을 이해하는, 즉 제도적 결혼으로 시작해서 정서적 결혼(문소정, 1995)으로 이어지는 결혼양식을 띤다. 일단 결혼하고, 부부생활, 시댁과의 적응으로 이어지는 형태의 삶이다. 살아보면서 상대방의 성격을 파악한다는 것은 정말로 모험이다. 데이트와 결혼생활은 정말로 다르다. 어찌 보면 서구의 결혼형태인 동거로 시작해서 결혼식을 올리는 방법이 더 합리적일 수 있다. 그러나 나의 발은 한국 땅에 디디고 있으니, 한국적 상황에 맞추어 결혼하였다. 물론 결혼 전에는 무슨 약속이든 못하랴! 결혼 후의 생활을 누가 보장하랴. '일단은 내 생각을 이해하는 것 같으니 우선은 믿고 결혼해야지, 그 후 생활은 자신이 개척해 나갈 수밖에 없다' 고 생각하고 눈 크게 뜨고 탐색하던 것을 마무리 짓고 눈 딱 감고 결혼했다. 따라서 신혼 초 6개월은, 서로 동등한 입장에서 익숙해질 수 있는가가 매우 중요한 관건이다.

가. 신혼기 적응

살면서 상대방을 이해한다는 것은 정말로 모험이라는 생각이 든다. 결혼 전 상대방 성격에 대해 아무리 이모 저모 따져 봐도 실전에 부딪히지는 않고는 모른다. 이래서 결혼전 동거가 현실적으로 필요하지만 한국사회에서 동거로 출발하기는 쉽지 않다. 남편도 여느 남자와 같이 가부장적 의식에서 벗어나지 못하는 평범한 남성이었다. 다만 이해심이 크다는 장점을 가지고 있다. 신혼 초 부부간 성격 차이에서 나는 남편이 '매사에 적극적인 승부근성을 갖고 결심한 바를 지속적으로 이행하기'를 바랬다. 그러나 심성이 부드러운 장점을 가진 사람에게 강인함을 요구한다는 것은 무리이다. 나 역시 '부드러움'과 '강인함'이라는 두 마리 토끼를 잡으려 했다. 나에 대한 남편의 불만은 '내 멋대로 일방적으로 행동해 당황할 때가 많다' 는 점이었다. 부부싸움은 매우 사소한 기대 차이에서 시작한다. 그것을 해소하지 못하면 가슴 속에 불만으로 쌓이게 되고, 서로 대화를 하지 않게 된다. 이러한 상황이 지속되면 문제는 해결되지 않고 서로에게 도움이 되지 않는다는 것을 깨달았다. 내가 상대방에 대해 불만이 있으면 상대방 역시 나에 대해 동일한 양의 불만을 가진다. '아! 남편을 있는 그대로 이해하고 받아들이자. 한 마리 토끼만 잡자'면서 상대방을 이해하려고 하였다.

이것을 깨닫는 데 10여 년이 걸렸다. 대부분 사람들은 상대방을 자신의 틀에 맞추려하기 때문에 갈등이 생긴다. 상대방을 있는 그대로 이해하려 하고, 그 안에서 서로 성장하려고 노력을 한다면 이해심, 동반자적 관계가 형성된다. 자신이 미처 채우지 못한 욕망을 상대방을 통해 투사하려는 데서 갈등은 시작된다. 이것은 비단 남편과의 관계뿐만 아니라 자녀와의 관계에서도 마찬가지이다. 이렇게 된다면 남편도 나를 있는 그대로 받아들이게 될 것이다.

나. 자녀양육에 대한 부부 기대 차이

어느 여름 저녁, 대학 동문 동아리 모임이 있어서 아들을 시부모님(당

쉬어가기....

남자가 결혼 전과 다른 얘기 하는 이유

이혼한 많은 부부들의 얘기를 들어보면 그 이유가 참으로 타당성이 있고 다양하다.

남편에게 들어보면 "아내의 잘난 체에 진저리가 났다"고 하고, 부인에게 물어보면 "연애 때 내가 똑똑하다고 입이 마르도록 칭찬했던 사람이 그렇게 이야기하다니..."라며 바보스러워지길 원하는 남편을 도저히 이해할 수 없다고 한다.

아내의 입장에서 보면 남편의 인격이 변했다고 생각할 수도 있다. 또한 마음에도 없는 말을 아무렇지도 않게 하는 것은 아닐까라는 의심을 해 보기도 한다.

그러나 실제로 남편은 다른 사람이 되어 있는 것도 아니며 연애 중에 거짓 행동을 한 것도 아니다. 연애 중에는 바퀴벌레에 놀라는 그녀를 진짜 귀엽다고 생각했던 것이다. 그러나 남자는 결혼을 의식하는 그 순간부터 꿈의 세계에 머물 수만은 없다고 생각한다. 그래서 두 사람의 생활에 대한 '전략'을 세운다. 옛날에는 그냥 넘어가던 일도 '전략'에 부합되지 않는 부분은 인정하지 않게 되는 것이다. 그러나 결혼을 연애의 연장이라고 생각하는 여자에게 남자의 '전략' 따위는 관심이 없기에, 여자는 크게 놀라게 된다.

여자들은 남자들에게만 있는 이런 단순하고 유아적인 심리상태를 파악하고 있어야 한다. 무지에서 오는 당혹감보다는 어느 정도 인지되어 있는 상태에서 남편의 행동을 주시해야 하기 때문이다.

결혼심리를 이야기하는 여성들의 모임 엮음(2005)

시 시댁부모와 함께 살았다)에게 맡기고 저녁 모임에 나갔다. 남편의 속마음은 부인의 저녁 외출이 싫었지만 딱히 반대할 명분이 없었다. 항상 사건은 엄마의 부재 중에 생기기 마련이다. 아들이 가스렌지에 손을 데어 화상을 입었다. 저녁 늦게 집에 돌아오니, 남편은 화가 나 있고 시댁어른들도 불편해하셨다. 가족들은 엄마가 저녁에 아이를 두고 나가서 이러한 일이 벌어졌다고 생각하고 있다. 아들이 아파서 어미도 마음이 불편했지만 그렇다고 '그것이 내 잘못은 아니다'는 생각을 표현할 수 없었다.

밤 12시, 식구들이 자는 사이 남편이 나를 보자고 한다. '그래 못 볼일이 없지!'하면서 마음을 굳게 먹고 대면을 했다. 남편은 '왜 저녁에 나가서 아이가 화상을 입도록 했냐'고 따진다. 그리고 '낮에 그들을 만날 수도 있지 않냐?'는 것이다. 나는 유학 떠나는 선배부부 시간에 맞출 수밖에 없음을 설명하며 "남자들은 저녁 모임에서 늦게 들어온다고 부인이 화내지 않는데, 왜 부인이 늦게 들어오면 남편은 불편해 하는가?"를 되물었다. 문제의 핵심은 아이가 다쳐서가 아니라 내가 저녁에 없어서 화가 난 것이다. 아이가 상처 입었다는 사실은 저녁에 아내가 없다는 불만을 표현할 수 있는 촉발요인이다. 왜냐하면 엄마가 있을 때 화상을 입는다면 나에게 화를 내지 않기 때문이다.

우리는 대부분 어머니 외출 시 자녀에게 문제가 생기면 여성들은 어머니 역할을 다하지 못해서 사고가 일어났다는 죄의식에 빠지기 쉽다. 그러나 자녀양육은 어머니만의 책임이 아니라 아버지 책임도 있다는 사실을 주지해야 한다. 어머니 부재시 아이에게 사고가 생기면 그것이 왜 어머니만의 책임인가? 굳이 책임을 따진다면 당시 자녀와 함께 있던 사람은 아버지이므로 잘 돌보지 못한 아버지 책임이 아닌가?

우리는 자녀가 잘 돼도, 못 돼도 어머니 책임이라는 생각에서 벗어나야 한다. 어머니도 일단 저녁에 친구들과 모임이 있으면 즐기고, 집에 들어오면서 미안한 마음을 갖기 보다는 즐거운 마음을 가족에게 전파하는 것이 필요하다. 엄마가 없는 동안에 아이들은 아버지와 잘 지내려는 새로운 관계가 형성되는 것과 동시에 어머니 빈자리가 얼마나 큰지를 깨닫게 된다. 단 매일 저녁 나가는 것이 아니라 가끔 나가는 것과 더불어 아이 양육 분담 역활을 미리 조율하여 부모로서 책임감을 잊지 않도록 해야 한다. 또한 문제 발생 시 그 문제의 본질을 파악하고 설득시키는 일이 중요하다.

여성에 대한 전통적인 성역할 태도로 인해 주위사람과의 갈등은 필연적으로 일어난다. 그러나 그 갈등은 직업과 가정 역할을 양립할 시간 부족으로 발생하기 보다는 기대가 서로 다르기 때문이다(변화순, 1992). 여성 또한 자기정체의식(self-identity)의 혼란, 역할 갈등 및 기대와 현실의 격차 등으로 인해 새로운 역할 대안을 제시하지 못한다. 남성이 집 바깥에서 일하는 것은 당연하고, 이 역할을 수행하지 못하면 가장으로서 인정받지 못한다. 여성의 바깥 일은 그 자체가 불리한 조건이었다. 여성은 가정에서 살림만하지 않고 다른 일을 하고 있다는 감정에서 죄의식을 느끼며 갈등을 겪는다. 70년대까지만 해도 직장을 가진 선배들은 동료들로부터 '이혼을 하였나, 아니면 경제적으로 얼마나 어려우면 여자가 나와서 일을 하는가'라는 선입견의 대상이 되었고, 집에서는 가정살림에 조금이라도 소홀히 하면 남편과 시댁의 불만

쉬어가기 ....

대화가 어려운 배우자와의 의사소통

그런데 혹자는 의사소통이 안되는 소위 '꽉 막힌' 남편을 만나면 이러한 대화가 가능하지 않다는 생각을 할 수 있겠다. '그것도 남편 잘 만난 사람의 이야기다'라고 한다. 대화가 안 통하는 배우자를 어떻게 이해하도록 할까? 매우 어려운 일이긴 하지만 우선 상대방의 의견을 경청하면서 의지와 끈기로 내가 하고 싶거나, 정신적으로 힘들어하는 지점을 알도록 해주되, 자신이 하고자 하는 바를 행동으로 보여 주어라. 상대방 역시 부인과 대화가 통하지 않는다고 생각한다. 그러므로 시간을 두고 반복해서 무엇이 문제인가를 끊임없이, 다양한 방법으로 드러내도록 해보자. 문제는 서로가 상대방을 이해하는 열린 마음으로 해결 근원을 찾아내야 한다.

이 그대로 쏟아졌다. 따라서 여성들은 가사역할을 무리 없이 수행하면서 직장 일을 잘하는, 즉 이중역할을 수행하는 조건으로 일을 시작하였다. 직장에 다닐 수 있게 허락(?)해준 사실만으로도 남편에게 감사의 마음을 갖고 이중역할을 전담하는 슈퍼우먼이 이상적인 역할모델이었다.

며느리로서 공부 병행하다

신혼 초 둘이서만 살던 생활을 접고 아이를 낳고 시댁으로 들어갔다. 그 이유는 아이를 시부모님께 맡기고 공부를 더 하기 위해서였다. 인생이란 내 의지대로 되는 것만은 아니라는 것을 깨달은 것도 시댁에서의 삶에서 시작되었다. 그러나 이것을 회피하는 것이 아니라 극복해야만 자신이 진정으로 자유로울 수 있다는 것도 깨달았다. 시부모와 함께 살면서 여성들 삶의 애환을 더욱 깊이 느끼게 되었다.

공부를 계속하기 위해 아이를 시부모님께 맡기겠다는 당초의 야심찬 계획은 뜻대로 되지는 않았다. 왜냐하면 석사학위를 받고 주당 3시간 강사 이외에 뚜렷한 직업이 없었기 때문이다. 경제력은 없고 공부하겠다는 의지만 강했을 뿐이다. 시아버님은 며느리가 공부하기를 바라셨지만, 시어머님은 내심 아들을 내조하는 며느리를 바라셨다. 그럼에도 불구하고 나는 아이를 부모님께 맡기고 계속 공부할 수 있는 방법을 모색하였다.

자신과의 싸움은 아이를 낳으면서 더욱 힘들어진다. 아이가 어릴 때 어머니의 보살핌을 매우 필요로 한다. 그러니 어머니는 자신만의 시간이 줄어 초조해진다. 이 때 어머니로서, 아니면 한 인간이 되고 싶어 하는 내적 갈등은 절정에 이른다. 따라서 시간 배분을 적절히 해야 한다. 아이를 돌보면서도 눈은 책을 놓지 않았다. 그러다가 아이가 자면 이 시간만큼은 내 시간이라는 생각에서 바로 책으로 몰입했다. 최소의 목표는 '머리가 굳지 않을 정도만 유지한다'로 한정하였다.

그런데 바로 그 시간 시어머니께서 부엌에서 김치를 담그시는 것이었다. 물론 책상 앞에 있는 나로서는 마음이 편치 못했다. 눈은 책에 있지만 마음은 부엌에 있었다. 순간 판단이 필요했다. 며느리로서 시어머니와의 원만한 관계를 위해 책을 덮고 부엌으로 갈 것인가, 아니면 아이가 자고 있는 틈새를 이용해 내 이 귀중한 시간을 공부에 몰두할 것인가! 인생은 매순간 판단의 연속이다. 내가 얼마만큼 공부하고 소화시켰는가가 중요한 것이 아니라 나의 시간을 방해받지 않고 하고자 하는 일을 해낼 수 있는지, 바로 나 자신과의 싸움이었다. 이 외로운 판단은 자신밖에 할 수 없다. 그리고 책임져야 한다. 앞으로의 복잡다단한 사회에서 순간순간 판단을 잘해야 한다. 이 판단력은 영성적 훈련을 필요로 하는데, 현 순간에 자신에게 가장 필요한 점

쉬어가기 ....

가족 전략

사람들은 자신의 목표를 성공시키고 싶지만 인생의 커다란 항로에서 방해요인이 반드시 나타난다. 이를 현명하게 극복하기 위해, 우선 순위를 설정하고, 단기 목표와 장기 목표를 구분한다. 현실을 파악하지 못하고, 뜻만 원대하게 세운다면 성공하기 어렵다. 그리고 실패의 원인을 자신에게서 찾기보다는 주위 환경, 결혼, 남편, 아이, 시댁에게로 돌린다. 물론 주위의 협조가 없다면 실패 확률은 높지만, 주변으로부터 협조를 받는다 하더라도 내면의 장애를 넘어야 한다.

첫째, 자신을 둘러싼 환경을 분석하고 그 방해요인을 하나씩 제거하는 전략이 필요하다.

둘째, 현재 자신이 사용가능한 재정의 지출용도에서 우선 순위를 정하여 과감히 투자해야 한다.

수입도 없고 직장도 없는 필자는 남편 월급의 일정부분을 떼어 가사도우미 아주머니를 청하였고, 그 시간에 공부를 하였다. 이후 공부를 마치고 직장을 구할 때까지 남편을 등치는 '등부가' 가 되었다. 그러나 필자가 취직을 한 뒤 남편이 건축공부를 계속할 수 있도록 하여 생계부양자의 역할을 교대하였다. 생계부양자 역할을 나눈 것이 가족전략의 중요한 한 축이다.

이 무엇인가를 근본적으로 판단 · 결정하고, 그 결과에 대해 자신이 책임지는 것이다. 이렇게 작은 일에서부터 독자적으로 판단하는 훈련을 통해 보다 큰일을 수행할 수 있다.

다행히 시어머니는 아무 말씀도 하시지 않고 혼자서 김치를 담그셨다. 그러나 나는 알고 있다. 속마음으로 공부하는 며느리를 진정으로 이해하지 않는다는 것을… 시어머니는 내가 며느리 역할을 수행하기를 바란다는 것을…. 며칠 후 막내 시누이가 나에게 한마디 하였다. '시어머니가 김치 담그시는데, 코도 내밀지 않고 책상에 있을 수 있느냐?'고. 시누이에게 나의 입장을 설명했다. 아이가 자고 있는 그 순간이 나에게는 공부에 몰두할 수 있는 매우 귀중한 시간이고, 어머니께서는 며느리가 같이 일을 하지 않아 섭섭하시겠지만, 며느리 없이 혼자 일하실 수 있는 에너지를 갖고 계시지 않느냐고… 그 후 시어머니는 이 며느리에 대해 '체념' 하셨다. 어렵겠지만 자신의 시간이 필요하다고 생각되면 상대방을 납득시킬 수 있는 이유를 들고

쉬어가기 ....

자신을 둘러싼 환경에서 방해요인을 가능한 한 제거하라.

첫째, 자신이 누구인가, 그리고 내 안에 있는 자아는 무엇을 원하는가를 파악한다.

둘째, 목표가 세워졌으면, 그 목표를 향해 구체적으로 실천할 수 있는 전략을 모색한다. 두 가지 상반된 목표가 있다면 우선 순위에 의하여, 다른 하나는 과감히 접어둔다. 즉 실현 가능한 목표에 전념한다.

셋째, 공부를 계속하고 싶다면 같은 방향으로 갈 수 있는 동반자를 지속적으로 탐색한다. 단, 반드시 상대방을 찾지 않아도 된다. 가능성만 열어둬도 좋다.

– 이때, 상대의 외적인 조건보다는 자신의 철학을 이해해 줄 이해심(즉 들어줄 수 있는 열린 귀를 가지고 있는지, 그리고 그 상대방은 미래에 대한 도전적 자세가 있는지)이 있으면, 미래는 둘이서 만들어 갈 수 있다. 상대방 선택에 있어 내적 목표를 함께 이루어 나갈 상대를 찾는 것이 중요하다.

'아니오(No)' 라고 이야기할 수 있는 용기가 필요하다. 그러나 이를 보상하는 차원에서 다른 상황(아이가 깨어 있는 상황)에서는 좋은(?) 며느리의 역할을 수행하였다. 가끔은 시어머니가 좋아하시는 물질적 보상도 잊지 말아야 한다. 자신을 이해시킬 수 있는 행동 패턴으로 상대방에게 신뢰를 주면서 필요한 시간을 확보하는 가끔은 나쁜 며느리, 아내, 어머니가 될 필요가 있다.

시어머니께 미리 '마쳐야 할 일이 있는데, 아이가 자는 시간 외에는 할 수 없으니 이해해 주세요.' 라고 말씀을 드렸으면 덜 서운하셨을 것 같다. 그러나 미리 그 말씀을 드렸다면 부엌에 주저앉았을 것이라는 생각도 있었기 때문에 미리 말씀 드리지 못했다. 그렇다면 김치를 다 만드신 뒤 이야기 하면 어떻게 되었을까? 그것은 변명에 지나지 않았을까? 그건 잘 모르겠다. 여기서 말하고 싶은 것은 일과 가정의 조화를 해결할 수 있는 정답은 없지만 매 순간 자신의 행동을 판단하고 결단을 내야 할 일은 많다. 판단하고, 행동에 옮긴 뒤 결과를 책임지고, 감정적으로 마무리져야 할 일도 많다. 그렇지

넷째, 동반자가 없어도 계속 자신의 길, 인생의 목표를 향해 나아가도록 한다.

- 자신의 시간을 자신이 전적으로 사용할 수 있는 시기는 결혼 전밖에 없다. 결혼을 하면 일단 공동의 시간, 그리고 혼자의 시간 활용을 협의하에 조정해야 한다. 그러므로 혼자의 시간을 충분히 활용해서 하나씩 이루어 갈 수 있도록 준비하라. 준비하는 자만이 미래를 손에 쥘 수 있다.

다섯째, 동반자가 있다면, 새로운 출발을 통해 부부 계획을 다시 세운다.

- 이때 상대방을 진정으로 사랑한다는 것을 표현할 것. 사랑한다는 확신은 상대방의 모든 것을 수용할 수 있고, 변화가 가능하다. '주는 것이 있어야 받는 것이 있다' 는 진리를 이행할 것. 작은 것을 먼저 내주고, 그 다음 정말로 내가 하고 싶은 큰 것을 얻어내는 전략이 필요하다. 여성은 가족 행복을 위해서 희생해야 한다' 는 전통적 덕목에서 벗어나는 훈련이 필요하다.

않으면 그 책임을 남에게 지우는, 그러나 자신의 인생 선택에서 아무 결과를 가져오지 않는 삶의 출발이 된다는 점을 인식하자.

부인 먼저 유학하는 가족전략 구상하다

가족전략이란 "남편과 부인의 직업선택 혹은 학교진학 여부, 자녀의 출산 등을 누가 먼저 시작하고, 어느 시기에 할 것인가"를 정하는 것인데, 개별 가족 특성에 따라 다르다. 전통적으로 남편 먼저 학업을 수행하지만, 경우에 따라서 부인이 먼저 시작하는 것도 방법이다. 우리의 경우 부인이 학업을 지속하기로 결정하였고, 남편은 돈을 벌기로 하였다. 그 후 부인이 학업 마칠 즈음에 남편이 건축 공부를 다시 수행하게 되었다. 부인이 먼저 공부한다는 사실은 매우 획기적이었으나, 후에 우리와 비슷한 사례가 점차로 늘어났다.

아들이 14개월 된 해 남편이 사우디에서 근무하게 되고, 나는 유학을 결정해 세 식구가 각자 헤어지게 되었다. 공부를 계속하고픈 부인을 위해 남편이 사우디에서 일하기로 하였다. 그 당시 부부가 유학을 떠나 남편이 공부를 먼저 마치면 가족이 모두 함께 귀국하였다. 부인은 남편 뒷바라지와 자녀양육을 전담하다가 학업을 마치지 못하고 돌아왔다. 부부가 함께 공동목표를 이루고자 한다면 부인 먼저 공부를 마치고 직장을 구하고, 남편은 그 후 공부를 하는 가족전략을 짜는 것도 나쁘지 않다는 점을 설득시켰다. 그러나 이러한 논리는 한국사회에서 남자는 가족을 위해 먼저 직업을 가져야 한다는 전제에서 출발한다. 부인이 목표를 달성할 수 있다면 남편만이 짊어져야 했던 경제적 부담을 벗을 수 있고, 남성 자신도 하고 싶은 일을 할 수 있다. 건축을 전공한 남편도 프랑스에서 공부하고 싶은 생각을 가지고 있었기에 우리 부부의 가족전략은 일치하였다. 남편은 사우디의 더운 사막에, 부인은 프랑스에서, 그리고 아들은 서울에서 조부모와 함께 하는 이산 가족 생활이 시작되었다.

18개월 된 아들과 1년 2개월 동안 떨어져 살았다. 아들이 눈에 밟히지만 참았다. 파리 생활에 적응하도록 노력하였다. 현재 내가 처해 있는 상황에서 하루하루를 성실하게 살면 빨리 만날 수 있다. 아들이 아프다는 소식이 올 때면 기도하면서 잘 버텨주기만을 바랄 뿐이다.

프랑스 파리 5대학 박사과정 1년을 마치고 가족 재상봉을 위해 일시 귀국했다. 아들은 처음 잠시 망설이다 엄마를 기억하는지 곧 품에 안겼다. 이로서 가족이 다시 만났다. 그동안 엄마와 떨어져 심리적으로 많은 상처가 있었겠지만 할아버지, 할머니 품에서 잘 자라 준 아들이 매우 기특하고 장했다.

이제 가족이 프랑스에 함께 모여 학생의 삶을 시작하였다. 3식구 모두 공부가 가능했던 것은 프랑스의 성평등적이고 보편적인 가족수당, 아동보육

쉬어가기 ....

어머니와 아들, 여성과 남성

올리버 슈라이더는 한 가지 일화를 들려주었는데, 어떤 여성이 걸어 건널 수 없는 깊은 강을 가로 질러 자유의 땅으로 가려고 한다는 이야기였다. 그녀는 젖을 빠는 아들과 함께 건너려고 했으나, 아들을 구하려다가 자신의 생명을 잃을 것이라는 이유로 거절당했다. 아들은 성인으로 자라나 스스로 강을 건너가야 한다는 것이었다. 아들이 자라면 그때 건너편에서 그를 만나라는 것이다(올리브 슈라이더, 1971).

남자를 아이 취급할 때, 남자들에게 편하고 위협적이지 않도록 상황을 유도하려고 할 때 우리는 자신을 기만한다. 우리는 품에 안고 왔던 성인 남자아이를 내려 놓고 계속 가야 한다. 우리 자신을 믿고 아이도 그렇게 하리라는 것을 믿어야 한다. 그리고 마땅히 우리는 그들의 분노, "날 버리지 마세요!"라는 외침, 비난을 예상해야 할 것이다.

아드리엔느 리치(1996)

제도의 수혜를 받았기 때문이다. 프랑스의 교육제도는 1968년 학생운동 이후 학비는 국가가 충당한다. 그리고 여성 취업 지원 정책의 일환으로 3세 이상 아동의 어린이집 보육료 역시 의무교육의 일환으로 무상으로 제공된다. 다만 식비는 부모가 개별적으로 부담하는데 이것 역시 부모의 수입에 따라 역차등지불을 한다. 이렇듯 학비 부담이 없어 외국인의 경우 생활비만 있으면 공부가 가능했다.

이혼연구로 가족정책 인식하다

석사과정에서 부부의 성역할 태도와 취업, 그리고 한국가족에 대해 어느 정도 파악하였다. 대부분의 연구가 가족관계를 사적인 차원에서 분석하고 가족정책 개념이 도입되지 않았다. 그러나 프랑스에서는 가족정책이 인구증가 정책의 일환으로 시행되고 있었다. 200여 년 동안 인구감소 현상을 보인 프랑스는 인구증가 정책이 곧 국가 경쟁력을 강화시키는 것임을 인식하고 있었다. 여성들이 자녀 출산을 기피하는 원인이 경제활동에 방해되기 때문이라는 관점에서 연구되었다. 즉 취업여성들이 가정과 직장 역할을 모두 병행하기 어려우므로 출산을 기피한다는 점이 밝혀졌고, 이에 취업여성의 아동보육문제를 해결하는 것이 가족 정책의 방향이었다. 현재 프랑스의 공보육 취원율은 99%에 이르고 있으며, 아동보육비 역시 국가가 부담한다.

프랑스에서는 이혼 연구가 활발하게 진행되고 있었다. 특히 이혼시 한부모의 자녀양육 및 친권법도 개정되어(프랑스 근대적 의미의 이혼관련법은 1975년 개정되었으며, 이혼당사자 재산분할권 및 아동의 관점에서 자녀의 친권을 인정하였다), 한부모 가족을 고려한 사회보장제도, 동거시 어머니에게 절대적인 친권 부여, 아동의 입장을 최우선으로 고려한 자녀의 권리, 유책이혼에서 파탄이혼으로 전환된 이혼관련법을 통해, 엄청난 문화적 충격을 느꼈다.

한국의 이혼은 개인과 가문의 수치로 여겨진 반면 프랑스 이혼은 국가 정책 차원에서 다루어졌다. 프랑스 가족법, 사회보장제도, 주거정책, 아동보육정책, 여성 취업, 남녀 평등의식 및 개인 관계성 등 다양한 범주의 문제가 가족정책 대상임을 깨달았다.

가족사회학 제3기 박사학위(Docteur en 3ème cycle) 논문 주제는 '프랑스와 한국의 가족과 이혼 비교연구(Une Etude Comparative sur la Famille et le Divorce entre la France et la Corée du Sud)'이다 (Byun, 1987).

> 1980년대 후반 프랑스 부부의 이혼율은 결혼 3쌍 중 한쌍, 한국은 결혼 15쌍 중의 한쌍 꼴이었다. 한국과 프랑스의 가족과 이혼 양상을 직접적으로 비교연구하는 일은 어려웠지만, 이혼은 부부라는 개인적 관계에서 출발해 여성의 경제력, 법제도, 복지정책, 사회적 가치관 등을 풀어낼 수 있는 복합적인 사회현상이다. 그 당시 한국의 이혼율은 결혼 15쌍 꼴의 한 건으로 매우 낮았다. 비교연구의 문제 의식은 '한국은 프랑스에 비해서 부부관계의 질이 높다고 이야기하기 어려운데, 왜 이혼율이 프랑스에 비해서 낮은 것일까?'에서 출발하였다. 이에 프랑스 사회는 부부관계에서 애정이 식으면 함께 살기가 어려운 가치관에 근거를 둔다. 이를 가능케하는 사회제도로서 기혼여성의 높은 취업율, 한부모 수당, 완벽한 아동보육제도, 유책이혼에서 파탄이혼으로의 법 개정, 아동의 복리 보장 등 성평등한 가족제도의 보장이 부부관계의 질을 높이고 평등한 부부관계를 유지할 수 있도록 한다. 그러나 한국의 사회적 환경은 여성의 이혼은 가문의 수치이며, 제반 사회보장 역시 갖추어지지 않아 부인이 참아야만 했다.

최근 프랑스는 결혼에 앞서 커플들이 일단 "시험기간"이라고 생각하는 동거생활이 보편화되었고, PACS 법(Pacte Civil de Solidarite, 결속시민규약)에 의거해 동성애 커플을 합법적인 결합으로 인정하고 이들의 법적권리를 보호하고 있다(변화순 외, 2004). 따라서 일단 부부생활을 하면서도 갈등이 생기는 경우 별거 혹은 이혼을 하기도 한다. 또한 독신생활도 이미 그 사회에서 인정하는 가구의 한 형태이기도 하다. 이제 한국의 이혼율 증가는 박사과정시 가졌던 문제의식이 더 이상 통용되지 않을 만큼 의식과 법제도 측면에서 많은 변화가 있다.

어머니, 며느리로 산다는 것은!

가. 자녀양육 에피소드

올리버 슈나이더(1971)의 어머니와 아들 '강건너기' 일화는 나에게 남편뿐만 아니라 자녀를 어떻게 키울 것인가를 생각하게 한다. 그 일환으로 이 장에서는 자녀양육 에피소드를 소개한다. '말을 물가에 가까이 이끌어 갈 수는 있지만, 물을 먹는 것은 말이다. 따라서 말을 목마르게 하고 물가로 인도한다'. 또한 '물고기를 주지 말고, 물고기 잡는 법을 가르쳐 주라'라는 유태인의 자녀 양육관을 생각하고 실천하고자 노력하였다.

첫째, 자신이 판단하고, 행동하고, 결정하도록 한다. 아들은 어려서부터 소유욕이 강했다. 자동차 장난감을 매우 좋아하는 아들은 누가 가지고 갈까봐 20여 개를 집에 두고 외출할 수 없었다. 어느 날 외출시 아들은 장난감을 모두 들고 가겠다고 고집을 부렸다. 대중교통을 이용해야 했던 부모로서는 난감했지만 아들이 직접 뭔가 깨달아야 한다고 생각했다. 그가 원하는 만큼 자동차를 가방에 담아 넣고, 직접 그 가방을 들고 가도록 하였다. 몇 걸음 못가서 가방이 매우 무겁다는 사실을 깨달은 아들은 결국 장난감을 집에 두고 나왔다. 그는 소중한 장난감을 집에 두고 나와도 아무도 가지고 가지 않는다는 사실을 깨닫자 그제서야 안심하고 장난감을 두고 다녔다. 이처럼 부모가 미리 생각해주고 결정하는 것이 아니라 자신이 생각하는 바를 경험하도록 하고 기다렸다.

둘째, 경제적 관념을 심어주고, 하고 싶은 일을 스스로 계획하고 실행에 옮기도록 한다. 프랑스는 유료 놀이터와 무료 놀이터 시설이 적절하게 섞여 있어, 돈이 없어도 놀이시설을 충분히 즐길 수 있다. 유료시설을 하루종일 놀 수 없는 사실을 인지시키고, 아들에게 하루 동안 쓸 수 있는 용돈의 한도를 정해주고, 그 사용에 대해서는 전혀 부모가 개입하지 않았다. 그리고 무료 놀이기구도 마음껏 놀도록 하였다. 그 결과 아들은 놀이기구 선택을 미리 생각하고 결정하곤 하였다. 이번 주에 3개를 선택해 놀았다면, 나머지 시간은 무료 놀이시설에서 즐기고, 다음 주에 다른 놀이시설 3개를 선택하면서 놀이에 대한 계획을 세우고, 시간을 기다리도록 훈련을 시켰다. 또한 한 달 용돈 액수를 정해주고 그 한도 내에서 장난감을 살 수 있도록 하였다. 장난감을 새로 사는 재미와 다음 한 달을 기다리는 동안 자신의 장난감 구입에 대한 계획을 스스로 세울 수 있었다.

셋째, 부모가 고생하면서 돈 번다는 사실을 주입시킨다. 자식이 어려 부모의 말을 이해하건 못하건 간에 상관없이 부모가 열심히 일하면서 절약하는 모습을 실제로 보여주었다. 부모가 밤새 연구하는 것을 보며 자란 아들은 부모가 고생해서 자식 공부시킨다고 생각했다. 6살 때 친척들 앞에서 "공부를 하면 돈을 못 벌어요. 우리 아버지, 어머니를 보세요. 공부 많이 해서 돈을 못 벌잖아요."하던 기억이 난다. 공부를 많이 하면 돈과 거리가 멀다는 나름대로의 원칙을 발견한 것이다. 그러나 중학교 시절, "아무래도 공부 많이 한 사람은 다른 사람보다 존경을 더 받는 것 같아요" 하면서 자신의 생각이 어느 덧 변하고 있음을 알고 있었다. 이 때 부모는 경제적으로 어렵다는 사실을 자식에게 감추는 것이 아니라 있는 그대로 보여주어야 자식도 절약하거나 경제관념을 갖게 된다. 초등학교 때 좋은 옷을 사주려 해도 아들은 싼 옷을 사려고 하고, '감사하다'는 표현을 수없이 했다. 많이 사주고 아니건 간에 부모에게 감사하다는 생각을 갖도록 한다.

넷째, 잃어버린 물건에 대한 경제적 책임을 자신이 지도록 한다. 요즈음 아이들은 학교나 거리에서 잃어버린 물건을 찾으려고 하지 않는다고 한다. 물건을 잃어버려도 부모가 다시 사주기 때문이다. 아이들은 물건을 잃어버려도 다시 생기므로 경제적 책임감이 없어지고, 자신의 행동을 책임질 수 없다. 그러나 잃어버린 물건과 그 결과에 대해 자신이 책임지도록 해야 한다. 초등학교 때 학교에서 수영복을 잃어버렸다. 수영복을 사주는 것은 부모이지만 잃어버린 물건에 대해 책임을 지도록 자신 용돈의 반, 부모가 반을 지불하였다. 그 이후로는 자기 용돈이 아까워서 거의 물건을 챙기고 아껴 쓰는 습관을 가지게 되었다.

다섯째, 용돈의 용도를 미리 계획하고 청구하도록 한다. 그 이후 결과는 자신이 책임지도록 한다. 고등학교 1학년 아들은 친구들과 스키장을 1박 2일 다녀오겠다고 했다. 다른 친구들은 2박 3일 계획하는데, 부모의 돈을 많이 쓰는 것이 미안해 1박 2일만 다녀오겠단다. 2박 3일 다녀오라고 했지만, 1박만 하겠단다. 스키장에서 쓸 비용 명세서를 작성해 어머니에게 청구하라고 하였더니, 교통비, 스키장 리프트 값, 스키화 랜탈, 숙박비 등 5만원을 청구하였다. 나는 여유자금 1만원을 덧붙여서 6만원을 주었다.

스키장에서 아들은 마음을 바꿔 하루를 더 연장하겠다고 전화했다. 나는 그러라고 대답하였지만, 추가 비용 부담에 대해서는 언급하지 않았다. 아들은 나머지 추가 비용에 대하여 어머니가 주실 것이라는 믿음으로 언급하지 않았던 것 같다. 나는 속으로 '네가 세운 계획이 변경됐으니, 네 돈으로 나머지를 충당해야지'라고 생각하며 회심의 미소를 지었다. 아들은 내가 생각하는 경제관념 덫에 걸려든 것이다.

아들은 돌아와서 추가소요비용 3만원을 달라고 했다. 그 때 '스키상 가기 전 명세서를 작성하도록 한 것은 바로 계획이 적절한가를 판단하도록 한 것'이라는 점과, '비록 부모의 돈이라도 제대로 받아내는 훈련을 기르는 것이 중요하다'는 점을 주지시켰다. 자신의 용돈에서 3만원이라는 거금을 쓰게 된 아들은 아빠에게 추가 비용을 달라고 했지만 설득시키지 못했다. 결국 아들은 자신의 용돈에서 부담할 수밖에 없었다. 여기서 교훈은 절약이 능사가 아니라 부모 돈이라도 필요할 때는 많이 달라고 하고, 나중에 그것보다 더 벌어서 갚을 능력을 키우는 것이 중요하다는 점을 말하고 싶었다.

여섯째, 자식의 이야기를 있는 그대로 들어주고, 어디에 잘못이 있는가를 객관적으로 짚어준다. 고등학교 2학년, 하루는 엉엉 울면서 전화를 했다. 학교에서 본인은 잘못한 일이 없는데 선생님이 마구 때렸다는 것이다. 매 맞은 이유를 물었다. 선생님께서 욕을 하시기에 '욕하지 말고 이야기해 주세요' 했더니, 마구 때리더라는 것이었다. 그리고 반성문을 써오라고 했단다.

전화를 듣는 순간 어미로서 가슴이 메어지고 감정이 복받쳤지만 순간 참고 한 걸음 뒤로 물러섰다. 이것을 선생님께 달려가 따져야 하나 하는 생각이 앞섰지만 참고 이성을 되찾았다. 우선 이야기를 다 들은 후, 선생님 입장에서 왜 학생을 때렸는가를 물어보았다. 그랬더니 그는 잠시 멈추었다가 "여러 아이들 앞에서 선생님 뜻에 반하는 내용을 말했기 때문이다"라고 했다. 나는 그에게 왜 사람들이 화가 나면 폭력을 행사하는가, 그리고 폭력을 행사하는 사람들은 심리적으로 매우 취약한 상태에 있다는 점을 설명하였다. 그 교사는 상처를 받은 사람인가보다라고 인식시켰다. 아들 자신이 잘못했다기보다는 선생님 방식과는 다르게 대응한 것이라는 점을 납득시켰다. 그리고 반성문에 무조건 잘못한 것이 아니라, 선생님과 학생간의 차이를 쓰고, 어떠한 훈육이든지간에 폭력은 나쁜 것이라는 점도 쓰도록 하였다. 부모가 교사에게 직접 따지지는 않았지만, 반성문에 부모와 상의했다는 사실을 덧붙였고, 사후 처리로 그 교사에게 케이크를 보내서 부모가 알고 있음을 간접적으로 표현하였다. 그 결과 수업시간에 그 교사가 '내가 폭력을 했었나?' 하면서 웃으시더란다.

교사에게는 폭력 훈육 방식이 잘못되었음을 아들의 반성문을 통해 알도록 하고, 아들에게는 교사에게 학생의 도리를 지키지 못한 점을 지적해 주었다. 결과적으로 아들은 마음의 상처를 입지 않고 선생님께 예의지키는 방식을 배워 해피엔딩으로 끝났다. 아들이 어머니의 말을 신뢰할 수 있게 된 것은 자신의 이야기를 있는 그대로 들어주고, 자신과 타인의 다른 점을 짚어주며, 감정적으로 어려운 상황에 있는 타자를 이해하도록 도와주었기 때문이다. 이러한 과정 속에서 어머니와 아들의 의사소통은 원활하게 되었다.

일곱째, 때로는 대범한 어머니가 되어야 한다. 먼 길을 떠났을 때에도 부모의 입장을 먼저 생각하지 말고 중요한 일을 선택함으로써 무소식이 희소식이라는 점을 깨닫게 해준다. 대학생 아들은 친구 2명과 함께 2주일 계획으로 서울을 출발하여 해남 땅끝 마을까지 자전거 무전여행을 떠났다. 나는 "무소식이 희소식이다. 전화가 없으면 네가 잘 있는 줄 알테니, 전화가 없는 곳에서 부모에게 전화하려고 하지 말라"고 했다. 당시 핸드폰이 지금처럼 대중화되지 않았다. 부모가 걱정할까봐 전화기를 찾다가 보면, 해결해야 할 다른 일들을 놓칠 수 있으니, 일단 떠나면 집을 잊으라는 생각에서였다. 그리고 무슨 일이 있으면 어떤 통로를 통해서도 연락이 올 것이므로 걱정하지 말라고 안심시켰다. 또한 시골에 가서 텐트 치기 어려울 때는 마을회관을 찾아가서, 마을 어르신들에게 인사하고 밥과 잠자리를 청하라는 팁을 알려주었다.

무전여행 중 전화가 한 번도 없었다. 사실 아들이 매일 객지에서 어떻게 지내는지 내심 걱정되었지만, 소식이 없다는 것은 별 탈이 없다는 것으로 믿고 있었다. 여행 후 집에 돌아온 아들은 시골 어르신들께 깍듯이 대하고, 낮에는 모내기를 도와드려서 먹을 것을 해결했다고 자신의 무전 여행담을 들려주었다. 누가 그 행동을 주로 했는지 물어 보았더니, 자신이 주로 '앵벌이 노릇'을 했다고 한다. 아들의 여행 총 지출액은 1주일에 3만원이었고, 그 중 2만원은 돌아오는 기차비용이었다고 한다.

여덟째, 어떠한 경우라도 평상심을 찾도록 한다. 미국 캘리포니아주는 사막이라 산불이 잦았다. 매스컴을 통해 종종 미국 서부의 산불 소식을 듣게 되는 지역인데, 2007년 산불이 주택가까지 접근했다. 유학 중 아들은 불을 피해 피난 갔다가 다시 집에 돌아오고, 또 새벽에 짐을 싸서 피신해야 하는 상황을 몇 번이나 반복했다. 매스컴을 통해 미국 아들 거주지 주변으로 산불이 번지고 있다는 소식을 듣고 있었지만, 여전히 무소식이 희소식이라는 신념으로 아들의 연락을 기다렸다. 아들은 서울에 있는 부모를 안심시키고자 '곧 피신을 하게 되지만 걱정하지 말라'는 전화를 주었다. 그런데 새벽에 자다가 전화를 받은 어머니는 잠이 덜 깬 목소리로 '아! 그래, 그런데 아침밥은 먹었니?'라고 태연하게 묻는 것이 전부였다. 한술 더 떠서 아버지는 '○○가 이라크 전쟁을 일으켜 벌 받아서 산불이 일어났다'고 대답을 하였다. 세상에! 이역만리에서 부모가 걱정할까봐 가슴졸이며 겨우 전화를 했는데 이렇게 태평한 부모가 어디 있단 말인가! 산불로 수차례 피신해야 했던 자식을 걱정하는 부모 모습이 아니라 너무나 태연하게 자신을 대했다는 사실에 아들은 지금까지도 섭섭해 한다.

사실 어미는 '어떠한 어려운 경우에라도 평상심을 잃어서는 안 된다'라는 메시지로 '밥은 먹었니?'라고 표현을 했다. 그 사건 이후 어느 책에서 '자신이 성장을 하고 보니, 어느 누구도 자신이 밥을 먹었는지, 아닌지를 챙겨 주는 사람이 없었다. 오직 돌아가신 어머니께서 "밥 먹었니"라고 물어보셨는데, 그 물음의 의미를 깨달았을 때에는 이미 어머니는 안계시더라' 는 내용을 읽었다. 그 책에서 어머니의 '밥은 먹었니?'는 자녀에 대한 무한한 애정 표현이며, 어떠한 일이 있어도 평상심을 잃지 말라는 어머니의 주문이었다. 어머니만이 자녀의 밥을 챙겨주고, 밥을 먹어야만 에너지가 솟는다는 것을 깨닫게 해준다. 이 글을 아들에게 보여주었더니 동의하지 않으나 더 이상 산불에 대한 이야기를 하지 않았다.

나. 때로는 나쁜 며느리가 되자

유학을 마치고 돌아왔을 때 시어머니께서는 돌아가시고, 시아버지만 계셨다. 항상 마음속으로 며느리가 성공하기를 바라시던 시아버지께서는 며느리 유학시절 손자를 키워주셨다. 아들, 며느리, 손자와 함께 사시는 시아버지께서는 며느리 뒷바라지를 여전히 해주셨다. 누구든지 '주는 만큼 기대도 크다'고 하는데, 시아버지 역시 며느리에 대한 기대가 크셨다. 그만큼 재적응 기간에 갈등도 있었다.

'시아버지의 부엌' 은 필자가 조선일보에 연재한 글들 중 하나이다. 게재 이후 독자란에는 '이러한 행동은 시아버지를 사랑으로 모시는 방법이 아니라, 시아버지에게 일을 시키는 못된(?) 며느리'라는 평이 실리기도 했다. 그렇다! 동일한 사건이라도 어떤 시각에서 바라보는가에 따라 '사랑으로 가득한 역할분담' 일 수 있고, '시아버지에게 가사역할을 시키는 못된 며느리' 일 수 있다.

시아버지에게 가사역할만을 수행하시라고 한다면, 그것은 못된 며느리이지만 그와 더불어 물심양면으로 보상해드리면, 시아버지께서도 가정 안에서 존재감과 존경받고 있다는 마음을 가지신다. 예를 들어 첫 월급을 모두 시아버지께 드렸더니 매우 흡족해 하시면서 일부 빼시고 돌려주셨다.

70대 중반을 지나신 시아버지는 고령에도 불구하고 등산, 댄스, 스키 등을 취미로 즐기시는 소위 '젊은 오빠'라서 주변에 항상 여자 친구가 끊이지 않으셨다. 여자 친구를 며느리가 스스럼없이 만나고 '연애 상담'을 요청하시면 부담감없이 조언해드렸다.

시아버지께서는 감정적, 물질적 투자를 한 며느리에게 대해 서운한 점이 많으셨다. 사람들은 누구나 서운한 감정을 가진다. 다만 이러한 감정 처리를 어떻게 하는가가 중요하다. 시아버지는 당신의 감정을 직접 며느리에게 표현하지 못하신다. 시아버지께서 당신의 서운한 감정을 딸들에게 말씀

하시면, 손아래 시누이는 여과없이 그대로 올케(필자)에게 이야기한다. 그러면 이 문제를 참고 덮어두기 보다는 문제의 핵심을 파악하고 시아버지, 시누이 각각을 상대로 확인하는 못된 며느리가 되어야 집안이 화목하게 된다는 역설이 등장한다. 단 못된 며느리라도 상대방이 필요로 하는 점을 파악해 감정적, 물질적 투자를 해야 한다.

쉬어가기....

시아버지의 부엌

홀로 되신 시아버지가 여간 힘든 게 아니라는 이야기를 친구들로부터 종종 듣는다. 이들에겐 「독립적인 삶」을 꾸려가는 나의 홀시아버지가 놀라움의 대상이다.

올해 78세인 시아버지(현재 돌아가심)는 2년 전 근처 아파트로 분가해 나가셨다. 자식들과 떨어져 좀 더 독립적으로 살고 싶다는 바람에서였다. 10여 년 전 시어머니를 먼저 보내신 시아버지는 등산을 즐기신 덕분에 요리솜씨가 수준급이다. 특히 카레라이스와 닭찜은 (일류) 주방장급이라고 자부하신다. 오이지와 김장도 손수 담그실 정도다.

요즘도 주말 저녁마다 식구들이 찾아가면 카레라이스를 만들어놓고 기다리신다. 그리곤 자식들이 맛있게 먹는 모습을 흐뭇하게 바라보신다. 남편은 '왜 이렇게 음식이 짜냐' 고 타박놓을 때도 있지만 나는 그저 '맛있다' 며 열심히 먹는다.

이런 시아버지를 만난 건 내 인생의 커다란 행운이라고 생각한다. 1년 8개월 된 어린 아들을 시부모님께 맡기고 프랑스 유학을 떠나 있는 동안에도 시아버지는 정성으로 손자를 돌보셨다. 유학생활을 마치고 돌아와 살림을 다시 합쳤을 때도 시아버지는 직장 다니는 며느리를 늘 관대하게 이해해 주셨다.

다른 주부들을 보면 시아버지께서 부엌에 들어오는 일 자체를 꺼리는 경우가 많다. 하지만 시아버지께서 원하신다면 기회를 드려야 한다는 것이 내 생각이다.

굳이 가사가 아니더라도 집안관리나 손자 돌보기 등 구체적인 일을 통해 「필요한 존재」로 어필한다면 가족 구성원 모두가 좀 더 행복해질 것이다.

변화순(조선일보 1998년 6월 26일자. 일사일언의 '홀아버지의 분가' 라는 제목을 '시아버지의 부엌' 으로 바꾼 것임)

02부

다양한 가족, 정책으로 푼다

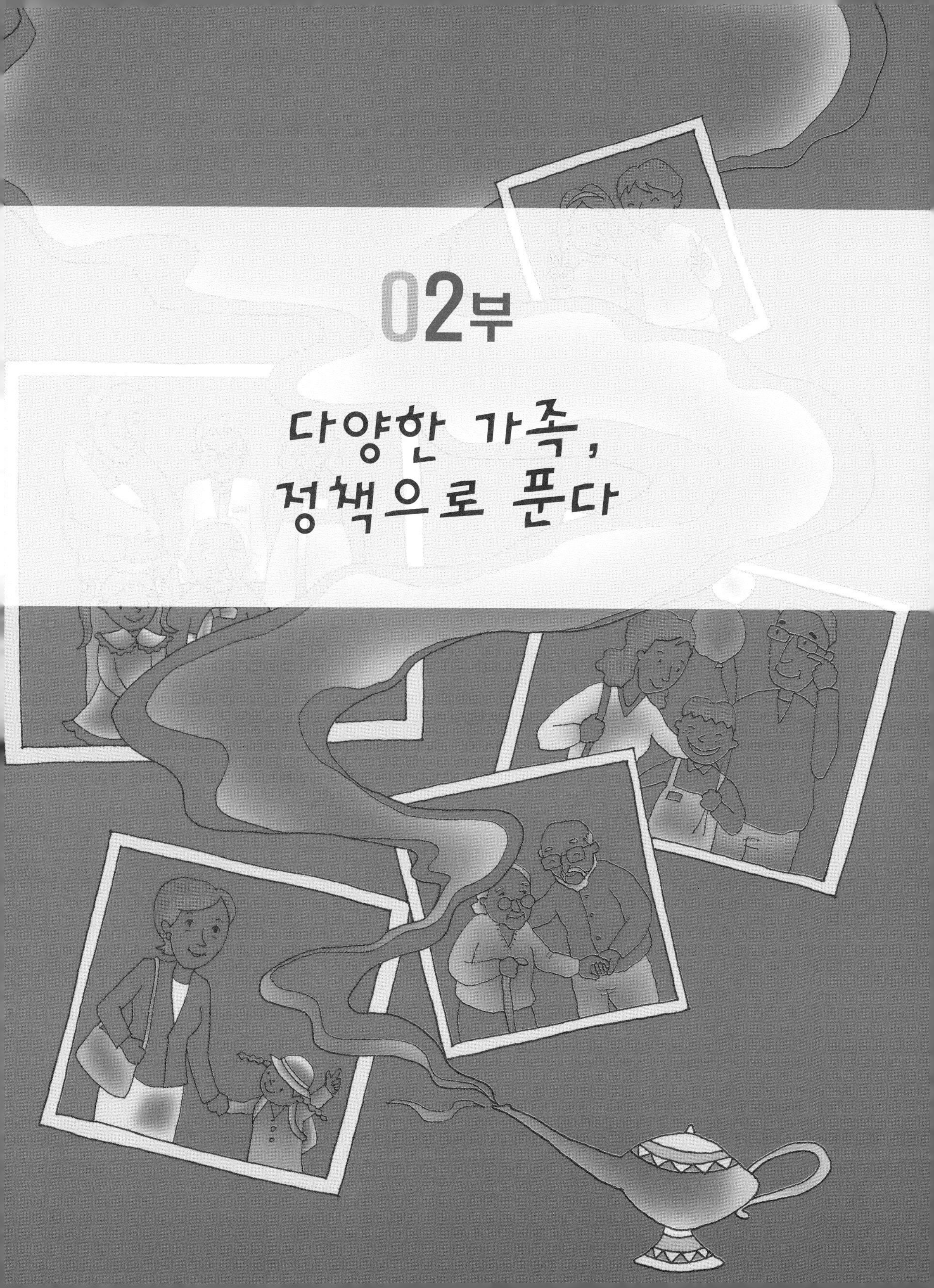

제1장 정보화가 우리 삶에 미친 영향[1)]

최근 우리는 가족구조 다양성, 결혼연령 상승, 결혼율 감소, 이혼율 증가, 합계출산율 감소 등 실로 전통적 가족 관념으로 이해하기 어려운 현상을 포착하게 된다. 한편 경제위기 등으로 인해 여성의 경제활동 참여가 증가하고 있다. 직계가족과 부부중심 핵가족 유형도 다양화되어 홑벌이 가족 외에 맞벌이부부가족, 주말부부가족, 자녀가 없는 1세대가족(DINK) 증가 등의 현상을 주목하게 된다. 이러한 가족의 변화는 단순히 가족구조뿐만 아니라 가족기능, 관계, 가치관의 복합적인 상호작용을 보여 이를 통찰하는 작업이 간단하지 않다. 또한 후기산업 사회를 향해 빠르게 움직이는 현 상황에서 가족 역시 정보화 영향으로 인해 많은 변화를 겪고 있다. 그러나 정보사회가 가족과 여성 삶에 어떤 영향을 미치는지에 대한 연구는 구체적이지 못하고 단편적이다.

'정보사회란 주요 인간 활동이 정보 및 통신기술이 제공하는 서비스의 지원을 받아 이루어지는 사회'를 뜻한다. 정보사회는 엄청나게 많은 양의 정보가 신속하게 처리되고 전달 공급되며, 대부분의 고용이 지식과 정보의 생산, 처리, 유통과 관련된 정보산업에 집중되는 사회를 가리킨다. 이 때 정보라 함은 인간의 지적 활동의 결과로 얻어지는 무형의 생산물을 말한다. 최근 특히 디지털 기술의 발달은 여러 가지 종류의 정보를 단일체제로 표준화시켜 멀티미디어 시대를 여는 데 결정적인 공헌을 하고 있다. 정보사회에서 요구되는 자질은 인간의 창의력을 최대한으로 높이고, 인간의 존엄성을 보장하고, 쾌적한 환경과 다양한 문화를 보호하고 아끼는 사회를 만들기 위

1) 이 글은 변화순(2004), "정보화시대의 가족변화와 여성의 지위", 「동덕여성연구」, 동덕여자대학교, 한국여성연구소의 글을 재수정한 것이다.

한 가치관과 제도를 확립하는 데 있다(권태완 외, 2000). 이렇게 볼 때 정보사회가 지향하는 가치관은 인간의 창의력과 존엄성 존중, 남녀평등, 다양성을 인정하며 그 가치관은 궁극적으로 다양성을 인정하는 후기산업사회 가치관과 맞물린다. 또한 후기산업사회 가족의 특성은 가족 다양성에 있다고 볼 때 가족가치관과 여성의 삶의 변화 양상을 짚어보는 작업은 정보사회 가족과 여성의 자리매김을 위하여 의미 있다고 본다. 따라서 이 장에서는 정보사회가 가족과 여성의 삶에 미친 영향을 긍정적 혹은 부정적으로 분석하기 위해 첫째, 정보사회와 후기 산업사회, 둘째, 정보사회와 가족, 셋째, 포스트모더니티 가치와 다양성에 대해 다루고자 한다.

정보사회와 가족

정보화가 여성의 삶과 지위 향상에 기여한다는 시각과 반대로 오히려 여성 삶의 기회를 제한한다는 시각도 있다. 이렇듯 정보사회가 가족변화와 여성의 삶에 미치는 영향에 대해 일률적인 해석과 전망을 내릴 수는 없다. 왜냐하면 정보화는 각 사회의 정치, 경제, 사회, 문화적 조건에 의해 영향받으면서 다양한 방식으로 전개되고 그에 따라 사회 불평등 양상도 또 다른 스펙트럼을 그리기 때문이다. 또한 기존 사회 불평등적인 요인들, 즉 계급, 계층적 격차, 성별격차 등은 정보격차를 만들어낼 가능성이 크다. 그럼에도 불구하고 계층과 성별 격차를 넘어서 일반적으로 정보화가 가족, 가족관계 및 제반 기능 수행에 미친 영향은 막대하다. 특히 컴퓨터 통신의 발달은 정보 접근성을 더욱 강화시켜 이미 인터넷없는 가족생활은 상상하기 어렵다. 정보화가 가족과 여성의 삶에 미친 영향을 직접적으로 분석하기가 쉽지는 않지만 담론적 시도는 필요하다. 왜냐하면 정보사회가 가족 변화, 그리고 여성 삶의 변화에 미친 영향을 긍정적, 부정적인 측면에서 검토함으로써 미래가족 삶의 양상을 짚어볼 수 있기 때문이다.

정보 생산에 초점을 맞춘 다니엘 벨은 후기산업사회는 사회구조상의 변동으로 출현한다고 보고 있다. 여기에는 경제, 직업구조, 계층구조 등이 포함되지만 정치나 문화적 쟁점은 제외된다. 산업사회에는 산업노동이 일반적이었으며, 후기산업사회에서 지배적인 것은 서비스 고용이다. 산업사회에서 생산성이 급증함에 따라 공장에서 잉여가 발생하며 이러한 잉여로 인하여 교사, 병원, 오락 등과 같이 서비스업이 생겨나고, 직업적으로 고용기회를 창출하게 된다. 이러한 사회는 '서비스와 관련한 사람들간의 관계에 기반을 둔다'. 여기서 중요한 것은 근력이나 에너지가 아니라 정보이다. 서비스가 전문직 종사자들에 의해 행해지는 '사람들간의 게임'이기 때문에 이러한 관계 특성은 대인 지향적인 보살핌 사회로 발전하게 된다. 후기산업사회에서는 사람들이 단위(관심이 기계와 돈에 있었던 시대에 산업노동자들이 취급되었던 운명)로 취급되지 않으며, 고객의 욕구를 전제로 하는 대인 지향적 서비스로부터 득을 보게 된다. 서비스 지향적인 산업은 정보노동을 필요로 하므로 정보사회라는 것이다(다니엘 벨, 1976).

이러한 모든 것은 우리가 미디어로 가득 찬 사회에 살고 있다는 것을 말해 주지만, 우리 사회의 정보적인 측면들은 텔레비전, 라디오 그리고 다른 미디어가 간단하게 제시하는 것보다 훨씬 더 철저하게 침투되고 있다. 백욱인은 정보사회를 디지털문화로 정의하면서 다음과 같은 특성을 가진다고 보았다(백욱인, 1998). 첫째, 디지털 문화는 공동체 문화이다. PC통신과 인터넷은 미디어인 동시에 하나의 공동체를 이루는 새로운 환경이다. 그러나 미디어만으로는 공동체를 이루지 못한다. 공동체가 이루어지려면 사람들이 만나는 공동의 광장이 있어야 하고, 의사를 소통하는 도구가 있어야 하고, 그들이 만드는 공동의 가치와 신념 그리고 행위가 있어야 한다. PC통신에는 이러한 요소들이 모두 갖추어져 있다. 둘째, 디지털 문화는 나눔의 문화이다. PC통신은 정보의 공유와 나눔을 자신의 존재 의미로 여기는 새로운 마인드를 창출한다. 정보는 쓰면 쓸수록 튼튼해지는 근육처럼 서로 나눌수록 커지는 살아 있는 물질이다. 셋째, 디지털 문화는 지식문화이다. 네트워크시대에서는 지식이 갖는 의미도 변화하고 있다. 이제는 데이터와 정보를 짜 맞추어 활용하는 능력이 지식인의 필요조건으로 간주된다. 이러한 지식의 위상변화와 더불어 정보 불평등 문제가 드러나면서 정보 빈자와 정보 부자, 정보 거지의 문제가 제기된다. 그러나 중요한 것은 정보활용 능력의 문제이다. 넷째, 디지털 문화는 대항문화이다. 새로운 기술의 자유주의

쉬어가기....

가족과 관련된 정보화 정의

첫째, 기술적 정의이다. '정보사회'에 대한 가장 흔한 정의는 눈부신 기술혁신을 강조한다. 핵심적인 개념은 정보처리, 저장 및 전송의 획기적인 발전으로 인하여 사회의 거의 모든 부분에 정보기술(IT)을 활용하게 되었다. 여기에서 주된 관심은 컴퓨터 가격의 엄청난 하락과 처리능력의 놀라운 향상, 그리고 그에 따른 모든 분야에서의 컴퓨터의 응용이다. 이제는 타자기, 자동차, 주방기기, 시계, 공장기계, 텔레비전, 장난감 등과 컴퓨터를 결합시키는 것이 실현 가능하고 경제적이기 때문에 우리는 새로운 시대로 돌입할 것이 분명하다. 수많은 책, 잡지 그리고 텔레비전 프로그램이 이러한 견해를 제시하는 독특한 장르의 발달을 촉진시켜 왔다. 이러한 기술적 발전은 가정에서 주방기기, 텔레비전 등의 발전으로 인하여 주부의 가사노동을 경감시키는 한편, 인터넷의 발달로 홈뱅킹, 쇼핑 시간을 감소시키는 결과를 가져왔다. 이 정의는 정보상품과 정보서비스의 소비가 가정생활과 여성의 삶에 어떠한 영향을 미쳤는가에 대한 분석을 요한다.

둘째, 직업적 정의이다. 정보사회의 출현에 대한 흔한 척도 중 하나는 직업의 변화에 초점을 맞춘다. 간단히 말하자면 정보업무와 관련된 사무직원, 교사, 법률가 및 연예인 등의 직업이 광부, 노동자 그리고 건설노동자들보다 많을 때 '정보사회'가 등장하게 된다. 따라서 정보화 사회에서는 여성의 경제활동 참여 공간이 넓어지므로, 정보사회가 여성에게 미친 영향을 기혼취업여성의 부부관계, 자녀양육에의 문제에 대해 집중적인 관심을 가져볼 수 있다. 특히 정보사회에서는 재택근무가 발달하게 되어 정보생산에 있어 여성의 재택근무라는 점에

적 요소에 주목한 많은 사람들이 디지털 문화의 해방적 잠재력을 강조한다. 젊은이들은 이미 변화된 환경 속에서 생활하기 때문에 과거의 개념이나 도구로 현실을 재단하려 하지 않는다. 이러한 디지털 문화는 개인의 행동과 신념에 변화를 가져오는데 그것은 개인성, 개인과 개인간의 '친밀성'이 주요한 덕목이 되며 결국 가족생활, 여성 삶에 직·간접적인 변화를 가져온다.

정보사회가 가족생활에 미칠 영향에 대해 조은(1998)은 다음 두 가지로 나누어 보고 있다. 하나는 새로운 정보기술의 발달과 정보매체의 사용으로

초점을 맞추어 본다. 이점은 특히 산업사회에서 가정내 여성에게 주로 요구되었던 '보살핌'에 대한 가치지향과 상충되어 갈등적 요소를 내포하기도 한다.

셋째, 문화적 정의이다. '정보사회'가 산업사회와 차이를 보이는 큰 영역 중의 하나는 문화적 변화임에도 불구하고 가장 적게 측정되고 있다. 우리는 일상생활 양식의 사회적 순환에서 정보가 엄청나게 증가하였다는 것을 안다. 텔레비전은 많은 사람이 이용하여 왔고 현재는 거의 전일방송이 실시되고 있어서 사람들은 아침부터 밤늦게까지 시청을 할 수가 있다. 그리고 이것은 영상기술, 유선 및 위성채널, 그리고 텔레텍스트 같은 컴퓨터화된 정보서비스를 통합하는 것으로 발전하였다. 라디오는 더 이상 거실에 고정된 것이 아니고 가정, 자동차, 사무실 등 모든 곳에서 이용 가능하다. 영화는 오랫동안 사람들의 정보환경에서 중요한 부분이 되어 오늘날 그 어느 때보다도 확산되어 있다. 극장에서뿐만 아니라 텔레비전 방송에서 볼 수도 있고, 비디오 가게에서 빌려 볼 수도 있으며 슈퍼마켓에서 값싸게 구입할 수도 있다. 거리마다 간판이나 점포 진열품 등과 같은 광고물이 놓여 있다. 모든 기차역이나 버스정류장에서는 고전에서부터 교양, 자기치료, 저속한 소설에 이르기까지 전례 없이 다양한 주제와 부수를 자랑하는 도서와 잡지를 구입할 수 있다. 더욱이 오디오 테이프, 콤팩트디스크 그리고 라디오 방송은 모두 손쉽게 이용할 수 있는 음악, 드라마, 유머 그리고 교육을 일반인들에게 점점 더 많이 제공하고 있다. 신문은 광범하게 이용되고 있으며 상당수의 새로운 신문이 무료로 배달되기도 한다. 쓰레기 우편도 매일 배달된다.

출처: 웹스터(1997).

기존의 가족생활과 가족관계 그리고 가족문화가 어떻게 변화할 것인가에 대한 관심이다. 즉 컴퓨터가 거실과 안방에 들어왔을 때 가족내 성별 분업은 어떻게 바뀔 것인가, 산업사회의 특징이라 할 수 있는 가족과 일터의 분리가 정보사회에서는 통합될 것인가, 그렇게 된다면 가족이라는 공간은 어떠한 의미를 갖게 될 것인가, 가족간의 친밀함이나 의사소통 방식은 변화될 것인가, 등에 대한 의문을 갖게 된다. 다른 하나는 컴퓨터와 네트워크에 의해 형성된 사이버 공간에서의 가족문화가 어떠한 모습으로 나타날 것인가, 이들 가상 가족문화와 실제 가족문화와의 관계는 어떻게 정립될 것인가 등을 둘러싼 관심이다. 즉 사이버 공간에서 이루어지는 사이버 가족이 기존의 가족 기능을 보완할 것인가, 사이버 부부나 사이버 섹스는 실제 생활에서 이루어지는 부부관계와 어떻게 다른가 등을 질문하게 된다.

결국 정보사회에서 요구되는 덕목은 후기산업사회에서 요구하는 덕목과 일치하는 부분이 많고, 이는 다양한 가족에 대해 요구하는 덕목과 중복되는 현상을 보인다. 이러한 덕목은 여성의 삶에 많은 변화를 야기한다.

포스트모더니티 가족 = 가족 다양성

정보사회가 포스트모더니티 사회와 동일한가에 대한 논쟁, 포스트모더니티 가족은 다양한 가족으로 보아야 하는가에 대한 논쟁은 많이 있어왔다(임인숙, 1999). 가족에 대한 포스트모더니즘의 영향은 전형적인 핵가족 이데올로기 뒤에 숨겨져 있는 이성에 근거를 둔 성규범적이고, 남성가장이 생계를 유지하는 가정(假定)에 대해 근본적인 문제를 제기한다(Thorne & Yalom, 1982). 즉 포스트모더니즘이 가족에 미친 전형적인 변화는 전통적 핵가족 규범에서 다양한 가족의 가족가치관이 파생되고 있는 점인데 그 결과 다양성과 다름을 인정한다.

철학적 의미에서 볼 때 근대성은 각 분야에 있어서 전문가들의 협소한 시각으로 인하여 개별적 전문성으로 분리되었기 때문에 삶의 양태를 총체적으로 통합하지 못했다. 근대화의 특징을 정의하자면, 일상생활과 사고의 모든 요소들이 하나의 유기적 전체처럼 제 위치에 놓여 있어 사회문화적으로 통일성을 구축하는 데 있고, 그것은 주체성, 안정성, 대중성을 추구한다고 한다. 포스트모던은 근대성의 일부이기는 하지만 지금까지 받아들어져 왔던 모든 것들을 의심하고, 부정하면서 새로운 것을 만드는 통합적인 과정이라 할 수 있다(리오타르, 1992). 즉 막시즘이나 파슨스(T. Parsons)의 구조적 거시이론과 분리되면서 포스트모더니즘은 다음과 같은 특성을 보인다. 첫째, 단선적 의미의 진보에 대해서는 회의적이며, 둘째, 합리성, 보편적 이론, 그리고 거장의 출현에 있어서는 비판적이다. 셋째, 환상적이고 위험하기도 한 광범위한 지식에 대해 동의하지 않으며, 넷째, 지식은 사회적 맥락에서 구성되므로 지식은 개인을 잠재적으로 억압하고 있다는 점을 지적하면서 더불어 개인의 존엄성을 강조하고 있다. 다섯째, 특히 건축의 양식에서 두드러지게 나타나지만 과거의 특정시대의 유형에 대해 다시 인식하고, 다른 시대의 양식을 조화롭게 절충하고 있다. 즉 포스트모더니즘은 총체적인 분석을 거부하고, 차이와 다양성을 존중하고, 그것에 의미를 부여한다. 따라서 가족에서 포스트모더니즘이란 구조적인 분석을 넘어서 다양한 가족을 인정하고, 가족내 젠더를 존중하면서, 그 의미를 읽어내는 데 있다(Doherty, 1986; 변화순 외, 2000a 재인용).

포스트모더니즘에 대한 페미니스트의 분석은 여성에게 있어서 단일한 가족경험은 없다는 것을 밝힌다. 그것은 여성에게 있어서 가정 생활의 모순되는 점을 드러내고 성과 관련된 시각을 조정하고자 한다. 즉 전통적으로 여성의 영역으로 간주된 사적영역, 보살핌, 섹슈얼리티의 수동성, 재생산권, 보수 무보수 노동, 그리고 권력에 대한 정의를 다시 하고 타인에 대한 보살핌 노동을 수행하는 과정에서 야기되는 긴장을 해결할 수 있는 통합적 기재를 만들어야 한다는 것이다(Baber & Allen, 1992).

그 동안 우리 사회에서는 결혼을 바탕으로 한 남녀간의 '합법적인' 결합 이외에 그 밖의 가족유형들에 대해서는 '비정상적이다' 는 시각이 오랜 동안 강도 있게 견지되어 왔다. 특히 여성에게 있어서 사회적 낙인은 더욱 심했다. 이에 더하여 스스로 사회의 부정적인 시각을 비켜가고자 원하는 당사자들의 침묵으로 통계적인 조사가 활발하지 못했다. 대안적인 삶의 방식을 살아가는 이들이 구체적으로 어떠한 내적 과정을 통해 개인적 선택의 문제로 현실화시키고, 이들의 욕구는 과연 어떠한 것이며, 또한 우리 사회에서 그로 인해 치러야 하는 대가가 무엇인지 드러내는 작업이 필요하다. 더 나아가 이를 위해 정보사회가 할 수 있는 대안이 무엇인지도 생각해 볼 필요가 있다(변화순 외, 2000a).

가족과 여성 삶의 변화

이상과 같은 점을 종합해 〈표 2-1〉에서 보는 바와 같이 기술적, 직업적, 문화적 정의에 근거를 두고 정보의 생산과 정보소비, 정보문화의 관점에 따라 나누어 보면 가족과 여성 개인의 행동 변화와 이에 따른 가치의 변화를 읽을 수 있다. 이는 긍정적인 측면과 부정적인 두 측면을 내포한다(변화순, 2000a).

첫째, 기술적 정의에 의하면 이제는 가정에서 주방기기의 전자동화로 가사노동을 경감시키는 한편, 인터넷의 발달로 홈뱅킹, 쇼핑 시간을 감소시키는 결과를 가져왔다. 또한 기계를 선택 작동시킴에 있어서 능동적 행동, 기계에 대한 높은 의존도 등은 가정내의 여성의 가사노동시간을 단축시키고, 젠더(gender)와 관련 없이 가족원이 가사노동을 분담하는 등의 성역할 변화를 가져오고 있다. 이러한 여가시간의 증대는 긍정적 측면에서는 여성의 삶을 풍요롭게 만들기도 하고, 자원활동 참여, 경제활동 참여의 증대로 사회적 참여기회가 확대된 반면, 부정적인 측면으로는 남는 시간을 활용하지 못하기도 한다.

둘째, 직업적 정의에서 볼 때 정보생산을 위한 사회적 가치의 덕목으로서 창의력, '보살핌'의 중요성이 대두된다. 여성 경제활동 참여의 증가는 남녀평등의식을 확산시켰다. 취업의 형태로서 재택근무 역시 확산되고 있지만 여성의 가사노동, 자녀양육에 있어서의 갈등은 여전히 남아 있다.

먼저 정보사회와 관련해서 자주 등장하는 쟁점 중 하나는 일터와 가족의 통합이 성별 분업에 어떻게 영향을 미치는가에 대한 논의다. 정보사회의 등장은 확실히 산업사회와는 다른 유형의 노동양식을 가져왔다. 곧 정보사회에서는 노동시간의 유연화, 일자리의 공유, 원거리 통신을 통한 원격근무의 도입 등 노동양식의 변화와 더불어 시간제 근무의 확대와 재택근무 등

표 2-1 정보사회 특성과 가족 및 여성 삶의 변화

정보사회 특성		노동구조 및 행동양식 변화	사회적 가치변화	가족 가치변화	여성 삶의 변화	
					긍정적	부정적
기술적 정의	정보 소비	정보기기, 정보상품 발전	능동적 행동, 기계 의존	성역할 의식 변화	가사노동시간 단축, 여가시간 증대	여가시간 활용 문제
직업적 정의	정보 생산	서비스 고용, 재택근무 증가	창의력, 보살핌중요, 남녀평등의식 확산	보살핌, 남녀평등의식 확산	여성 취업 기회 증가, 재택근무 증가	여성의 이중역할 부담 가중
문화적 정의	정보 문화	텔레비전, 영화, 음악, 드라마, 신문 등 문화적 접근 광범위화, 인터넷 네트워크 의존	개별화(개인주의), 친밀성 강조, 다양성 인식 공동 가치, 신념 중요, 외부 관계 활발	부부평등성 강화, 가족결속약화, 세대간 갈등심화, 가족 다양성, 가족범위 확대, 성간, 세대간 정보격차 심화	여가문화 활용증대, 라이프스타일 변화, 여성 사회 활동확대, 여성 정보 접근 불평등 심화	성간, 세대간 갈등 심화, 여성의 다양한 가족내 위치 불안정

자료 : 변화순(2000a)

가족과 일터의 통합 가능성이 높아지고 있다(정보사회학회, 1998). 그러나 노동양식의 변화로 인한 가족과 일터의 통합이 곧 가족 내 성별분업을 평등한 방향으로 전환시키게 될 것인지 여부는 현재로서 속단하기 어렵다. 실제로 재택 근무자 증가는 여성의 가사노동 및 양육부담 경감에 기여하는 바가 없는 것으로 나타나고 있다. 여성의 가정내 가사역할의 담당에 대한 세대간 차이를 비교한 조사결과에 의하면 여전히 여성이 전담하고 있는 경향이 높지만 기혼취업여성, 그리고 젊은 세대에게 있어서 남녀가 분담하는 경향이 높아져가고 있어(변화순, 2000b), 사회적 변화에 따라 여성의 가사역할의 분담은 공동 분담으로 변화하고 있기는 하다.

그러나 재택 근무자들이 어린 자녀나 배우자 등 가족구성원의 요구를 무시하기란 쉬운 일이 아니므로 갈등을 내포한다. 이들은 또한 집안의 자질구레한 일들 때문에 쉽게 방해를 받는다. 이러한 현상의 저변에는 가정이란 마땅히 여성이 돌보아야 할 대상이고 여성의 일차적인 책임은 가사와 육아에 있다는 뿌리 깊은 가부장적 고정관념이 내포되어 있다(이선이, 최문경, 1997). 그러므로 이러한 변화에서 요구되는 가족가치관은 보살핌에 대한 강조, 남녀평등의식 실현의 확산이라 하겠다.

셋째, 문화적 정의에서 볼 때, 텔레비전은 많은 사람이 이용하여 왔고 현재는 거의 전일방송이 실시되고 있어서 사람들은 아침부터 밤늦게까지 시청할 수 있다. 이러한 모든 것은 우리가 미디어로 가득 찬 사회에 살고 있다는 것을 말해 준다. 정보사회의 특징이 공동체 문화, 개별화, 친밀성이 강조되는 문화라면 여기서는 남녀평등 의식이 확산되고, 이로 인한 가족의 다양성이 대두된다. 또한 정보 빈자와 정보 부자, 정보 거지 등 정보격차 문제가 생긴다. 이러한 디지털 문화는 개인의 행동과 신념에 변화를 가져오는데 그것은 개인성, 개인과 개인간의 '친밀성'이 주요한 덕목이 되며 결국 가족생활, 여성의 삶에 직, 간접적인 변화를 가져와 가족의 다양성이 대두된다. 그러나 부정적인 측면으로 성간, 세대간 이해의 부족으로 인한 갈등의 심화, 다양한 가족의 출현과 더불어 여성의 위치 불안정의 문제가 발생하고 있다.

정보사회는 네트워크의 의존도가 높아져 가고 있어 외부와의 상호작용이 빈번해지며, 가족의 의미가 확대되어 가는 경향을 보인다. 즉 컴퓨터와 네트워크에 의해 형성된 사이버 공간에서 이루어지는 사이버 가족이 기존의 가족 기능을 보완할 것인가, 사이버 부부나 사이버 섹스는 실제 생활에서 이루어지는 부부관계와 어떻게 다른가 등을 질문해 보게 된다. 이렇게 볼 때 정보사회 가족생활의 변화를 예측해 보는 문제는 상당한 상상력을 필요로 하는 과제인 셈이다(조은, 1998).

디지털 시대는 지식문화이며, 저항문화라는 특성이 강해지면서 가족의 개별화 현상이 두드러진다. 그것은 가족결속의 약화, 세대간 정보격차로 인해 가족의식은 가족주의에서 개별성, 가족관계는 수직적 관계에서 수평적 관계로 변화하고 있다. 이러한 변화는 남성위주에서 부부평등의 관계로, 이혼 및 동거가족의 증가 현상으로 나타나며, 세대간 갈등을 심화시키기도 한다.

다양한 삶의 가치관

정보사회에서는 다양한 가족의 인정과 여성의 평등적 삶을 지향하는 가치관으로 변화하고 있음을 알 수 있다. 특히 개인주의가 강화되면서 가족과 공동체 등 집단의 이해는 약화되고 있다. 기든스(1999)가 의미하는 가족원간의 '친밀성' 형성이 가족을 통해 실현되지 못하면 가족은 해체된다.

첫째, 친밀성의 개념도 변화하고 있다. 애착관계는 변화하고 있으며 삶의 주기에 따라 변화한다. 따라서 애착관계 이해 및 관계유지를 위한 가족규범이 명확해져야 할 필요가 있다. 가족내 아버지 어머니 역할변화의 유연성을 가져야 한다. 즉 부모역할은 의무적인 것에서 '자발적'인 것으로 변화하고 있으며, 기대되는 역할내용도 부, 모, 아들, 딸 등과 같은 전통적인 역할규범에 의해 규정되기보다는 개별가족의 상황에 따라 특수하게 변하고 있다. 아버지로서의 역할은 아내와 아이들이 원하는 기대에 따라 규정되는 것이지, 더 이상 사회가 일반적으로 기대하는 아버지 역할에 맞추어 규정되지 않는다.

둘째, 이성간 교제, 구혼, 배우자선택 등과 관련된 규범이 급격히 변화하고 있다. 성규범 역시 변화하고 있다. 결혼하면 자녀를 가져야 한다는 규범도 변화하였다. 특히 여성의 경우 부모역할, 결혼역할(아내), 직업역할의 조화가 어려워 결혼을 미루고 있다. 남성들도 일, 남편역할, 아버지 역할의 조화를 위해 새로운 규범에 적응하고 있으며, 이제는 더 이상 가정 밖에 머물러 있을 수 없다. 부부간에 문제가 있다면 이혼이 가능하고, 이혼율이 증가하고 있지만 이혼과 관련한 규범과 행동유형들은 불분명한 채로 남아 있다. 그러나 이혼시 자녀에 대한 책임과 의무를 다해야 한다는 의식이 확산되고, 아동의 문제를 해결할 수 있는 정책적 지원이 강화되어야 한다.

현재의 가족규범의 변화는 전통적 입장에서 볼 때 사실상 '혁명'과도 같은 상황이다. 가족규범은 더 많은 독립성과 자율성을 허용하는 방향으로 빠르게 변화하고 있다. 따라서 사람들은 타인을 보살피는 것보다는 자신을 보살피는 일에 빠져 있다고 볼 수도 있지만 정황은 충분하지 않다. 왜냐하면 가족에서 찾고자 하는 '친밀한 관계'에 대한 욕구는 줄어들지 않았으며, 불만족스러운 관계로 이별을 경험한 경우에도 그 후 다른 타인과의 친밀한 관계 찾기를 포기하지 않기 때문이다.

보살핌은 대부분의 여성에게 보람과 즐거움을 가져다주지만 동시에 긴장을 함께 주는 활동이다. 노딩스(Noddings, 1984)에 따르면 사려 깊은 보살핌은 다른 사람의 욕구를 인지하고 그들의 욕구충족을 위하여 자기의 에너지를 사용하는 것과 관련된다. 그러므로 이러한 보살핌은 여성과 남성 경험의 차이가 문제가 되지 않는다. 즉 보살핌은 사회화를 통해서 이루어진다.

지금까지는 가족은 남편과 자녀에게 은신처 또는 최소한의 여가 장소로 경험될 수 있으나, 대부분 여성에게 가정은 타 가족원에게 안식처를 제공해주는 일터일 뿐이었다. 그러나 지난 20여 년 동안 나타난 이혼의 급증 현상과 동거부부의 점진적인 수적 증가(통계수치는 알려지지 않았음), 비혼여성의 증가는 여성에게 보살핌과 희생의 논리를 기대하는 결혼제도에 대해 여성들의 거부 목소리를 나타내는 것이다. 지금까지 사회를 지배해온 '남성 철학'은 '여성의 경험'에 의해 수정되어야 할 과제를 떠안은 셈이다. 이것은 일과 가정의 조화, 개인의 삶의 존중, 자녀양육, 노인의 보살핌 등 인식 전환과 더불어 가족정책을 수행함에 있어 여성 관점이 이해되어야 함을 의미한다.

제2장 가족 변화, 통계로 읽기

19세기와 20세기에 걸쳐 서구에 나타났던 첫 번째 인구 변화는 출산율 감소, 사망률 감소, 평균수명 연장, 이로 인한 인구 성장률 감소, 고령화 등으로 설명할 수 있다. 두 번째 인구 변화는 1960년대부터 세기가 변한 지금까지 이어져 이혼율 상승, 동거부부 증가, 미혼모와 한부모 증가 등이다. 이러한 현상은 전통적 핵가족에서 다양한 가족으로의 변화를 의미하며 가족생활의 탈제도화(de-institutionalization)라고 정의한다(Hantrais, 2004).

이러한 가족생활의 탈제도화는 사회변화에 따른 가치체계 변화와 밀접한 관련이 있다. 다시말해서 가족의 집단적 책임과 의무를 중요시 여기는 전통적 가치관이 개인의 권리와 자율성이 중요시되는 가치로 변화했기 때문이다. 혼인율 감소와 결혼의 불안정성은 출산율을 떨어뜨렸고, 가족 규모도 축소시켰다. 출산율 감소 특히 자녀 출산과 양육에 소요되는 시간의 감소로 인해 여성들은 결혼이라는 제도에 덜 의존하게 되었다. 평균수명의 연장과 인구 고령화는 세대 관계에 대해 다시 생각하도록 하였다.

가족형태와 구조의 변화는 유럽 정부에 어떠한 철학에 기반을 두고 정책을 수립할 것인가를 결정해야 하는 딜레마를 안겨주었다. 왜냐하면 가족 변화가 사회질서 유지에 긍정적 혹은 부정적 영향을 미친다는 것을 인식하고, 부정적 영향에 대해 국가는 정책을 수립하여 국민이 안정적 생활을 취할 수 있도록 해야 하지만 엄밀히 말하면 사적 문제이기 때문에 국가가 개입하기가 어렵기 때문이다. 그럼에도 불구하고 가족은 국가의 중요한 정책 대상이므로 인구 및 가족구조 변화 추이를 통계적으로 파악하는 것이 가족정책의 기초가 된다는 점을 깊이 인식하고 있다. 한국사회 역시 사회의 기본단위인 가족 변화에 대한 통계적 파악이 가족정책의 기본임을 인식하고 통계청 인구조사시 가족의 단위, 구조 및 양태 변화를 지속적으로 반영하고 있다. 저출산 고령화에 따른 인구감소, 혹은 연령별 1인가구주 등 종래와 다른 새로운 현상에 대한 지표생산이 그 예이다.

그러므로 이 장에서는 첫째, 한국사회의 가족/가구의 개념과 다양한 가족 변화추이를 통계적으로 정리하고, 둘째, 서구 특히 EU에서 인구통계학적 지표와 지수 생산을 위한 가족 개념의 변화 과정을 살펴보고, 셋째, 한국 정책의 현황을 밝혀보고자 한다. 서구의 인구감소와 고령화에 따른 가족/가구의 변화에 대한 이해는 우리사회의 가족/가구 개념 정립과 이에 따른 지표생산에 많은 시사점을 줄 수 있을 것이다.

한국의 가족/가구 통계 개념

한국사회 가족 조사에 있어서 사용되는 개념은 혈연, 혼인, 입양 등을 통해 형성된 관계로서 주거단위를 넘어서 유지되는 반면, 가구는 물리적 생활공간을 함께 사용하는 주거공동체로 그 구성원에는 가족이 아닌 사람들도 포함된다. 그러나 우리 사회 경우, 현실적으로 가구를 구성하는 사람들의 대다수는 가족관계에 있는 사람들이다(권태환·박영진, 1995; 김정석, 2002).

다른 한편 가족은 혼인, 혈연, 입양에 의해서 맺어진 관계로 경제적, 정서적, 사회적 기능을 수행하는 공동체로 정의되며, 가구는 경제생활을 해나가는 기본단위로 정의된다. 그러나 가족 변화와 함께 점차 가족-가구간 구분이 약화되어가고 있지만 최소한 사회적 성인과 자녀가 함께 살고 있는 유형은 '가족'(부부중심가족, 한부모가족)으로, 자녀가 없는 유형은 '가구'(노인1인가구[2], 청장년1인가구)로 구분된다.

2) 변화순 외(2002)의 연구에서는 노인가구의 개념에 노인1인가구와 노인부부가구가 포함되는데 엄밀히 말하자면 노인부부가구는 부부중심가족에 속한다. 그러나 이 장에서는 가족의 기능분석에 노인가구의 중요성을 파악하기 위해 노인부부가구를 노인가구에 포함하였다.

통계청 인구주택총조사에 사용되는 개념에 의하면 핵가족은 부부 또는 부부와 미혼자녀, 확대가족은 직계가족(부부+남편의 부모, 부부+미혼자녀+남편의 부모), 복합가족(기혼 방계친족이 동거)으로 구분된다. 가구는 1인 또는 2인 이상이 모여 취사, 취침 등 생계를 같이하는 생활단위를 말하며 일반가구와 집단가구로 구분한다. 일반가구는 혈연가구(통상 가족단위로 생활을 같이하고 있는 가구), 비혈연 5인 이하 가구(친구 또는 혈연관계가 없는 사람들끼리 모여 생활을 같이하는 가구), 1인가구로 나누어지며, 집단가구는 집단시설가구(기숙사, 고아원, 양노원, 모자원 등 시설 내에서 생활하는 가구)와 비혈연 6인 이상 가구(혈연관계가 없는 6인 이상의 사람들이 모여 동일한 거처 내에서 생활을 같이 하는 가구)로 나누어진다. 또한 가구의 개념을 1세대 구성별로 구분해 1세대 가구, 2세대 가구, 3세대 가구, 4세대 이상 가구, 기타로 구분하기도 한다(통계청, 각년도).

결혼은 '혼인'이라는 개념으로 정의되는데 '혼인'이란 (남녀가) 시집가고 장가드는 일, 곧 한쌍의 남녀가 계속적인 생활관계를 맺거나 또는 그와 같은 관계에 들어가는 법률적 행위를 말한다. 인구학에서는 혼인력의 지표로 초혼연령과 혼인상태를 본다. 초혼연령은 결혼생활로 돌입하는 시기로 혼인력 논의에 있어서 가장 중요한 지표가 된다. 초혼연령은 15세 이상의 인구 중 5세 간격으로 한 미혼인구를 바탕으로 헤이날(Hajnal)이 계산한 평균초혼연령(SAMA)이 혼인력의 지료로 사용된다(권태환 · 김두섭, 2002). 혼인상태 역시 혼인력의 중요한 지표가 된다. 혼인상태는 개인의 현재 결혼상의 지위를 뜻하는 것으로 미혼과 기혼으로 크게 나니며, 기혼은 다시 유배우, 이혼 및 사별로 구분된다. UN은 혼인상태의 기본범주를 결혼한 적이 없는 미혼자, 결혼하여 유배우 상태에 있는 자, 사별한 후 재혼하지 않은 자, 이혼 후 재혼하지 않는 자, 그리고 결혼은 하였으나 법적으로 별거상태에 있는 자로 구분하고 있으나 한국에서는 혼인상태를 미혼, 유배우, 이혼, 사별로 구분하고 혼인은 초혼과 재혼으로 나누고 있다(변화순, 2002).

변화순 외(2001)는 다양한 가족 형태변화를 분석하기 위해 가족 형태별(부부중심가족, 한부모가족), 가구(남성한부모가구, 여성한부모가구, 노인가구, 소년소녀가장가구, 청장년 1인가구)의 개념으로 구분하여 보았다.

- **부부중심가족** : 부부관계로 형성된 배우자가 (중심)핵을 이루고 있는 모든 가구를 의미하는데, 부부만 살거나, 부부+자녀, 부부+자녀+부모(이외 확대가족) 등과 함께 살고 있는 가족을 포함
- **한부모가족**[3)] : 이혼, 사별, 별거 등으로 한쪽 배우자가 없이 일방의 성인이 자녀를 데리고 살고 있는 가구를 말하는데, 크게 다음 네 가지 유형으로 다시 세분화됨.

  남성한부모가구 : 어머니 없이 아버지와 자녀가 사는 가구

  여성한부모가구 : 아버지가 없이 어머니와 자녀가 사는 가구
- **노인가구** : 60세 이상의 노인이 성인자녀와 함께 살지 않고 가구를 형성한 경우를 말하며 60세 이상의 노인이 혼자 살고 있는 가구(노인1인가구)와 부부 중 1인이 60세 이상인 노인부부가구 포함
- **소년소녀가장가구** : 18세 미만 소년소녀가 부모가 사망, 이혼, 질병, 심신장애, 가출, 복역 등으로 직계(방계)혈족과 동거하거나 소년소녀 단독으로 생활하는 가구
- **청장년1인가구** : 19세 이상 60세 미만 혼자서 살고 있는 1인가구

그러나 이장에서는 통계청의 기준에 맞추어 핵가족과 직계가족, 한부모가족, 1인가구에 초점을 맞추어 통계자료를 제시할 것이다.

3) '한부모가족'은 '편부모가족'의 개념에서 한쪽으로 기울여지는 '편'이라는 왜곡된 개념을 수정한 것이며, 편부는 '남성한부모' 편모는 '여성한부모'로 명명하였다.

한국 가족형태의 변화

"끊임없이 변하고 있는 가족의 현실을 숨가쁘게 뒤쫓아야 하는 사회학자들의 가설은 매 10년마다 수정되고 있다"라는 스갈렝(Segalen, 1996)의 지적은 가족 변화를 단순히 가족구조변화에 대한 관찰을 넘어 가족기능, 관계, 가치관 변화의 복합적인 상호작용을 통찰하는 것이 얼마나 어려운 일인가를 시사해준다(변화순 외, 2000a). 지난 40년간 한국 가족은 구조, 기능 그리고 관계의 측면에서 많은 변화를 겪어 왔다. 가족의 다양화 지표로 나타나는 이혼율은 계속 증가하는 추세를 보이고 있으며 1인가구, 노인가구의 증가, 이와 맞물려 3세대 가족 비율은 감소하는 변화가 뚜렷이 보인다. 이는 가족의 번영과 안정을 위주로 하는 가족주의가 개인의 삶과 인격을 우선시하는 개인주의적 가치관으로 변화함에 따라 가족의 유형이 다양화되고 있음을 보여주는 현상이다. 따라서 가족유형이 다양화되는 사회구조적 요인이 무엇이며, 이러한 가족 변화를 어떻게 인식하고 대처할 것인가에 대한 논의가 필요하다.

산업화 진전과 이에 따른 가족 변화에 대한 관심이 증가하면서 가족 생활실태를 다룬 연구들이 적지 않게 진행되어 왔다. 부부중심가족, 노인가구 등과 같이 개별 가족유형별 삶에 초점을 맞춘 사례연구나(박숙자, 1992; 손승영, 1992; 한국가족학연구회, 1995), 다양한 가족유형 전반을 포괄하면서 생활실태와 문제점을 검토하고 이에 대한 대책을 모색한 조사연구(공세권 외, 1995; 김승권 외, 2000; 변화순 외, 2000b) 등에서 다양한 형태의 가구들이 종래의 부부중심 가족 형태에 비해서 무엇인가 결핍되어 있는 상태이거나 기능상 문제가 일어날 위험의 소지가 높다는 시각 속에서 접근되었다. 기틴스(Gittins, 1997)는 부부중심의 핵가족만이 가족원의 욕구를 합리적으로 수용하는 유일한 형태는 아니라는 지적을 계속 해왔다. 근래에 들어 다양한 가족유형을 다양성 그 자체로 인정해야 하며 가족생활의 질은 가족형태가 결정하는 것이 아니라 가족 안의 여러 가지 요인들에 의하여 달라질 수 있다는 연구들이 나오고 있으나(여성한국사회연구회, 1992; 임인숙, 1999; 장혜경 외, 2007), 여전히 문제제기 수준으로 본격적인 논의를 위한 보다 많은 후속연구가 요구된다.

이 장에서는 우리나라의 가족유형을 부부중심가족, 한부모가족, 노인가구, 청장년1인가구 네 가지 유형으로 나누고 인구통계학적 변화추이를 살펴보고자 한다. 이는 우리나라 가족들이 실제로 살아가고 있는 모습들을 실증적으로 파악하기 위함이다.

가. 가족구조의 변화[4)]

한국가족의 변화에서 두드러지는 현상은 직계가족 감소와 핵가족 증가, 혹은 1세대 가구 증가와 3세대 이상 가구 감소로 인한 가족형태의 다양화 등을 들 수 있다. 또한 초혼연령이 상승하고 비혼 및 이혼과 재혼이 늘어나며 결혼이 선택사항이 되는 등 가족과 관련된 가치관도 상당히 변화하였다. 이러한 가족 변화 양상은 산업화, 도시화 및 여성의 경제활동 확대 등 다양한 사회적 변화와 맞물리며 동시에 일어난 것이다.

1) 가족형태별 가구구성 변화

2005년 가족형태별 가구구성을 보면 부부+미혼자녀가구가 전체가구의 42.2%로 가장 높으며 다음으로 부부가구(14.2%), 한부(모)+미혼자녀 가구(8.6%) 순이다. 2005년 인구주택총조사 결과 1995년에 비해 지난 10년 동안 핵가족은 14.8% 포인트 감소하였으며 부모를 모시고 사는 직계가족은

4) 이 장은 변화순·송다영·김영란 (2001), 「가족유형에 따른 생활실태와 복지욕구에 관한 연구」, 한국여성개발원의 내용 일부를 최근 자료로 수정 · 보완한 것이다.

표 2-2 가족형태별 가구 변화

(단위: 1,000가구, %)

가족형태		1985년	1990년	1995년	2000년	2005년
전국 가구수		9,571	11,355	12,958	14,312	15,887
핵가족	부부	7.8	9.3	12.6	14.8	14.2
	부부+미혼자녀	57.8	58.0	58.6	57.8	42.2
	한부(모)+미혼자녀	9.7	8.7	8.6	9.4	8.6
직계가족	부부+양(한)부모	0.8	0.9	1.1	1.1	1.0
	부부+양(한)부모+자녀	9.9	9.4	8.0	6.8	4.5
기타가족		14.0	13.8	11.2	10.1	29.5

자료 : 통계청, 해당연도별 「인구주택총조사보고서」

3.6% 포인트 줄어들었다. 구성비 변동을 보면 1995년에 비해 핵가족의 부부+미혼자녀가 16.4% 포인트 감소, 부부가구가 1.6% 포인트 감소, 한부(모)+미혼자녀가 변동이 없으며 그외 가구들은 전부 낮아져 핵가족화 현상이 감소하는 것으로 나타난다. 반면 1인가구를 포함한 기타가족의 비율이 증가하고 있으며 특히 2005년 18.3%포인트 갑자기 증가하고 있어 이에 대한 구체적인 분석이 요구된다〈표 2-2〉.

가) 확대가족 감소와 1인가구의 증가

우리나라 가족의 세대수별 변화는 〈그림 2-1〉과 같다. 지난 25년간 가족의 세대수별 변화는 2세대 가구, 3세대 가구, 4세대 가구의 감소와 1세대 가구와 1인가구의 증가로 설명할 수 있다.

1995년과 2005년을 비교해 보면, 3세대 가구의 경우 9.8%에서 6.9%로 감소하고, 4세대 이상 가구는 0.2%에서 0.1%로 감소한 반면, 1세대 가구는 13.0%에서 16.2%로 증가하였고, 2세대 가구 또한 그 비율이 63.0%에서 55.4%로 점진적으로 감소추세를 보이고 있다. 특히 2005년 인구주택총조사 결과 1인가구의 급격한 증가가 주목되는데 동기간 7.3%포인트 급증하였다.

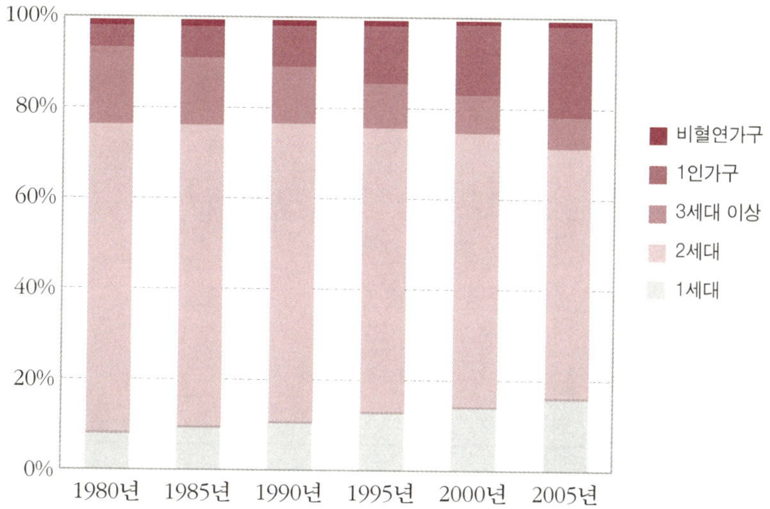

자료 : 통계청, 해당연도별 「인구주택총조사보고서」

그림 2-1 세대별 가구구성

2) 여성가구주 증가

성별 가구주 변화 특성을 보면, 지난 10년간 남성가구주 비율은 감소하고 상대적으로 여성가구주 비율이 점점 증가하고 있다〈표 2-4〉. 또한 표로 제시하지는 않았으나 1인 가구주의 성별 비교에 의하면 1인 가구주 중 여성이 차지하는 비율이 2005년 55.3% 2000년 57.5%로 나타나 여성이 더 높은 편이다(주재선 ·이채정, 2008).

혼인상태별 분포의 변화를 보면 남녀모두 이혼 가구주 비율과 미혼 가구주 비율은 점차 증가하는 반면, 유배우 남성 가구주 비율은 점차 감소하는 추이를 보인다. 특히 미혼 여성가구주의 구성비는 지속적으로 늘어나 1975년 11.8%에서 1995년 21.0%, 2005년 23.2%로 나타난다. 또 여성가구주 경우 2005년 사별에 의해 가구주가 되는 비율이 44.4%로 가장 높지만 감

표 2-3 세대별 가구구성 변화

(단위: 1,000가구, %)

가족형태	1980년	1985년	1990년	1995년	2000년	2005년
총가구수	7,969	9,571	11,355	12,958	14,312	15,887
1세대가구	8.3	9.6	10.7	13.0	14.2	16.2
2세대가구	68.5	67.0	66.3	63.0	60.8	55.4
3세대가구	16.5	14.4	12.2	9.8	8.2	6.9
4세대가구	0.5	0.4	0.3	0.2	0.2	0.1
1인가구	4.8	6.9	9.0	12.7	15.5	20.0
비혈연가구	1.5	1.7	1.5	1.4	1.1	1.4

자료 : 통계청, 해당연도별「인구주택총조사보고서」

소추세를 보이고, 이혼으로 가구주가 되는 경우 1995년 7.1%에서 2005년에 14.4%로 크게 늘어났다. 이는 최근 이혼의 증가로 여성이 가구주인 한부모 가족이 늘어나고 있음을 보여준다〈표 2-5〉.

나. 가족형태의 다양화

가족형태의 다양화는 한부(모)가족, 1인가구, 1인가구중 미혼독신가구, 노인1인가구, 재혼가족, 맞벌이가족 등 다양한 구조와 기능을 가진 가족들의 증가를 의미한다.

표 2-4 성별 가구주 변화

(단위 : %)

가구주	1975	1980	1985	1990	1995	2000	2005
남성	87.2	85.3	84.3	84.3	83.4	81.5	78.1
여성	12.8	14.7	15.7	15.7	16.6	18.5	21.9

자료 : 통계청, 해당연도별「인구주택총조사보고서」

표 2-5 성별 가구주 혼인상태별 변화

(단위 : %)

		1975	1980	1985	1990	1995	2000	2005
남성	유배우	93.1	92.9	92.3	91.2	89.9	88.3	84.6
	사별	1.9	2.0	1.6	2.0	1.9	1.9	2.3
	이혼	0.3	0.4	0.5	0.8	1.2	2.1	3.2
	미혼	4.7	4.7	5.6	6.0	7.0	7.6	9.8
여성	유배우	24.5	22.2	27.7	17.7	15.7	16.6	17.9
	사별	59.4	58.1	52.2	56.3	56.1	50.5	44.4
	이혼	4.3	3.9	4.3	5.6	7.1	11.6	14.4
	미혼	11.8	15.7	20.7	20.4	21.0	21.4	23.2

자료 : 통계청, 해당연도별 「인구주택총조사보고서」

1) 한부모가족 증가[5)]

전체 가구 중 한부(모)+미혼자녀 가구가 차지하는 비율은 1985년(9.7%)부터 줄어들다가 2000년 9.4%로 다시 증가하지만 2005년 8.6%로 5년 전에 비해 0.8% 포인트 감소하였다〈표 2-2〉. 한부모가족은 사별, 미혼모, 이혼, 그리고 유기·가출·장기복역 등의 사유로 인한 배우자와의 비동거에 의해 발생한다. 2000년의 경우 사유의 구성비를 보면 사별이 가장 많아 44.7%이고 다음이 유배우 상태이지만 (한시적)별거, 가출, 유기 등의 사유로 배우자와 비동거 하는 경우로 22.5%였다. 그리고 이혼에 의해 한부모가족이 된 것은

5) 통계청에 의하면 한부모가구주에 대한 통계자료는 가족형태에 대한 수치가 아니라 가구에 대한 지표이므로, 실제적으로 한부모가구 혹은 임시로 떨어져 사는 가구 등 모두가 포함되어 유배우가 포함된다고 한다. 따라서 한부모가구와 가족의 혼인상태에 대한 혼동을 피하기 위해 2005년 자료부터는 혼인상태를 구분하지 않았다고 한다(필자 주).

표 2-6 한부모가구 변화

(단위 : 1,000가구, %)

연도	총가구수	한부모가구수					한부모가구비율
		유배우	사별	이혼	미혼	계	
1985	9,571	254 (30.0)	443 (52.2)	50 (5.9)	101 (11.9)	848 (100.0)	8.9
1990	11,355	227 (25.5)	498 (56.0)	79 9(8.9)	85 (9.6)	889 (100.0)	7.8
1995	12,958	216 (22.5)	526 (54.8)	124 (12.9)	94 (9.8)	960 (100.0)	7.4(여성한부모:6.1 남성한부모:1.4)
2000	14,312	252 (22.5)	502 (44.7)	245 (21.9)	122 (10.9)	1,124 (100.0)	7.9(여성한부모:6.3 남성한부모:1.5)
2005	15,887	–	–	–	–	1,370	8.6(여성한부모:6.8 남성한부모:1.8)

자료 : 통계청, 해당연도별 「인구주택총조사보고서」

21.9%로 1995년의 9.8%에 비해 12.1%포인트나 증가하였다. 즉 한부모 발생 원인에서 중요한 변화는 사별 이외에 이혼의 비율이 높아지고 있다〈표 2-6〉.

2) 노인가구 증가

연령과 관계없이 전국 가구수에서 1인가구가 차지하는 비율은 지속적으로 늘어나고 있으며 2005년 24.7%에 달한다〈표 2-7〉. 이는 평균수명 증가로 인한 노인1인가구의 증가와 취업, 학업 등으로 인한 1인가구의 형성, 미혼가구의 증가 등으로 인한 현상으로 유추된다.

노인1인가구 증가는 평균수명의 연장과 관련된다. 평균수명은 영양상태 개선, 의료기술 발전에 힘입어 지속적으로 길어지고 있다. 1980년 남성 61.8세, 여성 70.0세이던 평균수명은 2008년 남성 76.5세, 여성 83.3세로 여성의 평균수명이 높다. 이 같은 평균수명의 연장은 노인가구가 늘어나고 특히 사별 후 혼자 사는 여성노인1인가구의 증가로 이어진다. 즉 남성과 여성

표 2-7 1인가구의 변화

(단위 : %)

	1980	1985	1990	1995	2000	2005
1인가구	4.8	6.9	9.0	12.7	15.5	24.7

※ 전국가구수에서 이들 가구가 차지하는 비율임

자료 : 통계청, 해당연도별 「인구주택총조사보고서」

평균수명 차이가 6-7세이고 남녀 결혼 연령 차이를 감안한다면 사별 후 여성노인이 혼자 사는 기간은 거의 10년 정도 될 것이다.

3) 청장년1인가구 증가

1인가구는 점점 증가추세에 있는데 절대수치로 보면 여성이 많다. 그 중에서 남성 1인가구의 증가는 2000년 944,969명에서 2005년 1,417,893명으로 약 1.5배, 여성 1인가구 증가율은 동 기간에 1,279,437명에서 1,752,782명으로 약 1.4배 증가하였다. 여성의 경우 20세에서 59세 청장년층의 비율이 2000년 52.2%에서 2005년 53.8%로 다소 증가하였다. 남성의 경우 각각 85.0%으로 그 비율은 변함없다. 그러나 청장년층 남성대비 여성비율은 2000년 45.4%에서 2005년 43.9%로 다소 감소하였다. 그만큼 청장년 남성 1인가구 비율이 증가한 것이다. 이는 남성 20대, 30대가 학교, 직장 등의 사유로 혼자 사는 비율이 높아지는 것으로 판단된다.

EU의 가족/가구 개념 변화[6)]

가족은 끊임없이 변화하는 사회적 기본단위이다. 가족 구성원, 가족 관계, 그들을 설명하는 단어 등이 시대와 장소에 따라 개인적, 사회적 수준에서 다양하다. 비록 '가족(the family)'이라는 단어가 영원한 핵심, 기본적인 사

표 2-8 연령별 1인 가구주

(단위 : 명, %)

<table>
<tr><th rowspan="2"></th><th colspan="4">2000</th><th colspan="4">2005</th></tr>
<tr><th>여성 백분율 (%)</th><th>남성 백분율 (%)</th><th colspan="2">여성비율 (%)</th><th>여성 백분율 (%)</th><th>남성 백분율 (%)</th><th colspan="2">여성비율 (%)</th></tr>
<tr><td>계</td><td>1,279,437 (100.0)</td><td>944,969 (100.0)</td><td colspan="2">57.5</td><td>1,752,782 (100.0)</td><td>1,417,893 (100.0)</td><td colspan="2">55.3</td></tr>
<tr><td>19세 이하</td><td>1.8</td><td>2.5</td><td>48.8</td><td>48.8</td><td>1.2</td><td>1.6</td><td>49.1</td><td>49.1</td></tr>
<tr><td>20-29</td><td>17.7</td><td>30.5</td><td>44</td><td rowspan="4">45.4</td><td>18.1</td><td>25.5</td><td>46.7</td><td rowspan="4">43.9</td></tr>
<tr><td>30-39</td><td>11.7</td><td>28.1</td><td>35.9</td><td>12.5</td><td>28.9</td><td>34.8</td></tr>
<tr><td>40-49</td><td>11</td><td>16.3</td><td>47.7</td><td>11.7</td><td>9</td><td>43.2</td></tr>
<tr><td>50-59</td><td>11.8</td><td>10.1</td><td>61.3</td><td>11.5</td><td>11.6</td><td>55.1</td></tr>
<tr><td>60-69</td><td>22.2</td><td>7.2</td><td>80.7</td><td rowspan="3">83.4</td><td>18.5</td><td>7.5</td><td>75.3</td><td rowspan="3">80.6</td></tr>
<tr><td>70-79</td><td>19.3</td><td>4.1</td><td>86.5</td><td>20.1</td><td>4.4</td><td>84.9</td></tr>
<tr><td>80이상</td><td>4.6</td><td>1.2</td><td>84.3</td><td>6.4</td><td>1.4</td><td>84.0</td></tr>
</table>

자료 : 통계청, 해당연도별 「인구주택총조사보고서」
주재선 · 이채정(2008), 「2008 한국의 성인지통계」, 한국여성정책연구원, 재구성

회 단위로 오랫동안 인식되고 있을지라도, 동 사회뿐만 아니라 여러 사회에 걸쳐 적용될 수 있는 보편적으로 통용되는 정의를 발견하기란 쉽지 않다. 최근 가족들(families)과 가구들(households) 그리고 그와 비슷한 많은 용어들이 국가 인구조사 목적으로 정의되는 것이 세계적인 추세이다(IYF, 1994; 재인용, 변화순 외, 1994). 한트라스(2004)는 변화하는 유럽사회의 가족/가구 개념변화를 다음과 같이 정리하였다.

---

6) 이 장은 L. Hantrais(2004)의 "family diversification", *Family Policy Matters, Responding to family change in Europe,* The Policy Press.중 가족의 개념을 요약·정리한 것이다.

가. 가족(families)과 가구(households)

유엔은 가족과 가구 개념 정의를 1974년 인구조사와 주택 조사를 위해 처음 사용하였다. 이 정의들은 국제 표준으로서 폭넓게 적용되어왔는데 1987년 UN/ECE(Economic Commission for Europe, 국제연합의 유럽경제위원회)는 지역 회의에서 각국의 센서스에 사용되도록 정의를 수정하였다. 1997년의 개정은 2000 센서스 준비를 위하여 유로스타트(Eurostat, 유럽통계기관 명칭) 간에 협력적으로 수행되었다. 원래, UN/ECE의 가족 단위에 대한 정의는 혼인으로 이루어진 종래의 가족 개념에 바탕을 두고 있다. 그 후 대안 가정(동거가족, 혼외출산 등)의 중요성이 커지면서 "기혼(married)", 즉 결혼했다는 개념을 삭제하였다. 이미 1980년 EC센서스에서, 동거 커플을 덴마크, 프랑스, 아일랜드, 룩셈부르크, 포르투갈, 스페인에서는 새로운 가족형태로 규정하였다. 10년 후에 이탈리아와 영국이 인정하였고 반면 벨기에, 독일, 그리스, 네덜란드는 통계상의 목적 때문에 합법적인 관계로 인정하고 있지 않다. 1997년 UN 권고문에서는 가족 정의가 좀 수정되었는데, '기혼'이 삭제되고, 동거 파트너와 관련된 내용이 소개되었다.

핵가족은 남편과 아내, 동거 파트너, 부모와 자녀로 관계된 사적 혹은 제도적 가구 내 2명 이상의 사람들로 정의된다. 즉 가족은 자녀 없는 커플, 한명 혹은 그 이상의 자녀와 커플, 한명 혹은 그 이상의 자녀와 한 부모 등이 포함된다.

인구통계학자 입장에서 보면 핵가족은 가구의 하위범주에 속한다. 국가센서스에서 수집된 자료는 일반적으로 측정 단위로서의 가족보다는 사적 가구(private household)로 사용된다. 이 접근은 핵가족 카운트에서 제외되었던 1인 가구도 포함할 수 있다는 장점이 있다.

사적가구(A private household)는
a) 1인 가구, 예를 들어 분리된 주거 단위에서 혼자 사는 사람이나 주거 단위에서 분리된 공간을 차지한 동거인
b) 공동(multi-person) 가구, 예를 들어 2명 혹은 그 이상의 사람이 주택의 부분 혹은 전체를 같이 사용하고 음식이나 생활의 기타 필수품을 공동으로 사용하는 사람들. 그룹 구성원들은 그들의 수입을 각자 수준에서 공동출자(pool)한다.

1990년대 적어도 EU 15개 국가에서 거의 사라진 개념은 가구주이다. 성 중립적 단어로 '의미있는 사람(reference person)'으로 대체되었다. 가구 구조를 입증하는 개념을 강조한 반면 UN/ECE는 의미있는 사람의 기준을 다음과 같이 제시하였다(Hantrais, 2004).

다음의 의미있는 사람 선택 기준은 친족관계의 범위를 보다 다양하게 제시한다.
- 가정에서 함께 살고 있는 결혼한 남편 혹은 부인
- 현재 결혼한 커플은 아니지만 한 가정에서 살고 있는 합법적인 동거 파트너
- 어떤 연령이든 상관없이 아들이나 딸과 함께 살고 있는 부모
- 위의 조건에 해당되지 않는 가정의 어떤 성인 멤버가 선택될 수도 있다.

나. 결혼과 이혼

UN/ECE에 따르면 혼인상태는 국가의 법과 관련하여 각 개인의 법적 혼인을 말한다. UN/ECE는 15세 이상의 모든 사람(결혼 법적 허용연령 이하를 제외한)을 대상으로 수집할 것을 권고하였다. 인구보고서에 유로스타트는 혼인상태(독신, 기혼, 사별 혹은 이혼, 재혼하지 않음), 전체 혼인율, 특정연령 초혼율, 축적된(cumulated) 초혼 빈도, 초혼 및 모든 혼인의 평균 연령, 세대별 남성과 여성의 초혼자 비율, 결혼기간 대비 이혼율, 이혼 시 결혼 기간

등에 대한 EC 국가들의 자료를 수집하였다.

조이혼율에 대한 자료뿐만 아니라, 이혼에 대한 정보는 혼인수, 결혼에서 이혼까지의 시간과 관련해서 이혼수를 포함한다. 전체 이혼율은 같은 결혼 코호트에 대한 다른 결혼 코호트 사이즈를 가정한 것이고 특정 연령 결혼 코호트에 대한 이혼율은 아니다. 전체 출산율과 혼인율과 같이 가정한 세대의 이혼율은 현재 결혼 상태를 조건으로 한다. 유로스타트는 또한 결혼 지속기간을 기록한다(Hantrais, 2004).

다. 동거와 혼외 출산

합의에 의한 결합(즉 동거)은 일반적으로 2가지 기준에 의해 정의되는데 ① 주거를 함께 하는지, ② 함께 사는 두 사람이 남성과 아내로서 서로 인정하는지 여부이다.

UN/ECE는 사실혼 상태를 실제 함께 산다는 측면에서 각각의 혼인상태라고 애매하게 정의하였다.

동거 파트너를 가족 단위에 통합하기 위한 개정에서, UN/ECE는 합의 관계에서 살고 있는 모든 사람은 실제의 법적 지위와 일치시켜 싱글, 결혼, 사별 혹은 이혼으로 분류되어야 한다고 권고하였다.

커플이라는 단어는 결혼과 합의결합으로 함께 살고 있는 커플, 가능하면 합의결합과 법률혼은 구분해서 카운트한다. 서로 결혼하지 않았지만 같은 집에서 살 경우에 두 사람은 합의결합 상 파트너로 이해된다.

EU에서는 동거 기준을 성적 혹은 정서적으로 안정된 관계를 유지하며 함께 살고 있는 커플로 공식적인 결혼을 하지 않는 것이 합의 결혼이라 정의하며 포괄적으로 사용한다. 혼인상태는 세금 의무와 사회보장수당 자격에 영향을 미칠 수 있는데 예를 들어 사실 상황을 숨기는 커플에게 있어서 그럴 수 있다.

혼외 출산은 부모가 출산 당시 혼인상태 신고가 되어 있지 않을 경우 혼외 출산으로 기록된다. EU 국가들에서 출산에 대한 정보는 출생신고 시 부모의 현재 결혼에 대한 자료로 수집되는데, 그것은 혼외 출생 확인이 직접적으로 가능하기 때문이다. 그러나 모든 나라가 부모 각각 결혼 상태를 기록하는 것은 아니다. 출산한 여성의 공식 혼인 상태를 고려하고 고려하지 않음을 비교할 때 사용하는 데이터는 싱글 여성에서 이혼, 별거, 사별 여성까지 모두 혼외 출산을 구별하기 힘들다. 따라서 실제 혼외 출산은 나중에 계약상으로 인정받을지도 모르고 안정적인 동거관계와, 그 후 양 부모가 함께 법적으로 자녀를 인정하는지 등을 포함한다(Hantrais, 2004).

라. 가족형성과 비형성

법률혼이 아닌 사실혼에서 가족 형성의 정의가 명확하지 않은 점은 자녀 출산으로부터 출발해 정의한다면 해결될 수 있다. 비록 자녀가 없는 커플들도 UN/ECE 정의에 따라 핵가족으로서 인정된다 할지라도 많은 사람들은 진정한 가족은 자녀를 포함해야 한다고 생각한다. 따라서 통계국은 출산 횟수와 시기에 관심을 갖고 있다. 이러한 현상의 범위는 출산 조절의 효과적인 수단에 자발적 혹은 비자발적으로 접근하는지에 따라 결정된다. 출산 조절이 가능한 커플의 경우 그들은 가족 형성을 늦출 수 있다. 비형성에 관한 통계는 피임, 낙태, 무자녀에 따라 다르게 수집된다(Hantrais, 2004).

마. 한부모가족

한부모가족의 수는 혼외 출산보다 더 파악이 힘들다. 왜냐하면 보통 사회마다 다르게 개념화되고 측정되고 또한 비혼인 동거커플과 같이 한부모가족이 불안정하고 이질적인 범주로 구성되기 때문이다.

가족관계에서 연령을 결정하고 수행함에 있어 드러나는 문제들은 한부모 경우 중복된다. 만약 연령 제한이 없거나 연령이 다르게 자녀를 정의한다면 한부모에 대한 국가간 자료 비교는 불가능하다. 한트라스(Hantrais, 2004)는 자녀에 대한 UN/ECE의 정의(파트너가 없는, 자녀가 없는, 부모중 적어도 한 명과 한 가구에서 살고 있는)는 정책과 관련해서 너무 의미가 광범위하다고 본다. UN/ECE의 자녀의 연령을 18세 권고에 따른 조사와 비교했을 때, 혹은 25세 미만 자녀가 있는 가족 관계를 파악하도록 고안된 통계와 비교했을 때 한부모가족의 수를 감소시킨다고 본다.

바. 재구성 가족

재구성(reconstituted) 가족에 대한 신뢰할만하고 비교 가능한 데이터를 발견하기 더욱 어렵다. 통계 정의는 아직 복잡한 가족 구조(가구가 한명의 생물학적 부모와 양부모가 살 경우 등)를 설명하는데 수용되고 동의되지 않았다. 1997년 이러한 현상에 대한 관심이 증가하고 있는 시점에서, UN/ECE는 2000년 센서스 회의에 사용하기 위한 재구성 가족에 대한 정의를 포함하였다(Hantrais, 2004).

> 재혼 가정은 결혼 혹은 동거 커플이(한 명 이상의 자녀로 구성) 구성된 가족으로 혈연, 입양에 의한 자녀가 적어도 한 명은 포함한다. 만약 한 파트너의 자녀가 다른 파트너에 의해 입양되었으면 그 가족은 재구성 가족이다.

이러한 일반적 정의는 기존의 혼인상태, 현재의 혼인상태 등 보다 다양한 상황을 포함한다. 예를 들어 18세 이하의 자녀가 적어도 한 명 있고 만약 자녀가 입양되었다면 가족이 재구성되었다고 생각지 않는 국가도 있다. 또한 UN/ECE의 자녀에 대한 정의는 자녀가 각 부모와 동일한 시간을 보내는 곳에 대한 상황을 고려한다.

> 자녀는 또한 양자녀, 입양 자녀를 포함하지만, 위탁 자녀는 포함하지 않는다. 2 가구에서 왔다 갔다 하는 자녀는 이 가구 중 한 가구에서만 카운트된다.

사. 1인 가구

정기적으로 이루어지는 센서스는 1인 가구에 대한 정보도 포함한다. 단지 한 사람이 포함되어 있는 가구에 대한 자료는 비교 목적으로 하기에는 센서스 날짜에서 거주 장소 기록에 채택된 실제와의 차이 때문에 신뢰할만하지는 않다. 비록 UN/ECE가 센서스 때 일시적으로 부재중인 사람에 대한 기록방법에 대해 자세한 권고를 제시했을지라도 그 기간 동안 집 밖에 있는 사람들의 중복 계산을 피하기는 어려울 것이다. 그 결과 1인 가구의 수는 인위적으로 중복될 가능성이 크다. 대부분의 나라에서 하나의 주소 이상을 가지고 있는 사람들은 그들이 주로 시간을 보내는 곳을 포함하지만 그렇지 않는 곳도 있다.

아. 다세대 가구 혹은 확대 가족

다세대 가구의 정의는 가족 구성원이 한 지붕 아래 공동의 가사 생활을 하며 다세대가 살아가는 가족을 의미한다. 1997년 UN/ECE는 3세대 가구에 대한 정의를 제시하였지만 모든 국가에서 통용되는 것은 아니다.

EU 국가에서 대부분의 국가 통계와 ECHP 조사는 한 가구와 각 개인, 관계된 사람들 간의 관계에서 가족 단위를 카운팅함으로써 다세대 가구 수를 확인한다. 그러나 다른 형태의 서베이에서의 수집된 정보는 준거인 정의

> 3세대 가구는 2명 혹은 그 이상 분리된 핵가족 혹은 하나의 핵가족으로 구성된다. 한 가족에서 자녀와 함께 살고 있는 여성은 만약 그녀가 결혼을 하지 않았거나 그녀의 부모로 같은 가구에 살고 있다 할지라도 같은 핵가족으로 간주된다.

에 있어 다른 기준을 사용하기 때문에 결과가 일치하지 않는다.

노동 가능 연령, 은퇴 후 연령, 아동은 세 가지 기준에 의해 구별된다. 모든 범주의 대표가 1인 가구에서 발견될 때 그들은 자동적으로 다세대 가족 내에서도 발견된다. 대조적으로 가구 수입과 지출 서베이에서 가구 구성 관련 주요 정보는 각 개인과 신뢰하는 사람 간의 관계와 가구 내 가족 수를 확인한다. 1997년 UN/ECE의 권고안 또한 확대가족을 다음과 같이 정의하고 있다.

> 한 가족 내에서 2세대 이상의 그룹이 존재하고 서로 혈연, 결혼, 입양으로 관계된 사람들. 이러한 근거에서 경제관계, 지출 단위로서의 관계를 연구하는 데 이점이 있지만 또한 인구학적 관점에서 가족을 분류하고 연구하기에는 단점이 있다.

정의에 따르면 형제자매, 삼촌, 고모와 같이 핵가족의 일부는 아니지만 같은 집에 살고 있는 친척들은 확대가족의 구성원으로 간주된다. 그들은 가구주거 정의에 따라 가구 구성원으로서 카운트되지만 살림 단위내에 필수적으로 기록되는 것은 아니다.

데이터 수집에서 대안가족형태와 생활 도구들을 고려하는 국제적 수준의 최선의 노력에도 불구하고 소스와 자료 수집방법은 국가와 시대별로 차이가 있어 국가간 비교를 하기에는 어려움이 있다. 위에서 제시한 합의결혼, 한부모, 재구성 가족, 한가구, 다세대 가구 등의 예는 가족과 가구를 국가에 따라 통계 자료를 수집하고 분석할 때 문제가 있음을 설명해야 하고 국가 통계 실행시 철저한 조사와 다른 자원에서 나온 정보 해석에도 깊은 주의가 필요하다.

자. EU의 가족/가구 통계개념 변화가 한국에 주는 함의

이상에서 살펴본 바와 같이 유럽통계국은 인구조사를 위한 가족개념의 변화를 지속적으로 추적하고 있다. 이는 가구의 변화에 대한 객관적인 자료 생산이 가족정책의 기초임을 인식하고 있기 때문이다.

유럽은 가족, 혹은 가구의 통계 생산에 있어서 결혼이라는 개념을 제외하고 있다. 이는 가구에 대한 통계생산에서는 법률혼과 사실혼의 차이를 구분하는 것이 의미가 없기 때문이다. 그러나 혼인, 동거, 이혼, 별거 개념은 혼인상태 파악에서 중요한 기준이며, 이것들을 기준으로 통계적 자료를 생산하고 있다.

한국사회 인구 센서스 조사에서는 혼인상태에 대한 구분에서 동거 혹은 결혼에 대한 구분이 없다. 이것은 종래의 결혼 개념에서 벗어나는 동거 혹은 사실혼 비율이 높지 않았기 때문이다. 그러나 최근 동거 혹은 사실혼이 증가하고 있는 현 시점에서 이에 대한 구분이 필요하다. 몇몇 나라에서는 동성커플간 계약의 공식화를 고려해보자는 문제로 토론이 진행되었다. 예를 들면 프랑스에서는 오랫동안 검토되었던 이성 및 동성 간의 동거커플을 공식적으로 인정하자는 정부 제안이 1990년대 내내 의회 및 공공토론으로 활발하고 신랄하게 문제 제기되었다. 그 이슈는 이미 덴마크와 스웨덴에서 그랬던 것처럼 소극적 입법을 도입하려는 정부 개입의 정당성과 사회적 수용성을 놓고 뿌리 깊은 여론의 분열을 초래했다(Hantrais, 2004). 우리나라는 아직 이 부분에 대한 인식 및 기초 통계자료의 부재로 인해 한 국가의 혼인 상태가 국가의 세제에 미치는 영향 등에 대한 연구는 체계적으로 시도되지 않고 있다.

한편 가구변화에 대한 연구에서 1인 가구의 증가로 인해 그 기준이 애매모호한 경우를 흔히 볼 수 있다. 이에 대해 유럽에서는 여전히 개념이 모호한 사적 가구(private household)라는 개념을 도입하고 있고 한국에서는 비혈연 5인이하가구로 분류하고 있다. 사적 가구에서 공통 가구의 개념은 사회변화, 혹은 고령화 사회에서 새로운 가족형태로서 향후 증가할 전망인바, 한국에서도 개념정리가 필요하다.

종래 우리사회에서 호주라는 개념으로 통용되거나 혹은 자녀의 입장에서 부모 중 한분으로 통칭되는 보호자라는 개념에 속하지 않는 사람과 동거하는 비율이 증가하고 있다. 특히 부모의 이혼, 소년소녀가장가족, 조손 가족 등과 사는 사람, 혼인신고를 하지 않았지만 함께 사는 사람 등에 대한 호칭이 정립되지 않았다. 따라서 종래의 가족 범주에 속하지 않는 사람들이 느끼는 소외 감정을 헤아려 보지 못했다. 그러나 우리사회에서도 부모에 대체할 수 있는 '의미있는 사람' 이라는 새로운 개념의 도입에 대해 생각해볼 시점에 와 있다.

최근 이혼의 증가로 인해 재구성 가족이 증가하고 있다. 이에 따라 재구성 가족 변화에 대한 통계의 생산이 요구되는 현시점에서 유엔의 권고는 고려해 볼 만한 지표이다. 또한 독신가구에 대한 정확한 지침은 때로는 중복될 수 있는 수치를 줄일 수 있을 것이다.

유럽에서도 동거와 동성관계, "외로운 한부모" 문제가 제도화된 틀로 통합되어 충분히 확산되거나 사회적으로 그 정당성이 수용가능해지기 전까지는 비정상적인 가족형태로 간주되었다. 그러나 다양한 가족형태로서 인구통계학적 추이 분석이 요구되는 바 향후 이에 대한 논의가 필요하다.

제3장 가족정책 이해하기 [7)]

가족 정의와 가족정책

가. 가족변화에 대한 정의

우리는 어떠한 형태의 가족이든지 가족에 속하며, 자기가 속한 가족생활 경험을 통해 가족 현상을 이해한다. 그러나 가족 유형과 가족생활 경험은 시대와 지역에 따라 다르다. 이러한 다양한 가족생활을 국가 정책을 통해 지원하는 가족정책이 무엇인지를 간단명료하게 한마디로 정의하는 일은 쉽지 않다. 그것은 가족정책의 복잡성 때문이기도 하지만, 근본

쉬어가기 ....

한국사회 가족정책이 대두된 사회적 배경

1988년 서울올림픽이 열린 해 한국에서는 '서울올림픽국제학술회의'라는 의미있는 모임이 꾸려졌다. <후기산업시대의 세계공동체>라는 주제 아래 5개 분야 전문가들이 참석하여 서유럽, 미국 그리고 동아시아의 다양한 정책과제 및 방향을 공유할 수 있었다. 5개 분야의 한 세션이었던 「가족: 가족의 변화와 전망」에서는 가족정책이론의 세계적인 학자인 미국의 캐머만(S.B. Kammerman)과 칸(A. Kahn)을 비롯한 각국의 역량있는 학자들이 대거 참여하여 가족정책 개념 및 정책방향을 논하였다.

당시 서유럽국가들은 후기 산업사회를 맞이하여 변화하는 가족과 그에 대한 정책적 논의가 활발하게 이루어지는 상황이었다. 한국에서는 당시 가족정책을 논의하기에는 시기적으로 이른 면이 없지 않았으나, 미래사회를 대비하여 선진 국가들의 경험을 받아들이는 후발국가의 이익은 바로 그러한 시차를 활용하는 데 있다. 서울올림픽국제학술회의를 기점으로 한국에서도 가족정책을 본격적으로 논의하기에 이른다.

적으로 정책 대상인 '가족'을 정의하는 일이 간단하지 않기 때문이다. 따라서 가족과 가족정책의 의미는 그 시대와 사회의 가족 정의 및 변화에 따라 고찰해야 한다.

근대 한국가족 연구의 초석을 닦은 최재석 교수는 한국의 전통적인 가족을 '부계의 초시간적인 제도체'로 정의하고 있다(최재석, 1978). 즉 구성원의 출생, 사망 또는 결혼 등에 의하여 변동이 있더라도 부계혈통의 동일성은 여전히 계승되어 가는 제도라는 것이다. 한국의 전통적인 가족이라 함은 바로 이렇게 부계 중심의 혈통 계승이 가족이라는 집단을 유지하게 하는 핵심 요소로 작용하는 것을 의미했다.

한편, 이효재 교수는 머독(Murdock, 1949)의 개념을 빌려 핵가족의 보편성을 '부부와 미성년 자녀로 구성된 형태로서 주거를 함께 하고, 자녀 재생산 및 공동가계를 이루는 경제적 협력을 하는 사회집단'으로 정의하

이 시기 한국사회의 산업구조는 산업사회에서 후기 산업사회로 이동하고 있었고, '가족'과 관련해서는 여전히 전통적인 가족구성 및 기능을 수행하는 가족을 바람직한 모델로 삼고 지향하던 시기였다. 전통주의적 가치관에서 가족이라 함은 부계중심의 대가족이나 부부를 중심으로 미혼자녀가 있는 핵가족을 일컫는다. 이러한 가족관이 우세한 사회에서 가족의 안녕, 생계, 혹은 부모부양은 가족 내에서 해결해야 하는 사적 영역의 문제로 여겨졌다. 뿐만 아니라 전통적 가족 범주를 벗어난 가족형태는 제도적으로 학문적으로 관심을 받기 어려웠다. 그러나 사회변화에 따른 가족정책 정립의 필요성이 인식되기 시작했다.

서울올림픽국제학술회의에서 필자(변화순, 1989)는 "한국의 가족정책에 관한 종합적 접근"이라는 주제로 발표하였는데, 분과 발표 및 토론에서 한국사회의 가족 담론과 상당한 차이가 있는 각국의 가족정책, 특히 서유럽 국가 가족정책의 역사적, 제도적 면모를 확인할 수 있었다. 이를 계기로 필자는 향후 한국사회가 후기 산업사회로 이동하면서 겪게 될 가족 관련 이슈들을 짐작하게 되었고, 가족주의가 매우 강한 한국사회에서 어떻게 가족정책이 전개되어야 할지 그 방향성을 고민하게 되었다.

였다(이효재, 1990). 따라서 이효재 교수의 정의에 따른 핵가족은 우리 사회 가족 구성 양태에 있어서 여전히 다수를 차지하고 있으나, 이러한 정의만으로 가족을 한정짓기에는 오늘날 우리 사회의 가족 구성은 참으로 다양해졌다. 최근에는 다양한 유형의 가족이 출현하고 있으며, 1인 가구나 공동체적 가구 및 동성애 커플 역시 가족 유형에 포함되어야 한다는 주장이 있다(변화순 외, 2004).

현실적으로 다양한 가족을 포괄하며 가족을 정의하는 것은 쉽지 않으므로 설정된 시간과 공간 내에서 유효한 것으로 봐야 할 것이다.

비록 시공을 관통하는 '가족'을 정의하기는 어렵지만, 정부는 분명히 가족에 직·간접적으로 영향을 미치는 각종 제도를 시행하고 있다. 사회보장제도나 조세제도 등이 그러한 제도가 될 것이다. 따라서 가족정책에 대한 논의는 정책 대상과 내용을 어디까지 포괄시킬 것인지 그 범위를 설정하는 작업에서부터 시작해야 한다. 왜냐하면 한 국가의 가족정책 특성은 바로 설정된 범위와 관련해서 논의되기 때문이다.

각국의 가족정책 범위에 관한 이해에 앞서, 가족정책이 중요하게 대두하게 된 사회적 상황을 살펴볼 필요가 있다.

나. 포괄적, 광의의 가족정책 대두 배경

가족구조 변화는 가족기능 변화를 수반한다. 가족의 중요한 기능이라 할 수 있는 소비와 소득을 포함하는 경제적 기능, 가족원의 안녕을 담당하는 복지적 기능, 자녀의 사회화, 가족구성원간의 정서적 만족 중 특히 개별 가족은 복지기능의 어려움에 봉착하게 된다. 그 결과 국가 및 사회단체가 그 기능

---

7) 이 장은 변화순(1995b), "가족정책 연구의 논쟁과 쟁점, 자리매김", 「여성연구」, 49호. 한국여성개발원의 글을 국내외 최근 자료를 보완해 수정한 것이다.

을 대신하는 것으로 한정되면서 국가의 가족복지 정책으로 구현되었다.

현대가족은 과거에 비해 가족 기능이 매우 축소되었다. 그러나 모든 국가들이 공통적으로 인식하고 있는 가족정책의 관점은 '어떠한 형태의 가족이라도 가족은 여전히 아동을 위한 경제적 지원, 양육, 보호 및 사회화의 기능을 행하는 가장 중심적인 제도이므로 가족은 여전히 중요하다'는 인식을 같이하고 있다(Kamerman & Kahn, 1978).

이러한 사회적 변화의 인식을 바탕으로 최근 가족정책 방향은 요보호대상자들을 위한 협의의 복지정책뿐만 아니라 가족구성원 삶의 질을 향상시키고 가족문제를 예방하고 그들을 사회 내에 통합시킬 수 있는 광의의 사회정책에 관심을 갖고 있다. 즉 가족은 아동과 가족구성원을 위한 경제적 지원, 양육, 보호 및 사회화 기능을 행하는 가장 중심적인 제도이므로 가족의 안정이 사회 안정에 기반이라는 점에 공감하고 있다. 이러한 맥락에서 유엔은 1994년을 '세계가정의 해'로 정하고 가족의 중요성을 사회에 인식시키고 어떠한 형태의 가족이라도 '건강한 가족'을 이룰 수 있도록 국가와 각 사회단체, 그리고 개인에게 실천적 방법을 제시했다(변화순 외, 1994). 그리고 ′95년 3월 덴마크 코펜하겐에서 열린 '사회개발 정상회의'에서도 사회통합에 가족의 중요성을 인식하고 '사회·경제 정책이 가족의 기능을 강화할 수 있어야 한다'는 조항을 명시할 정도로 가족의 중요성을 인식할 뿐더러, ′95년 제4차 북경세계여성대회에서도 가족의 문제가 주요 쟁점으로 부각되었다.

사회의 중요한 핵인 가족은 사적영역과 공적영역이 함께 만나는 장으로서 제 국가는 종합적이고 유기적인 정책을 실시하는 것이 사회문제를 예방할 수 있는 첨병임을 인식하고 있다. 우리나라는 정부가 수립된 이래 2004년 여성부에서 여성가족부로 개편되기 이전까지 가족정책의 기본방향은 '선 가정 후 복지' 정책으로 국가의 개입을 최소화하는 방향으로 추진되고 있었으나, 이후 국가의 가족정책의 방향은 성평등적이고, 통합적 시각에서 보편적 가족정책을 수립할 수 있는 기반을 마련하였다. 그러나 여성가족부에서 통합적 가족정책을 얼마나 수행하였는가를 평가하기도 전에 가족정책 업무는 2008년 보건복지가족부로 이관되었다. 그러나 '보편적 · 예방적 가족정책의 추진'을 정책방향으로 삼고 있는 보건복지가족부에서는 명시적으로 '성평등'한 개념을 드러내기는 쉽지 않았다. 따라서 보건복지가족부의 아동, 노인, 장애인, 다문화가족 등 대상별 가족복지정책은 여성가족부로 이관되었다. 이에 따라 복지적, 성평등적 시각에서 가족정책의 개념 및 정책의 방향성, 계획의 수립이 모색되어야 한다. 즉 이제는 가족문제를 사후 치료하는 협의의 가족복지정책 차원에서 벗어나 예방의 차원으로 전환하고, 최저생활수준의 확보뿐만 아니라 가족의 삶의 질을 향상시키는 방향으로 추진되어야 하는 시점에 와 있다.

그러나 가족정책을 수립하기 위해서는 가족정책에 관한 충분한 연구가 뒷받침되어야 함에도 불구하고 이 분야에 관한 체계적인 연구가 깊이 진척되지 못했다. 그 원인으로는 첫째, 기존의 사회정책, 여성정책과 비교해 볼 때 가족정책의 정체성, 범주 및 연구 방향이 명확히 개념화되지 못한 점, 둘째, 가족에 대한 시각은 보수적인 시각과 진보적인 시각이 대립될 수 있는데 이에 대한 논의가 활성화되지 못하고 있는 점, 셋째, 가족정책 연구를 체계적으로 수행할 수 있는 인프라로 대학 가족정책 관련학과 설립이 활성화되지 못하였고, 관련연구소에서도 장기적 계획하에 조직화되지 못한 점을 들 수 있다.

이러한 맥락에서 다음 장에서는 가족정책 논의를 위한 이론적 작업으로서 가족정책의 정의, 범주 및 관점, 쟁점에 대해 소개하고 활성화 방안을 모색하고자 한다.

가족정책 정의와 범주

가. 가족정책 정의

가족정책은 분류방식에 따라서 매우 협소한 내용을 담을 수도 있고 광의의 포괄적인 내용을 담을 수도 있는 신축적인 개념이다. 따라서 학자에 따라서는 가족정책이 매우 애매하다고 보기도 하고, 정책 수립을 위한 제도적 개선뿐만 아니라 가족관계의 질적 제고, 행복 개념을 도입해야 하므로 추상적이고 가치 지향적이므로 정책화하기가 매우 힘들다고 하기도 한다(Kammerman & Kahn, 1978). 이러한 문제는 가족정책이 가족상담에서부터 교육문제, 혹은 소득이전(income transfer)과 같은 사회보장제도 혹은 상속세법에 이르는 광범위하고도 사회전반적 이슈를 포괄하고 있기 때문이다(Hiilamo, 2002). 그러므로 가족정책을 다룰 때 정의와 포함시킬

쉬어가기....

사회정책, 가족정책, 여성정책의 개념의 차이는?

가족정책은 그 개념이 명확하지 않아 모호할 뿐 아니라 심지어 모순적인 경우를 종종 접하게 된다. 또한 동일한 정책이라도 분류의 틀에 따라 범주가 달라진다. 예를 들어 아동보육정책이 여성정책에 포함되기도 하고, 혹은 가족정책에도 포함된다. 특히 정부부처 조직개편에 따라 수시로 변하는 경우가 많다. 2004년 여성부가 여성가족부로 확대 개편되기 이전 아동보육정책은 복지부에, 유아교육은 교육부 업무이었다. 이후 여성가족부로 통합되었다가 2008년에는 다시 보건복지가족부로 이관되었다. 2010년 정부부처개편에서 여성부는 가족업무와 청소년 업무를 가지고 왔다. 이처럼 동일한 정책이라도 시대와 사회에 따라 사회정책, 여성정책, 혹은 가족정책으로 분류되는데, 이 개념들의 차이 및 정체성은 어디에 있는 것일까? 라는 의문이 생긴다.

범위에 대해 합의하는 과정이 필요하다.

가족정책 연구에 있어 대표적인 학자라고 할 수 있는 캐머만과 칸은 가족정책을 광의와 협의로 구분하였다. 협의의 가족정책은 아동있는 가족을 대상으로 정부가 제한적으로 취하는 정책을 말한다. 광의의 개념으로는 '정부가 가족에게 그리고 가족을 위해 행하는 모든 활동'을 말한다(Kamerman & Kahn, 1978). 협의의 정의에는 소득이전이나 아동이 있는 가족을 대상으로 하는 서비스 등이 해당되고, 광의의 정의에는 조세정책, 학교, 가족법, 낙태법과 같이 정책들이 해당된다.

'정부가 가족에게 그리고 가족을 위해 행하는 모든 활동' (Kamerman & Kahn, 1978)
'가족을 강화하고, 가족을 단위로 하여 대부분의 가족구성원이 인간답게 생활할 수 있는 여건을 만들어 주기 위한 국가의 정책' (변화순, 1990).
'가족을 위한 광범위하게 동의된 일련의 목적을 국가가 의도적으로 프로그램과 정책을 통해 실현하는 것' (모엔과 숄(1987), David Cheal(1991)에서 재인용).

즉, 넓은 의미의 가족정책은 '가족의 안녕과 복지를 다른 가치보다 최우선적인 정책으로 선택하고자 하는 목적으로 정책의 기획에서부터 시행과 집행 결과를 가족과 관련시키는 관점(perspective)을 가지는 정책인 동시에 모든 가족관련 프로그램들을 포괄하는 하나의 영역(field)' 으로 정리가 된다(변화순 외, 2004). 결국 가족정책은 국가가 가족관련 프로그램을 통해 국민생활에 영향을 미치거나 혹은 잠재적으로 가족생활에 영향을 미칠 수 있는 정책이라 할 수 있다.

협의의 가족복지정책과 광의의 가족정책을 구분해 본다면 가족정책이란 '가족을 강화하고 가족을 단위로 하여 대부분의 가족구성원이 인간답게 생활할 수 있는 여건을 만들어 주기 위한 국가의 정책'(변화순 외, 1990)이라고 정의해 볼 때, 가족제도의 유지여부, 자녀양육, 가정 내의 남녀평등 증진, 아동보육시설의 확충 등은 개인이 건강한 가족을 이룰 수 있도록 하기 위한 정책이다. 후자는 요보호대상 가족을 중심으로 서비스 정책을 실시하는 가족복지정책이다. 가족은 사회의 하위체계의 하나이므로 가족정책은 사회정책에 포함된다.

1) 사회정책, 여성정책, 가족정책의 차이

그런데 우리는 앞에서 질문한 바와 같이 동일한 특정정책이 사회정책으로, 여성정책으로, 개별대상을 목표로 한 정책으로, 혹은 단위로서 가족정책으로 다루어지고 있는 경우를 본다. 예를 들어 아동보육정책은 정책을 시행하는 주무부서에 따라 여성정책 혹은 가족정책 범주에 포함되며, 국민기초생활보장제도와 같은 사회보장정책은 사회정책 혹은 가족정책 범주에 포함되는 것을 볼 수 있다. 또한 아동보육정책과 가족정책을 여성가족부가 주무부처로서 정책을 시행하던 중, 2008년 정부의 직제개편에 의하여 보건복지가족부로 이관되었으나 2010년 가족정책은 여성가족부로 이관되었다. 이는 사회정책, 여성정책, 그리고 가족정책의 구분이 명확히 정의되지 않았기 때문에 정책을 보는 시각 정책의 이행 및 평가 기준을 명확하게 구분하기가 더욱 더 어려워진 것이다. 따라서 사회정책, 여성정책 및 가족정책 범주로 구분하는 명확한 기준이 필요하다.

우선, 가족정책을 사회정책의 한 분야로 보는 시각이 있다. 사회정책이란 국가가 개인의 기본적 욕구, 예컨대 의식주, 의료, 교육, 직업 기타 일상생활의 고민해결을 충족시키기 위한 궁극적 책임을 지기 위한 정부의 행동지침이라고 할 수 있다(김상균, 1987).

가족정책을 사회정책으로서의 인구정책과 구별하기 위해 세인즈버리(Sainsbury)는 사회정책으로부터 가족정책의 정의를 도출하였다. 즉 사회정책의 목적은 시민을 노동시장에 통합하고 그들을 노동시장 이탈로부터 보호하는 것이며, 사회정책에서 재생산 과업(아동양육과 관련된 위험)이 강조된 것이 가족정책이라고 보았다. 이러한 관점에서 공공정책은 가족과 시장(개인복지의 원천이 되는)을 '연결'하고 있다고 본다(Hiilamo, 2004).

가) 사회정책과 가족정책

가족정책의 도입 및 정의에 대해서는 국가에 따라 사회경제적 여건의 차이로 출발 배경은 다르다. 특히 광의의 가족정책을 시행하지 않는 미국과 광의의 가족정책을 시행하고 있는 서구유럽의 차이는 국가의 복지정책의 기반의 차이로 인해서 더욱 다르다. 국가의 시책으로 광의의 가족정책을 시행하고 있는 서구 유럽에서도 가족정책을 정의하는 작업의 역사는 그리 길지 않았다. 최근까지 가족정책이라는 용어는 정치적 학문적 영역에서 거의 사용되지 않았다(Gauthier, 1996). 대신 인구정책이 가족정책의 출발로서 논의가 되었던 것이다. 즉 1930년대 서유럽사회가 저출산을 경험하면서 아동이 있는 가족을 지원하는 이슈들이 국정에 전면적으로 등장하게 되었다. 이때는 가족정책이라기 보다는 출산장려정책(pronatalism)이라는 이데올로기 하에서 출산위기를 극복하기 위해 아동이 있는 가족을 대상으로 출산증대를 위한 사회정책프로그램이 도입되었다(Hiilamo, 2002). 즉 광의의 인구정책의 정의가 출산에 영향을 미칠 수 있는 정부의 모든 수단들을 포함했던 반면 협의의 정의는 오직 인구정책대상들에 한정된 수단만을 포함했다.

따라서 이러한 관점에서 볼 때 사회정책으로서 인구정책은 특정국가에서 바라는 인구증가 목표를 달성하기 위하여 재생산과 이민을 통제하기 위해 의도된 모든 수단과 방법을 의미하여, 인구정책은 인구의 지리적 분포에 영향을 주기 위한 것이었다. 그러나 바로 이러한 정의에 의해 인구정책의 초점이 출산에서 가족과 아동복지로 옮겨가면서 가족정책으로 바뀌게 된다. 말하자면 특정한 목표를 위해 국가가 개인(여성의 피임 혹은 임신)을 단위로 시행하는 것은 사회정책이라 한다면, 개인에게 시행하는 정책의 관점이 가족(맞벌이 부부의 일과 가족의 조화, 혹은 출산장려정책들)과 아동복지(아동보육시설 확대)라는 단위로 옮겨 시행되는 정책을 가족정책이라 정의한다. 개념의 구분은 여전히 명확하지 않지만 가족정책과 인구정책을 구분하려는 시도들은 계속되었다. 린드그렌(Lindgren,1973; 재인용, Hiilamo, 2002)에 의하면 인구정책의 목표가 인구 규모에 관심을 갖는다면, 가족정책은 정책 목표가 사회적 이슈에 관심을 두는 사회정책에 속한다고 보았다. 칼베마르크(Kalvemark, 1980; 재인용, Hiilamo, 2002)는 가족과 관련된 사회정책 목표가 사회 통제를 꾀한다면, 인구정책은 생산, 재생산, 군사력에 영향을 미칠 수 있는 권력자원으로 사용되기도 한다고 하면서 정책 목표에 따라서 구분하기도 하였다. 한편 가족정책을 사회정책으로서의 인구정책과 구별하기 위해 세인즈버리(Sainsbury, 1994)는 사회정책의 정의로부터 가족정책 정의를 도출하였다. 즉 사회정책의 목적은 시민을 노동시장에 통합하고 그들을 노동시장 이탈로부터 보호하는 것이며, 사회정책에서 재생산 과업(아동양육과 관련된 위험)이 강조된 것이 가족정책이라고 보았다. 이러한 관점에서 공공정책은 가족과 시장(개인복지의 원천이 되는)을 '연결'하고 있다(Hiilamo, 2004).

나) 여성정책과 성평등정책

여성정책이란 정치, 경제, 사회, 문화 등 모든 분야에서 여성의 지위와 권익을 향상시켜 남녀가 평등한 사회를 이룩하려는 포괄적인 국가정책을 의미한다(권영자, 1990; 변화순, 1994). 과거 정부의 여성정책은 요보호 여성 중심의 '부녀복지'나 '가정복지'의 차원에서 다루고 있으나, '부녀복지'의 의미는 주로 요보호 여성을 대상으로 시행하는 복지정책이라 할 수 있다. 여기서 여성정책은 사회정책에 포함된다. 한편 여성정책은 1975년 유엔의 '세계여성의 해'를 기점으로 하여 여성문제에 대한 관심이 국가적 차원과 국제적 수준에서 논의되기 시작하면서 자리매김되었다. 그 과정에서 한국에서는 '제2차여성정책기본계획'을 기점으로 성평등정책으로 전환되고 있다. 이것은 여성의 권익 확보, 평등을 넘어서 정책과정에서 양성의 동등한 참여를 보장하고 여성과 남성의 요구와 관점을 고르게 통합함으로서 의도하지 않은 성차별을 초래하는 일이 없도록 하며 궁극적으로 양성평등에 기여하는 정책이다(김재인, 2007).

다) 가족정책

그러므로 동일한 정책이라 할지라도 이것을 분석하는 단위 및 틀에 따라 사회정책, 여성정책, 성평등정책 혹은 가족정책에 포함될 수 있다. 예를 들어, 노동시장에서의 기회균등과 성별분업을 위한 측면에서 아동보육 정책을 본다면 여성정책에 포함될 수 있지만 여성의 취업과 가족 역할분담과 관련되어 가족을 분석하면 가족정책에 포함된다. 특히 가족정책에서 다루는 정책의 차원은 가족제도의 유지여부, 자녀양육, 가정 내 남녀평등 증진, 한부모 가족에 대한 재정적 지원, 가정 내에서의 역할, 자녀양육, 아동보호 서비스 등의 문제와 관련된다(Kamerman & Kahn, 1978). 그러나 가족정책은 가족이 사실상 가족내 복지를 어떻게 수혜를 받거나 생산하고 있는가를 다루지는 않는다.

쉬어가기 ....

성평등정책이란?

여성정책은 성평등 정책으로 패러다임의 변화를 요구하고 있는 것이 현재의 상황이다. 여성정책은 '여성의 지위향상'이 목적인 WID(Women in Development) 인 바 요보호 여성을 중심으로 한 최소한의 복지차원에서 일반여성의 복지 · 인권으로 확대되는 과정을 거쳐 발전되었다. 이 후 패러다임의 전환을 위해 성주류화전략(Gender Mainstreaming)이 개발되었는데, 이것은 여성과 관련된 이슈를 별도의 이슈로 다루는 것이 아니라 정책의 주류에 통합시켜 다루어 나간다는 관점이다. 즉 여성과 남성이 균형적 차원에서 동등하게 접근될 수 있도록(GAD, Gender and Development) 남성과 여성간의 힘의 불균형을 균형잡게 하기 위해 성역할을 변화시키는 정책이 필요하다. 성인지통계, 정책의 성별영향평가, 성인지 예산 확충 등을 통해 일반정책에 젠더 관점이 삽입되도록 하는 것이다. 이를 위해 정책기구의 정비, 지표구축, 정책담당자의 성인지력 향상, 정책의 모니터링 평가 등의 요건이 충족되어야 한다(김재인, 2007).

가족정책은 사회정책이나 여성정책이 다루는 분야와 부분적으로 중복되기도 하고 구별되기도 한다. 그러나 제반정책과의 차별성은 동일한 정책이라도 그 정책이 가족 개개인에게 미치는 영향 보다는 가족 전체 혹은 관계성에 미치는 영향이 무엇인가에 대한 방향성 모색 및 가족영향평가(FIA: Family Impact Analysis)에서 그 정체성을 찾을 수 있다.

나. 가족정책의 범주

가족정책은 유럽에서 대두되기 시작하였다. 그 배경은 인구감소에 의기의식을 느낀 유럽에서 대가족제도를 장려하기 위한 소득재분배(예를 들면 가족수당, 소득세 정책)와 인구정책 및 장기적 인구계획과 관련하여 시행되었다. 또한 이 개념은 고아, 빈민, 장애자, 노인, 무의무탁자와 같은 요부양 가족성원에게 지지적이고 대리적인 사회서비스를 제공하는 공공정책으로 받아들여졌다. 최근에는 산업사회가 초래하는 여러 사회문제를 예방하고 일반가족에게 서비스를 제공하는 프로그램들로 나타난다. 사회적 보험급부, 아동보육정책, 소득세와 사회보장정책의 변화, 고용에 있어서 시간제 및 융통성 있는 제도와 같은 취업모를 위한 광범위한 지지적 서비스 등을 예로 들 수 있다. 이외에 가족법, 주택, 교육, 보건정책 등이 여기에 포함된다.

가족정책은 가족에 대한 구체적이고 분명한 목표를 달성하기 위해 고안된 명시적(explicit)인 프로그램 및 정책과, 가족에게, 그리고 가족을 위해 의도적으로 시행되기는 하나 가족에 대한 합의된 전반적 목표가 없는 정책 및 프로그램을 포함한다. 구체적으로 아동의 보육정책, 아동복지, 가족상담, 가족계획, 수입유지, 세금혜택 그리고 주택정책을 들 수 있는데, 여기서 가족은 분명히 정부의 정책 대상이다. 그리고 가족을 위해 고안되지 않았으나 가족에게 간접적으로 영향을 미치는 암시적(implicit) 사회정책이 있는데 예를 들면 공업단지의 위치설정, 도로건설에 대한 결정, 무역 및 관세조절,

이민정책 등이 여기에 포함된다(Kamerman & Kahn, 1978).

명시적 가족정책을 분야별로 구분해 보면 첫째, 세제정책은 가족의 경제과 관련되어있는 기본적인 가족정책이다(변화순, 1989a, b).

둘째, 인구정책이 가족정책으로 변화되고 있다. 가족은 노동력의 생산, 재생산을 위한 유일한 곳이며, 어떤 제도도 가족을 대신할 수 없다는 점을 감안하여 인구감소에 위기의식을 느낀 유럽 국가들은 인구증가정책을, 인구증가가 경제발전에 저해가 된다고 믿는 한국이나, 중국은 인구감소정책을 실시하였다. 최근 한국에서는 저출산, 고령화 사회에 대비하기 위해 인구증가정책을 실시하고 있으나 동일한 정책이라 할지라도 인구증가정책과 가족정책의 정체성 확립이 필요하다.

셋째, 보편적 원칙에 입각한 가족급부정책은 자녀가 있는 가족에서 없는 가족까지 또는 소자녀를 둔 가족에서 여러 명의 자녀가 있는 가족에 이르기까지 어느 정도의 소득재분배를 위한 가족정책이다. 여기에는 가족수당, 유자녀 가정을 위한 현금지원(아동양육보조금, 주택보조금, 학업보조금 등), 이밖에 사회보험으로부터 몇 가지 지원이 있다. 예를 들면 출산시 소득이전, 한부모 수당과 아동수당, 그리고 장애아동을 위한 치료보조금 등과 같은 재정적 급여와 치료비 보조 및 현물로 제공하는 비재정적 급여가 있다. 우리나라에서는 일부 지자체에서 인구증가정책을 위한 가족수당을 부분적으로 실시하고 있다.

넷째, 가족정책에서 가장 기본이 되는 제도는 가족법이다. 가족법은 결혼, 부양, 이혼, 양자입양, 양육, 재산분할, 이 밖에 학대받는 자녀를 보호하고 학대하는 어른의 치료에 영향을 미칠 수 있다. 가족법은 성평등성을 보장하고 개인의 권리를 보호하는 방향으로 개정되는 것이 세계적인 추세이다. 우리나라는 1990년 가족법 개정, 1999년 호주제 폐지를 통해 부부의 평등한 재산분할권, 공동양육권 등 성평등성을 어느 정도 확보하였으나, 자녀의 권리 측면에서는 개정되어야 할 부분이 여전히 숙제로 남아 있다.

다섯째, 일과 가족과의 조화와 관련된 노동시장 정책을 들 수 있다. 노동시장에서 임산부를 보호하기 위한 산전산후휴가, 모성급부, 육아휴직제, 탄력근무제, 아동보육제도, 재가근무 등이 여기에 포함된다. 우리나라에서는 산전산후휴가, 육아휴직제, 아동보육제도가 실시되고 있으나 가족정책의 측면에서 어느 정도 영향을 미쳤는지에 대한 평가는 아직 구체적으로 시도되지는 않았다.

여섯째, 요보호대상가족을 위한 가족복지정책이다. 생활보호 대상자, 노인가족과 한부모가족, 소년소녀가장가족, 장애인가족 등을 위한 복지정책이 여기에 포함될 수 있다.

일곱째, 무기력한 가족을 위한 정책으로 가정폭력에 대한 정책, 가족치료 등에 관한 정책이 있다. 여성가족부에서 가정폭력 피해자를 위한 상담소 및 쉼터에 대한 지원을 하고 있다.

여덟째, 가정생활을 강화하는 것도 가족정책에 대상이 된다. 여기서는 가족의 삶의 질을 향상시키기 위한 가족관계 향상, 여가정책, 사회교육정책, 자원활동에 관한 정책 등이 포함되는데 여성가족부의 건강가정지원센터를 통해 건강한 가정생활을 유지하기 위한 정책을 시행하고 있다.

아홉째, 가족복지정책과 이와 관련된 개인적 사회서비스제도가 있다. 보건 및 치료의 측면에는 모자보건, 분만치료, 학교의 측면에서는 중식제공, 아동보육시설, 가정위탁 등을 들 수 있다. 이 외에도 아동양육상담과 자문, 가족문제상담 등이 포함된다. 모자보건을 위해서는 보건소를 통해 임신 및 출산, 낙태 및 불임수술, 피임상담을 실시하고 있다.

각 국가는 가족정책을 제도화하고 명시화할 수 있는 능력이나 의지에 있어서 다양한 차이를 보이나 가족정책에 있어 통합적인 접근을 채택하고 있는 나라는 소수에 불과하다. 가족정책이라는 이름으로 행해지는 프로그램들이 정책분석가들이나 행정가들 모두에 의해서 각기 분리된 것으로 간주되거나 각 프로그램들이 선별된 집단에서만 제한적으로 적용되고 있을 뿐이다(윌렌스키, 1992).

가족정책 분류

가족정책은 가족에 대하여 정부가 어떻게 대응해야 하는가에 대한 논의에서 시작되지만 여기에는 몇 가지 짚어야 할 관점들이 있다. 중요한 하나는 어떤 유형의 가족을 국가는 이상적인 형태로 보는가이다. 가족정책을 실시하는 대부분의 국가는 가족형태의 다양성을 존중해야 한다고 강조한다. 특히 서구유럽국가들의 경우는 미혼모나 미혼부는 물론이거니와 동성애적 결합을 법적으로 인정할 정도로 가족의 다양성에 대해 인정하고 있다. 이것이 서구유럽 가족정책의 특징적인 관점이다.

가. 가족정책의 유형화

분류[8)]

이처럼 가족정책 분류를 유형화 작업이 쉽지 않은 상황에서, 힐라모(Hiilamo, 2002)의 정리는 기존 가족정책 연구의 흐름을 잘 보여주는 작업이라 할 수 있다. 힐라모는 사회환경이 급변하였던 1990년대 스웨덴과 핀란드의 가족정책 성과를 경험적으로 평가하는 연구에 앞서 가족정책전통이 각기 다른 나라들을 유형별로 살펴보는 것이 필요하다고 보고 가족정책 시행국가의 유형화를 시도하였다.

헤이키키(Heikiki,2002)는 가족정책 정의와 더불어서, 이상적인 가족정책의 체제(regimes)를 수립하고자 할 때 직면하는 문제들이 있다면서 그 중 한 가지는 가족정책 유형화 작업에서 이미 타 학자들에 의해 익숙하게 사용되는 차원이 있다고 한다. 캐머만과 칸은 가족정책프로그램의 영역에서 구분하고 있고(Kammerman & Kahn, 1978), 하딩은 국가-가족 간의 관계(Harding, 1996)

8) 이 장은 Heikiki Hiilamo(2002)의 " *The Rise and Fall of Nordic Family policy?* "을 요약·번역한 것이다.

를 분류 기준으로 삼고 있으며, 카프만은 가족정책의 수사학적 분류를 (Kaufmann, 1993), 셜시스는 정책결정스타일(Schultheis, 1990)을, 그리고 고티에는 가족정책의 역사적 발달(Gauthier, 1996)을, 그리고 세인즈베리는 성역할 (Sainsbury, 1994)을 기준으로 비교하고 있다(재인용, Hiilamo, 2002).

14개국의 가족정책을 비교하면서 캐머만과 칸(1978)은 가족정책형성 스타일에 따라 이들 국가를 세 그룹으로 나누었다. 분류근거는 가족정책의 명시성 여부(명시성-암시성), 가족정책분야의 범위 정도(광의-협의), 가족정책 프로그램들에서의 조정(co-ordination) 수준에 두었다.

첫 번째 범주 중 명시적이고 보편적 가족정책을 시행하는 국가들로, 스웨덴, 노르웨이, 헝가리, 체코슬로바키아, 프랑스가 속한다. 두 번째 범주 중 가족정책을 다양한 정책들을 포괄하는 하나의 영역(a field)으로 보는 국가들로, 핀란드, 덴마크, 오스트리아, 서독, 폴란드가 이에 속한다. 세 번째 범주는 가족정책의 이행이 꺼려져서 그 영향이 다른 정책들간에 분명하게 나타나지 않는 국가들('보이지 않는' 가족정책)이다. 미국, 캐나다, 영국, 이스라엘이 세 번째 범주에 속한다.

영국의 배경을 가진 하딩(Harding, 1996)은 국가와 가족간의 관계를 연구하여 7개의 이론적 모델을 도출하였다. 그 중에서 분류의 양극단에 있는 모델은 권위주의적 모델과 자유방임 모델인데 현실에서 이들 모델에 속하는 국가는 없다. 어떤 나라의 현실적인 우파와 무정부주의자들이 자유방임 모델을 꿈꿀 수도 있다. 몇몇 전체주의 국가에서는 국가-가족 관계의 권위주의적 모델을 찾아내는 것이 관건이다. 나치 독일이 권위주의 국가 모델의 예가 될 수 있다. 양극단에 있는 모델을 제외한 나머지 다섯 모델은 특정 국가들의 정책을 묘사한다. 하딩의 범주는 캐머만과 칸의 것과 유사해 보인다. 캐머만과 칸의 명확하고 광범위한 가족정책 범주는 가족-국가 관계에서 권위주의적 모델을 가리킨다. 반면 가족정책이 분명하게 드러나지 않는다면 자유방임 모델과 동일 선상에 있다고 볼 수 있다(재인용, Hiilamo, 2002).

독일학자인 카프만(Kaufmann, 1993)은 서유럽 가족정책을 "가족수사학(family rhetoric)"을 사용해서 유형화하였다. 각 나라의 문화적 전통과 제도적인 차이는 가족수사학에 영향을 끼친다고 한다. 더욱이, 수사학은 사회적 가치 체계에 따라 다르다. 카프만은 가족수사학에서 논쟁점을 7가지 유형으로 구분하여 그것으로 국가-가족 관계의 관점을 제공하였다. 그는 국가-가족 관계를 세 가지 유형으로 인식하였다. 첫 번째는 복지국가 상태에서 국가는 가족 보호에 있어 광범위한 책임을 지고, 국가개입은 그것이 국가 목표와 관계있는 한 제한이 없는 관계이다. 두 번째 관계에서는 국가개입이 제한된다. 세 번째 관계에서 국가는 사회적 기준에 의해 선별된 가족 -예를 들어 실업에서부터 한부모 가족에 대한 개입을 목표로 한다.

카프만(Kaufmann, 1993)은 불어권 국가, 스칸디나비아 국가, 독일어권 국가, 앵글로 색슨 국가의 특징을 다음과 같이 구분하였다. 프랑스의 가족정책은 역사가 오래되고 융통성 있는 전통을 갖고 있고, 이러한 특징은 벨기에와 룩셈부르크의 가족정책발달에서 두드러지게 나타난다. 스칸디나비

쉬어가기 ....

각국의 가족정책 차이는?

가족정책을 분석하는 관점은 연구자, 국가에 따라 다르다. 그러나 각각 분류의 준거틀은 기준이 서로 달라 어느 학자 혹은 국가를 준거틀로 삼아야 할지 혼동이 생긴다. 또한 각 연구자의 틀을 상호 연계시키는 작업은 쉽지 않음을 알 수 있다. 이것은 유럽의 가족정책과 미국의 가족정책의 틀은 국가의 사회경제적, 정치적 배경에 따라 다르기 때문이다. 이렇게 서로 다른 틀을 종합하는 일과, 정책으로서의 도입이 쉽지 않을 뿐더러 가족정책 전체적으로 조망하기도 어렵다. 따라서 가족정책을 전체적으로 도입한다기 보다는 개별적인 사안에 따라 도입하게 된다. 그러나 각국의 가족정책의 사회경제적 배경은 어떠한가에 대한 의문이 생기게 된다.

표 2-9 가족정책 방향성 분류[9)]

방향성 분류기준	국가 중심적 (북유럽계)	가족 중심적 (중앙유럽계)	시장 중심적 (영국계)
가족정책 특성 (캐머만과 칸, 1978)	명시적 스웨덴, 프랑스		암시적 미국, 캐나다
국가-가족간의 관계 (하딩, 1996)	전체주의적 "나치 독일"		자유방임적 "미국"
수사적 차원 (카프만, 1993)	복지적 입장 스웨덴	선별된 입장	대상 설정된 입장 미국
제도 특성 (셜시스, 1990; 한트라이스, 1995)	법제도화된 가족정책 프랑스	선별적 가족정책 독일	부정적 가족정책 영국
전통성 (고티에, 1996)	친 평등주의 스웨덴, 핀란드	전통적 가족 독일	비개입 미국
성 역할(정치) (세인즈베리, 1994)	개인중심 모델 스웨덴, 핀란드		부양자 모델 미국, 호주
성 역할(제도) (코르피, 1999)	맞벌이 지원 스웨덴, 핀란드	일반적인 가족 지원 독일, 프랑스	시장 지향적 미국, 호주

자료 : Hiilamo(2002)

※주 : 위의 표에서 보이는 방향성은 가족정책에서 국가, 가족, 시장의 역할에 따라 정렬된 것이다. 가족정책 프로그램의 완벽한 평가를 위해서가 아니라 서로 다른 복지 생산자 간 노동분할의 대략적인 윤곽을 잡아보기 위한 것이며, 세 개의 범주가 추출되었다.

9) 1. 북유럽계(또는 사회민주적인) 전통 : 가족복지에서 정부의 역할을 강조함. 포괄적인 소득이전, 아동이 있는 가정을 대상으로 한 서비스. 북유럽 국가들은 여성 노동력 참여를 지원함. 복지국가논의에서 북유럽국가들은 맞벌이 나라들로 묘사되거나 개인적 모델의 대표로 묘사됨.

2. 중부유럽계(또는 보수적인) 전통 : 개인의 안녕을 보장하는 것이 가족 역할임을 강조. 가족정책은 보충성의 원리와 가톨릭 전통에 따라 작동함. 가족 지원을 위해 국가가 개입해 온 오래된 전통이 있음에도(예 : 아동수당설계, 가족임금), 가족은 복지의 일차적 원천을 제공함. 가족정책프로그램은 보편적인 급여와 선별적인 급여 모두 포함. 공적 아동 보육이 없거나 매우 미미하게 지원됨에 따라 여성의 노동력 참여는 촉진되지 않음. 중부유럽의 나라들은 인구정책에 대해서 서로 다른 태도를 보이고, 여성의 노동력 참여와 관련해서는 국가별 차이가 있음.

3. 영국계(또는 자유주의적) 전통 : 대상이 설정된 급여에 의존하며, 소득이전이나 가족에게 줄 수 있는 다양한 서비스들을 간과함. 영국의 소득유지 전통에 따라 엄격한 자산조사를 수반한

아 국가들은 성, 계급, 삶의 조건에서 평등을 강조한다. 독일어권 국가들은 가족에 대한 국가의 보호를 오래 전부터 주장해왔으나, 나치 시기를 제외하고 프랑스의 출산장려정책과 같은 정책은 택하지 않았다. 앵글로 색슨 국가들은 가족에 개입하기를 꺼려하고, 오직 취약한 가족의 욕구와 수요를 위해서만 정책적 개입을 할 뿐이다(재인용, Hiilamo, 2002).

셜시스(Schultheis, 1990)는 EU 국가들의 정책결정스타일에 따라 보충적인 분류모델(supplemental classification method)을 제시하였다. 이 분류는 가족정책 내용보다는 정책이행을 평가한다. 그는 EU국가들을 세 범주로 나누었는데, 명시적이고 법제화된 가족정책결정 전통이 오래된 나라, 암시적인 나라, 그리고 아예 없는 나라로 나누었다.

첫 번째 범주의 국가에서는 가족정책이 사회보장체제 내에서 특정하고, 자율적인 부분으로 매우 확고하게 자리 잡는다. 일반적으로 재분배원칙에 근거하며, 가족문제에 대해서 높은 수준의 사회-정치적 통제가 이루어지는 것이 특징이다. 가족정책은 가족의 광범위한 욕구를 충족시키는 데에 있다.

두 번째 범주의 국가에서 가족정책은 가족의 욕구 중 일부를 충족시키지만 정책영역을 자율적으로 형성하지는 않는다. 이 유형의 가족정책은 보다 선별적인 프로그램을 운영하며, 다른 사회정책 프로그램과는 통합되지 않는다.

세 번째, 부정적 가족정책은 정부가 가족의 삶에 개입하기는 꺼려하면서도 여전히 가족에게 영향을 주는 정책을 결정하는 나라들을 일컫는다. 이는 (가족)정책이 부재하는 것 역시 하나의 정책이라는 것을 의미하는 경우라고 할 수 있다. 이 나라들에서 국가-가족 관계는 하딩의 자유방임 모델과 가깝다.

셜시스(1999)는 독일과 프랑스의 가족정책 발달을 정책결정 스타일, 인

현금급여를 강조함. 정부개입이라는 부정적인 개념이 가족정책을 지배함. 프로그램은 미혼모와 같이 불리한 조건에 있는 집단을 대상으로 함. 시장은 개인의 안녕에 있어서 결정적인 요인임. 여성의 노동력 참여에 대해서는 가족정책은 어떠한 목표도 없음. 어머니들이 집에 머무를지, 유급 노동에 참여할지 결정하는 것은 시장에 달려있음.

구정책 목적에 대한 태도, 보충성, 재정, 가족 규범, 재분배 성격과 성 역할의 차이에 주목하여 비교하였다(재인용, Hiilamo, 2002).

한트라이스(Hantrais, 1995)는 정책결정 환경이 국가 분류에 있어서 매우 중요한 요소임을 지적한다. 한트라이스는 EU 국가들의 가족정책이 어떻게 조직화되는지, 재정충당을 어떻게 하는지, 가족정책 담당 장관이 내각에 있는지, 내각에서 가족 장관의 정치적 영향력은 무엇인지를 연구하였다. 한트라이스는 설시스(1990), 캐머만과 칸(Kammerman & Kahn, 1978)과 관련해서 명시적이고 상대적으로 일관된 가족정책이 있는 나라를 벨기에, 룩셈부르크, 프랑스로 보았다. 덜 명시적으로 가족지향적인 정책이 있는 나라는 덴마크, 독일, 네덜란드였고, 상대적으로 덜 일관되거나 포괄적인 가족정책이 있는 나라는 그리스, 이태리, 포르투갈, 스페인, 영국이라고 보았다.

고티에(Gauthier)는 저서「국가와 가족 산업국가의 가족정책 비교분석」, (1996)에서 터키와 유고슬라비아를 제외한 OECD국가들을 네 가지 모델로 분류하였다. 우선 첫 번째 모델은 친가족 출산장려 모델이다. 이 모델에서는 출산 증가를 목적으로 하고, 재정의 대부분이 육아 수당과 아동 보육 서비스를 위해 지출된다. 이러한 정책의 동기는 바로 어머니들이 유급고용과 가족생활을 함께 할 수 있도록 하는 것이다. 그 중에서도 출산장려는 출산 상여금, 아동수당시스템(수당이 아동 순서에 따라 다르게 책정되며, 나중 자녀가 더 많은 수당을 받음)으로 표출된다. 프랑스, 캐나다 퀘벡이 이에 해당하는 국가로 지목된다.

두 번째는 전통적 모델이다. 이 모델의 핵심은 전통 가족 패턴을 보존하는데 있다. 국가는 아동이 있는 가족을 지원할 책임이 있으나, 가족 지원에 있어서 보다 중요한 재원은 가족 자신과 다양한 비정부기구에서 나와야 한다고 본다. 법적 지원이 다른 모델과 비교할 때 적다고 할 수 없지만, 빈약한 수준의 아동 돌봄 지원은 여성이 유급 고용과 가족생활 병행에 효과적이지 않다. 독일이 이 모델의 예가 된다.

세 번째는 평등주의 모델이다. 이 모델의 중심 주제는 성평등이다. 남여 모두 (임금)생활자이자 돌봄 제공자로 간주된다. 가족정책의 목적은 배우자 모두의 유급고용을 지원하는 것이다. 이 모델은 자발적인 부모됨을 원칙으로 한다. 스웨덴, 덴마크가 가장 좋은 예가 된다.

네 번째는 가족 무개입 모델이다. 이 모델의 특징은 오직 욕구있는 가족만을 지원함에 따라 많은 양의 자산조사가 이루어진다는 것이다. 여성이 가정에 머물도록 촉구하지는 않으나, 국가는 노동시장에 참여하는 여성을 지원하기 위해 한정된 급여를 사용한다. 가족 자족성에 대한 믿음, 규제없는 시장의 미덕에 대한 믿음은 가족에 대해 매우 낮은 수준의 지원을 하도록 하는 시스템으로 귀착된다. 영국, 미국이 그 예이다.

고티에의 분류는 성역할에 있다. 이러한 성역할은 세인즈베리와 코르피의 분류에 포함되는데, 그들은 가족정책의 결정적 중요성은 성평등에 있다고 강조한다. 이 모델들은 에스핑 안델센(Esping-Andersen, 1990)의 세가지 복지 체제에 대해 여성주의적 시각으로 비판하는데서 나온 것이다. 이 모델들은 명시적으로 가족정책을 분석하지 않고 사회정책 일반에 집중한다. 성불평등을 창출하는 가족정책 때문에 이 모델들은 가족정책분석에 있어서 생산성 있는 출발점을 제공한다고 볼 수 있다(재인용, Hiilamo, 2002).

세인즈베리(Sainsbury, 1994)는 성역할에 근거해서 복지모델을 두 그룹으로 나누었다. 각각 "부양자 모델"과 "개인 모델"이다. 두 모델 구분은 가족이데올로기와 사회정책 프로그램에서 가족이데올로기를 실천적으로 명시할 수 있는 근거를 마련한 것이다. 가족이데올로기는 급여의 자격조건과 급여의 성격에 반영된다.

세인즈베리의 부양자 모델은 이상적인 가족의 주된 지원자로 남성을 상정한다. 이 모델에서 가족이데올로기는 전통적인 결혼생활과 배우자 간의 명확한 노동분업을 강화시키는 역할을 한다. 이 모델은 가족 구성원의 생계 담당을 남성의 의무로 삼는 "전통적인 가족 모델"로 묘사될 수 있다.

여성의 의무는 좋은 가정을 꾸리고 남성과 자녀를 섬기는 것이다. 이 모델의 가족이데올로기에 따르면, 어머니가 가정에서 아동을 보살필 때, 아동은 더 행복하고 더 안전하게 느낀다. 가족법, 사회정책 프로그램, 노동법, 조세제도는 모두 위에 묘사된 노동을 구분하도록 지원하는 제도들이다.

반면, 개인중심 모델에서 배우자는 각자 삶에 책임을 진다는 점에서 출발한다. 이들은 다소 동등하게 아동돌봄과 가사노동을 공유한다. 사회보장 급여는 가족이 아닌 개인에게 지급된다. 개인과세 · 노동시장정책에서 젠더는 동등하게 다뤄진다. 사적 공적 영역의 경계가 불분명하다. 공적영역은 일부 재생산과업을 담당하는데, 그 결과 돌봄노동에 대해 전부 또는 일부 급여가 지급되고, 사회보장 수급 자격을 얻게 된다(재인용, Hiilamo, 2002).

코르피(Korpi, 1999)는 배우자간의 노동분할을 연구, 제도의 특성에 따라 세 개의 범주로 구분하였다. 범주간의 차이는 정치행위의 제도적 형태로, 이는 전통적인 부양자 모델이나 맞벌이 모델 둘 중의 하나를 지지한다. 각 범주는 다음과 같다.

"일반적인 가족 지원"은 가족 부양자로서의 남성 지위를 강화시키는 것이 목적이다. 아동수당, 특정한 가족 특수적인 세금 공제(family-specific tax deduction), 3세 이상 아동에게 제공되는 공공아동보육이 이 범주에 해당하는 제도들이다. 세인즈베리의 부양자모델에 상응한다.

"맞벌이 지원"은 부모 모두의 노동시장 참여를 지지한다. 공공아동 보육, 3세 이하 아동의 어머니들이 사용할 수 있는 유급 육아휴직, 유급 아버지육아휴직, 노인들을 돌보기 위해 마련한 공적 시설(여성들이 돌봄 노동의 의무 없음)이 이 범주에 해당되는 제도들이다. 세인즈베리의 개인 모델에 상응한다.

"시장지향적 정책" 범주에서는 위에 언급된 가족 정책 제도들은 발달되지 않거나 존재하지 않는다. 달리 말하여, 규제가 없는 시장이 성별간 노동 분할을 결정한다는 것이다.

나. 이념적 차이에 의한 분류

또 다른 하나는 가족정책을 보수적 시각에서 볼 것인가 아니면 진보주의적 시각에서 볼 것인가에 따라 입장이 나뉘어진다. 결과적으로 볼 때 가족정책 지원수단으로서 공적프로그램의 개입은 복지제도로서 욕구를 충족할 수 있지만 현실적으로는 모순된 결과를 초래할 수 있다. 즉 가족정책이 예방과 치료 기능을 충분히 하지 못하고 긴급한 욕구에 대하여 지원할 경우 공적개입의 직접적 성과는 나타나지만 장기적으로 가족 상호부조의 의무나 책임을 약화시키고, 가족생활의 기본적 유대를 약화시키게 된다는 상반된 결과를 나타낸다.

따라서 가족은 종래의 핵가족 제도를 유지해야 하는가 아니면 다양한 가족을 인정할 것인가 하는 보수주의적 혹은 진보주의적인 관점과 가족의 안녕을 위해 여성은 가족에서 희생되어야 하는 존재로 볼 것인가 아니면 평등을 추구하는 동반자적인 입장에서 볼 것인가라는 여권론적 관점에 따라 시각과 정책의 방향이 달라진다(변화순, 1995b).

첫째, 보수주의적 또는 자유주의적 시각이다. 이들은 현재 변화하는 가족 상태를 병리적인 가족해체로 보고 전통적 가족유형이 붕괴되는 것에 대해 비판적이다. 이들은 가족이 붕괴되면 사회도 위협받는다고 보고 다양한 가족을 위한 가족정책은 오히려 가족의 붕괴를 조장한다고 본다. 정부가 마련한 제반 정책 프로그램들의 목적이 빈곤탈출이지만 결과적으로 국민들을 빈곤하게 하는 원인으로 보고 있다. 따라서 이들은 가족에 대한 정부의 계획된 정책을 실시하기 보다는 가족이 마음대로 할 수 있도록 자유를 주어야 한다고 주장한다(박민자, 1994).

둘째, 진보적 시각으로서 현재 가족은 변화되고 있는 것이지 쇠퇴하는 것은 아니라고 본다. 그러면서도 가족은 계속해서 일차적이고 친밀한 관계를 유지하는 조직이므로 변화하는 가족 요구에 대응해 현존의 가족정책을 바꿀 필요가 있다. 따라서 가족을 위해 국가적·사회적 지원이 있어야 한다.

또한 이들은 아동과 성인의 이해가 균형을 이루도록 정책이 개발되어야 하며, 특히 여성의 경제적 자립을 인정하고, 남성들이 가사노동과 육아책임을 공평하게 분담하는 등 권리와 책임을 공평하게 분배하는 정책이 필요하다고 본다. 이들에 따르면 국가는 다양한 가족을 인정하면서 한부모가족, 독신가구 등이 가지기 쉬운 취약점을 국가가 법, 경제적, 물질적 지원 등의 정책을 통해 보완해 주어야 한다.

셋째, 여권론적 시각이다. 여권론적 시각은 가족 복지증진에 정부가 당연히 개입해야 한다는 것을 전제로 하되, 어떤 영역에 개입해야 하는가, 즉 정책방향이 성평등적이어야 하며, 여성이 불이익을 당하는 구조적 측면(예를 들면 아내학대)을 개선해야 한다는 데에 중점을 둔다.

가족정책에 중요한 비중을 차지하는 아동정책을 예를 들어보면 다양한 시각이 존재한다. 하딩(Harding)은 아동보육에 관한 국가의 역할을 살펴보면서 다음과 같은 입장으로 나누어 보았다(Harding, 1991; 변화순, 1995b, 재인용). 첫째, 가족이 아동의 보호자가 되어야 한다는 보수주의적 입장이다. 즉 개인은 가족을 지키고 아동은 자신의 친부모와 함께 생활할 수 있어야 하는 선에서 국가의 개입이 필요하다고 주장한다. 둘째, 사회는 아동의 양육과 권리확보의 주역이 되어야 한다는 진보주의적 입장이다. 즉 국가는 아동양육과 권리확보를 위해서 적극적으로 개입해야 한다는 것을 강조한다.

이러한 두 개의 개념틀에서 사회복지사상과 그 맥락을 같이 하는 4개의 관점이 발전되었다. 첫째, 자유방임주의에 따른 가부장적 가치관(Laissez-Faire and Patriarchy)이다. 이것은 19세기에 널리 인식되어 20세기까지 전성기를 누린 관점으로 가족의 권위가 침해받아서는 안되므로 아동양육에 있어 국가의 역할은 극히 최소화되어야 한다고 본다. 둘째, 국가-간섭주의와 아동보호(State-Paternalism and Child Protection)이다. 19세기 말과 20세기에 대두한 가치적 개념으로서 국가개입의 중대성을 역설한다. 아동의 양육과

보호를 위해 국가의 개입이 법적으로 정당하게 받아들여져야 한다는 입장으로 친부모 양육이 부적절할 때 대리양육을 적극 권장한다. 따라서 생물학적 가족유대를 경시하는 경향이 있다. 셋째, 현대적 의미의 가족과 부모 권리는 보호되어야 한다는 개념이다. 이 개념은 2차대전 기간 복지국가 개념의 확산과 더불어 발달하였다. 그러나 이것은 국가개입이 합법화된 두 번째 시각과는 다르다. 부모와 가족의 권리를 인정하면서, 친가족과의 생활을 가능하게 하기 위해 국가가 개입하지만 다만 국가는 친가족의 생활향상을 가능하도록 제반 여건을 도와주어야 한다는 입장이다. 넷째, 아동의 권리옹호에 대한 사상이다. 아동의 권리도 성인의 권리와 유사한 권리를 지닌 독립된 존재로서 인정하고, 아동은 억압하는 성인으로부터 자유로워야 한다는 입장이다.

이러한 관점의 차이가 가족정책에 미치는 차이는, 첫 번째는 가족 구성원의 역할, 특히 부모의 역할이 강조되어 전통적 가족이 유지되어야 한다고 보는 것이고, 두 번째는 부모가 아동양육의 역할을 제대로 수행하지 못할 경우 그 역할을 국가가 책임져야 한다는 것이다. 세 번째는 가족의 중요성을 인정하고 건강한 가족을 이룰 수 있도록 국가는 예방적 차원에서 제반 제도를 통해 개입할 수 있다고 본다. 이 시각과 전자의 차이는 전자는 가족 위기 개입에, 후자는 가족문제의 예방에 국가가 적극적인 대책을 모색해야 한다는 것이다. 네 번째는 두 번째 관점보다 급진적이어서 아동의 권리도 성인의 권리와 동등하다는 것을 인정하고, 법, 제도가 이를 뒤따라 실시되어야 한다고 본다. 예를 들면, 미국의 아동의 성폭력에 대한 고소에서 부모의 성폭력에 대해 아동은 부모를 고소할 수 있을 정도로 아동의 인권을 보호하고 있다.[10)]

10) 우리나라의 민법에는 '자식은 부모를 고소할 수 없다'라고 명시되어 있어서 아동학대시에는 자녀가 부모를 고소하기 어렵다. 그러나 아동이 성폭력 피해자일 경우에는 '성폭력 특별법'에 의거하여 고소할 수는 있다. 또한 자녀에 대한 친권에 있어서 '자녀의 복리'가 우선되기 보다는 친생부모가 절대적 권리를 가지고 있다.

다. 가족정책의 쟁점과 비판적 시각

1) 가족정책의 쟁점

이상과 같은 이론적 관점에 근거하여 다음과 같은 쟁점을 끌어낼 수 있다.

첫째, 개인주의-가족주의(Individualism vs. Familism)의 대립적 관계이다. 가족과 개인의 권리 사이에서 누구의 권리가 우선되어야 하며, 경쟁과 갈등은 어디에 존재하는가? 일반적으로 가족과 관련된 공공정책은 전통적 가족형태를 유지하는 방향으로 수립된다. 예를 들어 세제 공제, 혹은 주택 분양의 우선권을 3세대 이상의 가족에게 주는 경우 이러한 가족정책은 일반적으로 남성이 여성을 통제하는 결과를 가져왔다. 그러나 개인주의를 지지하는 입장에서는 여성이 경험하는 구조적 차별은 복지적 차원에서 해결하지 않으면 안된다고 주장한다. 2008년 한 연예인의 죽음 이후 자녀에 대한 친권을 둘러싸고 찬반에 대한 논쟁이 뜨겁게 달아올랐다. 그것은 이혼한 부모의 자녀에 대한 친권에 있어 친권을 포기한 생부모에게 친권을 자동 복귀하느냐 아니면 '자녀의 이익'에 근거해 실질적으로 '자녀의 복리' 취지에 적합한 사람에게 친권을 부여하는가에 대한 뜨거운 논쟁이었다. 아직 해결되지 않은 채 다시 사회적 관심에서 서서히 멀어져가고 있으나 이것은 개인주의와 가족주의의 관점에서 부모 혹은 자녀 중 누구의 권리가 우선되어야 하는가를 보여주는 가족법 개정 이후 최대의 쟁점이 되었다.

성평등과 관련된 정책에서 보수주의자, 진보주의자와 여권주의자간의 갈등은 아내학대를 위한 프로그램 수립과 한부모를 위한 소득유지정책에서 분명히 드러난다. 학대받는 여성을 위한 프로그램은 여성에게 피난처를 제공하고, 직업훈련을 시키고, 아동보육, 그리고 경제적 지원을 함으로써 그들이 남편에게서 떠날 수 있도록 도와준다. 이와 더불어 자녀가 있는 학대받는 여성에게 소득을 유지할 수 있도록 재정지원을 해줌으로써 여성의 이혼결심을 보다 수월하게 해준다. 여권주의자는 여성이 가족유지에 있어서 일방적으로 희생되는 것을 반대하면서 사회정책에 있어 성평등한 가족정책을 시행해야 할 것을 주장한다. 한 예로 '가정폭력'이라는 용어는 가족간에 발생하는 사소한 폭력, 가정내 사적인 문제라는 느낌이 강하고 피해자로서 여성이라는 주체가 잘 드러나 보이지 않는 다고 본다(정춘숙, 2008). 그러나 보수주의자들은 이러한 정책은 가족을 해체시킬 가능성이 크며, 아이들의 희생이 크므로 아이를 위해 가족을 유지시키는 것이 좋다는 방법 모색을 주장한다. 진보주의자들 입장은 여성뿐만 아니라 남성도 가정폭력의 피해자가 될 개연성이 있으므로 피해자의 성을 구분한 용어(아내폭력)보다는 중립적 개념(가정폭력)이라는 개념을 사용해야 한다고 주장한다.

개인주의와 가족주의의 개념은 그 사회에 깔려 있는 문화적 가치에 의

쉬어가기....

'친권의 자동부활'

최근 한 연예인의 이혼과 충격적인 죽음을 둘러싸고 친권문제에 대한 사회적 관심이 불거졌다. 계속되는 논쟁을 통해 비로소 우리 사회가 '친권자의 자격'을 묻게 되었다는 점에 의의가 있다고 본다. 낳아준 부모에게 응당 자녀가 종속되는 것이 아니라, 아동에게 필요한 것을 제공하는 '역할'을 하는 이가 누구인가를 따져보며 아동의 입장과 권리 측면에서 바라볼 틈새가 생겼기 때문이다.

친권제도가 문제가 되는 것은 아동의 권리와 상충될 때이다. 많은 사람들이 일상 속에서 친권이라는 것이 무엇인지 파악하지 못한 채 생활하고 있지만, 부모의 친권행사가 아동의 권리와 충돌하게 될 때 그 피해는 상당한 위력을 발휘하게 된다. 아이를 잘 보호하고 양육하는 책임은 다하지 않으면서도, 자신의 이익을 위해 아이를 이용하거나 친권을 행사하며 아이의 삶을 제한하는 부모도 있다. 자녀를 방치하거나 시설에 맡기면서도 자신의 지휘 하에 두기 위해 입양을 허락하지 않는 부모도 있으며, 단지 가해자가 친부모라는 이유만으로 아동학대가 상당부분 허용되기도 하는 현실이다(조이여울, 2008).

해 형성된 영역을 다루게 된다. 가족을 위해 개인이 희생할 것인가 아니면 개인을 위해 가족은 해체되어도 좋은가 하는 논쟁이 좋은 예이다. 부부간의 문제가 발생할 때 여성이 가족(특히 자식)을 위해 참고 사는 것이 여성 자신과 자식을 위해서 좋은 결과를 가져올 것인가 아니면 헤어지는 것이 모두에게 좋은가? 하는 점을 생각할 수 있다. 이에 대한 해답은 여기서 직접 밝히지는 않겠지만 자신의 성별에 따라 큰 차이를 보인다. 또 다른 하나는 '효' 사상에 바탕을 둔 부모에 대한 책임감 인식에 있어 성과 세대간의 차이가 있다. 개인주의에 바탕을 둔 서구사회에서는 개인의 자유를 더욱 중요한 가치로 여기나 우리사회에서는 가족 결속이 우세하다. 따라서 가족정책 수립과정에서 이 점은 첨예하게 대립되므로 정책 수립과 실행 수준에서 매우 비중있게 다루어져야 한다.

쉬어가기 ....

가정폭력과 아내폭력 개념적 입장차이
– 아내폭력 –

1997년 가정폭력 관련법들이 제정되면서 아내폭력 추방운동에 함께 했던 많은 사람들은 아내폭력 문제의 상당한 변화를 기대했다. 또 실제로 아내폭력 문제가 '가정폭력 방지법'의 제정과 함께 마치 모두 해결된 듯한 착각을 일으키며, 구태의연한 문제로 많은 사람들의 관심에서 멀어져 가고 있다. 그러나 여전히 많은 가정에서 가정폭력이 발생하고(신체적 폭력 발생 6가구 중 1가구, 2004, 여성가족부) 있고, 아내(가정)폭력으로 인한 살인, 방화, 사건들이 끊이지 않는 등 가정폭력방지법이 시행된 지 10년이 된 지금도 우리사회의 아내(가정)폭력 문제에는 별다른 변화가 없는 것 같다.

'가정폭력'이라는 이름으로 아내폭력 문제가 '제도화'되면서 아내/여성 사회적 약자만이 폭력의 피해자가 아니라 법이 포괄하고 있는 가족구성원 모두가 피해자이며 가해자 일 수 있다는 논리가 가능해져 가족관계 안에 엄존하는 성별 권력관계의 중요성을 간과하게 만들었다. 즉 아내에 대한 폭력이 성차별적이고 가부장적인 사회구조와 가족관계에서 기인한 중요하고도 심각한 여성문제라는 아내/여성에 대한 폭력의 성격을 약화시켰다(정춘숙, 2008).

둘째, 사적생활과 공적생활(private vs. public life)의 관계이다. 오늘날 복지사회의 가족제도는 국가의 공적 통제, 개입과 지원 등으로 인해 과거보다 가족제도로서의 성격이 약화되어 사적 영역과 국가의 공적 영역이 뚜렷이 분리되지 않는다(앤 쇼우스턱 사쑨, 1989). 자본주의 초기에 가족내 노동은 사적영역으로 인정되고 있으며, 가정 외 물질적 생산 즉 상품생산은 공적영역으로 간주되었다. 즉 사적영역과 공적영역의 뚜렷한 분리가 있었다(엘리 자레스키, 1983). 그러나 현대복지국가는 점진적으로 일부 사적문제를 공적인 이슈로 바꾸고 그에 대한 해석을 달리한다. 한 가지 예로 근대국가의 확대된 역할은 가족생활에 대한 공적규제 확대의 형태를 취해 국가 감독자는 그들에게 가족문제를 알려줄 권리를 가지며, 가족의 프라이버시는 제한된다. 국가는 가족에 대한 모든 정보를 독점하게 되며, 이들의 생활을 감독한다. 예를 들어 한부모 수당을 받을 때 그들이 동거하고 있는지 아니면 실제로 별거하고 있는지에 대해 수시로 감독을 받게 된다. 따라서 개인의 삶에 국가가 깊이 관여할 것인지 아닌지에 대한 논쟁은 사회적 연대, 믿음과 가치의 세속화, 비효율적인 공동체적 통제, 그리고 보편적 사회체계의 의미와 권력을 생성하는 구조에까지 확대된다.

2) 가족정책에 대한 비판적 시각

가족정책에 대한 비판점을 보면 첫째, 가족정책에 대한 통합적인 접근은 지나치게 광범위하고, 또 정부행위의 모든 영역은 전부 가족에 영향을 미치는 것이기 때문에 그것들을 모두 가족정책이라는 '느슨한' 이름 아래 포함할 수 있다고 비판받는다. 그러나 이를 긍정적으로 보면 아동수당, 연금, 사회부조 등과 같은 가계소득을 보충하거나 대체하는 프로그램과 가족계획사업, 가족상담, 탁아서비스 등과 같은 가족서비스 프로그램, 그리고 가족을 대신하는 프로그램(식사제공서비스 노인에 대한 가정봉사)의 경우 가족정책이라는 이름을 사용하기에 충분할 만큼 프로그램들간 목적이 통일되며

(가족의 안정과 복리증진), 표적인구집단이 유사하며(노인, 어린이 등), 그리고 시기성도 있다(가족생활 주기상의 중요한 전환점). 그리고 비록 광범위하지만, 각 프로그램에 내재한 목적의 통일성은 그 프로그램들을 사회정책의 또 하나의 범주 즉, 가족정책에 속한다고 본다(윌렌스키 외, 1992).

둘째, 가족정책이라는 용어는 다른 목적을 위장하기 위해 사회적으로 인정된 용어로 보는 것이다. 즉, 그것은 사회통제의 수단이라고 주장한다(Kamerman & Kahn, 1978). 이러한 관점에서 보면 가족정책은 사실상 출산을 장려하고 국가에 노동력과 군인을 공급하기 위한 인구정책증가정책이며, 노동시장정책(예를 들면, 육아휴직제, 아동보육서비스)이 여기에 포함될 수 있다. 게다가 가족정책의 각 프로그램들은 다양한 때로는 서로 모순된 기능을 수행하고 있다. 출산을 통제하려는 목적을 가진 가족계획사업은 출산을 장려하려는 목적을 가진 출생장려 아동수당과는 모순된다. 그러나 개별적인 정책들은 비록 사전에 어떤 목적을 염두에 두고서 정책화되기는 하지만, 일단 그 프로그램이 정착되면 최초에 의도했던 목적만을 위한 것으로 머물러 있지는 않는다. 예를 들어 가족계획사업이 확대됨에 따라 출산율은 급격히 떨어졌는데, 동시에 아동수당급여는 가족의 안정성과 사회질서라는 가치를 공유하게 되는데 크게 기여했다고 평가되기도 한다.

가족정책에 포함될 수 있는 여러 다양한 정책들간의 상충된 목적들은 의도하지 않은 효과, 그리고 특수한 집단들의 특수한 이해의 표출에도 불구하고, 다음과 같은 이유에서 유용하다. 산업화는 가족생활의 구조에서 중요한 변화를 초래해 왔으며 정부는 이러한 변화에 대응해 왔는데 정치가나 정부는 가족정책이 개혁을 추구하는 정치에 효과적으로 활용될 수 있다는 것을 인식하기 시작했다는 것이다(윌렌스키, 1992).

가족정책의 영향평가 필요성

가. 가족정책 영향평가 (FIA : Family Impact Analyis)란?

이러한 가족정책에 대한 새로운 시도에도 불구하고 한국의 가족정책은 여전히 단위로서 가족을 대상으로 한 프로그램보다 개별 가족성원을 대상으로 한 프로그램들이 더 많다. 사회정책으로서 가족 단위를 대상으로 한 소득지원정책이 있으나, 이 정책은 간접적인 가족정책이다. 즉 통합적 시행방안을 집행할 행정전담부서는 만들어졌으나 가족정책에 대한 관점의 부재로 정책의 정체성에 대한 이해가 미비하고 예방보다는 사후 대책에 치중하고 있으며, 그 정책도 단편적이어서 정책의 일관성이 결여되었고, 법과 제도의 지체현상을 보이며 가족의 다양성이 인정되지 못하는 문제점이 있다.

그러므로 정책적 개입대상을 문제 가족 중심에서 벗어나 일반 가족을 대상으로 하는 보편주의적 가족정책 확립이 필요하다. 기혼여성의 취업증대와 저출산, 인구의 노령화가 가져온 가족 보호기능의 약화는 이제 어느 특정 가족만이 아닌 보편적인 가족문제로 부상하고 있음을 고려해야 한다. 또한 최근 문제가 되고 있는 여아의 안전 문제도 역시 가족의 틀에서 다루어져야 한다. 그러기 위해서는 국가가 어떠한 방향으로 가족정책을 세워야 하는가 하는 큰 그림이 요구되는데, 이를 관점으로서의 가족정책 수립이라 한다.

관점으로서 가족정책 수립에 있어서 가족이 가족원을 전적으로 책임지는 가족책임주의 극복과 복지부담의 사회화 또는 가족과 제반 체계와의 파트너십이 요구된다. 따라서 복지를 사적 책임으로 방치하는 일은 이제 당위성을 확보하기 어렵기 때문에 가족복지에 대한 사회적 연대 가치를 확보하는 방향으로 발전이 필요하며, 이를 통해 가족권을 시민권적 권리로 향유할 수 있도록 해야 한다. 즉 평등주의적 가치 지향에 기반을 두고 가족 관점과 성인지 관점의 결합이 이루어져야 하고 가족구성원의 삶의 질 향상과 가족

안정성을 강화시켜야 한다. 더불어, 가족정책의 틀과 중점분야를 확립하고 성인지적 관점의 가족정책의 적극적 반영이 필요하다. 이러한 가족정책의 방향수립은 결국 가족정책 영향평가와 연관해서 수립되어야 한다.

FIA에 의하면, 그것은 가족에 대한 사회적 지원과 책임성, 가족 구성원의 소속감과 안정성, 가족의 관여 및 상호의존성, 가족과 관련기관간의 협력과 역량강화, 가족의 다양성, 취약한 가족들에 대한 우선 지원과 같은 가족에 대한 사회적 책임성 확보를 목표로 한다. 특히 미국에서는 가족에 대한 제반 정책이 비록 의도하지 않았다 할지라도 대상가족에게 장 · 단기적으로 중요한 영향을 미치고 있음을 보고, 구체적인 분석 및 평가 수단을 개발하여 제반정책이 가족에게 미치는 영향을 분석하고 그 결과를 기술하여 보고서를 작성하고 있다(변화순, 1995b). 한편 앞에서 지적했던 것처럼, 모든 정책은 직 간접적으로, 긍정적 혹은 부정적인 방식으로 가족에게 영향을 미치므로 수립, 실시, 및 평가 작업이 매우 중요하다. 캐나다 알바타주 정부의 국가정책, 프로그램 그리고 행정과정을 평가하는 기준인 '가족정책 그리드' 는 매우 유용한 예가 될 수 있다〈그림 2-2〉.

이 그리드는 정책, 법 혹은 프로그램이 가족에게 얼마나 공정하고, 지지적이며 격려할 수 있을까? 라는 질문에 적절한 답변을 해줄 수 있다. 그리하여 정부가 가족에게 미치는 방법을 인식할 수 있도록 한다. 정책 목표와 프로그램 목표에 대해 쉽게 동의하고, 가족에 대한 일관성있는 정책을 수립하기 위해 모든 수준의 정부 프로그램 인지도를 증가시키고, 프로그램 전달 절차를 생각하고, 정책과 후속적인 행위에 의해 영향받을 수 있는 다수의 가족 상호작용을 다룬다(The Premier's Council in Support of Alberta Family, 1992; 재인용, 변화순, 1995b).

그러므로 정책의 결과, 입법화, 가족 복지를 위한 프로그램 혹은 절차의 결과가 가족역할, 가족의 다양성, 가족지지, 가족연대, 가족개입, 책임, 가족 관심 및 동반자적 관계에 미치는 결과에 관해 다루어 볼 수 있다.

이 그리드는 가족정책을 입안하고 비판하는 사람뿐 아니라 정부기관도 그들이 제안한 정책을 측정하는 데 사용될 수 있다. 입법자 혹은 전문가가 가족에게 최상이 되는 것이 무엇인가를 가정하기 보다는 이 모델은 가족에 대한 정책과 프로그램의 결과를 분석하는 데 사용된다〈그림 2-3〉.

그리드는 현행정책의 입법, 그리고 프로그램 재검토시 사용될 수 있다. 이것은 정책의 일관성 혹은 부가적인 재검토나 변화를 결정하는 데 관심을 가진다. 또한 더 많은 정책과 프로그램을 제시하기 위해 계획되거나 그러한 변화를 암시한다. 그리고 제안된 정책, 입법 그리고 프로그램

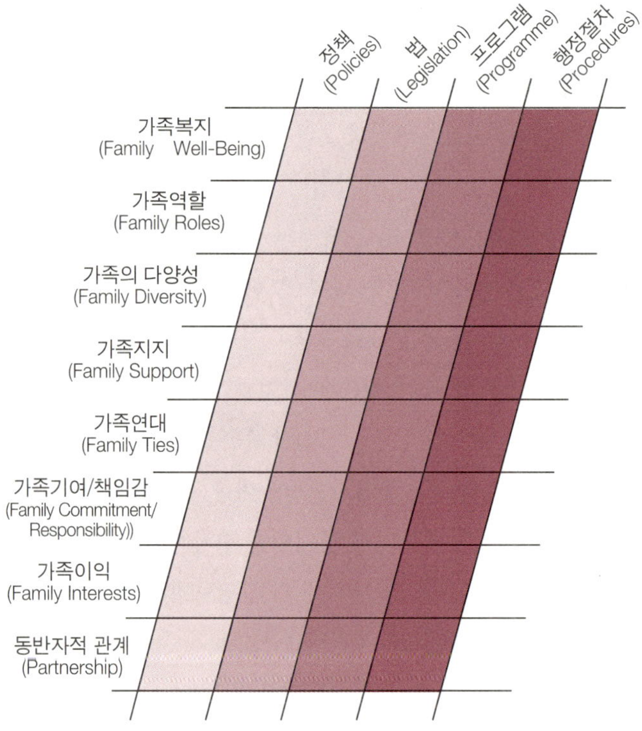

자료 : The Premier's Council in Support of Alberta Families(1992)

그림 2-2 가족정책 그리드

을 평가하는 데 적용된다(변화순, 1995).

가족정책을 시행하는 경우 고려할 구체적 기준으로 가족 구조, 기능, 그리고 관계성의 변화가 있다. 즉, 구조적 측면에서 가족의 다양성을 고려해야 하며, 기능의 측면에서 가족기능을, 그리고 가족의 삶의 질 향상 측면에서는 가족원의 만족도, 관계성, 평등성 등을 고려해야 한다. 그러나 이러한 추상적 수준의 가족가치관의 정책수립은 용이한 작업은 아니므로, 이러한 관계성을 측정할 수 있는 도구 개발이 시급하다(변화순 외, 2004).

가족의 유형은 가족 다양성의 맥락에서 다루어져야 한다. 가족원의 교육수준, 직업 및 수입 등 사회경제적 특성에 따라 그 삶의 형태가 달라진다. 따라서 가족원의 수입, 직업, 교육을 고려할 필요가 있다. 가족구조는 혼인유형(결혼 혹은 동거, 초혼, 재혼, 재결합), 부양 아동 유무, 부양아동이 있다면 한부모 혹은 양부모, 혈연적 혹은 사회적 부모(혈연가족, 입양가족, 위탁가족), 세대별 형태(핵가족, 직계가족, 다세대가족), 수입원에 따라(수입원이 없음, 1명, 2명, 혹은 다양함) 구분해 볼 수 있다. 가족생활 주기단계에 따라 자녀가 없는 단계, 초기 형성단계(유아와 취학전 자녀), 학령기 아동단계, 성인기 전환에 놓인 자녀 단계, 부양 자녀가 없는 단계, 노인부양 단계, 성인자녀와 손자가 있는 노인 단계, 낀 세대(젊은이와 노인을 부양하는 중년기) 단계를 생각할 수 있다. 가족과 제반 체계와의 맥락을 고려해야하는 차원에서는 종교, 지역(농촌/도시주변/도시), 비공식적 사회 관계망(친구와 이웃), 국제결혼, 장애인 가족 등을 생각할 수 있다. 이상의 변수는 가족정책의 시행, 영향평가를 수행함에 있어서 가족들의 형태에 따른 가족구조의 측면에서 고려될 수 있는 변수이다.

가족의 기능 및 관계성에 대하여 생각해 볼 때 가족의 사회적 기능과 역할은 무엇인가, 왜 가족을 사회적 이슈로 다루어야 하는가를 질문할 수 있다. 가족원의 만족감, 가족관계에 있어서 친밀감과 정서적 지지, 그리고 평등성은 사회의 제반 체계가 대체할 수 없는 매우 중요한 기능이다. 가족

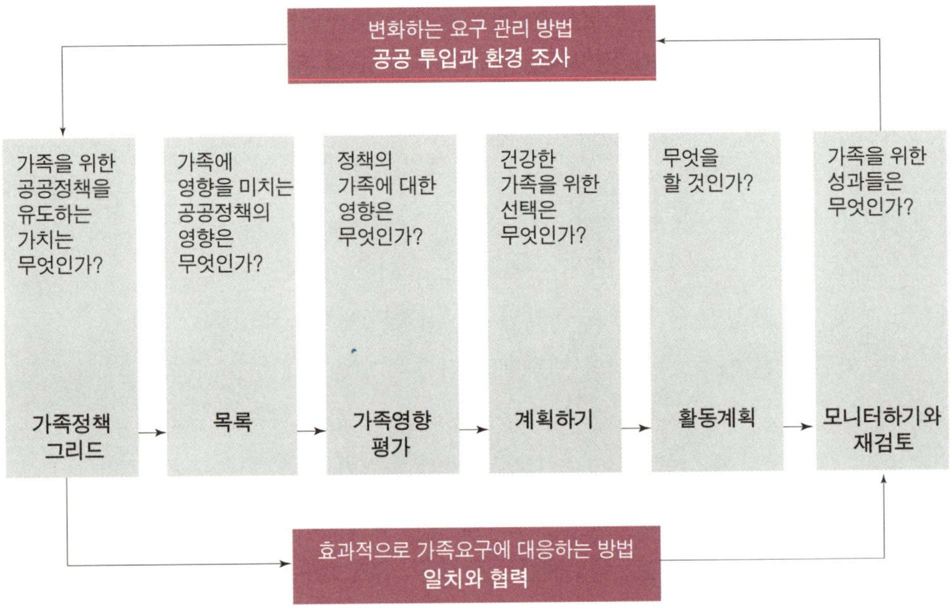

자료 : 앞글(1992)

그림 2-3 가족정책 수립 및 평가 과정

의 우선적인 사회 기능들과 역할은 다음과 같은 5가지 넓은 범주들로 나눌 수 있다(FIA, 2004; 변화순 외, 2004). 첫째, 가족의 구성은 소속감과 큰 관련이 있다. 가족은 그들이 누구이고 자신의 뿌리에 대해 세대를 넘어서 연결되는 자기만의 정체성을 가진 개인들 집단이며, 정부는 자녀출산, 결혼, 이혼, 입양, 위탁보호, 상속 등에 영향 미치는 정책을 통해서 이들 기능을 수행하고 있다. 또한 경제적 지원도 큰 기능 중 하나이다. 둘째, 가족은 부양자의 거주, 음식, 의복과 다른 경비들과 같은 기본적인 욕구에 대한 경제적 자원을 제공한다. 정부는 가족의 이러한 기능을 조세법 내 다양한 보조금과 실물보조금과 수입지지와 유지 프로그램을 통해서 보충하기도 한다. 셋째, 가족은 사회의 생산적인 구성원이 될 다음 세대를 육성하고 양육하는 아동양육 기능을 한다. 가족은 아동의 안전, 건강, 교육과 안녕을 보증하고, 가치와 적절한 사회적 행동을 가르치는 책임이 있다. 정부는 부모양육 행동에 대한 최소한의 기준을 수립하고 이러한 기준이 만족되지 못할 때 개입을 통해 가족의 이러한 책임을 공유한다. 넷째, 아동뿐 아니라 생애주기별로 가족은 가족 구성원을 보호하는 기능을 수행한다. 법에 의해서 요구되지 않을지라도 가족은 아직까지 대부분의 보호와 노약자에 대한 서비스를 제공하고 보호한다. 다섯째, 가족을 둘러싼 집단간의 조정이나 매개 역할 역시 가족을 통하여 이루어지고 있다. 이러한 다양한 책임을 수행하기 위해서 가족은 부모와 다른 가족구성원들을 조정하고 다른 사회적 체계들과의 관계를 관리한다. 가족은 사회적 서비스를 효과적으로 사용할 수 있도록 역량을 강화해야 한다.

이에 가족영향평가의 궁극적인 목적은 가족과 그 구성원들의 생활에 영향을 주는 정책들에 대한 국가적인 목표를 구체화시키는 데 있다. 그러므로 가족영향평가는 가족정책수립을 위한 준거틀로서 이용될 수 있다.

나. 가족정책 수립에서 가족영향평가(FIA)의 기능과 역할[11)]

미국에서 가족영향평가는 정책이 가족에게 실제로 필요한 것인지, 의도한 대로 긍정적인 효과를 발생시키고 있는지 등을 평가하기 위해 실시되는 것으로, 정책형성과정에서 가족중심 관점을 확보할 수 있는 방법론과 분석도구를 사용하고 있다. 미국 가족정책 내의 새로운 전문용어 중의 하나가 가족 역량강화(Family Empowerment)이다. 이 용어 의미의 핵심은 가족의 지식, 전문성 그리고 그들의 선택 및 결정의 권리를 존중하는

11) 이 부분은 변화순(2008)의 "가족 정책의 방향 정립과 가족영향평가의 시행", 「젠더 리뷰」 제8호, 한국여성정책연구원의 일부를 수정 · 보완한 것이다.

것이다. 가족영향평가제도를 도입하는 의의는 독신가구, 이혼 등 과거에는 없었던 가족생활의 변화가 증가하였으나 정부의 정책은 이러한 변화를 따라오지 못하였으며, 실시되고 있는 가족정책은 가족에게 부정적인 영향을 미치기도 하였던 점을 평가하는 것이다. 또한 가족보다는 가족에 포함되는 노인, 아동, 취업모 등 대상별 개인을 중심으로 정책이 이루어져 왔고, 이들이 포함되어 있는 가족의 중요성이 간과되는 경향이 있기 때문이다. 가족영향평가제도의 기본 목적으로는 첫째, 가족정책과 프로그램, 서비스 등이 가족의 안정성과 가족관계, 가족성원의 책임수행능력에 미치는 과거, 현재, 미래의 영향을 평가하기 위한 것이다. 둘째, 미시적 · 거시적 관점에서 가족에 미치는 영향을 살펴 정책의 효율적인 실행을 돕기 위한 것으로 정책과정 중의 하나로 수행된다. 셋째, 정부정책이 가족과 가족성원에 미치는 영향에 대한 국가의 인식을 확대시켜 통합적인 가족관점에서의 정책을 실행할 수 있는 도구로 활용하기 위한 것이다(저출산고령사회위원회, 2007). 이제는 우리나라에서도 가족정책에 대한 영향평가의 검토와 더불어 이를 우리사회에 적용시킬 수 있는 시기가 된 것으로 판단된다(변화순, 2008).

그러므로 가족정책의 입안시 가족친화적인 정책들과 프로그램들을 개발하는 첫 단계에서는 다음의 세 가지 질문들이 요구되며 이를 해결하는 것이 곧 가족정책의 출발점이 될 수 있다. 첫째, 가족이 그들 자신을 돕거나 다른 사람들을 돕기 위한 능력을 향상시키기 위해 정부와 지역사회에서 무엇을 해야 하나? 둘째, 이러한 정책이나 프로그램이 가족에게 무슨 영향을 미쳤는가? 셋째, 이들 정책이나 프로그램이 가족생활과 책임감을 약화시킬 것인지 혹은 강화시킬 것인가?에 대한 질문에 응답을 할 수 있도록 해야 한다.

FIA의 사용용도는 어떠한 법률이 가족들의 욕구를 전달하는지 못하는지를 지적하기 위한 규정, 법률, 법들을 검토하기도 한다. 그리고 가족

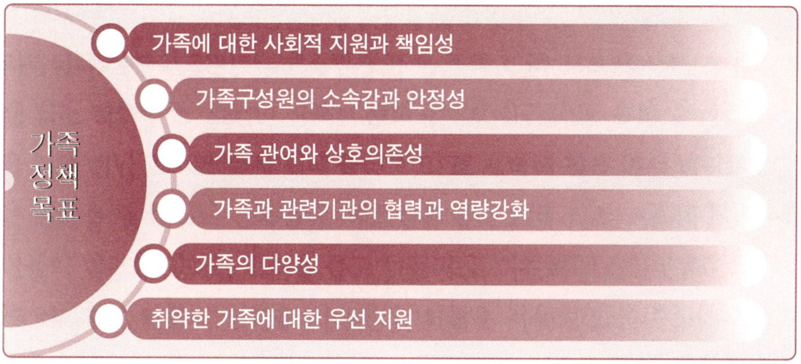

자료 : FIA(2004)

그림 2-4 미국 FIA 가족정책 목표

들에 대한 지원을 잘하는 방법들을 확인하기 위해 기관들이나 조직들의 절차들의 운영과 프로그램들을 평가하고 그들이 제공하는 서비스들 내에 존재하는 차이가 무엇인지를 평가한다. FIA 개념 틀은 핵심 구성요소로 다음과 같은 6가지 기본 원칙들을 가지며, 이들 '도구'는 더 세밀하고 탐색적인 연구에 필요한 구성요소나 요인들을 확인하기 위한 체크리스트로서 사용되기도 하고 환원적으로 가족정책의 방향성을 제시할 수 있는 중요한 기준이 될 수 있다〈그림 2-4〉.

원칙1. 가족에 대한 사회적 지원과 책임성을 강조한다. 정책들과 프로그램은 가족기능을 지지하고 보충하고 마지막 수단으로서 대리적 서비스를 제공하기 위한 목적을 가지고 있다는 점을 보여주어야 한다. 예를 들어 부모와 다른 가족 구성원들은 부모로서 책임을 수행할 능력을 지원하고 보충하는가? 가족기능을 이양 받는 사람들에게 인센티브를 제공하는가? 의존적이고 만성 질병을 앓거나 장애를 가진 가족 구성원의 재정과 보호 책임을 떠맡고 있는 가족에 대해 지원을 하는가? 그들의 자녀에게 재정적 지지를 제공하도록 비동거 부모의 의무를 강화했는가? 등의 기준을 정립, 체크함으로써 가족에 대한 사회적 지원과 책임성을 강조할 수 있다.

원칙2. 가족구성원의 소속감과 안정성을 강화한다. 가족정책과 프로그램 정책의 성과에서는 간과되기 쉬운 질적인 측면 특히, 아동이 있을 때 부부, 부모, 가족헌신과 안정성을 강화하고 격려할 수 있어야 한다. 가족구성원과 생활을 조정하는 장치는 가족구성원에 대한 심각한 위해나 가족 스스로가 요구할 때 가족 구성원을 보호하기 위한 경우 필요하다. 예를 들어 결혼, 별거나 이혼에 대한 욕구를 증가시키거나 감소시키기 위해 제공한 프로그램은? 출산, 위탁, 입양에 대한 욕구를 증가시키거나 저하시키기 위해 제공한 프로그램은? 부부관계의 질적 수준 제고를 위해 부부가 서로에게 헌신하는 것이나 부모로서의 의무를 강화시키는 프로그램은? 결혼을 유지시키는 것과 가족이 함께 있는 것이 적절한 목적일 때 이를 돕기 위해 자원을 할당했는가? 입양이나 이혼과 같은 가족관계내의 주요한 변화가 시간이 많이 들고 지속적인 지원과 관심이 요구되는 과정임을 인식하고 있는가? 등에 대한 가족관계의 질적 수준을 제고함으로써 가족구성원의 소속감과 안정성을 강화할 수 있다.

원칙3. 가족의 관여(Commitment)와 상호의존성에 대한 이해를 촉구한다. 정책들과 프로그램들은 가족관계의 상호의존성, 가족 연대의 지속성, 가족 강점과 의무, 그리고 가족이 구성원들을 도와주는데 동원할 수 있는 자원의 양을 인식해야만 한다. 개인욕구가 가족욕구에 미치는 영향과 가족욕구가 개인욕구에 미치는 영향을 인식하는가? 특별한 욕구를 가진 가족 구성원(신체적, 정신적 장애, 만성질환) 보호의 복잡성과 책임감을 인식하는가? 가족 문제해결을 위해 이웃과 확대가족을 포함하는가? 가족이 문제를 내포하거나 해체되었을 때조차도 가족의 지속성과 힘을 인식하는가? 가족 생활에 필수적인 비공식적 사회적지지 연계망(지역사회/이웃 조직체, 종교적 공동체)을 구축했는가? 가족 내 불공평한 점을 다루었는가? 경쟁적 욕구, 권리의 균형과 다양한 가족구성원들의 관심을 고려했는가? 부모 권리와 가족 통합을 고려함에 있어 가족 구성원들 권리와 안전이 보호되었는가? 등과 같은 가족 및 사회적 연계망, 그리고 가족의 불평등성은 가족 관여 및 상호의존성의 중요성을 이해하도록 한다.

원칙4. 가족과 관련기관과의 협력을 통해 가족 역량을 강화하도록 한다. 정책과 프로그램은 개인과 가족이 서비스를 전달하는 프로그램 전문가와 파트너로서 협동하도록 한다. 게다가, 부모와 가족의 대표는 정책개발, 프로그램 기획, 평가를 함에 있어서 중요한 자원이다. 정부는 가족들에게 선택할 수 있는 모든 정보를 제공하는가? 가족의 자율성을 깨뜨리고 프로그램 직원의 의사결정 개입을 승인하는 원칙은 무엇인가? 전문가들이 그들의 클라이언트, 환자, 학생의 가족들과 협동하도록 격려하는가? 가족들이 요구할 수 있는 다양한 서비스를 조정하는데 가족 욕구를 고려하고 가족들이 사용하는 다른 프로그램과 서비스를 잘 통합했는가? 서비스 기관의 위치, 운영시간과 신청 등에서 가족들이 쉽게 접근할 수 있는가? 참여하는 가족들의 낙인화 또는 굴욕적인 환경을 막고 있는가? 정책과 프로그램 개발, 실행 평가에 있어서 부모와 가족 대표를 포함하는가? 등의 질문을 통해 가족을 둘러싼 복지기관 활용 및 이를 통한 가족 힘의 증진을 도모하도록 한다.

원칙5. 가족 다양성을 고려한다. 가족들은 많은 종류와 형태를 가지고 있고 정책과 프로그램은 다른 유형의 가족들이 초래하는 다양성을 고려해야한다. 정책과 프로그램은 가족생활의 다양성을 인식하고 구조, 역할, 문화 가치들 또는 생활의 이유들로 인해 가족들에게 불이익을 주거나 불리한 차별을 해서는 안 된다. 가족정책이 다양한 유형의 가족들에게 어떻게 영향을 미치나? 가족 구성원들 사이의 책임감과 세대간의 관계성을 인식하고 있나? 특정 유형의 가족 유형들(예로 홀벌이 가족, 혹은 한부모가족)만을 목표로 하는 정당성을 제공하고 있나? 의도하지 않게 다른 유형의 가족들에게 불이익을 주거나 차별을 하는가? 프로그램 효과성과 관련된

다양한 인종, 민족, 종교 문화로부터 가족의 다른 가치, 태도, 행동을 확인하고 고려하였는가? 등을 고려함으로써 다양한 가족을 인식하도록 한다.

원칙6. 취약한 가족들을 우선 지원한다. 경제적 그리고 사회적 욕구를 가장 많이 가진 가족뿐만 아니라 해체에 취약한 가족들을 정부 정책과 프로그램에 포함시켜야 한다. 가장 많이 경제적 또는 사회적 욕구를 가진 가족들을 위한 공적인 지원 서비스들을 인지하고 있는가? 해체될 취약성이 높고 자원이 부족한 가족들을 위해 지원을 해주고 있나? 가족이 심각한 위기나 만성적 상황에 놓이기 전에 가족문제 예방 노력과 자원 사용을 목표로 정했나?에 따라 취약한 가족들을 우선적으로 지원하도록 해야 한다.

앞에서 논의한 바와 같이 이상과 같은 원칙은 정책화하기가 매우 어렵지만, 가족 의미를 생각해 볼 때 가족 중요성을 인식시킬 수 있는 기준이 될 수 있으며, 측정 도구를 개발함과 더불어 평가가 수반되어야 할 것이다. 한 예로, 가족과 가족간호휴가법제도 의하면 부모와 배우자와 아동을 보호하기 위해 무급휴가를 제공하고 있다. 그러나 이것은 보호를 위한 가족 헌신을 지원하지만, 특별한 가족구조에서 이러한 헌신은 제한된다. 만약, 가족간호휴가를 사용하는 가족구성원이 돌봄이라는 무보수 노동에 만족하지 않는다거나 혹은, 지지를 필요로 하는 자가 형제, 조부모, 또는 결혼하지 않은 파트너라면 문제가 발생할 수 있다.

지금까지 가족정책 수립에 있어서 관점이라는 개념의 도입과 가족영향평가 실시를 제안하였다. 이러한 관점의 제시가 정책으로서 실용성이 없다고 간주될 수 있으며, 새로운 정책을 모색하는 다른 시각에서 가족정책을 바라보려고 할지도 모른다. 그러나 역발상적으로 가족이 유지되어야 하는 본질이 무엇이며, 우리사회에서의 가족의 변화가 가지고 오는 문제점은 무엇인가를 생각해보면 정책방향은 뚜렷하다. 즉 어떠한 형태의 가족이라도 기능상 결손이 없어야 하며, 가족은 의식주의 해결과 더불어 함께 행복하게 살아가는 공동체를 추구해야 한다. 그렇기 위해서는 가족이 한부모가족이든, 단독가구이든 가족구성원은 행복해야 하는데, 이것은 앞에서 언급한 여섯 가지 원칙이 지켜지는 사회이다. 그렇다면 가족정책 수립에 있어서 위의 여섯 가지 원칙이 이행될 수 있는 방안모색에서 출발점을 찾아야 한다.

여성가족부, 가족정책 전담부서

가. 가족정책 전담부서 변화

2010년 3월 여성가족부가 가족정책을 담당하도록 정부부처 조직이 개편되었다. 2008-2009년에는 보건복지가족부가 담당하였는 바 저출산고령화사회정책국, 가족정책관, 가족정책과의 이행 업무 성격을 보면 건강가정기본계획 수립, 조정 및 연도별 시행계획 총괄, 중앙부처 및 지방자치단체 가족정책 협의 · 조정 총괄, 가족 관련 법령 관리 · 운영, 가족실태조사 실시 및 가족백서 발간, 건강가정지원센터 설치 · 운영 및 지원, 건강가정사, 가정봉사원 양성 및 교육훈련, 가족친화 사회환경 조성촉진에 관한 법령에 관한 사항, 가족친화 사회환경 조성 관련 실태조사 및 계획 수립, 가족친화 직장 및 마을 환경 조성 지원, 가족친화기업 등 인증 및 관리를 담당하도록 되어 있다. 가족지원과에서는 아동양육지원정책 · 사업, 아이돌보미 지원 사업, 장애아가족아동 양육지원 사업, 한부모가족 양육지원사업, 저소득한부모가족지원, 한부모복지시설 운영, 한부모가족 상담사업을 담당하고, 다문화가족과에서는 결혼이민자가족 사회통합 지원대책 추진 및 부처 협의 · 조정, 다문화가족지원법 제 · 개정 등 관리, 결혼중개업체 관리 및 관련 법령 제 · 개정, 결혼이민자가족지원센터 사업 총괄 등을 담당하였다(보건복지가족부, 2009).

정부의 가족업무 담당부처 변경과정을 보면 2005-2008년 가족정책업무 주관 부처가 일부 개편되기도 하였다. 즉 2005년 3월 24일 정부조직법 법률 제 7413호에 따라 보건복지부에서 여성부로 가족정책 업무가 이관되어 6월 23일 여성가족부에 가족정책국이 신설되었다(대통령령 18873호). 2008년 2월 29일 정부조직 개편에 따라 여성가족부는 여성부로 축소되고 가족정책 업무는 보건복지가족부로 다시 이관되었으며(정부조직법 법률 제8867호) 저출산고령사회정책국하에 가족정책관(3개과 : 가족정책과, 가족지원과, 다문화가족과)이 신설되어 보건복지가족부의 직제가 개정되었다(대통령령 제20679호). 한편 2009년 5월 정부의 직제가 대국대과를 위해 변경됨에 따라 가족정책 업무는 아동청소년가족정책실의 가족정책관으로 이동되었다(보건복지부, 2009).

가족정책업무가 여성가족부에서 보건복지부로 이관된 것은 가족 업무를 평등의 시각에서 다루기보다는 복지적 관점에서 다루고자 하는 정책기조의 축이 이동된 것으로 사료된다. 그러나 가족정책은 복지적 관점뿐만 아니라 성평등 관점을 포함하는 정책인 만큼 가족정책의 정체성 확립과 더불어 방향 정립이 필요하였다. 이에 2010년 3월부터 '여성가족부' 가 가족 업무를 담당하게 되었다.

앞 장에서도 언급한 바와 같이 가족정책 전반을 다루는 전담부서 정체성 확립의 어려움은 정책으로서 구체적인 대상과 실체를 잡기가 쉽지 않다는 점에 기인한다. 아동, 노인, 장애인 등 대상별 정책 입안은 정책 목표를 상대적으로 뚜렷이 세울 수 있으나, 실체가 잡히지 않는 가족정책을 정책화하기는 쉽지 않다.

특히 가족원간의 관계성 혹은 가치적 측면을 다루어야 하는 정책은 과시적 효과가 뚜렷하지 않을 뿐더러 정책으로 구체화되기 어렵다. 그러므로 가족정책 수립시 정책 결과에 대한 가족영향평가와 여성정책과의 경계를 명확히 함과 동시에 연계점을 찾아야 할 것이다. 따라서 가족정책 주무부서가 보건복지가족부에서 여성가족부로 이관된 시점에 제1차 건강가정기본계획의 수정 · 보완은 불가피하다. 그러나 시행연도가 2006-2010년이고, 향후 제2차 건강가정기본계획 수립에 중요한 준거가 되므로 간단히 정리하고자 한다.

나. 제1차건강가정기본계획(2006~2010) : 함께하는 가족 2010

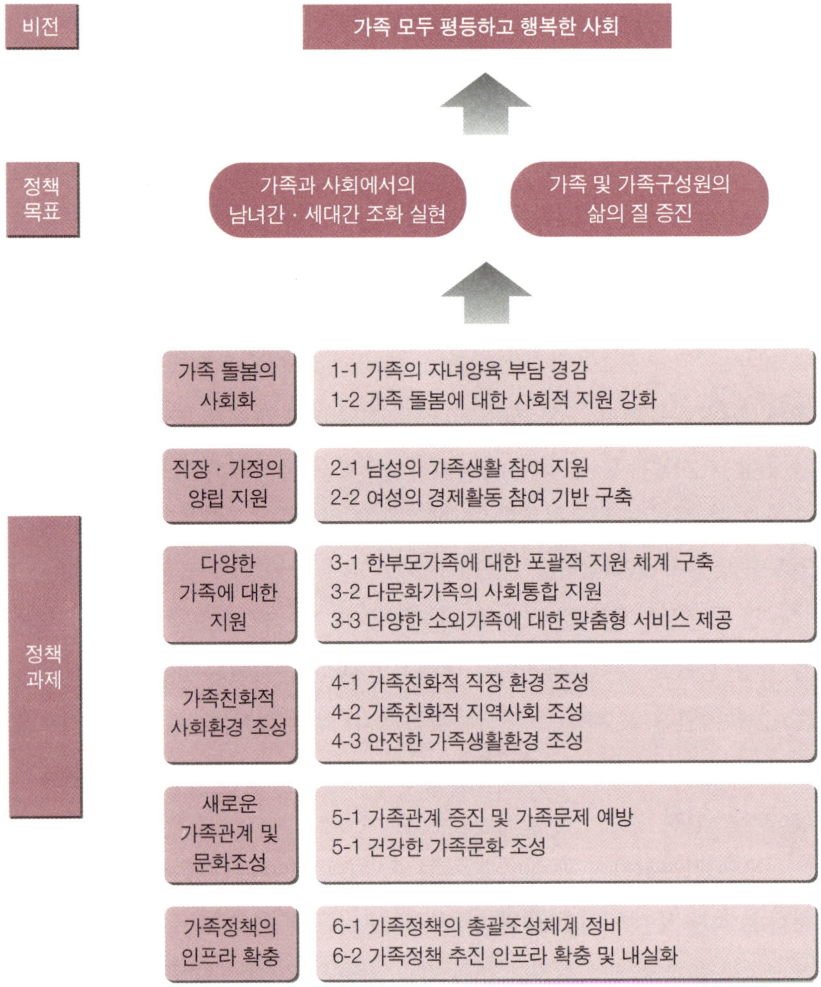

자료 : 보건복지가족부(2009), 「제1차건강가정기본계획(2006~2010)」: 함께하는 가족 2010

그림 2-5 제1차 건강가정 기본 계획

한국의 가족정책 관련법은 건강가정기본법에 근거를 두고 있다. 건강가정기본법에서 건강가정사업은 건강가정기본법의 제3장에 제시되어 있는데, 제21조 가정에 대한 지원에서부터 제33조 자원봉사활동지원에 이르기까지 총 13조항으로 구성되어 있다. 이를 크게 보면, 가정에 대한 지원과 자녀양육지원, 가족단위 복지증진, 가족의 건강증진, 가족부양지원, 민주적이고 양성평등한 가족관계 증진, 가족단위의 시민적 역할증진, 가정생활 문화발전, 가정의례, 가정봉사원, 이혼예방 및 이혼가정지원, 건강가정교육, 자원봉사 활동 지원 등으로 제시되어 있으며 그 세부 내용은 〈그림 2-5〉와 같다. 정부는 동법에 따라 매 5년마다 건강가정 기본계획을 수립하도록 되어 있다(변화순, 2007a).

제1차 건강가정기본계획은 2006년에서 2010년을 목표로 수립되었다. 이것이 궁극적으로 지향하는 바는 가족 모두가 평등하고 행복한 사회를 실현하는 것이며, 구체적인 정책 목표는 가족과 사회에서의 남녀간 · 세대 간 조화 실현과 가족 및 가족구성원 삶의 질을 증진시키는 것이다. 그것은 다음과 같은 5개의 영역으로 나누어진다: 가족돌봄의 사회화, 직장 · 가정의 양립, 다양한 가족에 대한 지원, 가족친화적 사회환경 조성, 새로운 가족관계 및 문화조성, 그리고 가족정책 인프라 확충(보건복지가족부, 2009).

다. 여성가족부 가족정책

여성가족부가 2010년 3월 19일 공식으로 출범했다. 여성가족부는 여성정책과 가족 · 청소년 정책을 통합적으로 추진하기 위해 인력은 기존 여성부의 109명에서 211명으로 증가되고, 조직도 1실-2국-14과에서 2실-2국-2관-1대변인-22과로 확대됐으며 소관 법률은 종전 5개에서 청소년보호법, 아동 · 청소년의 성보호에 관한 법률 등 총 18개로 늘어났다〈그림 2-6〉. 이 중에서 가족정책은 가족정책관실의 가족정책과, 가족지원과, 다문화가족과에

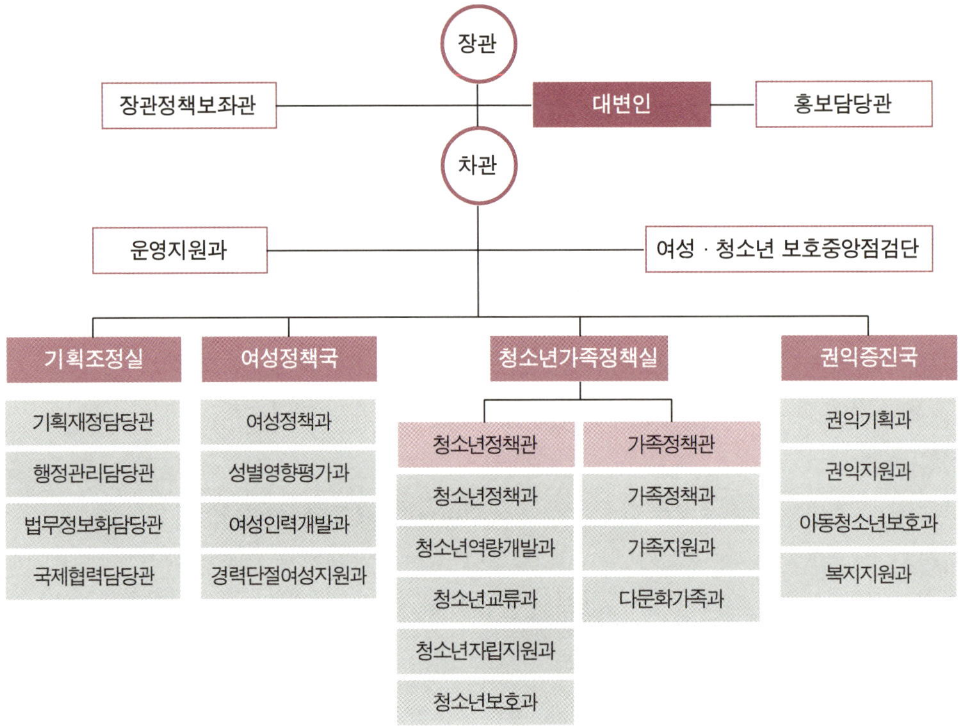

자료 : 여성가족부(2010)

그림 2-6 여성가족부 조직 및 기능

서 담당하게 된다.

여성가족부 가족정책의 기본방향은 가족기능강화, 가족친화적 사회환경조성, 관련 서비스 연계 및 효율화로 가족정책 체감도 향상에 중점을 두고 있다. 가족기능강화를 구현하기 위해 경제위기로 약화되기 쉬운 가족기능의 역량강화 주력, 가족돌봄을 위한 다양한 서비스 확대, 다문화가족의 사회통합을 위한 사회적응서비스 제공, 가족에 대한 보편적 · 예방적 지원서비스 확대, 가족으로부터 이탈된 요보호 아동 등에게 건강한 가정 마련

서비스 지원제공을 주력사업으로 시행한다. 가족친화적 사회환경 조성을 위해 지역사회중심의 통합적 가족지원 네트워크 강화, 기업의 가족친화 경영 활성화 유도, 가족친화 지역환경 조성 촉진, 가족에 대한 보편적 · 예방적 지원서비스를 확대한다. 관련 서비스 연계 및 효율화로 가족정책 체감도 향상을 위해 다양한 민 · 관서비스 전달체계의 효율화, 대상별 기능별 관련 서비스와 연계를 강화한다(여성가족부, 2010).

'가족 모두가 평등하고 행복한 사회' 를 만들고자 하는 비전에 입각해 정책목표로는 '가족과 사회에서의 남녀간 · 세대간 조화실현, 가족 및 가족 구성원의 삶의 질 증진' 에 초점을 맞추었다. 구체적인 목표로는 가족기능

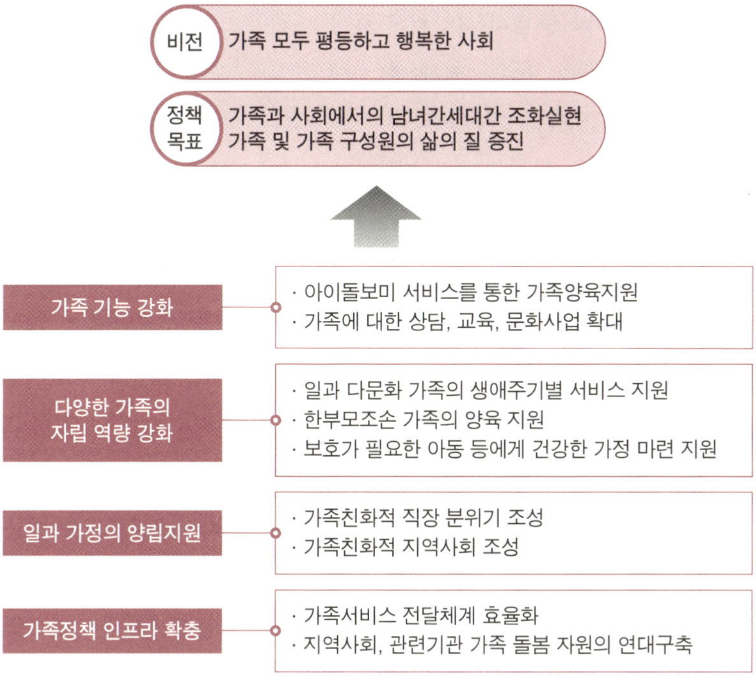

자료 : 여성가족부(2010)

그림 2-7 가족정책 비전 및 핵심과제

강화, 다양한 가족의 자립 및 역량강화, 일과 가정의 양립지원, 가족정책 인프라 확충에 중점을 둔다.

1) 가족정책 역점 추진과제

가족정책의 역점과제는 가족기능 강화, 다양한 가족의 자립역량 강화, 일과 가정의 양립지원, 가족정책 인프라 확충의 네 과제로 나누어진다.

첫째, 가족기능 강화이다. 이를 위해 아이돌보미 서비스를 통한 양육지원과 가족에 대한 상담 · 교육 · 문화 사업을 확대한다.

- **아이돌보미 서비스를 통한 가족양육 지원**
  - 양육자의 야근 · 출장 · 질병 등으로 일시적이고 긴급한 돌봄이 필요한 가정에 아이돌보미 서비스를 제공
- **가족에 대한 상담 · 교육 · 문화사업 확대**
  - 가족에 대한 상담
  - 가족생활 교육
  - 가족친화문화 조성

둘째, 다양한 가족의 자립 역량을 강화한다. 이를 위해 다문화가족 생애주기별 서비스 지원과 한부모 · 조손가족의 자녀양육을 지원하고, 보호가 필요한 아동 등에게 건강한 가정을 마련하도록 지원한다.

- **다문화가족 생애주기별 서비스 지원**
  - 다문화가족의 안정적인 가족생활을 통해 삶의 질 향상과 사회통합 도모
  - 입국 전 결혼준비기, 입국 초 가족관계형성기, 자녀양육 및 정착기, 역량강화기 등 생애주기별로 필요한 서비스 지원
  - 다문화가족지원 서비스 제공기관 : 다문화가족지원센터
- **한부모 · 조손가족의 자녀 양육지원**
  - 저소득 한부모가족에게 내실있는 지원을 통해 생활안정과 자립기반 조성

• **보호가 필요한 아동 등에게 건강한 가정 마련 지원**

- 보호자가 없거나 보호자로부터 이탈된 요보호 아동 등에게 건강한 가정을 제공하여 신체적 · 정신적 · 사회적으로 건강하게 성장할 수 있도록 지원

셋째, 일과 가정의 양립을 지원한다. 그 방안으로 가족친화적 직장환경을 조성하고, 가족친화적 사회를 조성한다.

• **가족친화적 직장환경 조성**

- 여성의 경제활동으로 가정과 직장생활을 조화롭게 병행할 수 있도록 가족친화 직장환경 조성. 예를 들어 탄력근무제, 자녀양육 · 부양지원 · 근로자지원 등 가족친화제도를 모범적으로 운영하는 기업(또는 기관)에 가족친화인증 부여
- 직장내 가족친화 교육, 가족친화경영 컨설팅 추진

• **가족친화적 사회 조성**

- 노인부양이나 아동양육 등 가족돌봄을 지역사회 차원에서 분담할 수 있는 환경과 시설 · 공간 등 생활여건 마을환경 조성

넷째, 가족정책 인프라를 확충한다. 이를 위해 가족서비스 전달체계를 효율화하고, 지역사회, 관련기관 가족돌봄 지원 연대를 구축한다.

• **가족서비스 전달체계 효율화**

- 건강가정지원센터, 다문화가족지원센터 기능 다양화

• **지역사회, 관련기관 가족돌봄 지원의 연대 구축**

- 나눔과 통합의 가족친화 마을 조성, 활성화
- 지역공동체 활성화와 지원의 구심점으로 건강가정지원센터 및 다문화가족지원센터 역량 강화
- 가족과 지역사회의 소통과 연대 강화

2) 통합적 가족 지원

통합적 가족지원을 위해서는 아이돌보미 서비스를 지원하고, 건강가정지원센터를 운영한다.

첫째, 아이돌보미 서비스를 지원한다. 「건강가정기본법 제22조」(자녀양육지원의 강화)에 근거하여 양육자의 야근출장 등 일시적이고 긴급한 돌봄이 필요한 가정에 아이 돌보미 서비스를 제공함으로써 시설보육의 사각지대를 해소하여 아동의 안전한 보호 및 가족의 아동양육 부담 경감에 목적을 둔다.

둘째, 건강가정지원센터 운영이다. 경기 침체에 따른 가족돌봄사업 · 가족교육 · 가족상담 · 가족문화활동 등 예방적 · 선제적 가족지원서비스 확대 및 발굴을 통해 가족의 건강성을 증진하고 다양한 가족에 대한 맞춤형 서비스 지원 강화를 목적으로 한다. 이를 통해 수요자 중심의 서비스 전달체계를 갖추고 지역 주민의 특성을 고려한 맞춤형 가족지원서비스를 제공하여 가족 안정성을 강화하고 가족관계를 증진한다.

3) 다문화 가족지원

다문화가족 지원은 다문화 가족의 생애주기별 맞춤형 서비스 제공과 다문화가족지원센터를 운영한다.

첫째, 다문화 가족의 생애주기별 맞춤형 서비스를 제공한다. 다문화가족을 위한 가족교육 · 상담 · 문화 프로그램 등 서비스 제공을 통해 결혼이민자의 한국사회 조기적응 및 다문화가족의 안정적인 가족생활 지원한다. 이는 입국전 결혼준비기, 입국초 가족관계 형성기, 자녀양육 및 정착기역량강화기, 다문화역량강화로 나누어진다.

1단계 : 입국 전 결혼준비기. 국제결혼 과정 인권보호와 교육프로그램에 초점을 맞춤

2단계 : 입국초 가족관계 형성기. 결혼이민자의 조기적응 및 안정적 생

활지원, 다양한 매체를 통한 한국어교육, 위기개입 및 가족통합교육을 실시

3단계 : 자녀양육 및 정착기. 다문화가족 자녀의 양육 · 교육 지원

4단계 : 역량 강화기. 결혼이민자의 경제 · 사회적 자립 지원을 위해 직업교육 · 훈련 실시

전단계 : 다문화역량 강화를 위해 대국민 인식개선 및 홍보를 지원 및 다문화가족 실태조사 실시

둘째, 다문화가족지원센터를 운영한다. 다문화가족을 위한 가족교육 · 상담 · 문화 프로그램 등 서비스 제공을 통해 결혼이민자의 한국사회 조기적응 및 다문화가족의 안정적인 가족생활 지원에 목적을 둔다. 구체적으로 다문화가족의 안정적인 정착과 가족생활을 지원하기 위해 한국어 · 문화교육, 가족교육 · 상담, 자녀지원, 직업교육 및 다문화인식개선 등 다양한 프로그램을 통합적으로 제공 및 연계하는 원스톱 서비스 기관을 운영한다.

4) 한부모가족 지원

저소득 한부모가족, 미혼모 · 부가족, 조손가족 등의 가족기능 유지 및 건강한 생활을 영위할 수 있도록 각종 지원 사업을 수행함으로써 한부모가족의 생활안정과 자립기반 조성 및 복지증진에 기여한다. 구체적으로 이혼, 사별 및 경제적 어려움 등으로 인해 한부모가족이 지속적으로 증가함에 따라 저소득 한부모가족, 미혼모 등을 내실있게 지원함으로써 보호대상자의 생활안정과 자립 기반 조성에 중점을 둔다.

주요사업으로는 한부모가족 아동양육비 · 교육비 지원, 복지자금대여, 한부모가족복지시설 기능보강 사업, 미혼모 · 부 지원 거점기관 운영, 취약가족 역량강화사업, 한부모가족 자녀양육비 이행확보 무료 법률 구조사업을 시행한다.

5) 가족친화 환경조성

가족친화 환경조성으로는 가족친화 직장환경 조성과 가족친화 마을환경 조성을 구상한다.

첫째, 가족친화 직장환경 조성이다. 이는 직장과 가정의 관계에 대한 사회적 환경 및 가치관의 변화로 인하여 누구나 본인이 원할 경우 가정과 직장생활에서 두 가지 역할을 조화롭게 병행할 수 있는 사회적인 제도장치를 마련한다. 구체적으로 저출산 · 고령화와 여성의 경제활동 참여 증가 등 사회 환경이 변화함에 따라 가정과 직장생활을 조화롭게 병행할 수 있는 사회적 분위기나 제도적 장치 마련에 대한 필요성이 증대하고 있어 그 대처 방안을 마련한다.

가족친화제도란 탄력적 근무제도, 자녀출산 · 양육 및 교육지원 제도, 부

쉬어가기 ....

여성가족부에 바란다. 가족 · 여성정책 새판 짜라 !

2010년 3월 19일 여성부가 여성가족부로 확대되어 출범한다. 여성부의 기능을 여성정책에 가족·청소년 정책을 포함하고, 가족정책의 기능을 복지의 기능에서 젠더의 시각으로 확대하는 것은 매우 바람직하다. 그러나 변화하는 가족 현상에 대한 입장과 그에 따른 정책 방향이 우선정립되어야 한다. 이에 가족 변화의 의미를 짚어내야 한다.

그동안 가족 현상은 과거에 비해 정말로 많은 변화가 있었다. 특히 이혼, 사별 등으로 인한 한 부모 가족의 출현, 저출산 현상의 심각성, 다문화 가족 출현 등으로 가족 현상은 다양해졌다. 이러한 가족 변화에 젠더적 차이가 있음을 드러내는 것이 시대적 요구다. 그리고 가족 내 여아에 대한 성폭력이 최근의 현상으로 심각한 문제로 드러나고 있다. 이것은 가족문제와 관련 없어 보이나 역발상적으로 가족현상으로 보고, 그 해결책을 모색해야 한다.

가족정책이 보건복지가족부에서 여성부로 이관된 것은 복지 개념에 더하여 젠더적 시각에서 정책을 수립해야 한다는 시대적 요구를 반영한 것이다. 따라서 가족 관점에 젠더적 관점이 더해진다는 것이 무슨 의미인가를 생각해야 한다.

즉 가족의 목표로 '어떠한 유형의 가족이라도 가족구성원의 행복 추구와 가족 간의 통합'이라고 표현될 수 있는 가치적 함의에 더해 여성정책의 목표로 '세대를 넘어선 남성과 여성,

양가족 및 근로자 지원제도 등을 말하는 것으로 주요사업으로는 가족친화제도를 모범적으로 운영하고 있는 기업 및 공공기관에 대하여 심사를 통해 가족친화 인증을 부여하는 가족친화 인증제와 가족친화제도에 대한 교육 · 컨설팅 및 프로그램 개발 등을 통한 가족친화 직장환경 조성을 촉진하는 가족친화 직장교육이 있다.

둘째, 가족친화 마을환경 조성이다. 이는 노인부양이나 아동양육 등 가족돌봄을 지역사회 차원에서 분담할 수 있는 환경과 다양한 가족구성원이 필요로 하는 시설 및 공간을 갖춘 마을환경 조성을 목적으로 한다.

이를 위해 가족친화 공동체 형성을 위한(가족형) 마을 모델을 개발한다. 이것은 커뮤니티 차원의 시설, 네트워크, 가족친화 프로그램이 동시에 고려된

즉 젠더 간의 평등, 형평'의 개념이 더해져야 한다.

특히 아동 성폭력의 문제를 여성문제로만 볼 것이 아니라 피해자의 특성 및 문제, 가해자의 특성, 그리고 가족의 파탄의 문제로 함께 보아야 하는 것이 그 대표적인 예다.

이것을 보다 구체적인 정책으로 통합하여 제시하는 일은 간단한 일은 아니지만 향후 우리가 해내야 할 과업이다.

그 방법의 일환으로 예를 들어 2차원적 매트릭스인 남성과 여성을 세로축으로 하고 노동, 시간, 자원, 문화 등을 가로축으로 분석하는 성분석(Gender Analysis Matrix)과 이에 더하여 가족의 사회적 지원과 책임성, 가족 구성원의 안정성, 가족의 상호 의존성, 가족 관련 기관과 협력, 가족의 다양성, 취약한 가족에 대한 지원을 고려하는 가족영향평가(Family Impact Analysis)의 융합을 통해서 3차원적인 여성 · 가족문제 분석틀을 만들어 정책개발 및 문제해결을 구체화하기 바란다.

이 두 분석틀의 융합은 패러다임의 재구성이라는 개념으로 가족 · 여성정책의 새 판을 짜는 데 매우 유용한 도구로 개발될 필요가 있다.

변화순(여성신문, 2010. 3. 19)

환경을 조성하여 주민 간 소통과 관계 증진하고, 함께 하는 지역 공동체를 형성하기 위함이다.

6) 가족정책 의제 설정 및 이행수단 구축

여성가족부가 가족정책을 담당해야 할 정체성은 '가족과 사회에서의 남녀간 · 세대간 조화 실현'에 있다. 가족정책 방향이 설정되었다면 이에 따른 구체적인 목표를 설정해야 한다. 위에서 제시한 가족정책 목표중 사회변화에 따른 가족현상을 가족정책 의제로 다루어야 하는 근거는 이혼, 사별 등으로 인한 한부모 가족의 출현과 이로 인한 여성의 빈곤화, 저출산 현상의 심각성, 다문화 가족의 출현 등으로 가족문제가 다양해졌기 때문이다. 이러한 가족 변화 양상에 젠더적 차이가 있음을 드러내는 것이 시대적 요구다. 그리고 가족 내 여아에 대한 성폭력이 최근 심각한 문제로 드러나고 있다. 여아의 성폭력 피해 심각성은 가족문제와 관련 없어 보이나 이것 역시 가족현상으로 보아야 하고, 그 해결책을 모색해야 한다.

이행수단 구축 방법의 일환으로 평가틀을 구축하고, 이에 해당되는 정책을 선정해야 한다. 즉 2차원적 매트릭스 분석틀인 남성과 여성을 세로축으로 하고 노동, 시간, 자원, 문화 등을 가로축으로 하는 성분석 매트릭스(Gender Analysis Matrix)와 이에 더하여 가족의 사회적 지원과 책임성, 가족 구성원의 안정성, 가족의 상호 의존성, 가족 관련 기관과 협력, 가족의 다양성, 취약한 가족에 대한 지원을 고려하는 가족영향평가(Family Impact Analysis)의 결합을 통해서 3차원적인 여성 · 가족문제 분석틀을 만들어 정책개발 및 문제해결을 구체화할 필요가 있다. 보다 구체적인 방법론은 다음 장에서 다룰 것이다.

지상강의: 여성정책과 가족정책의 경계선 세우기와 허물기

가. 여성정책 정체성 찾기[12)]

시작하면서

여러분, 만나 뵙게 되어 반갑습니다. 우선 여러분에게 어떠한 내용으로 강의할 것인가를 대략 말씀드리겠습니다. 여러분은 가족전공자이시기 때문에 대체로 가족 관점에서 사회를 인식하는 경향이 크십니다. 여성의 관점에 대해서는 상대적으로 지식이나 이해가 부족할 것으로 생각됩니다. 따라서 이번 강의에서는 여성정책의 발전과정을 간략하게 소개하고, 두 번째로 최근 '여성정책'이 '성평등정책'으로 바뀌어가고 있는 추세 속에서 성평등 정책 관점이 무엇인가에 대해 논의 해보겠습니다. 이어서 여성정책, 성평등정책, 가족정책 간에 차이와 정체성을 밝혀보도록 하겠습니다. 향후 가족정책 방향성을 제시한 다음 가족을 전공하는 여러분들의 연구 방향에 대해 논의하면 어떨까 생각합니다.

여성복지정책의 발전과정[13)]

처음에 여성정책이 추진된 배경을 보면 여성복지정책부터 시작되었어요. 이 수업의 이름이 '가족 · 복지' 인가요? 아니면 '가족복지' 인가요? 우리나라의 발전과정을 보면 가족복지정책, 즉 잔여적 정책에서 시작해서 보편적 정책으로 확산되어가면서 복지대상 국민뿐만 아니라 일반국민에게도 수혜가 갈 수 있도록 발전되었습니다. 이와 마찬가지로 여성정책 역시 여성복지정책으로부터 시작되었죠. 1970~80년대 초까지만 해도 부녀복지, 요보호

12) 이 글은 필자의 2009년 10월 상명대학교, 가족복지학과 대학원 특강, "여성정책과 가족정책의 차이 및 정체성 확립"에 대한 강의 내용을 수정 · 보완한 것이다.

여성, 미혼모, 미망인 등과 같은 개념들이 사용되었지만 요즘은 그런 용어는 사용하지 않아요. 잘못된 개념의 사용은 사회적 편견을 유도한다는 판단하에 여성에 대한 부정적 개념을 중립적 언어로 바꾸는 작업이 우선되어야 하기 때문이지요. '부녀복지'라는 개념에서 '부녀'란 남성에게 종속된 요보호적인 성격이 강하기 때문에 여성복지라는 개념으로 바뀌었어요. 하지만 그 당시 보건복지부의 여성복지 정책도 요보호여성, 즉 편모가정, 윤락여성에 대한 사업이 주 사업이었어요. 여성단체들은 '편모'에서 '편'이라는 개념이 한쪽으로 기울어진다는 낙인 찍히는 개념이라고 인식하면서 '한부모'라는 개념으로 바꿀 것을 주장하여 이것이 받아들여졌습니다. '윤락'이라는 것도 '여자가 타락하여 자기 몸을 버렸다'는 의미를 띄기 때문에 이 개념 역시 성(Sexuality)에 있어서 남성 중심적 언어로 보고 개념 수정에 들어갔지요.

여성정책이 협의의 잔여적 정책에서 광의의 보편적인 정책으로 바뀌기 시작한 중요한 계기는 1995년 '북경 제4차 세계여성대회' 부터라고 할 수 있습니다. 이 대회를 계기로 생물학적인 성(Sex)의 개념에서 사회적 성(Gender)의 개념으로 바뀌었어요. 여러분 섹스와 젠더의 차이 아시죠? 섹스라는 개념은 남자와 여자, 즉 생물학적 차이로 이분법적으로 구분되는 개념이었어요. 그런데 젠더라는 개념으로 들어가면 '섹스 앤 젠더'가 되니까 4분법적인 개념이 되지요〈표 2-10〉.

사람들은 생물학적으로 남자, 여자로만 구분되는 것이 아니라 생물학적으로 여성이지만 남성적인 기질이 있는 사람이 있고, 생물학적으로 남성이지만 여성적인 기질이 있는 사람이 있어요. 사실 우리 몸 안에는 여성저 기질과 남성적 기질이 다 있어요. 다만 어떤 성향이 두드러지게 나타나는가에 따라 기질적 차이를 보입니다. 우리의 고정관념으로 보면 '저 아이는 남

13) 이에 대한 보다 자세한 내용은 김재인 외 (2007), 「성평등정책론」, 교육과학사를 참고할 것.

표 2-10 섹스(sex)와 젠더(gender)의 구분과 사회적 이미지

젠더 \ 섹스	여 자	남 자
여성다움	부드러움, 순종, 배려 (통념 : 천상 여자)	감성적, 섬세함, 나약함 (통념 : 여자같은 남자)
남성다움	씩씩함, 진취적, 독립적 (통념 : 개성 강한 여자)	박력, 씩씩함, 강함 (통념 : 남자다운 남자)

자답다. 혹은 여자답다' 라는 이야기를 많이 하잖아요. 그런데 남성에게 있어서도 역시 생물학적으로는 남성이지만 기질적으로 소프트하고 부드러운 것을 좋아하는 사람이 있고 또 씩씩하고 진취적인 사람이 있는 것이죠. 요즘과 같은 포스트모더니티 사회에서는 인간을 이분법적으로 이해하는 것보다는 사분법적으로 이해하는 게 훨씬 편견이 덜하죠. 과거에는 여자들이 씩씩하고 진취적인 기질이 있으면 '여자답지 못하다' 고 어른들로부터 한 소리를 들었지만, 요즘은 그게 참 보기 좋다는 말도 들어요. 그러나 남성이 감정을 솔직히 표현하거나, 어릴 때 울기 잘하면 '남자답지 못하다' 고 차별을 더 많이 받았어요.

1995년 '여성발전기본법' 이 제정되고 '여성발전기본계획' 에 의해 보편적인 여성정책을 수립해나가고 있어요. 제1차 여성발전기본계획에서 가장 쟁점이 된 정책은 여성의 의사결정 참여를 위한 할당제 도입으로 정부, 공기업, 혹은 학교에서 한 성(Sex)이 일정 비율을 차지할 수 있도록 한 것이었어요. 지금까지 사회적 영역에서 여성들이 간부, 고위직으로 참여하는 비율이 낮습니다. 따라서 여성에게 일정 비율 할당을 해야 한다는 안에 대해 반대가 심했어요. 왜냐하면 공무원으로 7급에서 국장까지 올라가는데 거의 일생을 다 바쳐야 하는데, 여성에게 일정비율을 할당하게 되니까 경력이 얼마 안 된 여성이 빨리 승진하게 된다는 거죠. 특히 이 부분에서 남성 공무원

들은 역차별이라고 반발이 심했지요. 그러나 과거에 여성 공무원들은 진급을 할 수 있는 기회조차 주어지지 않았던 점을 이해하지 않고 현재의 시각에서 자신들이 불이익을 당하고 있다고 주장하는 것이지요.

자! 여러분, 이제는 여성정책이 보다 발전적인 의미로 사용되는 성평등 정책이 무엇인가에 대해 자세히 알아보겠습니다. 광의의 의미인 보편적 여성정책은 의사결정에 참여, 여성의 경제력 역량강화, 여성의 권익 및 여성폭력에 대한 정책, 그리고 소외된 여성을 위한 복지정책, 돌봄의 사회적 분담, 사회통합과 평등문화 정착 등에 대한 정책인 것이죠. 아동보육정책은 저소득 한부모에게 매우 중요한 정책이지만 중산층 여성들에게도 역시 필요한 정책이지요. 이처럼 여성가족부가 지향하는 여성정책은 세 부분으로 나누어지는데, 정책의 가장 중요한 한 꼭지가 성평등이라는 것이 무엇인가를 보여주는 정책, 즉 성주류화 정책과, 여성에 대한 인권보호 정책으로 성폭력, 가정폭력, 성희롱, 성매매정책이 있고, 다음으로 인력개발정책이 있습니다. 이와 더불어 아동보육정책, 다문화가족, 한부모가족에 대한 가족정책 있지요.

가족/여성/성평등/가족 정책의 기본적 특징과 관점의 차이

지난 20여 년 동안 우리나라에서는 여성에 대한 폭력피해를 예방하고, 행위자를 처벌하고자 하는 법과 정책이 많이 만들어졌어요. NGO가 성폭력피해, 가정폭력 등의 피해자 입장에서 여성문제를 제기하면, 연구자는 이와 관련된 연구를 하고, 정부는 이것을 정책의제로 삼아 법률을 제정하고 정책을 수립하는 것이죠. 이른바 협치(Governance)가 가능한 시스템이 마련되었고, 제도적 측면에서 어느 정도 성과를 이루었습니다.

그러나 여기서 제가 말하고 싶은 핵심은 여러분들이 학문을 함에 있어서 우리 주변에 산재해 있는 현상을 있는 그대로 보는 것이 아니라, 젠더를 둘러싼 다양한 양상, 그리고 문제의 원인이 어디에 있는가를 생각해 보면 창의적인 연구를 할 수 있는 여지가 많다는 것이에요. 특정 사회현상에 대해 '왜 그럴까' 하는 질문을 하면 자기만의 독특한 연구 분야를 개발할 수 있다는 거죠. 저의 사례를 들자면 제가 여성문제를 연구하게 된 계기는 많은 부부들이 정도와 원인은 다르지만 부부싸움을 하는데 부부싸움 후 속상해 하는 편은 일반적으로 여자라는 점을 인식했어요. 물론 남자들도 속상하겠지만 표현을 하지 않는 것일 수도 있고요. 그럼 왜 여자는 속이 많이 상하고 참아야 하는가? 하는 점에서 출발한다면 여성학적 관점에서 연구하는 것이고, 남성에게 설득을 시킬 수 있는 방안을 모색한다면 여성뿐만 아니라 남성에 대해서 파악해야 하는 젠더적 관점이지요. 왜 남자와 여자는 차이가 있을까? 여기에서부터 생각하면 젠더적 성평등한 부부관계를 풀어볼 수 있는 관점이 나오는 것이에요. 성평등 시각이란 남자와 여자의 행위 패턴이 왜 다를까 하는 것에 대한 질문을 해야 돼요. 그 질문에 의해서 가정폭력을 보면 남성과 여성에 있어서 매 맞는 패턴이 다르다는 거죠. 요즘 매 맞는 남자도 있다는 이야기들 하잖아요? 매 맞는 남자들과 매 맞는 여자들의 패턴이 달라요. 그 패턴이 어떻게 다를까 생각해본 적 있어요? 여러분 돈 잘 벌어오고 능력 있는 남성이 매 맞는다는 얘기 들어본 적 있어요? 없으시죠. 그러나 매맞는 여성의 경우에는 계층, 혹은 취업여부에 관계없어요. 자기 경제력과 관계없이 심리적 혹은 신체적 폭력을 당하기도 하고 다만 자신에 대한 자긍심 혹은 남편에 비해 권력이 부족하다든가 아니면 자식에 대한 염려 때문에 참고 지내는 것 입니다. 이처럼 동일한 현상이라도 젠더로 구분해보면 남성과 여성은 어떤 차이가 있고 그 해결을 위한 원인과 과정을 유추하는 것이 연구의 시발점이라고 할 수 있어요. 그런 기준으로 보면 가족연구에 있어서 여성적 시각 혹은 젠더적 시각은 분리될 수가 없는데 가끔 강의를 하러 가면 주최측은 '우리는 여성학적 시각은 빼고 해주세요.' 라고 요구를 해요. 그렇지만 가족문제가 여성주의적 시각, 그리고 관계적인 측면에서의 젠더적 시각이 서로 분리되는 것은 아니라는 거죠.

가족정책에 있어서의 핵심은 가족 관계성에 관한 것, 행복, 안녕, 추상적인 가치적 문제를 구체화시켜 정책화해야 한다는 난제를 해결해야 한다는 것입니다. 여성정책의 목표는 가족정책보다 구체적이어서 여성의 권익향상과 성평등적인 시각의 제도화를 추구하는 것으로 볼 수 있어요. 사회정책은 가족을 단위로 하기 보다는 개인을 대상으로 복지정책을 시행하는 사회복지정책, 혹은 보편적인 사회정책이 있습니다. 동일한 정책, 예를 들면 연금, 수당, 아동보호정책 등이 정책으로는 동일한 정책이지만 관점에 따라서 때로는 성평등정책, 때로는 가족정책, 때로는 사회정책의 관점에서 분류돼 연구할 수 있습니다. 여성정책의 관점은 초기에는 여성의 권익향상 이런 부분들이 핵심이 되었다가 최근에는 성평등적인 관점으로 발전되었지요. 가족정책에 있어서는 미국의 경우 가족에 대한 사회적 지원과 책임성, 두 번째는 가족구성원의 소속감과 안정성 등에 관심을 가지고 있습니다. 이것도 가치지향성인데 정책화하기에는 애매모호하죠. 여성정책의 목표인 권익증진, 성평등 관점은 애매합니까? 가족정책에 비하면 비교적 확실하죠. 그 다음에는 가족에 대한 기여나 상호의존성, 가족관련 기관의 협력과 역량강화, 가족의 다양성, 취약한 가족에 대한 우선지원, 이렇게 가치지향성인 것들도 마찬가지이지만 책임성, 안전성, 상호의존성이라는 가치를 가지고 정책을 수립하기에는 뚜렷하지 않아요. 그럼에도 불구하고 이러한 가치 정립이 매우 중요하므로 그 가치를 여러분들은 어떻게 정책으로 구현해나갈 것인가에 대해서 굉장히 고민해야할 거예요.

따라서 이런 부분에서 보면 미국의 캐머만과 칸(1978)은 가족정책이라는 개념을 '정부가 가족에게 그리고 가족을 위해 행하는 모든 활동' 이라고 정의하였는데 매우 추상적이지요. 초기에는 가족정책에 대해 포괄적인 개념으로 정의했지만, 그 후에 가족정책을 연구하는 후학자들이 '가족의 관점' 이라는 개념을 통해 보다 발전을 시키고 있습니다. 여기에서 '관점' 과 '관계성' 에 대해 보다 많이 생각을 해야만 한국적 가족정책이 만들어지게 될 것입니다.

성인지적 관점(Gender Sensitive Perspective)과 성주류화

여러분, 지금까지 설명에 대한 이해가 좀 되셨는지요? 지금까지의 강의는 여성정책에 관한 기본적인 설명을 해드린 것이었다면 지금부터는 성인지적 관점과 성평등정책의 중요한 관점에 대해서 살펴보려고 해요. 성주류화라는 여성정책에서의 목표가 여성의 권익증진, 혹은 성평등성의 확립이라고 한다면 그것은 우리가 흔히 이야기하는 '발전에서 여성(WID : Women In Development)', 즉 정책 및 인력개발을 통한 힘의 증진에 초점을 맞춘 것이라 할 수 있죠. 발전에 여성들이 참여하려고 하니까 여성들의 힘의 증진이 필요한 것이고 그에 따라 능력도 개발하고, 할당제도 해야 합니다. 이렇게 여성 인력개발을 위해 사회참여를 하다보니까 취업여성들의 자녀양육이 사회문제화되는 것입니다. 그래서 아동보육정책이 필요한 것이지요. 그런데 여성정책 연구를 20년 정도 수행하다보니까 다음과 같은 의문이 드는 거예요. 여성들의 발전을 주장하다 보니까 평등 관점에서 발전이 미흡했거나 아니면 소수의 여성들만이 혜택을 받아 사회 전반적인 성평등 관점은 확산되지 않았다는 평가가 나오게 된 것이에요. 결국 전체 사회가 남녀평등하게 변화한 것이 아니라 일부 능력 있는 여성들이 제도권으로 들어가서 그 사람들의 지위만 향상되었다는 목소리가 높아진 거예요.

지난 10년 동안 여성정책이 활발하게 진행되었지만 사회 전반적인 시각에서 여성정책은 후퇴하고 있다고도 하는데 이것이 무엇을 의미하는가를 생각해보아야 합니다. 일부 여성들은 자신이 스스로 똑똑해서 성공하였다고 생각하고 여성문제는 나와 관계없고 노력하면 누구든지 다 할 수 있다는 시각을 가집니다. 이러한 자유주의적 시각, 보수적 시각에서 보면 평등하고 민주적인 법과 제도 하에서 능력이 있는 사람들이 성공할 수 있어요. 예를 들어 남녀 차별 없는 교육제도, 혹은 성평등한 공무원 제도 하에서는 과거 선배여성들의 불평등제거를 위한 노력에 대한 이해가 없이 '내가 똑똑해서' 성공하였다고 생각을 할 수 있어요. 그러나 주변을 보면 사람은 똑똑한

데 환경이 뒷받침 안 되어서 자신이 하고픈 일을 할 수 없는 사람들이 많이 있죠. 여성뿐만 아니라 남자들도 자수성가해서 성공한 사람들도 '누구나 자기가 부지런하고 똑똑하면 성공할 수 있다' 고 생각하는데, 그렇게 될 수 있었던 것도 다 자유주의에 기반을 둔 법 제도가 뒷받침해주기 때문이에요.

똑똑한데 주변환경이 뒷받침해주지 못해 성공하지 못한 경우가 여자에게 더 많나요? 남자에게 더 많나요? 예를 들어 여자의 경우 결혼해서 아이를 낳았어요. 아이를 낳기 전에는 내가 하고 싶은 일이 많은데 아이도 돌봐야 하고, 가정살림을 하다 보면 어느덧 세월이 가서 4-50대에는 새로운 일을 시작하기가 망설여지지요. 그러나 남성의 경우 경제활동을 해야 가족생활이 유지되니까, 결국은 4-50대 되면서 남녀의 생활 반경이 확 달라지는 것이지요. 아직까지 한국 보다는 서구, 미국이나 유럽에서 사회적인 보편적인 제도를 통해서 여성들이 일을 할 수 있는 케이스가 훨씬 더 많다는 것이죠.

성평등적 접근을 위한 방법론(GAD)

따라서 유엔에서는 우리의 일상생활에서 성평등을 이룰 수 없다는 문제제기와 더불어서 그와 관련된 방법들을 모두 바꾸었어요. 새로이 바뀐 방법론이란 GAD, 즉 Gender & Development를 말하는 것인데요, 발전 속의 여성(WID)에서가 아니라 발전과 젠더를 함께 보는 거죠. 앞에서 이야기한 것처럼 전체적으로 우리사회를 움직이는 주류는 남성들이 모든 영역의 상층부를 차지하고 있는데 여성 몇 사람이 주류사회에 들어가도 성평등사회를 향한 흐름은 바뀌지 않더라는 거예요. 예를 들어 일본의 경우 2009년 UNDP(United National Development Planning)가 발표하는 여성권한지수(GEM:Gender Empowerment Measure)는 109 개국 중 57위로 61위인 한국보다 약간 높아요. 일본이 한국보다 여성들이 각 상층부에 많이 들어가 있지만 그렇다고 해서 그 사회가 성평등한 사회라고 보지는 않아요. 왜냐하면 여성이 주류사회에 들어갔어도 그 사람들의 사고방식은 그 사회가 요구하는 전통적 사고구조에 맞춰져 있기 때문에 소수에 대한 배려, 젠더에 대한 배려가 없다는 거예요.

그럼 이 방법론은 어떻게 바꾸어야 하는가라는 질문이 곧 나오겠지요. 주변에는 성주류화 개념을 이해하기 어렵다고 하는 사람들이 많이 계셔요. 또는 이미 평등사회, 혹은 여성상위시대로 진입해 더 이상 여성정책을 해야 할 필요가 없다고 생각하세요. 그러한 이야기가 나오는 원인에 대해 진지하게 생각해볼 필요가 있어요. 이처럼 겉으로 드러나는 현상을 보고 단순히 해석하는 것을 남자들의 잘못이고, 또 그렇게 만든 여자들의 잘못이라고만 할 수는 없습니다. 즉 가부장적 사회를 변화시키기 위해서는 여성정책이 필요했던 시대적 배경을 이해해야 해요. 최근 남녀평등을 향한 법제도가 어느 정도 이루어졌다면 이제는 전략을 달리해야 할 것이고, 그 원인에 대해 조금 더 자세히 분석해야 할 필요가 있어요. 따라서 향후 여성정책 방향 정립에 있어 가장 중요한 것은 성평등적인 시각 변화의 패러다임을 구축하지 않는다면 여성정책의 확산 및 대중과의 공감대 확보는 어렵다는 것이죠. 여론조사에서도 2-30대 여성들의 정부정책의 불만이 많은 것은 자신의 생활상에서 성불평등을 느끼기 때문이니까 그것이 해결되지 않는 한 만족도는 낮을 수밖에 없다는 거죠.

자, 그럼 젠더 관점이라는 것을 좀 더 자세히 보도록 하겠습니다. 성주류화(Gender Mainstreaming)는 젠더 이슈를 정부와 공공기관의 모든 의사결정과 정책실행에서 고려하는 것을 말합니다. 지금까지 남녀가 다르다는 것은 생물학적으로만 이해했는데, 이 차이를 정부와 공공기관의 의사결정과 정책실행에 모두 고려해서 집행하는 거예요. 여러분, 지하철 타다보면 '여행(女幸)프로젝트' 라고 쓰여 있는 것 봤죠. 그걸 보고 어떻게 느끼셨나요? 그것이 성주류화정책의 한 예입니다. 예를 들면 가장 대표적인 것이 2004년에 개정된 '공중화장실등에관한법률' 인데, 이 법이 개정되기 이전 법규를 보면 남녀화장실의 면적이 똑같았어요. 음악회나 영화가 끝나면 화장실에서 여성은 줄을 길게 서 있는 것을 많이 볼 수가 있죠. 그리고 남성은 파트너를 기다리기 위해 멀리 서 있고... 일상생활에서 젠더 차이를 고려하지 않으면 여성뿐만 아니라 남성도 불편함을 인식하는 것이죠. 이래서 여성용 화장실 면적이 남성용의 화장실보다 1.5배 더 커야 한다는 거예요. 또 어떤 것들이 있을까요? 여기 대학교에서 생활하기에 성불평등한 부분은 없나요? 이 학교가 여자대학에서 시작했기 때문에 남성 입장에서 보면 불편할 게 있을 것 같은데. 여러분들 한번 고민해보세요. 이런 것이 젠더의 시각에서 관망해나가는 것들이에요. 그런데 이런 부분들은 생활 디자인뿐만 아니라 정치, 경제, 사회 모든 영역에서 반영될 수 있도록 계속 분석해야 해요. 그와 관련된 분석도구들이 있는데요, 그 도구가 성분석(Gender Analysis), 성인지예산분석(Gender Budget Analysis), 또 성분리통계(Gender Statistics)가 있고, 이러한 도구를 통해 성평등교육훈련을 받게 됩니다. 여러분은 현재 성별분리된 통계생산을 접할 때, 그 생산이 당연하다고 생각하시죠? 아닙니다. 많은 연구진의 노력으로 성분리통계가 생산된 것입니다. 이렇게 남녀통계가 구분이 되니까 건강부분에서 여성이 걸리기 쉬운 취약한 병들과 또 남성이 걸리기 쉬운 병들을 구분해내고 예방과 치료에 대한 예산 투입이 가능하게 되는 것입니다. 여성의 경우에는 신경성질환, 관절염, 유방암(이것은 생리적으로 여성에게만 있지만)이 많고 남성의 경우에는 심장마비나 뇌졸중이 많고 위암이 많다는 사실이 남녀의 사회적 환경차이가 생물학적 차이에 영향을 미친 것들이에요. 또 자살률이 어떤 연령대에서 남녀 차이가 있는가를 보는 것도 역시 성인지적 통계를 통해서 생산해내는 거예요.

성인지적 통계가 생산되면 그 다음에는 이러한 수치를 정부 정책의 예산실행을 통해 반영하는 것입니다. 예를 들면 제가 이사로 관여하고 있는 정부기관이 장애인 단체 체육대회 재정을 지원하고 있었어요. 그러나 그 행사에 여성장애인을 위한 체육행사는 없었어요. 뉴스에서 장애인체육대회를 보면 어떤 장면만 비춰주는가요? 여성들이 활발하게 나오는 경우는 없고 남성들이 활발하게 농구 등 운동을 하잖아요. 그럼 운동할 수 있는 여성 장애인은 없는 것이냐? 하면 그렇지 않다는 것이죠. 특히 여성장애인은 운동을 위한 사회 시설 접근성이 떨어지고 남자보다 집안에서 더 나오지 않는 것이므로 장애인 체육대회를 하면 반드시 예산 일부는 여성장애인 체육대회를 위해 사용하라고 요구를 할 수 있는 것이지요. 제 의견이 반영되어 여성장애인 체육대회를 지원하고자 했으나 현실적으로 장애인 체육대회에서 남성들은 그룹이 많기 때문에 남성끼리 장애인 체육대회가 성립되는데 여성은 한 그룹밖에 구성이 안 되었어요. 그래서 이 문제를 어떻게 해결했는가하면 비장애인 여성팀과 체육대회를 하도록 해서 일단은 여성장애인을 사회로 끌어내도록 했습니다. 이처럼 사회적 현상을 젠더의 관점에서 보면 왜(why?)라는 질문을 자연스럽게 하게 되요. 그것이 성분석, 성예산, 성분리통계, 남녀평등교육훈련들을 통해서 우리사회 성평등문제를 해결하도록 하는 거예요.

생활에서 의제를 찾아내기

우리가 흔히 얘기하듯이 '배고픈 것은 참아도 배 아픈 것은 못 참는다'는 속담이 있잖아요. 배고픈 것은 절대 빈곤에서의 탈출을 의미하는 즉 '평등'에 가까운 것이지요. 여성의 차별해소는 절대적인 빈곤 극복에 비유할 수 있습니다. 그러면 이제는 상대적 빈곤에 대한 문제를 풀어야 해요. 즉 남성과 여성, 남성간 혹은 여성간의 '형평'의 시각에서 배 아픔을 해결해야 하는 것이죠. 정책수립이 여성권익향상을 넘어서 실생활에서 형평성으로 확산되는 거예요. 여성용 화장실의 확대가 여성의 권익향상과 관련된 의제입니까? 실생활과 관련되지요. 또 장애인 체육대회에 여성장애인의 참여확대가 여성의 권익향상은 아니잖아요. 실생활의 문제이죠. 또 여성이 안전하도록 하는 것도 생활에서 반영되어야 하기 때문에 이 정책을 수용하려면 성인지적 관점에 기반을 둔 예산이 뒷받침되어야 하고, 예산이 뒷받침되려면 통계적인 자료가 있어야 해요. 또 공무원들이 성인지적인 관점에서 정책을 수립할 수 있도록 훈련을 받아야 하는 거예요. 또 여성정책 업무를 여성부만이 했는데 그것이 아니라 전 부서에 젠더적인 관점에서 업무를 평가해요. 학교에서도 왜 어떤 과에는 여자 교수가 많고 어떤 과는 여자 교수가 적은가? 어떤 학과에서는 여학생이 많고 남학생이 적은가? 이것도 우리가 질문할 수 있는 거예요.

성별영향평가 적용 및 실천

그렇다면 간단하게 성별영향평가가 무엇인지 이야기를 정리를 해야 할 텐데요. 오늘은 '가사노동의 사회화', '가사노동 시간 분석' 을 가지고 분석하겠습니다. 이러한 주제들은 여러분들의 전공과 가까운 주제잖아요. 가사노동을 세로축으로 분석할 때〈표 2-11〉, 여성의 시각과 남성의 시각에서 볼 수 있고, 가구의 입장에서도 볼 수 있어요. 가로축으로는 노동, 시간의 측면에서 분석해 볼 수도 있고, 자원, 예를 들어 밥솥, 세탁기, 아니면 정보화, 업무의 온라인화라는 것들도 있고, 가사노동에 대한 문화, 인식의 개선이 있죠. 과거에는 가사노동에 대해서 우리나라의 경우에 특히 남자들이 부엌에 들어가는 것을 금기하던 시기가 있었는데 그래도 요즘은 어느 정도 하지 않으면 집안에서 대우를 못 받잖아요. 특히 부부간에 있어서는 형평의 문제가 중요하게 대두되기 때문에 문화적으로 어떻게 바뀌었는가. 이에 따라서 시간이 감소되었는가, 아니면 증가되었는가를 볼 수 있어요. 아마 여성의 경우 가사노동시간이 점점 감소되고, 남성의 경우 증가되어 가사노동 수행에 있어서 형평성을 찾아갈 수 있겠죠. 따라서 향후 가족문제를 연구하면서 성평등적 관점을 융합하지 않는다면, 즉 가족정책과 성평등정책간의 경계선을 허물지 않는다면 발전하기는 어렵다고 생각합니다. 그렇다면 성평등정책과 가족정책의 경계선은 어떻게 허물 수 있는가라는 질문이 나올 수 있어요.

표 2-11 가사노동 공평화에 대한 GAM(Gender Analysis Matrix) 분석틀[14)]

	노동	시간	자원	문화/놀이
여성	- 식사준비 - 세탁, 청소 - 자녀돌보기 - 공과금 납부 등 기타 집안일	- 가사노동 시간 감소	- 기계화(밥솥,세탁기, 청소기 등) - 정보획득 원천 다양화 - 업무의 온라인화 - 활용 가능한 인적 자원의 다양화	- 여성 교육수준 향상 및 취업증대 - 가족 내 가사노동 분담 조절 필요성 - 사회적 서비스 이용할 경제력 증대
남성	- 식사준비 - 세탁, 청소 - 자녀돌보기 - 기타 물리적 힘을 요하는 집안일(정원 가꾸기, 기계수등)	- 부부간 가사분담 시간 공평화	- 기계화(밥솥,세탁기, 청소기 등) - 정보획득 원천 다양화 - 업무의 온라인화 - 활용 가능한 인적 자원의 다양화	- 가사노동 분담동의 - 평등한 가족 문화 분위기 확산 - 전통적 성 역할 규범유지 가치관 갈등
가구	- 자녀의 가사노동분담 - 부부간 대화를 통한 행동 변화 - 가사노동 대체	- 가족의 가사분담시간 공평화	- 기계화(밥솥,세탁기, 청소기 등) - 정보획득 원천 다양화 - 업무의 온라인화 - 활용 가능한 인적 자원의 다양화 - 가족 내 돌봄자원 축소	- 가사노동 공평분담 - 가족 내 갈등 발생 - 세대 간 갈등
지역사회	- 평등 가족문화 조성을 위한 지역민 인식 개선 - 아이돌보미, 노인 돌보미 등 돌봄서비스 확충 및 질적 제고	- 아이돌보미, 노인 돌보미 등의 법에 규정된 활동 시간 준수	- 사회적 일자리 증가(아이돌보미, 노인돌보미 등) - 어린이집, 유아원, 유치원 등 교육시설 증가	- 평등 가족문화 조성을 위한 인식 개선 - 가정주부 역할 사회적 인식 개선

14) 김재인외(2007)의 GAM 분석틀에 가사노동의 노동, 시간, 자원, 문화/놀이를 적용시킨 것임.

여성정책과 가족정책의 만남 가능성 모색

성평등 가치를 개인 행복, 가족 안정성 등과 같은 가족가치에 연결시키는 일이 간단한 일은 아니지만 구체적으로 구현해나갈 수 있는 시각의 형성, 정책, 혹은 도구를 이제부터 만들어내야 해요.

서구는 수백 년에 걸쳐 가족정책이 개인의 복지적 차원에서 시행되어 가족수당, 아동수당, 아동보육시설이 보편화되었고, 특히 아동이 행복할 권리가 국가적으로 매우 중요하다는 점이 인식되어 이를 위한 시스템이 마련되었고, 그것을 재정적으로 뒷받침하는 제도들이 보험 혹은 수당을 통해 발전되었어요. 그러나 한국은 국가보다는 여전히 개별가족이 해결해야 한다고 생각하고 있어요. 개인의 행복, 가족안정의 차원에서 서구에서는 두 차례 세계대전을 겪으면서 개인적 정신 문제가 많이 발생하고 있음을 인식하고 이것을 학문적으로나 정책적으로 개선해나가려고 노력을 많이 했어요. 그 결과 심리학, 정신분석학, 정신의학적인 의제가 국가정책에 상당히 반영되었다고 합니다. 그러나 한국사회는 상당히 짧은 기간에 경제발전을 도모하는 과정에서 개인의 행복추구에 대해 간과하고 있어, 그 결과 최근 서구에서 흔히 볼 수 있는 사이코패스 등과 같은 정신병리학적 사건이 자주 발생하기 시작해요. 개인적 정신건강문제가 많이 발생하고 있음에도 불구하고 그것을 치료하고 개선해나가는 국가적 정책개발 노력이 아직은 부족합니다. 이제는 미시적 차원의 정책개발 및 치료가 너무도 필요하다는 인식이 확산되고 있어요.

향후 이런 사회적 여건 조성이 가족정책의 가치지향성과 맞물리면서 정책을 개발해야 합니다. 이것은 가족제도와 가치 측면을 융합시켜야 하는데 즉, 거시적 접근에 미시적 측면을 결합해야 합니다. 이러한 차원의 고민을 해결하기 위한 방법론은 다음 장에서 좀 더 구체적으로 설명하도록 하겠습니다.

개인적으로 이러한 거시적 틀에 미시적 정책을 연결하는 방법론을 개발하기 위해 새로운 공부를 하고 있어요. 그 중에 하나가 프로이트(G. Freud)에서 출발하여 최근 페어베언(W. Ronald D. Fairbairn)에 이르기까지의 정신분석에 기반을 둔 대상관계에 의한 신경증을 이해하는 것인데, 사람에 대한 이해를 무의식적 측면에서부터 이해하게 되니까, 내 스스로 사물에 대한 판단이 '옳다, 그르다' 하는 이분법적인 분류에서 벗어나 '저런 배경에서 그런 행동이 나왔겠구나.' 하는 식으로 자유롭게 되는 것을 느껴요. 이것이 사물에 대한 포스트모더니티한 인식이라고 하지요. 예전에는 신경증적 증세가 있는 사람이 소수라서 일반인과 신경증자를 이분법적으로 나누어서 신경증은 이상한 사람이라고 했는데, 최근에는 우리 모두가 다양한 신경증적 증상을 가진 사람으로 볼 수 있더라고요. 그래서 편집증, 강박증, 히스테리, 공포증, 경계선, 나르시스트, 사이코패스 등 여러 가지 유형으로 그것을 보니까 사람에 대한 이해가 편안해지더군요. 따라서 과거에는 나는 옳고 다른 사람은 이상하다고 생각하면서 인간관계에 있어서 갈등적 요소, 혹은 적대감이 생겼는데, 요즘은 그게 아니고 함께 공존할 수 있는 요소를 찾게 됩니다. 그래서 혹시 여러분들이 향후에 '가족안에서 개인에 대한 다양한 이해가 어떻게 가족정책으로 자리매김될 수 있을까' 에 대해 관심을 가져보는 것도 좋지 않을까 생각해봅니다. 제 강의는 이것으로 마치겠습니다. 감사합니다.

나. 여성정책과 가족정책의 만남[15)]

들어가면서

안녕하세요, 여러분! 이렇게 '여성정책과 가족정책의 만남, 일상생활에서의 자리매김' 이라는 주제로 강의를 하는 것을 매우 기쁘게 생각합니다.

---

15) 이 글은 필자의 2009년 12월 4일, "여성정책과 가족정책의 융합, 일상생활에 자리매김", 경기도여성비전센터에서의 주제 발표를 수정 · 보완한 것이다.

이 주제 강의를 수락한 이유는 여성부가 여성가족부로 확대 개편되는 과정에서 여성정책은 어느 정도 성과를 이루었으나 가족정책은 아직도 손에 잡히는 구체성이 없으며, 여성정책과 가족정책의 정체성과 경계선이 뚜렷하기 때문입니다. 따라서 가족정책과 여성정책의 정체성이 무엇인가를 밝혀내고, 이 두 정책의 융합 지점을 찾아내야 합니다. 마침 경기도 여성비전센터에서 이 주제를 생각할 기회를 마련하여 주셔서 즐거운 마음으로 참여하게 되었습니다.

현재 우리사회는 성평등정책을 실생활에 확산시켜야 하는 것이 시대적 요구입니다. 참여정부시절 여성부에서 여성가족부로 확대 · 개편되어 보건복지부로부터 가족업무를 이관받았지만, 가족정책의 정체성이 정확히 인지되지 않은 채 다시 2008년 보건복지가족부로 이관되었습니다. 그러나 다시 보건복지가족부가 수행하던 청소년정책, 가족정책 업무를 여성가족부가 담당하도록 되었습니다. 2009년 12월 국회 행정자치위원회에서는 보건복지가족부로부터 청소년 정책, 가족정책 업무만 여성부로 이관하기로 결정하였고, 2010년 3월 19일부터 여성가족부로 확대되었습니다.

최근 여성정책과 관련해 가족정책 정체성 확립 작업이 중요합니다. 왜냐하면 가족정책의 중요성은 인식되고 있지만 구체적인 정책이 정립되지 않은 상태이며, 여성정책은 어느 정도 이루어졌지만 일반여성에게로 확산되지 못했다는 비판이 있기 때문입니다. 따라서 가족정책과 여성정책이 독자적 영역을 차지하면서도 두 정책이 융합되어 시너지효과를 만들어내어 일상생활에서 자리매김되어야 할 것입니다.

여성부가 여성가족부로 확대 개편되면 여성정책은 상대적으로 축소되고, 가족정책의 비중이 확대될 것이라는 우려를 하지만 저는 그렇지 않다고 생각해요. 오히려 여성정책과 가족정책은 서로 배타적이고 분리되는 것이 아니라 새로운 시대의 패러다임에 요구하는 관점으로 통합하거나 융합하는 새로운 비전을 제시한다고 보면 역량을 키워갈 수 있다고 보지요.

수요자 중심의 사고는 패러다임의 변화: 연역법에서 귀납법으로

이 장에서는 왜 여성정책과 가족정책이 융합되어야 하고, 일상생활에서 자리매김해야 하는가 하는 시대적 요구에 대해 말씀을 드리겠습니다.

산업발전이 국가의 목표이던 시기를 지식기반 사회라 한다면 인간을 중심으로 정책이 수립되는 사회를 신뢰구축 사회라 합니다. 지식기반에서 신뢰구축의 사회로 변화함에 있어서 정책 구축의 방법과 사고방식은 패러다임의 변화를 요구합니다. 패러다임의 변화를 명료하게 설명하기는 쉽지 않지만 우선 인식론적 차원에서 보겠습니다. 지식기반사회에서의 정책은 개인의 신념과 경험에 바탕을 둔 정책 아젠다를 정하고, 이것에 의해서 정부는 집행해야 하는 거예요. 이 시기에는 지도자의 강력한 신념이 매우 중요하게 부각됩니다. 국가적 의제가 결정되면 상명하달 식으로 중앙정부는 지방정부에 그 정책을 집행할 수 있도록 하는 것입니다. 그러나 다양한 개인적 욕구가 충족되길 원하는 사회에서는 지도자 한 사람의 신념으로 중앙집권적 국가를 이끌어가기에는 사회가 너무 다원화되었습니다. 지방자치단체의 환경이 각각 다른데 획일적으로 정책을 수행하면 수요자들의 불만이 많다는 거죠. 왜냐하면 이제는 획일적이고, 중앙정부 중심의 정책으로 각 지자체 주민의 욕구를 충족시킬 수 없기 때문입니다. 개인성을 존중하는 다양성의 시대에는 수요자 중심의 정책을 개발하려면 사고의 방식이 연역적 사고방식에서 귀납적 방식으로 패러다임이 변해야 한다는 것입니다.

그것은 여러 가지 요구조건을 관찰을 통해 추론하고, 몇 가지 속성으로 분류 통합해 대중의 요구에 부합하는 정책을 수립하는 것입니다. 귀납적 사고의 훈련방법이 개발되면 정책수립에 있어서 패러다임의 전환이라는 개념을 이해할 수 있습니다. 그것은 사물에 대한 통찰, 직관, 종합적 훈련을 함께하는 고도의 방법을 요구해요. 이 방법을 개발하고 대중화하는 작업이 시급합니다. 단적인 예로 우리세대(70-80세대)는 물건을 고를 때, 회사의 이름이 중요했습니다. 전자제품하면 '삼성', 혹은 '엘지' 전자회사가 머리에 떠오르지만, 젊은 세대들은 냉장고 하면 '지펠' 혹은 '디오스'를 떠오르는 것이죠. 이미 민간기업에서는 사람들의 사고방식 변화를 감지하고 제품생산에 적용시키고 있지만, 정부 정책에서는 이러한 시도가 쉽지 않습니다만 향후 수행해야 할 과제인 것이지요. 젊은 세대는 노트북 혹은 휴대폰 하나를 구입할 때라도 자기에게 필요한 정보를 인터넷에서 찾아서 자기들이 요구하는 기능을 찾아내지요. 그런데 기성세대는 그것을 잘 모르고 그저 일정회사의 제품만이 좋은 것으로 생각하고 있다는 거예요. 여기서 중요한 점은 요즘은 개개인이 인정받고, 존중받기 원하는 시대에 그들이 원하는 바를 종합적으로 인지하고 판단해서 미래를 제시해야 하는 리더가 필요한데 그러한 사고방식은 귀납적 사고방식을 통해 훈련할 수 있다는 것입니다.

쉬어가기 ....

연역법과 귀납법

연역법은 데카르트의 방법적 회의 전개와 같은 것으로, 대전제에서 소전제를 연관시켜 대전제에 포함되어 있는 결론을 논리적으로 이끌어가는 추론 방식이다. 대표적인 연역법으론 '삼단논법' [A는 C이다(모든 사람은 죽는다), B는 A이다(갑순이는 사람이다) ⇒ B→C(그러므로 갑순이는 죽는다)라는 논법이다.]이 있다. 전제에 이미 포함되지 않은 사실은 결론에 있을 수 없다. 연역적 논증은 어느것이나 분석적이다. 이러한 추론방식은 지식기반의 사회에서 엘리트 중심의 경제발전 도약이 필요한 시기에 지도자의 경험과 리더십에 일반 대중이 따르는 방식으로는 매우 효율적이다. 그러나 '연역법'은 '대전제'로부터 결론을 도출해 내는 것이기 때문에 대전제의 신뢰성 여부를 충분히 조사하지 않고 논증의 타당성에만 관심을 모으면 여기에서 얻어지는 결론은 잘못된다. 예를 들어 '죄를 방지하기 위한 모든 수단은 사회적으로 바람직하나-대전제, 사형은 죄를 방지할 수 있다-소전제, 사형은 사회적으로 바람직하다-결론'은 잘못되었다.

귀납법은 베이컨이 주장한 추론 방식으로 경험주의를 대표하는 방식이다. 즉, 여러 명제들을 관찰을 통해 추론하고, 종합하여 하나의 명제로 이끄는 추론 방식이다. 예)소크라테스는 죽었다. 공자도 죽었다. 석가도 죽었다. 소크라테스, 공자, 석가는 사람이다. 그러므로 모든 사람은

가족정책의 시대적 요구

여성정책의 목표는 '여성 권익향상'에서 '양성평등' 시대로의 변화를 구현하는 것으로 가족정책 목표에 비해 비교적 구체적이고, 목표지향적입니다. 그러나 가족정책은 목표 자체가 추상적이고, '행복', '안정성' 등과 같이 가치지향적이고, 가족마다 추구하는 바가 다양해 어디에 초점을 맞추어야 할지, 그리고 구체적인 정책수단에 대한 합의가 매우 어렵습니다. 이것을 구체화해서 정책수립을 해야 하니까 매우 힘드는 것이에요. 여기서 패러다임의 변화가 요구되지요.

가족정책의 중요한 가치는 어떠한 유형의 가족이라도 '가족의 안정과 그 가족원 삶의 질 향상과 행복'에 있습니다. 가족 안에 개인의 삶이 존재하

죽는다. 귀납적 추리 과정은 증거를 바탕으로 하나 결론은 절대적으로 확실한 것은 아니다.

귀납법은 '경험'을 중시하는 반면, 윤리적으로는 인간의 감성을 중시한다. 이러한 추론 방식에 익숙한 리더는 다원화된 사회에서 다양성에 기반을 둔 일반대중의 '감성'과 지향성을 직관적으로 파악하고 신뢰를 바탕으로 수행하고자 하는 윤리성을 보인다.

그러나 이처럼 부분적인 관찰 사실로부터 얻은 결론을 일반적인 진리로 여기는 것은 논리적으로 오류가 있다. 왜냐하면 모든 사례를 완전히 조사, 관찰한 것이 아닐 수도 있기 때문이다. "연습하면 안 될 일이 없다"는 일반화는 연습이 숙련된 기능의 필연적 원인일뿐 아니라 충분조건임을 시사한다. 그러나 또 다른 문제가 제기된다. 연습과 타고난 자질 등 하나 아닌 두 개의 공존요인을 어떻게 설명할 수 있을까?

이처럼 '귀납법'도 진리일 가능성이 높을 뿐이지 확실한 진리가 되지는 못한다. 그러나 필연적인 지식이 아니라고 해서 '귀납법'의 가치가 떨어지는 것은 아니다. 여러 가지 경험을 통해 얻어진 과학적 지식들은 이 '귀납법'에 의해 얻어진 지식으로서, 그것은 진리일 가능성이 높은 경험적 지식이기 때문이다.

오너 · 헌트(1992)

고, 가족의 안정성이 확보되어야 하는데, 이것을 정책으로 구현하는 일이 여간 어려운 것이 아니지요. 게다가 지금까지는 우리는 가족의 문제는 가족 개인이 해결해야 한다고 생각했어요. 그런데 가족을 사회와 연결시켜 정책을 수립해야 하고, 요구하는 정책이 저소득가족, 미혼모, 한부모 가족 등 복지대상의 가족에서 이제는 일반 가정에까지 확대된 보편적 가족정책의 수립을 요구합니다.

가족정책의 수립배경은 국가마다 차이가 있습니다. 복지정책과 수당을 통해 보편적 가족정책을 수립하는 국가는 유럽국가들이라면, 복지정책적 차원보다는 사회복지서비스를 통해 개인간의 관계 개선 등의 미시적 차원의 가족문제를 해결하려고 노력하는 국가가 미국이라고 할 수 있습니다.

가족영향평가(Family Impact Analysis)

한국에서 가족정책의 방향 및 목표는 아직 그 특성을 보이지는 않지만 복지정책 차원보다는 관계적 차원에서의 가족정책에 더 관심이 많은 것 같습니다. 미시적 관점을 거시정책으로 수립하는 것이 매우 어렵지만 미국에서는 가족영향평가(FIA; Family Impact Analysis)의 관점에서 시행하고 있습니다. 2004년 한국여성개발원 연구보고서「가족정책의 방향정립 및 통합적 시행방안 연구」에 의하면 가족정책의 목적은 가족의 사적 책임주의를 극복하고, 사회적 정책을 연대하며, 보편주의적 정책의 확립, 그리고 가족의 관점과 성인지적 관점을 결합해야 하며, 가족과 가족원의 삶의 질 향상과 가족 안정성을 강화해야 한다는 점에 중점을 두었습니다. 이러한 목적 하에 6가시 목표를 수립해 보았습니다. 첫째, 가족에 대한 사회적 기능을 강화하고 둘째, 가족 구성원들이 소속감이나 안정성을 고려하며, 셋째, 가족에 대해서 지역사회의 관여와 연결이 필요하다는 것이죠. 넷째, 가족 관련기관, 사회복지기관, 건강관리지원센터, 여성비전센터 이런 기관과 협력을 해서 가족의 구성원의 역량이 강화되어야 합니다. 다섯째, 가족의 다양성 인정하고, 여섯째, 무엇보다 취약한 가족을 우선 지원해야 합니다. 모든 형태의 가족에게 확대되면서 잔여주의적인 입장과 보편주의적 가족정책이 함께하고, 이러한 목표가 여성정책과 가족정책에서 융합되어 나가야 할 길입니다.

이것과 관련해서 '여성발전기본계획' 과 '가족정책기본계획' 의 하위 목표에 따라서 동일한 정책이라도 어떤 정책은 여성정책의 시각에서 보아야 하고, 가족정책의 시각에서도 보아야 합니다. 각각 정체성이 있어야 한다고 주장하기도 하지만 각 정책 나름대로의 정체성을 가지면서도 융합해야한다는 지적도 있습니다.

Family Impact Analysis, 즉 가족영향평가라는 것은 미국에서 1970년대부터 지금까지 가족에 대한 정부정책의 결과를 평가하는 도구로서 발전되어 왔습니다. 그 목적은 다른 제도와 가족이 함께 유지될 수 있기 위해 유기적인 관계를 가져야 하는 데 있습니다. 여성정책을 분석할 때는 이차원적인 매트릭스로도 가능합니다. 그러나 가족정책과 결합을 시켜보면 3차원적인 입체형 매트릭스를 개발해야 해요. 3차원으로 가게 되면 연구의 차원이 매우 복잡해지고 다른 사람들에게 이해시키기는 더욱 더 힘들어집니다. 그래서 가족정책연구는 쉬운 작업이 아니라 생각합니다.

이에 비하면 여성정책의 목표는 뚜렷하기 때문에 오히려 체계적이고 그 결과물을 이해하기가 쉽습니다. 예를 들어 제가 1998년 「산업형 매매춘에 관한 연구」를 비롯한 성매매에 관한 연구를 할 때 사람들은 저에게 '그 어려운 연구를 어떻게 하십니까?' 하는 질문을 많이 했어요. 그러나 오히려 성매매에 관한 연구는 가족정책에 비하면 고민해야 할 목표가 '성매매 근절' 이라는 일차원적이라는 점에서 연구 방향은 상대적으로 단순하다고 할 수 있습니다.

그리고 가족정책에 대한 프레임을 먼저 말씀을 드리겠는데요. 아까 말씀드린 것처럼 가족에 대한 사회의 지원과 책임성에 대한 강조, 가족 구성원의 소속감과 안정성에 대한 강화, 가족관여와 상호의존성, 가족과 관련

기관과의 협력과 역량강화, 가족의 다양성, 취약한 가족입니다. 이러한 목표를 여성정책의 목표와 결합시키기는 힘들지만, 시도할 필요는 있습니다. 여성정책과 연관해 저출산 문제, 다문화가족, 맞벌이가족의 증가를 예로 들어 저출산 문제에서는 여성을 둘러싸고 있는 문제를 노정할 수 있고, 다문화가족에 있어서도 여성과 남성 젠더를 둘러싸고 있는 문제가 나올 수 있습니다.

개인의 문제를 단순하게 여성문제 혹은 가족문제로 인식하고 해결하려 한다면 근본적인 문제에 접근하지 못하므로 통합적 해결방안이 모색되어야 합니다. 최근 정부는 저출산 정책으로 자녀의 학령연령을 6세에서 5세로 낮춘다든가, 낙태는 불법이므로 의사들이 낙태를 금지하도록 했는데, 이에 대해 비판이 많습니다.(중앙일보, 2009) 그 이유는 저출산 문제에 대한 근본적인 원인 진단과 대책이라기보다는, 파편적이고 피상적인 진단과 대안이 제시되었기 때문이에요. 과거에는 정책수립가의 경험에 바탕을 둔 결정이 신속하고 효율적인 방식이라 한다면, 최근에는 다양한 사회적 현상에 대한 근본적인 이해, 관찰 및 직관에 바탕을 둔 원리를 찾아내지 못하면 근본적인 정책대안을 제시하기 어렵다는 점을 간과하고 있기 때문이지요. 이제는 개별적이고 다양한 사회적 현상 원칙을 찾아내는 귀납적 사고방식에 의해 정책을 수립하는 능력이 요구되지요. 이것이 바로 정책수립 방식의 패러다임 전환인 것입니다. 이 패러다임의 전환을 보다 체계적으로 찾아낼 수 있는 방법은 없을까요?

개인이 생애주기에 따른 맞춤형 정책 도구개발[16)]

그렇다면 가족의 생애주기에 따른 정책 개발 방법에 대해 초점을 맞추

16) 이 부분은 필자의 2010년 3월 18일, 「여성, 일과 삶을 돌아보다! 워크샵」, 경기도여성비전센터에서의 주제 발표를 수정 · 보완한 것이다.

겠습니다. 이제는 거시에서 미시정책이라는 관점으로 나아가려면 이에 맞춘 촘촘한 그물망으로서의 매트릭스 개발이 필요합니다. 즉 사안에 따른 맞춤형 정책을 체계적으로 개발할 수 있는 방법론을 만들어야 한다는 것이죠. 30대 여성의 미혼율에 대해서 정부는 재정을 지원한다, 혹은 남녀 만남의 장을 마련한다든가 하는 식의 단편적인 정책을 개발하는 것이 아니라 그 사람들이 궁극적으로 생각하고 있는 가치적 변화가 무엇인가를 파악하여 미시적 정책을 개발해야 하고, 이것이 거시정책과 맞물려야 합니다.

따라서 이들의 특성을 미시적으로 이해하면서 이에 대한 예방책을 마련하는 것이 시대적 요구인 것이죠. 그 귀납적 사고방식이 이제는 정책에 활용되어야 하는데 그러한 방법으로 생각한 것이 여성정책과 가족정책의 분석 도구를 병합해 3차원적인 큐빅모형을 개발하고, 이를 활용하여 문제를 처방할 수 있을 것이라 생각해요.

다. GAM과 FIA 융합, 일상생활에 적용

여러분들께 질문을 하나 하겠는데 업무를 수행하면서 어떤 업무나 프로그램이 여성에게 좋다면 왜 남성은 참여하지 않을까? 그런 생각을 해보시긴 하셨겠지만 그 원인에 대해 구체적으로 분석하시지는 못했을 것입니다. 양성평등의 관점을 도입한다는 것은 여성 문제뿐 아니라 남성 문제도 다루는 것입니다. 예를 들어 가정폭력에 여성피해자 문제가 부각되었는데 예방하려면 행위자 문제까지 파악해야지 예방과 처벌을 종합적으로 할 수 있어요. 또한 가정폭력에서 피해자가 여성뿐만 아니라 남성, 노인, 그리고 아동도 포함된다는 점을 간과해서는 안 되지요.

이를 분석하기 위해 여성정책과 가족정책의 융합을 위한 연구도구 개발에 대해 생각을 해보았는데, 그것은 GAM(Gender Analysis Matrix)와 FIA

를 결합해 3차원적 큐빅모형을 만드는 것이에요. 일상생활에 적용될 수 있는 가족정책을 수립하기 위해서 가족과 관련된 6 가지의 원칙과 GAM을 결합해 보았습니다.

예를 들어 GAM의 틀로 가정폭력분석을 해보면 행위자 혹은 피해자로서 여성과 남성, 가구와 지역사회가 있고 그것에 대해서 행위유형에 대한 분석을 해 볼 수 있어요〈표 2-12〉.

그렇다면 GAM와 FIA의 융합을 3차원적으로 생각해보면 GAM을 가로·세로 축에 제시하고, 높이의 축에 FIA에 대한 세부목표를 넣고 가정폭

표 2-12 가정폭력 해결을 위한 GAM 분석 개념(예시)

	권리	역할수행	자원	가치/문화
여성	- 의사결정 (가사, 자녀양육) - 경제적 결정 - 사회적 결정	- 식사준비 - 세탁, 청소 - 자녀돌보기 - 기타 집안일	- 경제적 자원 - 정서적 자원 - 지적 자원(정보획득) - 친구, 친척관계	- 의식 향상 및 취업증대를 통한 역량 강화 - 평등 가족문화 분위기 확산
남성	- 의사결정 (가사, 자녀양육) - 경제적 결정 - 사회적 결정	- 식사준비 - 세탁, 청소 - 자녀돌보기 - 기타 물리적 힘을 요하는 집안일	- 경제적 자원 - 정서적 자원 - 지적 자원(정보획득) - 친구, 친척관계	- 전통적 성역할 규범 약화 - 평등 가족문화 분위기 확산
가구	- 부부간 의사결정	- 가족의 가사 역할 분담	- 경제적 자원 - 정서적 자원 - 지적 자원(정보획득)	- 세대 간 갈등 요인 제거
지역사회	- 부부갈등 해소를 위한 연구 및 교육 - 평등가족문화 조성을 위한 지역민의 인식개선		- 가정폭력 상담소 - 성폭력 상담소 - 가족 상담소	- 평등가족문화 조성을 위한 지역민의 인식개선 - 부부관계 개선을 위한 사회적 인식 확산

표 2-13 부부갈등해소를 위한 FIA 분석

원칙	평 가 항 목
원칙1 가족에 대한 사회적 지원과 책임성 강조	· 부부교육, 부모교육, 결혼준비 프로그램 · 가정폭력 피해 인식 홍보, 교육 프로그램
원칙2 가족구성원의 소속감과 안정성 강화	· 가족구성원의 소속감 및 안정성 · 이혼, 가정폭력, 성폭력에 대한 캠페인
원칙3 가족 상호의존성에 대한 이해 촉구	· 개인의 행복 욕구와 가족의 안녕 욕구 분석 · 가사노동 및 양육노동, 부부간 성불평등
원칙4 가족관련 기관과의 협력을 통한 역량 강화	· 건강가정지원센터, 가족상담소, 가정폭력, 성폭력 상담소 등의 프로그램
원칙5 가족 다양성 고려	· 가족의 다양성 고려 · 한부모, 노인가족, 다문화가정 등에 대한 고려
원칙6 취약한 가족 우선 지원	· 다른 서비스 제공

력과 관련된 항목을 역으로 적용시켜 보는 거예요.

가족정책에서 가족에 대한 사회적 지원과 책임성, 가족구성원의 소속감과 안정성, 가족의 상호의존성이 중요한데〈표 2-13〉, 전통적으로 가족의 안정성을 중요시하다보니 여성이 주로 참아야 했지요. 그러나 여성의 시각에서 참는 것이 능사가 아니고, 서로가 평등하게 더불어 살아가는 것이 중요하므로 그에 해당하는 해결방안을 모색해야 합니다. 그러므로 가족정책에서 제시하고 있는 가족의 소속감과 안정성에서도 서로 다른 목표를 가질 수 있어요. 따라서 그 목표의 차이가 어디에 있는가를 드러내는 작업이 필요하지요. 그 드러내는 작업이 GAM 틀에 의해서 확인된다고 생각해요.

여성정책과 가족정책이 만난다면 2차원에서 3차원적으로 생각해봐야 하지요. 세로축은 여성, 남성, 가구, 지역사회가 해당되고 가로축은 노동, 시간, 자원, 문화/놀이, 높이 축은 1~6원칙 중 그 사안이 지향하는 측면을 선택해야 할 것입니다. 사람마다 연령, 혼인상태, 자녀유무, 취업, 소득 등이 다르지요. GAM은 상황에 대한 분석틀이라 한다면, 그 상황이 어떤 점을 지향할 것인가는 FIA가 분석할 수 있을 것입니다. 예를 들면 가족정책이 지향하는 원칙을 우선 선택하고, 그 원칙 안에서 다시 GAM을 통해 분석하는 것입니다〈그림 2-8〉, 〈표 2-14〉.

예를 들어, 두 번째 질문에서 얻고자 하는 궁극적인 목표는 원칙 4(가족관련 기관과의 협력을 통한 역량강화)에 해당된다고 할 수 있습니다. 그렇다면 원칙 4를 위해 여성, 남성, 가족, 지역사회가 어떻게 접근하느냐를 다시 분석해야 할 것입니다. 여기에 가로축에 무엇을 넣어야 할지는 사안에 따라 융통성 있게 달라질 수 있습니다. 개인 사례의 해결방안의 이야기만 하다보면 경우와 상황, 그리고 사람에 따라 해결방안이 달라지므로 일관성이 없지요.

그렇다면 첫 번째 질문은 어떤 원칙에 들어갈까요? 가족에 대한 사회

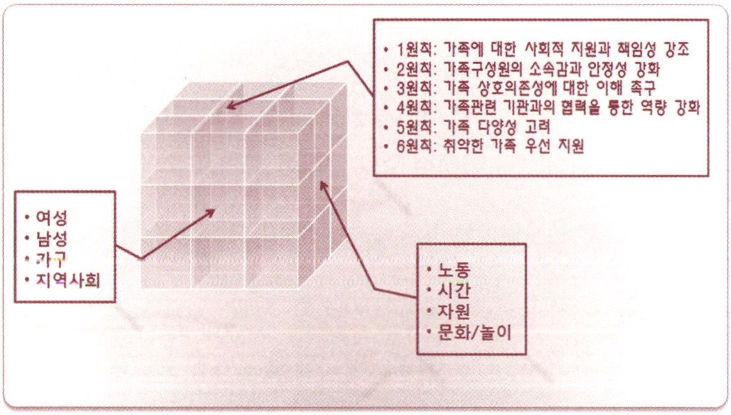

그림 2-8 GAM과 FIA의 결합 모형

표 2-14 FIA와 GAM을 결합한 분석틀

목표지향 (FIA) \ 목표지향에 따른 성 분석(GAM)			권력	역할 수행	자원	가치 / 문화
1원칙	가족에 대한 사회적 지원과 책임성	여성				
		남성				
		가구				
		지역사회				
2원칙	가족구성원의 소속감과 안정성 강화	여성				
		남성				
		가구				
		지역사회				
3원칙	가족 상호 의존성에 대한 이해 촉구	여성				
		남성				
		가구				
		지역사회				
4원칙	가족관련 기관과의 협력을 통한 역량 강화	여성				
		남성				
		가구				
		지역사회				
5원칙	가족 다양성 고려	여성				
		남성				
		가구				
		지역사회				
6원칙	취약한 가족 우선 지원	여성				
		남성				
		가구				
		지역사회				

적 지원과 책임의 강조의 측면에서는 원칙 1에, 가족구성원의 소속감과 안정성 강화의 측면에서는 원칙 2에, 가족관련 기관과의 협력을 통한 역량강화를 해결하기 위해서는 원칙 4에, 그리고 취약한 가족의 우선 지원이라는 목표를 위해서는 원칙 6과 연관이 있겠죠? 많은 원칙에 포함되면 될수록 취약한 가족이라 할 수 있지요.

가족구성원의 소속감과 안정성 강화가 가족정책에서 이행해야 할 가장 큰 솔루션 중에 하나인데, 남성과 여성의 가족 내 권력이나 역할 수행 분석을 통해 해결방안 모색이 가능해집니다. 우선 이 목표를 달성하기 위해서 문제요인이 무엇인가, 지역사회의 자원은 무엇이 있는가, 개인이 수

Q&A

<질문 1>

저희 상담소의 경우 한 사례가 처음부터 끝까지 이어져 있기 보다는 서로 다른 내담자, 어제 만난 내담자의 사연이 오늘 만난 내담자로 이어지는 경우가 있는데 패턴이 항상 반복되고 있는 것 같아 안타까워요. 고리를 끊어주지 못한 것 같아 안타까움이 큽니다.

예를 들어 성추행을 한 중학생을 지속상담하고 있는데 엄마가 가출을 하고 자살시도도 하고 이혼을 했어요. 아이가 혼자 있을 때 다른 여자 아이가 지나가면 때리거나 안거나 합니다. 아이 문제가 계속 생기니까 서류상 이혼했지만 부부가 같이 살고 있고, 엄마가 장애인이라 연금을 받고 있는 상황이고, 부부가 각각 독립채산제로 살고 있습니다. 아이가 문제를 일으키면 부부도 같이 상담하고 있습니다. 제도적으로 처벌을 받고 있지 않지만 주변에서 이 아이를 범죄자라고 우려하고 있어요. 제가 걱정하고 있는 것은 아이가 스스로 자기의 잘못을 잘 모르는 것입니다. 부모도 상담소에 의뢰했으니 안심하고 있어요. 이런 것과 맞물려서 이런 아이들을 어떻게 틀을 잡아 가야 할까요?

<질문 2>

가정폭력과 관련된 가족구성원이 자살을 생각하고 있을 때 생명존중의 원리로 가야 할지 아니면 이혼을 권유할 것인지 모르겠습니다. 최근 자살을 생각하는 여성이 쉼터로 피난

정할 부분을 상담소에서 어떤 프로그램을 통해 해결해 가고 있는가 등의 다양한 현상을 메트릭스 상에 기록하면서 객관적인 분석기법을 개발해야 합니다.

향후 이 방법을 발전시켜 수요자에게 맞는 프로그램을 개발해 보도록 하겠습니다. 연령, 가족유형, 자녀유무 등의 대상에 따라 세부적으로 구분해 그들에게 필요한 정책을 재확인함으로써 사회 변화에 따른 프로그램을 개발할 수 있습니다. 이와 더불어 생물학적 차이, 개인적 차이를 이해해야 할 것입니다. 이상 제 강의는 마치겠습니다. 감사합니다.

가 있을 경우 이혼을 하도록 하는 것이 옳은 것인가 가족의 화합을 권유하는 것이 옳은지 딜레마에 빠져 있습니다.

< 답변 >

오늘 강의의 핵심은 사례의 솔루션을 찾아내는 것이 아니라 그 솔루션을 찾기 위한 방법론을 개발하는 데 있습니다. 따라서 해결방안은 각 상담소, 혹은 상담자에 따라 다를 수 있지만 다양한 솔루션을 찾아낼 수 있고, 상담소간의 입장이 다르더라도 각자 이해하고 공존할 수 있는 방법론 개발이 필요합니다.

그것은 객관적인 분석틀이 없기 때문에 한 개인에 대한 대책을 마련하는 것도 쉽지 않지만 각기 다른 사례를 하나의 연속적 사례로 보는 방법도 필요합니다. 따라서 개인적 사례의 종합으로 전체적 맥락에서의 위치를 가늠할 수 있을 것입니다. 사건은 연속적으로 일어날 수 있지만 사건 당사자가 다를 때, 이 분석틀을 통해 해결방안 모색을 모듈화할 수 있다고 생각합니다.

Q&A

<질문3>

이야기 과정 안에서 각자의 상담소의 철학에 따라 다르겠지만 지금 목적이 방법론적으로 상담원의 역량강화를 증진시키는 쪽인가요 아니면 피상담자의 자살 및 이혼 예방인가로 나눠볼 수 있는데 둘 중에 어디에 해당하는가요?

<답변>

두 가지 질문에 모두 해당됩니다. 이 문제의 솔루션은 케이스마다 다르기 때문에 해결할 수 있는 방법론 개발이 이 워크숍의 목적입니다. 매트릭스가 어떻게 이루어지고, GAM과 FIA가 어떻게 융합할 수 있는가를 통해 해결 방법을 찾는 것입니다.

사례를 통해 보면, 가장 좋은 것은 내담자의 행복이 하나의 목표라면 그것에 필요한 방법을 엄마, 아빠 측에서 어떻게 해야 하는지 찾아가는 것인데요, GAM과 FIA틀에다 하나하나 넣다보면 어디가 부족한지를 밝힐 수 있을 것 같습니다.

03부

한국의 남성과 여성으로 산다는 것은!

제1장 비혼[17)]

결혼은 선택

결혼을 늦게 하는 여성과 남성들이 증가하고 있다. 매스컴에서는 결혼을 늦추는 직업 여성을 소위 '알파걸'[18)]이라는 이름하에 다루고 있지만 '알파걸'에 견줄만한 남성을 '초식남'으로 다루고 있다. 한편 '농촌총각' 장가 보내기 차원에서 국제결혼이 정책적으로 장려되기 시작했다. 이처럼 자신의 직업을 추구하며 가정과 사회에서 구속을 받고 싶어하지 않는 여성이 증가하고 있는 반면, 국내에서 마땅한 배우자를 찾기 어려운 농촌 남성과 더불어 굳이 결혼을 서두르지 않는 남성도 증가하고 있다.

초혼연령 상승과 혼인율 감소에서 그 변화를 읽을 수 있다. 2009년 남성의 평균 초혼연령은 31.6세, 여성 28.7세로 10년 전인 1999년과 비교

표 3-1 평균 초혼연령 변화

	1995	1997	1999	2002	2003	2004	2005	2007	2009
남성	28.4	28.6	29.1	29.8	30.1	30.6	30.9	31.1	31.6
여성	25.4	25.7	26.3	27	27.3	27.5	27.7	28.1	28.7

자료 : 통계청(KOSIS)

17) 이 글은 필자의 '혼인상태', 김두섭·박상태·은기수 편(2002). 「한국의 인구 1」를 수정·보완한 것이다.
18) 이 현상은 학교에서, 가정에서, 직장에서 흔하게 나타나고 있다. 남자와 동등한 관심과 대우를 받은 여자 아이들은 자라면서 매우 높은 성취도와 자긍심을 보이고 있으며 학업과 운동, 리더십 등 모든 면에서 남자 아이들보다 우세한 것으로 나타난다. '알파걸'들은 자신들이 어떤 속박이나 제약도 받고 있지 않으며, 무한한 선택권을 갖고 있다고 느끼고 있다. 또한 자유롭고 온갖 가능성이 열려 있다고 생각하고 있다. 이들은 자신이 매우 우수하다고 생각하며 성공하여 자신들을 내세우는 것을 두려워하지 않는다. 알파걸들은 자신들을 페미니스트 이후의 세대로 보고 있으며, 페미니스트들이 그토록 갈망하고 투쟁하던 내부 혁명의 산 증거라고 할 수 있다(댄 킨들런, 2007).

할 때 남성은 평균 2.5세, 여성은 평균 2.4세가 높아졌다〈표 3-1〉.

초혼연령 상승은 연도별 혼인 건수 감소에 직접적으로 영향을 미친다. 혼인건수는 1996년에 434,911건을 기록하면서 조혼인율 9.4에 가장 높은 비율을 기록하기에 이른다. 이후 혼인건수가 점차 감소하여 2003년 302,503 건으로 가장 낮은 수치를 보였다가 다시 증가하여 2007년 345,559건으로 나타났다. 그러나 2009년 조혼인율이 6.2(309,759건)로 10년 전 1999년(7.6)과 비교할 때 혼인율의 감소폭은 매우 크다〈표 3-2〉.

여성들에게 '직장은 필수, 결혼은 선택'이라는 말에서 볼 수 있듯이, 과거와는 상반된 현상을 보이고 있다. 이것은 일단 결혼을 하면 남편과 자식을 돌봐야 하는 가부장적 결혼양태에 대한 젊은 여성들의 비판적 인식에서 출발한다. 최근 직장과 가정의 양립을 감당하기 어려운 선배 기혼 취업여성들을 보면서 여성들이 직장을 선택하고 결혼을 기피하는 것이다. 일본에서는 결혼하지 않고 부모에게 의존하는 이들을 '독신기생(parasite singles)'이라고 부른다. 즉 직장생활을 통해 경제적 능력은 있지만 결혼하지 않고 부모와 함께 사는 성인을 지칭한다. 이들은 필요한 물건은 자신이 벌어서 해결하면서, 배우자와 자녀를 돌봐야 하는 케어 부담이 없으며, 경제력을 가진 화려한 독신생활을 하는 세대로 그 수는 대략

표 3-2 혼인건수 및 조혼인율

	1996	1997	1999	2000	2001	2003	2005	2007	2009
혼인건수	434,911	388,960	360,407	332,090	318,407	302,503	314,304	343,559	309,759
조혼인율	9.4	8.4	7.6	7.0	6.7	6.3	6.5	7.0	6.2

자료 : 통계청(KOSIS)

* 조혼인율(Crude Marriage Rate) : 혼인력의 가장 기초적인 것으로서 1년간 발생한 총 혼인건수를 당해연도의 주민등록에 의한 연앙인구로 나눈 수치를 1,000분비로 나타낸 것

* 조혼인율(‰) = $\frac{\text{특정1년간의총혼인수}}{\text{당해년도의연앙인구}} \times 1000$

천만 명에 달하며 남녀가 동일한 비율을 차지하지만 최근 여성의 비율이 더욱 늘어나고 있다(Takahashi, H. and Voss, J., 2000).

〈표 3-3〉은 각 연령대별 미혼율 추이를 보여준다(통계청, 각년도). 성별, 연령별로 보면, 남녀 모두 20~30대 연령층에서 미혼 비율이 급격하게 증가하고 있다. 2000년에서 2005년에 이르는 5년 동안 여성의 미혼율은 25-29세와 30-34세 인구집단에서 각각 19.0% 포인트와 8.3% 포인트 증가하였다. 이는 1990년에서 2000년에 이르는 10년 동안의 변화 즉, 25-29세 집단 18.0% 포인트, 30-34세 집단 6.4% 포인트 증가와 비교할 때, 최근 5년간 여성 미혼율 변화가 지난 10년간의 변화보다 크다. 남성의 경

표 3-3 년도별 연령대별 미혼율

(단위 : 수, %)

		1970	1980	1990	2000	2005
여자	미혼인구수	2,303	3,601	4,517	4,617	4,879
	15-19	97.1	98.2	99.5	99.3	99.6
	20-24	57.2	66.1	80.5	89.1	93.7
	25-29	9.7	14.1	22.1	40.1	59.1
	30-34	1.4	2.7	5.3	10.7	19.0
	35-39	0.4	1.0	2.4	4.3	7.6
	40-44	0.2	0.5	1.1	2.6	3.6
	45-49	0.0	0.3	0.6	1.7	2.4
남자	미혼인구수	3,335	4,933	6,114	6,317	6,581
	15-19	99.7	99.8	99.9	99.4	99.8
	20-24	92.6	93.1	96.4	97.5	98.2
	25-29	43.4	45.2	57.3	71.0	81.8
	30-34	6.4	7.3	13.9	28.1	41.3
	35-39	1.2	1.7	3.8	10.6	18.4
	40-44	0.4	0.7	1.5	4.9	8.9
	45-49	0.2	0.4	0.8	2.4	4.5

자료 : 통계청(각년도), 「인구주택총조사보고서」

표 3-4 2005년도 교육정도별 미혼자 비율

(단위 : %)

	중학교 이하	고등학교	대학	대학원 이상
남성	13.6	35.1	47.3	18.1
여성	4.8	25.5	47.4	38.4

자료 : 통계청(2010), 「인구주택총조사보고서」

우, 1990년에서 2000년 사이에 미혼율은 30-34세 집단에서 14.2% 포인트, 35-39세 집단에서 6.8% 포인트 증가하였다. 한편 2000년에서 2005년에 이르는 5년간 30-34세 집단, 35-39세 집단 각각 13.1% 포인트, 7.8% 포인트 증가하여 남성의 미혼율 역시 지난 10년간의 변화보다 최근 5년간 변화가 비교적 더 크다.

고학력 여성의 미혼율 증가율은 더욱 높다. 2005년 중학교 이하의 교육받은 여자인구 중에서 미혼자 비율은 4.8%이고, 고등학교 25.5%, 대학 47.4%, 대학원 이상 38.4%로 나타난 반면, 남성 미혼자의 구성비율이 중학교 이하 13.6%, 고등학교 35.1%, 대학 47.3%, 대학원 이상 18.1%로 나타났다. 교육을 많이 받을수록 남성에 비해 여성의 미혼율이 상대적으로 높아졌다. 박경숙 외(2005)는 교육수준별로 초혼연령의 남녀차가 크게 존재한다는 점을 밝히면서, 여성의 교육수준이 증가함에 따라 초혼연령이 일관되게 증가하는 패턴을 보인다고 한다.

고학력 여성에게서 미혼율이 더 높게 나타난다면, 남성 미혼의 특징은 무엇일까? 다음의 〈표 3-5〉는 미혼남녀가 결혼하지 않는 이유에 대한 응답이다(이삼식 외, 2009). 남녀간 차이 중 동부와 읍 · 면부 간의 차이가 두드러지게 나타나는 항목은 바로 '마땅한 사람을 못 만남'이다. 미혼남자의 경우 동부(6.2%)와 읍 · 면부(10.4%)의 차가 4.2%포인트임에 반해 여성의 동부 및 읍 · 면부의 차는 1.3%포인트에 그친다. 이것은 농촌지역

표 3-5 미혼남녀(20~44세)의 결혼하지 않는 이유(2009)

(단위 : %)

이유	미혼남자			미혼여자		
	전국	동부	읍·면부	전국	동부	읍·면부
마땅한 사람을 못 만남	6.7	6.2	10.4	7.2	7.0	8.3
소득 부족	10.9	10.6	13.0	6.0	5.9	6.1
집이 마련되지 않음	4.7	4.9	3.6	2.8	2.6	4.5
결혼비용 부담	5.8	6.4	1.6	7.7	7.7	7.6
결혼 생활의 비용 부담	4.7	4.9	2.6	4.7	4.7	3.8
실업 · 고용불안정	10.5	9.9	16.1	4.5	4.5	4.5
결혼으로 인한 직장 내 불익	2.7	2.8	2.1	4.4	4.0	8.3
결혼하기 이른 나이	29.4	28.8	33.9	32.5	32.6	31.1
결혼제도 부담	0.8	0.9	0.0	2.2	2.3	1.5
자아성취	11.0	11.6	6.3	12.1	12.4	8.3
결혼 시기 놓침	4.0	4.4	1.0	3.6	3.8	1.5
결혼 생각 없음	1.9	1.8	2.6	3.5	3.5	3.0
상대방의 구속 부담	2.3	2.2	3.1	4.9	5.0	5.3
기타	4.7	4.9	3.6	4.0	3.8	6.1
계(사례수)	100.0	100.0	100.0	100.0	100.0	100.0
	1,713	1,522	192	1,563	1,433	132

자료 : 이삼식 외(2009)

남성이 이성을 만날 기회가 미혼남자 평균보다 상대적으로 적다는 것을 의미한다. 이러한 현상은 90년대 이후 급증하게 된 국제결혼과 연결하여 살펴볼 수 있다.

한국 남성과 외국인 여성의 결혼은 1990년대 중반부터 크게 증가하여 한국 여성과 외국인 남성의 결혼을 앞지르기 시작했고, 특히 2000년대 이후에 그 증가세는 더욱 높아져 이들의 결혼이 국제결혼의 일반적인 결혼형태로 자리 잡는다(변화순 외, 2008). 그런데 이러한 국제결혼이 도시의 중하층 남성들과 농촌남성들에게서 이루어진다는 점을 주목해 보자. 통계청 자료에 따르면, 2004년 농어촌 혼인의 27.7%가 국제결혼이었고, 2006년에는 농어촌 남성 41%가 국제결혼을 하였다. 배우자를 찾지 못하는 농촌총각들의 대안적인 결혼방식으로 국제결혼이 (국가차원에서) 적극 추진되기 시작하였고, 이에 여성단체와 농민단체는 물론 지방자치단체들까지 적극적으로 호응하였다(한건수, 2006). 특히 2002년 이후 급증하기 시작하던 한국 남성과 외국인 여성의 결혼 건수는 2005년도에 3만 건 이상을 기록하며 최고조에 달했는데, 이러한 현상은 이 시기에 취해진 정부의 결혼 정책과 관련이 있다.

결혼 태도, 바뀌고 있다

이처럼 초혼연령이 상승하고 미혼율이 증가하는 추세를 보이는 이유는 무엇일까? 기존연구들은 노동시장의 불안, 결혼에 대한 가치관의 변화를 그 원인으로 보고 있다.

은기수(2002)는 결혼연령의 변화에서 특히 1997년 이후 결혼연령이 높아지고 있음을 주목하면서 젊은이들이 결혼하지 않는 이유를 분석하였다. 그는 최근 성, 결혼, 출산, 이혼, 재혼 등 가족가치가 급격히 변화하면서, 젊은이들의 성에 대한 태도도 자유로워지고, 결혼을 꼭 해야 하는지 의문을 제기하기도 한다는 것이다. 특히 경제위기 이후 노동시장의 변화로 노동시장이 유연화되면서 정년까지 보장되던 고용관행이 사라지고 지금은 언제든지 직장을 그만두어야 하는 상황이 되었다. 안정된 직장을 갖고 결혼을 할 수 있는 풀(pool)이 대폭 줄어 결혼시기를 미루게 되고, 그 결과 남성의 혼인 연령이 급격히 상승하면서 미혼율이 증가한 것으로 여겨진다. 여성의 입장에서도 취업을 원하는 경우 남성 못지않은 어려움에 봉착하게 되었다. 여성의 직장도 불안정하기는 남성과 마찬가지이고, 비정규직에 종사하는 여성 수는 더 늘어났다. 과거처럼 결혼을 통해 안정된 생활로 이행할 수 있는 가능성도 대폭 감소하였다. 따라서 여성들도 결혼을 지연하게 되고, 그 결과 혼인연령이 상승하고 미혼율이 높아진 것이다.

김두섭 외(2007)는 1980년대 중반 이래 진행된 결혼 지연 및 초혼연령 상승에 대해 거시적인 환경변화, 특히 세계화를 그 원인으로 보고 있다. 세

쉬어가기 ....

초식남 · 건어물녀

요즘 문화 트렌드의 화제는 단연 '초식남'과 '건어물녀'다. 한마디로 연애 · 결혼에 관심없는 남녀다. 일본에서 건너온 신조어다.

초식남은 전통적이고 강한 '육식남'에 반하는 온순한 남자, 연애보다 일과 취미에 열중하는 남자를 일컫는다. 일본 아이돌그룹 '스마프'의 구사나기 츠요시가 대표적이다. KBS 드라마 '결혼 못하는 남자'의 건축설계사 지진희, tvN 시트콤 '세 남자'의 컬럼니스트 정웅인도 초식남. 세련된 외모에 유능한 직업인이지만, 연애는 뒷전이다.

건어물녀의 원조는 일본 드라마 '호타루의 빛'의 아야세 하루카다. 평소 깔끔하게 차려입고 다니지만 집에만 돌아가면 늘어진 운동복을 입고 지저분한 방바닥을 뒹구는 커리어우먼들을 일컫는다.

일본에서는 초식남의 등장 요인을 과열된 경쟁과 경제위기의 반영으로 분석한다. 과도한 현실 경쟁 속에서 젊은 남성들이 한 가정을 책임지는 결혼이라는 행위 자체를 미루려는 심리라는 것이다. 가정을 위해 희생하는 대신 자신에게 투자하는 자기애적 경향이기도 하다.

흥미로운 것은 문화 트렌드나 라이프 스타일에서 한국 사회가 일본을 1~2년 간격으로 바짝 쫓고 있다는 점이다. 두 사회 젊은 세대의 라이프 스타일이 그만큼 유사해지고 있다는 것이다.

양성희 기자(중앙일보, 2009.07.17)

계화 추세에 따른 자본과 노동의 자유로운 국제이동은 노동시장에 구조조정을 동반하였고, 결과적으로 노동시장을 불안하게 만들었다. 세계화가 초래한 사회경제적인 변화는 청년층의 심각한 취업난으로 연결되었고 청년층에게 결혼과 첫 출산을 연기시키는 결과를 가져왔다. 또한 양성평등 이념 확산 및 가치관의 변화도 초혼연령의 상승을 이끌었다고 본다. 원영희(2006)는 결혼에 대한 가치관 변화를 초혼연령 상승의 주요 요인으로 지목하고 있다. 결혼은 더 이상 당위적인 것이 아니라 선택적인 생애 사건이며 그 이유로 다음 세 가지를 들고 있다. 첫째, 거시적인 환경 변화로 결혼적령기 개념이 희석되면서 특정 연령에 도달하면 '반드시 결혼해야 한다' 는 보

표 3-6 결혼에 대한 태도

(단위 : %)

		15세 이상 인구	반드시 해야 한다	하는 것이 좋다	해도 좋고 안해도 좋다	가급적 안하는 것이 좋다	하지 말아야 한다	모르겠다
1998	계	100.0	33.6	39.9	23.8	1.1	0.2	1.4
	남자	100.0	36.9	42.6	18.4	0.7	0.1	1.4
	여자	100.0	30.5	37.4	28.9	1.4	0.2	1.5
	미혼	100.0	20.3	43	32.2	1.1	0.2	3.2
	미혼남자	100.0	26.6	46.6	23	0.6	0.2	3.1
	미혼여자	100.0	12.7	38.7	43.3	1.7	0.2	3.3
2008	계	100.0	23.6	44.4	27.7	2.4	0.5	1.4
	남자	100.0	27.4	47.2	21.9	1.8	0.4	1.3
	여자	100.0	20	41.6	33.3	3.1	0.5	1.5
	미혼	100.0	14.9	41.6	37.6	2.8	0.5	2.5
	미혼남자	100.0	19.1	45.6	30	2.2	0.6	2.4
	미혼여자	100.0	9.8	36.7	46.8	3.5	0.5	2.7

자료 : 통계청(1999, 2009), 「한국의 사회지표」

편혼주의 결혼관이 희석되고 있다. 둘째, 결혼생활의 비용이 증가하면서 결혼에 따른 비용편익이 변화하고 있기 때문이다. 실증적인 연구들은 결혼하는 것이 그렇지 않은 경우에 비해 크게 '손실'을 가져오지는 않지만, 예전과 비교해보면 '보상'은 크게 감소하였다고 밝힌다. 셋째, 개인주의적, 자유주의적 가치관이 전통적, 가족주의적 가치관을 대체하면서 결혼하지 않는 비혼이 점차 하나의 삶의 방식으로 허용되는 추세가 되고 있다고 한다.

15세 이상 성인을 대상으로 통계청이 조사한 결혼에 대한 견해를 보면 결혼에 대한 태도 변화를 감지할 수 있다. 2008년도 남성의 27.4%, 여성 20%가 '반드시 결혼해야 한다'에 응답하였다. 이러한 수치는 1998년도에 남성의 36.9%, 여성의 30.5%가 응답했던 것과 비교할 때, 그 변화율이 매우 크다. 즉, 10년 전에 비해서 반드시 결혼해야 한다는, 결혼에 대한 당위적 인식이 16.9% 포인트, 10.5% 포인트가 낮아져 상당히 약해졌다〈표 3-6〉.

또한 결혼당위성에 대해 사회 전반적인 동의가 약해지고 있지만, 여기에서 성별 차이가 있다. 결혼하는 것에 대한 긍정적인 태도(반드시 해야 한다, 하는 것이 좋다)와 부정적인 태도(가급적 안하는 것이 좋다, 하지 말아야 한다)에서 결혼유무 및 시기와 상관없이 남성은 긍정적인 답변에, 여성은 부정적인 답변에서 각각 우세한 입장을 보였다. 즉 결혼해야 하는 것을 의무감이나 중압감으로 인식하는 의식이 사회 전반적으로 약해졌다고 해도 여전히 남성에 비해 여성이 부정적인 입장을 보인다.

결혼에 대한 태도 변화를 보여주는 또 다른 연구를 보면, 결혼 시기를 늦추거나 결혼을 하지 않으려는 이유에 대해 남녀간에 차이가 있음을 확인할 수 있다. 김승권 외(2006)의 설문연구에서 결혼 시기를 늦추거나 결혼을 하지 않으려는 이유에서, 여성응답자의 제1순위는 '독신의 삶을 즐기려는 경향이 늘어나서(29.9%)'가 가장 높았다. 그 뒤를 이어 '직장을 구하지 못하거나 안정된 직장을 갖기 어려워서(18.6%)', '결혼에 따른 각종 의무와 역할이 부담스러워서(14.8%)', '꼭 결혼해야 한다는 생각이 약해져서(12.7%)'의

순으로 나타났다. 시기적으로 직장을 구하지 못하거나 안정된 직장을 갖기 어렵다 보니, 직장을 구하여 애를 쓰고, 어렵게 얻은 직장을 그만두고 결혼하자고 생각하니 결혼에 따른 각종 의무와 역할이 부담스러워지는 것이고, 굳이 모든 것을 버리면서 꼭 결혼해야 한다는 생각이 약해지기도 한다.

남성응답자의 결혼을 늦게 하거나 하지 않는 주요 이유 중 제1순위로는 '직장을 구하지 못하거나 안정된 직장을 갖기 어려워서'가 30.9%로 가장 높았다. 그 뒤를 이어 '독신의 삶을 즐기려는 경향이 늘어나서(23.1%)', '결혼생활을 유지할 정도로 수입이 충분히 보장되지 않아서(14.7%)' 순으로 나타나면서 여성응답자와 차이를 보였다〈표 3-7〉. 남성의 부담감은 생계유지자 역할을 수행하기 위해 직장을 구하는 것이 급선무이다.

연령별 혼인건수 감소, 초혼 평균연령 증가, 결혼에 대한 태도 변화 등의 자료는 우리 사회에서 결혼이 더 이상 전통적인 방식으로 이루어지지 않

표 3-7 성별 결혼을 늦게 하거나 하지 않는 이유(1순위)

(단위 : %, (명))

특성	여성	남성
① 직장을 구하지 못하거나 안정된 직장을 갖기 어려워서	18.6	30.9
② 집 장만 등 결혼비용이 너무 많이 들어가서	3.9	5.2
③ 독신의 삶을 즐기려는 경향이 늘어나서	29.9	23.1
④ 시댁 중심의 결혼생활이 부담스러워서	2.9	1.1
⑤ 결혼에 따르는 각종 의무와 역할이 부담스러워서	14.8	7.7
⑥ 꼭 결혼해야 한다는 생각이 약해져서	12.7	9.7
⑦ 교육을 받는 기간이 길어져서	3.3	2.9
⑧ 배우자에 대한 기대수준이 높아져서	5.2	4.6
⑨ 결혼생활을 유지할 정도로 수입이 충분히 보장되지 않아서	8.6	14.7
계(수)	100.0(8,724)	100.0(1,338)

자료 : 김승권 외(2006, 〈표 8-25〉와 〈표 8-27〉을 재구성한 것임)

음을 보여준다. 그러나 인구학적, 경제적 원인 외에도 남성들의 미혼율 증가는 남성들이 결혼을 미루거나 싫어하기 때문이라는 연구결과도 있다(국민일보, 2002.8.15). 미국의 러트거스 대학의 연구팀의 25-33세의 미혼남성 60여 명을 상대로 한 조사결과에 의하면 이들이 결혼의 필요성을 덜 느끼는 것으로 나타났다. 왜냐하면 과거에 비해서 결혼을 하지 않아도 자신들이 원하는 것, 가령 섹스 상대나 자식을 쉽게 얻을 수 있기 때문이라는 것이다. 아울러 결혼생활에 실패할 경우 경제적 손실에 대한 두려움도 결혼을 미루는 원인으로 작용하며, 또한 결혼에 대한 압력이 예전과 같이 심하지 않다는 점, 그리고 경제적 풍요로움을 비롯한 독신생활의 즐거움을 만끽하고자 결혼을 미루는 것으로 밝혀졌다. 이러한 남성의 결혼기피 현상도 결혼에 대한 부담이 원인인 것이다.

일본의 경우 대학을 졸업했어도 부모와 함께 사는 현상이 점점 증가하고 있다고 한다. 이러한 원인으로는 첫째, 가족구조 측면에서 볼 때, 평균 자녀수의 감소이다. 과거에는 자녀 수가 많아서 부모의 집에서 살기보다는 대학을 졸업하면 자유와 함께 자기만의 공간을 찾기 위해서 독립을 했지만, 평균 자녀수가 1자녀 혹은 2자녀로 감소한 요즈음 성인자녀는 부모와 함께 사는 방법을 택하기도 한다. 둘째, 도시 발달을 들 수 있다. 전후의 경제성장은 노동력을 필요로 했는데, 특히 도시지역에 많은 대기업이 위치하고 명문대학도 도시에 있다. 따라서 젊은이들은 학교를 졸업한 후에 직업을 택함에 있어서 도시를 떠날 이유가 줄어들었으며, 문밖에만 나서면 즐길 수 있는 놀이문화가 발달하였으므로 도시를 벗어날 이유는 없다. 그러나 생활비가 자신의 가구를 유지하기에는 너무 비싸 부모 집을 떠나갈 수가 없다. 셋째, 결혼을 늦게 한다는 점이다. 결혼전 자녀는 부모와 함께 사는 것이 일반적이므로, 결혼을 늦게 함으로써 부모와 함께 사는 기간이 늘어난다. 넷째, 높은 생활수준이다. 부모와 함께 사는 것은 경제적으로 이득이 있는데, 특히 월급이 적은 봉급자의 경우 더욱 그렇다. 대부분의 자식들은 월세를 지불하지 않으며 생활필수품도 구입하지 않는다. 부모가 집안일, 세탁, 음식을 대신 하므로 생활이 매우 편하다(Ratherford, et.ad, 2002).

그렇다면 부모는 왜 성인자녀와 함께 사는 것일까? 첫째, 경제적인 이유에서이다. 교육비의 과도한 부담에 비해, 성인이 되어 일하는 자녀를 집에서 보살핀다는 것은 비용이 적게 들기 때문이다. 둘째, 이타적인 동기를 들 수 있다. 부모의 안녕은 어느 정도 자녀에게 달려 있다. 자신들을 위해 생활비를 쓰기 보다는 부모들은 자녀들에게 쓰는 것에 대해 더 위안을 받기도 한다. 많은 어머니들은 자신이 갖지 못한 직업을 가진 딸들이 집안일에 얽매이지 않고, 직장에 전념할 수 있도록 집안일을 하는 것이다. 셋째, 서비스의 교환이다. 즉 자녀들과 함께 있고 싶고, 관심을 받기 위해 자녀들에게 서비스를 제공하는 것이다. 이들 부모는 자녀들과 그러한 관계를 유지하기 위해 재정적 혹은 다른 지원을 한다. 넷째, 투자의 개념으로 볼 수 있다. 부모는 자녀들의 인적자본에 투자를 하는 것이다. 예를 들면 성인이 된 청년은 후에 부모가 아프거나 경제적으로 어려울 때, 재정적 지원을 하게 된다. 부모가 자녀에 대해 가장 많은 투자를 한 것은 교육비이다. 일류대학을 졸업한 자녀는 좋은 회사에 취직을 하고, 성공할 가능성이 높다. 따라서 자녀교육에 대한 많은 투자는 매우 안전한 투자라고 본다(Takahashi and Voss, 2000).

결혼 장려 정책의 효과성은?

현재 한국의 결혼관련 정책으로 명시화된 정책은 찾아보기 힘들다. 다만 우리사회 저출산 · 고령화현상의 심각성을 인지한 결과 정부는 「새로마지 2010」에서 출산장려 정책의 일환으로 결혼을 장려하고 있다. 구체적으로 가족과 사회 · 국가가 함께 아이를 낳고 키우는 시스템을 확립하고, 가족의 책임영역으로 남아 있는 출산과 자녀양육에 대한 국가 · 사회적 지원체계 확립이 필요하며, 양성평등적이고 가족친화적인 사회적 분위기 조성 및 국민의 인식전환을 위해서는 일과 가정의 양립정책으로 육아지원 등 정책의 실효성 제고의 기반이 되는 사회문화적 여건과 국민인식 전환을 유도한다(김재인 외, 2007). 그러나 저출산 대책 정책이 결혼을 전제로 하나, 최근 미혼모에 대한 정책적 관심이 최근 늘고 있다.

2009년 11월 25일 대통령직속미래기획위원회에서는 저출산 대응전략 회의를 개최한 바 있다. 이 회의에서 저출산에 대한 정책방향으로 다자녀 가구에 대한 사회적 인센티브 부여방안, 일자리 창출을 통한 미래불확실성 해소 및 공교육 경쟁력 강화를 통한 사교육비 경감대책 추진, 일과 가정을 병행할 수 있는 사회여건 조성을 제시하였다. 또한 미혼모에 대한 대책의 일환으로 임신한 청소년에게 자퇴를 강요하는 등의 '싱글맘' 관련 차별을 철폐하고, 한부모들에게 직업교육 기회를 우선적으로 주는 방안을 제시하고 있다(대통령직속미래기획위원회, 2009).

2009년 국회상임위예산결산위원회에서 275억 2100만 원의 미혼모 지원 관련 예산이 통과되어 향후 24세 이하의 아이를 키우는 미혼모들에게 학업과 취업의 기회를 제공하고, 자립 기반을 마련할 수 있게 되었다(중앙선데이, 2009.11.29).

정부의 결혼관련 정책은 가구의 특성에 따라 지원도 다양해지고 있다. 즉, 신혼부부에 대한 주거정책에서 주거안정지원으로 저소득 무주택 신혼부부의 주거안정을 위해 공공임대주택과 소형 분양주택 특별공급, 기존 주택을 구입하거나 임차할 경우 주택기금에서 저리의 전세, 구입자금 융자도 병행하고 있다.

이에 따라 국토해양부는 신혼부부주택에 대한 청약 자격을 완화하는 내용의 개정 '주택공급에 관한 규칙'을 2009년 1월 1일부터 시행하고 있다. 이 개정안은 2008년 도입된 신혼부부주택의 청약률이 낮은데에 따른 보완책으로, 입주자 저축 가입기간을 12개월에서 6개월로, 납입회수도 12회에서 6회로 각각 단축했다. 또한 서민주택의 주거복지 정책 안내와 신혼부부를 위한 보금자리주택 등에 대한 공급을 확산하고 있다(국토해양부, 2009).

결혼을 장려하는 직접적인 정책을 찾기는 쉽지 않다. 건강가정지원센터의 생애주기별 가족교육사업 중에서 '결혼준비교육 프로그램' 정도가 결혼 장려 정책과 직접적인 연관이 있다고 볼 수 있다. 중앙건강가정지원센터가 발간한 3년간(2005~2007) 사업백서를 보면, '결혼준비교육 프로그램'에 대한 구체적인 성과를 찾아보기가 어렵다(중앙건강가정지원센터, 2007). 그동안의 기간이 프로그램을 개발 및 보급하는 과정이었다면 향후 구체적인 성과가 제시될 수 있을 것으로 기대된다.

다문화가족정책의 일환인 '농촌총각 장가보내기 운동'이 가장 명시적인 정책이라 할 수 있는데, 이 정책은 여성가족부, 법무부 업무에 해당된다.

변화하는 부부관계

가. 가사역할분담

통계청 자료에 의하면 맞벌이 부부의 일일 가사노동시간이 남편의 경우 32분, 부인의 경우 3시간28분으로 나타났다(통계청, 2007). 또한 맞벌이 가구 남편과 비맞벌이 가구 남편의 가사노동 시간이 차이가 없었다. 이와 함께 2008년도 조사에 의하면 가사분담에 대한 10명 중 3명 정도만이 '공평하게 분담'해야 한다고 생각했다. 15세 이상 인구 중 가사분담을 '공평하게 분담' 해야 한다고 생각하는 비율이 32.4%, '부인이 주도'해야

표 3-8 가사역할분담에 대한 견해(15세 이상)

(단위 : %)

	계	부인이 전적으로 책임	부인이 주로 남편도 분담	공평하게 분담	남편이 주로 부인도 분담	남편이 전적으로 책임
남자	100.0	9.1	62.7	27	1	0.2
여자	100.0	4.5	57	37.5	0.8	0.2
15~19세	100.0	1.1	33.5	64.7	0.5	0.2
20~29세	100.0	1.7	44.6	53	0.5	0.2
30~39세	100.0	4.2	64.8	30.3	0.6	0.1
40~49세	100.0	6.2	68.9	23.6	1.2	0.2
50~59세	100.0	8.5	68.5	21.6	1.3	0.1
60~64세	100.0	16.3	61.9	20.3	1.2	0.3
65세 이상	100.0	18.3	59.7	20.5	1.2	0.3

자료 : 통계청(2008), http://www.kosis.kr/

한다는 비율은 65.4%, '남편이 주도'해야 한다는 비율이 2.3%였다. 아울러 실제로 '공평하게 분담'하고 있다고 대답한 경우는 남편 7.5%, 부인 7.9%에 불과했다(통계청, 2008).

〈표 3-8〉에서 보면, 가사분담 견해에 대해 연령별로 뚜렷한 차이가 있다. 15세~19세, 20~29세 연령집단에서는 '부인이 주도해야 한다'는 항목(세부항목은 '부인이 전적으로 책임', '부인이 주로하고 남편도 분담')에 각각 34.6%, 46.3%가 응답한 반면, 가사분담을 부부가 '공평하게 분담'해야 한다는 항목에서 50% 이상의 높은 응답을 보였다. 이들 연령층에서는 가사분담을 공평하게 해야한다는 것이 '부인이 주도'해야 하는 것보다 우세한 입장이다. 그러나 30세 이상의 연령집단에서는 '부인이 주도'해야 한다는 응답이 '공평한 분담'보다 월등히 높아 여전히 보수적임을 알 수 있다.

한국의 부부관계에서 부인의 취업 유무와 관계없이 가사역할은 부인의 몫이고, 남편은 "도와준다"는 개념에서 출발한다. 따라서 가사역할을 부부가 분담하면 남편은 협조적이고, 그렇지 않으면 부인으로서는 참고 혼자서 수행할 수밖에 없었다. 그러나 최근 젊은 신혼 맞벌이 부부에게 있어서 가사역할을 공평하게 분담하지 않으면 심각한 갈등 요인이 된다. 이렇듯 가사 역할분담에 있어서 공평성 의식에 많은 변화가 있다. 그것은 과거 여성들이 자신보다는 가족을 우선시하였다면 젊은 세대는 가부장적인 가치관을 거부하고 가족관계를 개선하고자 시도하기 때문이다.

그렇다면 부부간의 의사결정 및 결혼만족도는 어떠한가? 부부관계 양상이 변화하는 중이라면, 실제로 공존하고 있는 다양한 양태를 어떻게 파악할 수 있을까? 여기서는 먼저 「가족실태조사」(장혜경 외, 2005)의 설문연구결과를 토대로 부부의사결정권과 부부관계만족도를 살펴보고자 한다. 이 후 부부관계를 평등정도에 따라 유형화시키고자 한다.

나. 의사결정권

부부의 의사결정권을 보여주는 「가족실태조사」(2005)의 연구결과는 한국의 가족문제에 대해 부부의사결정권한이 과거의 남편중심적 권한에서 부부중심으로 이동하고 있음을 보여준다. 가족실태조사에서는 부부의사결정방식을 5개 영역, ① 자녀교육관련영역, ② 주택구입관련영역, ③ 투자 및 재산관리영역, ④ 생활비지출영역, ⑤ 배우자의 취업이나 직장문제영역으

표 3-9 부부의사결정 방식

(단위 : 명, (%))

영역	주로 남편이	대체로 남편이	부부가 함께	대체로 아내가	주로 아내가	기타	해당 없음	계
자녀 교육	22(1.1)	59(3.0)	843(43.0)	246(12.6)	381(19.4)	9(0.5)	399(20.3)	남편 1,961(100.0)
	26(1.3)	62(3.2)	842(43.0)	237(12.1)	385(19.7)	7(0.4)	399(20.3)	아내 1,961(100.0)
주택 구입	70(3.6)	205(10.5)	1349(68.8)	96(4.9)	102(5.2)	5(0.3)	133(6.8)	남편 1,961(100.0)
	66(3.4)	193(9.8)	1366(69.7)	90(4.6)	107(5.5)	3(0.2)	134(6.8)	아내 1,961(100.0)
투자 재산 관리	105(5.4)	297(15.1)	1179(60.2)	171(8.7)	144(7.3)	4(0.2)	60(3.1)	남편 1,960(100.0)
	105(5.4)	260(13.3)	1197(61.0)	162(8.3)	173(8.8)	3(0.2)	59(3.0)	아내 1,959(100.0)
생활 비 지출	45(2.3)	104(5.3)	709(36.2)	535(27.3)	555(28.3)	3(0.2)	9(0.5)	남편 1,960(100.0)
	45(2.3)	122(6.2)	697(35.6)	508(25.9)	578(29.5)	1(0.1)	7(0.4)	아내 1,958(100.0)
배우 자의 취업	90(4.6)	299(15.3)	1070(54.6)	80(4.1)	75(3.8)	7(0.4)	339(17.3)	남편 1,960(100.0)
	134(6.8)	336(17.2)	1097(56.0)	50(2.6)	46(2.3)	11(0.6)	285(14.5)	아내 1,959(100.0)

자료 : 장혜경 외(2005)의 표 IV-3, IV-4, IV-5, IV-6, IV-7을 재구성한 것임.

로 구분하여 총 3,922명을 대상(남편 1,961명, 아내 1,961명)으로 조사하였고, 그 결과 〈표 3-9〉의 응답을 얻었다.

〈표 3-9〉에서 볼 수 있듯이 가족의 일상생활에서 결정이 필요한 대부분 사안에 대해 한국의 부부들은 '부부가 함께 결정한다'는 문항에 가장 많이 응답함으로써 부부의사결정방식에 있어서 상당부분 민주적인 관계성이 확보되어 가고 있다. 특히 과거 가족을 대표하는 대외적인 활동과 주택구입과 같은 주요사안의 결정권한이 남편에게 주어져 있었던 가부장적인 가족문화였음을 고려할 때, 현재의 부부중심의 변화는 중요한 함의를 내포한다.

그러나 아내의 취업이나 직장이동 역시 부부의 공동결정이 높은 비율을 차지하지만 아내 자신보다는 오히려 남편의 의사비율이 더 높게 나타난다는 응답결과는 해석에 있어서 주의를 요한다. 아내의 취업여부로 인해 자녀양육 및 가사활동에 공백이 발생하므로 남편의 동의 및 결정이 중요하게 작용하기 때문이다.

다. 부부만족도

부부관계만족도는 연구자의 관점에 따라 서로 다른 차원에서 정의되기도 한다. 특히 '결혼만족도'는 관점에 따라, 기대와 실제 혹은 대안의 차이로 보는 시각과 당사자의 주관적인 만족도 차원으로 이해하는 두 가지 견해로 대별된다. 이 글에서 부부관계만족도는 결혼 당사자의 주관적인 경험에 대한 반응으로서 부부관계의 전반적인 만족도와 항목별 만족도를 조사한 결과이다.

장혜경 외(2005)에 의하면 부부관계에 대한 전반적인 만족도는 응답자의 약 57%가량이 부부관계에 '만족하는 편'인 것으로 나타났다. 성별로는 아내의 만족(53.1%)에 비해 남편의 만족도(59.5%)가 다소 높은 것으로 나타났다. 남편들은 교육수준의 차이에도 불구하고 만족도에 있어서 비교적 유

표 3-10 부부관계에 대한 항목별 만족도

(단위 : 명, (%))

		전혀 그렇지 않다	별로 그렇지 않다	보통/그저 그렇다	대체로 그렇다	매우 그렇다	계
우리 부부는 서로 잘 배려하고 챙겨주는 편이다	남편	13(0.7)	119(6.1)	512(26.1)	1096(55.9)	221(11.3)	100.0
	아내	30(1.5)	164(8.4)	557(28.4)	1026(52.4)	183(9.3)	100.0
우리 부부는 상대방을 깊이 신뢰한다	남편	9(0.5)	67(3.4)	474(24.2)	1084(55.4)	326(16.6)	100.0
	아내	17(0.9)	103(5.3)	488(24.9)	1086(55.5)	266(13.6)	100.0
나의 배우자는 내 능력과 노력을 높이 평가해준다	남편	11(0.6)	120(6.1)	643(32.8)	951(48.6)	235(12.0)	100.0
	아내	17(0.9)	159(8.1)	664(33.9)	902(46.1)	218(11.1)	100.0
우리 부부는 평등하다	남편	10(0.5)	131(6.7)	661(33.7)	948(48.3)	211(10.8)	100.0
	아내	18(0.9)	217(11.1)	634(32.3)	896(45.9)	194(9.9)	100.0

자료 : 장혜경 외(2005)의 표 IV-29을 재구성한 것임.

표 3-11 '배려'에 대한 연령별 부부관계만족도

(단위 : 점)

	남편	아내
20대	3.7895	3.6774
30대	3.6577	3.5914
40대	3.6373	3.4715
50대	3.7329	3.5843
60대	3.7756	3.6595
70대 이상	3.8272	3.7606
연령평균 F검증	3.7106 F=3.160**	3.5959 F=3.662**

자료 : 장혜경 외(2005)의 표 IV-29-1을 재구성한 것으로, 연령에 따른 만족도 파악에서 통계적으로 유의한 항목만을 참조한 것임.

주 : **=p〈.01

사한 태도를 보여주고 있으나 아내들의 경우에는 전문대졸 이상의 학력집단에서 만족도가 높은 것으로 나타나고 있다.

부부관계 전반적인 만족도를 보다 세부적으로 살펴보기 위해, 만족도를 다음의 4가지 항목으로 재구성하여 살펴보았다〈표 3-10〉. 남편, 아내 관계없이 응답자의 절반 이상이 부부관계에 만족한다고 응답하고 있어서 부부만족도가 매우 높음을 확인할 수 있고, 특히 부부 신뢰도에 대해 가장 높은 점수를 보여주고 있다. 한편 '우리 부부는 서로 잘 배려하고 챙겨주는 편이다'라는 항목에서 남편과 아내의 응답 격차가 5.5% 포인트로 가장 크게 나타났다.

앞서 논의한 바와 같이 최근 가족관계에서 '배려'와 '보살핌'이 요구되는 덕목인 바, 부인과 남편의 기대차이가 부부관계 만족도에 미치는 영향에 대해 보다 깊은 분석을 요한다. 부부간 상호배려에 대한 만족도는 연령에 따라 차이가 있다. 남편과 아내 모두 20대인 연령층과 60-70대에서 만족도가 높은 U자형을 보여, 40대에 가장 낮다〈표 3-11〉.

라. 부부관계 유형[19)]

부부관계의 유형은 부부가 오랜 세월 서로 적응하며 살아가는 과정에서 도출된다. 결혼생활을 통하여 전개되는 생활방법이나 생활태도가 장기간의 시간적 흐름에 따라 습관화되면, 어떤 형태의 질서가 발생하게 되고 부부간의 상호 인간관계나 서로의 인격, 역할수행에 있어서의 역학적 상호작용으로부터 그들 고유의 유형이 나타나게 된다(유영주, 1975). 이 장에서는 부부관계의 평등성을 의사소통 대등성, 의사결정에 있어서 부인 의견 반영도, 그리고 가사노동 분담 정도를 세대별로 유형화 해 파악하고자 한다. 변화순 외

19) 이 장은 변화순 · 백경희 · 김현주(2000a)의 연구 「한국가족의 변화와 여성의 역할 및 지위에 관한 연구」, 한국여성개발원의 일부를 수정 · 보완한 것이다. 보고서의 사례는 서울과 경기 지역에 거주하는 20세 이상의 여성(20대부터 60대 포함) 중 1세대 부부가족, 2세대 부부가족, 3세대 직계가족, 노인부부가족의 여성 65명을 대상으로 심층면접조사한 결과를 담고 있다.

(2000a)의 사례 연구에 의하면 부부관계 유형을 남편우위형, 아내중심형, 우애적 분담형, 상호방임형으로 구분하고 있다.

첫째, 남편우위형이다. 1960년대 이전 개방적이고 민주주의에 입각한 평등사상이 보편화되기 전에는 이러한 경향을 띤 부부를 흔히 볼 수 있었다. 이들은 과거 남존여비사상이나 부부유별 등의 가치관에 많은 영향을 받았고 부부간 평등을 주장하는 서구적 가치관에는 덜 노출되고 어려운 시절을 보낸 세대이다(박숙자, 1995). 교육기회의 성차별이 심했기 때문에 아내의 교육수준이 남편에 비해 훨씬 떨어지고, 경제적으로 완전히 남편에게 의존하고 살았기 때문에 남편에게 순종하는 것을 미덕으로 알고 살아왔다. 집안일에 대한 의사결정은 남편이 하고 부부간의 대화도 많지 않으며 남편은 대화시 아내의 감정이나 심리상태를 고려하지 않는다. 성관계에 있어서도 일방적이다. 아내의 욕구는 고려대상이 아니고 아내의 만족여부에도 별 관심이 없다. 그리고 아내가 어떠한 상황에 있든 가사노동은 아내가 하는 것으로 안다. 아파 누워 있어도 아내에게 죽 한 그릇 대접하지 못한다. 할 줄도 모르고 할 생각도 없다.

> 우리 부부는 상하 주종관계예요. 의논한다는 것이 말이 안돼요. 의논이 아니죠. 우리 아저씨는 자기 하고 싶은 대로 다 하는 사람이에요. 내 감정을 고려해서 하는 것이 아니죠. 남편을 따라 살았어요. 밤마다 마음속에 한으로 실을 풀어 비단을 짜는 것 같은 기분이 들었죠. 풀 수 있는 방법이 전혀 없었으니까요. 언젠가 내가 복수를 하고 말리라고 생각하면서. 뭘 결정할 때는 남편의 의견이 많이 반영되지요. 성관계? 남편이 그런 거 밝히는 것은 기생이나 화류계라고 누누이 말했어. 우리는 첫애 가진 이후로는 성관계를 안 가졌어. 밖에 나가서 자기는 슬슬 재미를 본 것 같더라고(63세 맞벌이 여성).

둘째, 아내중심형이다. 이 유형은 남편우위형과 반대로 대화에서도 아내가 주도권을 갖고 있으며 가정 일을 결정할 때도 아내의 발언권이 더

세다. 아내의 생각에 따라서 남편이 행동한다. 아내를 배려하고 모든 면에서 아내의 의견이 압도적으로 반영되고, 가사노동도 아내와 남편이 함께 수행한다. 아내는 남편에 대해 권위적이지 않다. 아내가 주도권의 많은 부분을 갖고 있을 뿐이다. 그렇다고 아내가 경제권을 가지고 있는 것도 아니다.

> 남편은 내 얘길 잘 들어줍니다. 내가 짜증을 내도 남편은 잘 받아 주는 편이에요. 무슨 얘기든지 남편한테 얘기 못할 것이 없어요. 남편이 다 들어주지요. 결혼 기념일이나 생일은 잘 안 챙겨요. 내가 미리 말을 해서 챙기도록 하지요. 의사결정은 서로 상의 하자만 나에게 많이 일임하지요. 가사노동 중 식료품 구입은 남편이 하지요(51세 홀벌이 여성).

위에서 보는 바와 같이 아내가 강요해서 남편이 아내에게 결정권을 일임하거나 가사노동에 참여하는 것은 아니다. 그리고 결혼이벤트 챙기는 일은 아내가 은근히 부추겨서 남편으로 하여금 챙기도록 하는 것이지 강제적이라고는 볼 수 없다. 오늘날의 아내 중심형은 보통 이런 형태로 나타나고 있다.

한편 아내 자신의 의사표현이 분명해서 부부간 갈등 시, 속으로 삭히기보다는 표현하고, 적극적인 해결책을 모색한다. 이런 태도가 때로는 가족간의 마찰, 충돌을 일으키고 문제를 더욱 복잡하게 만들기도 한다.

> 뭐든지 내가 먼저 얘기하죠. 나를 믿기에 아내에게 일임하는 스타일이죠. 때로는 그런 신랑에게 무관심하다고 화를 내기도 합니다… 내 얘기나 요구사항 심리상태를 늘 우선시 합니다. 의견이 다를 때는 남편이 내게 미안해하고 내 의견을 따릅니다… 가사일도 적극적입니다. 휴일에는 남편은 애기 보고 저는 외출을 합니다. 빨래도 잘 합니다. 부엌일도 잘 합니다… 성관계는 신혼 초에는 거의 거부했어요. 내가 하기 싫으면 난 거절합니다(27세 홀벌이 여성).

위의 사례에서 보는 바와 같이 20대 아내는 당당하다. 자기를 우선시해야 만족하고 홀벌이임에도 불구하고 가사노동을 남편에게 요구한다. 이는 오늘날의 젊은 부부관계가 질적으로 달라지고 있는 것을 보여주는 한 단면이다.

셋째, 우애적 분담형이다. 부부가 주로 공동으로 결정하고 쌍방형 의사소통을 하며, 가사노동도 적절히 분담하며, 부부가 대등하게 협조적으로 분업을 하는 형태이다. 이 유형의 공통된 특징은 권리, 책임, 의무가 분담되고 개방적인 대화, 상호존중, 우애 등으로 부부관계가 밀착되어 있으며, 집안일, 육아, 의사결정을 상호 분담한다.

의사 결정은 대체적으로 부부가 공동으로 하며, 가사 노동에 있어서도 방청소, 식료품구입, 밥하는 일, 설거지하는 일, 손님접대, 친척 방문을 부부가 공동으로 한다. 20대의 전업주부도 부인이 전담하는 역할은 주로 빨래, 은행업무, 관공서 업무 등이다. 방청소, 식료품구입, 밥하기, 설거지, 빨래 등의 가사 노동은 아내가 하는 대신, 육아 돌보기, 자녀 맡기기, 자녀교육담당, 친척관계 및 방문, 손님접대 등은 부부가 공동으로 한다. 이들은 의사소통에 있어서는 상호 배려하고 상대방의 인격을 존중하며 대등한 입장에서 서로의 의견을 개진하고 있는 모습을 보인다.

넷째, 상호방임형이다. 이 유형은 최근에 우리 주변에서 흔히 찾아볼 수 있다. 소위 '한 지붕 두 가족'이라고 하는데, 부부간의 의사소통이 되지 않으면서도, 자녀가 결혼을 하지 않았거나 아니면 사회적 체면 때문에 이혼을 하지 않고, 겉으로 보기에는 다정한 부부이지만 집에 들어가면 남남인 경우도 있다. 남편과 아내의 책임분야를 정해 놓고 그 안에서 각자가 자율적으로 판단하고 행동하며, 배우자가 간섭하지 않는 형이다. 즉 남편 혼자 결정하고 행동하는 것과 부인 혼자 결정하고 행동하는 역할 분야가 있으며, 제각기 자율적으로 행동한다.

우린 문제가 생겨도 서로 관심이 없습니다. 의견이 맞지 않으면 보통 남편 생각도 고려하긴 하지만 내 마음대로 처리합니다. 성격이 맞지 않아 거의 맞추는 일은 포기하고 각자가 정해 놓고 그 범위 내에서만 간섭하고 토론합니다. 의사결정은 집안 일의 큰 일만 남편과 의논하고 대부분은 내 의견대로 하고 어떤 것은 남편이 합니다. 남편이 늦게 들어올 때는 외도를 의심하기도 합니다(45세 맞벌이 여성).

위의 예에서 보는 바와 같이 부부의 의사소통에 있어 상호 호흡을 맞추려 노력하지 않으며, 상호간의 문제에도 큰 관심이 없으며, 상대방에 대한 우애성과 상호배려 및 사랑이 결여되어 있음을 알게 된다. 부부관계는 유지하되 애정과 사랑이 바탕이 되지 못하고 있으며, 부부간에 권위관계도 성립되지 않는다. 부부가 대등한 위치에 있으나 우애적이지 못할 때 그 의미가 반감된다. 이러한 형태는 상대방에 대해 심리적으로는 포기한

쉬어가기 ....

아내(남편)가 당신에게 사랑을 표현하는가?

<영국의학저널>에 소개된 연구에 의하면 심장혈관질환을 앓는 남자들을 대상으로 "당신의 아내가 당신에게 사랑을 표현하십니까?"라는 질문에 그렇다고 대답한 환자들이 그렇지 않다고 대답한 환자들에 비해 증상이 두 배나 가벼웠다고 했다. 이번에는 건강한 성인 남자, 8천 5백명을 대상으로 5년간 이들의 건강상태의 변화를 지켜보았다. 초기에 "내 아내는 나를 사랑하지 않아요"라고 대답한 남자들이 다른 남자들에 비해 위궤양 발병률이 3배나 높은 것으로 나타났다. 이 연구에 따르면 아내에게 사랑을 받지 못하는 것이 흡연이나 고혈압, 스트레스에 시달리는 것보다 더 치명적이다.

여자들의 경우 애정의 효과가 더 큰 것으로 나타났다. 유방암 선고를 받은 천 명의 여자들 중 삶에 사랑이 없다고 불만을 털어놓던 여성이 다른 여성보다 암 선고 5년 내에 사망할 확률이 두 배나 높았다. 건강한 여성의 경우에도 종종 남편으로부터 '무시당하는' 느낌이라고 고백한 여자들이 원만하고 조화로운 부부생활을 하는 여자들에 비해 감기나 방광염, 장 질환에 더 많이 걸린다고 나타났다.

다비드 세르방 슈레베르(2004)

부부관계 유형으로 보아도 될 것 같다.

부부간 권력관계유형 설정의 영향요인으로서 부인취업 여부를 살펴보면, 취업부부가 홑벌이 부부에 비해 일상생활에 대한 최종결정에서 공동결정항목이 늘어나는 것으로 정리할 수 있다. 특히 시댁, 친정에 대한 경제적 지원액 결정에 있어 부부가 공동 결정하는 사례가 늘어나고 있어 경제관련 가정내 의사결정시 취업부인의 의견반영도가 높아지고 있다. 따라서 전체적으로 우애적 분담형 부부가 홑벌이 가족에서 보다는 맞벌이가족에서 높은 것으로 사료된다.

부부의 사랑

가. 이제 '평등 부부' 개념은 진부한가?

'평등부부'라는 개념은 1990년대부터 사용되었으나 최근에는 거의 통용되지 않는다. 이미 우리 사회의 부부관계가 평등해졌기 때문에 진부한 개념이 되어 버린 것일까? 과거에 비해 가족 내 여성의 지위가 높아진 것은 부인하기 어렵지만 젠더에 따라 상반된 견해를 보이기도 한다. 남성들은 흔히 여성의 지위가 너무 향상되어 오히려 남성의 권익 증진을 위해 노력해야 한다고 주장하기도 한다. 그 예로, 남편들이 받은 월급이 모두 통장으로 들어가 용돈은 아내에게 받아서 쓰고, 휴일이면 슈퍼에 함께 가고, 아이들과 놀러나가야 하면서도, 집에서는 남편으로서 혹은 아버지로서의 권위가 실추되었다는 예를 든다. 또한 중년기가 되면 자녀의 진학, 결혼 등에 있어서 아버지는 소외당해 집안에서 설 자리가 없다고 한다. 사회적으로도, 행시 및 사법고시, 공무원 임용시험 등에 여성의 통과율이 과반수를 넘어서고 있어 남성의 권익 향상이 필요하다고 반박하기도 한다.[20)]

과거에 비하면 여성의 의사결정권이 높아졌고, 가족놀이문화에서도 남성중심에서 부부중심 혹은 가족단위 놀이로 변해가고 있음을 부인할 수 없다. 그러나 이렇게 겉으로 드러나는 현상을 보고 여성 상위 시대라고 단순히 정의할 수 있을까? 반드시 그렇다고 답변하기는 어렵다. 왜냐하면 부부가 공동으로 가사역할분담, 의사결정을 한다하더라도 그 내용이 다르기 때문이다. 실제로 자녀가 어릴 때부터 아기를 돌봐준다거나 우유를 먹이는 일 등과 같은 스킨십을 통해 자녀와의 친밀한 관계가 형성되는데, 남성들의 그러한 관계 형성은 여전히 미흡하다. 또한 의사결정에서 대부분 관계지향적인 일은 부인에게 맡기고, 행동지향적인 일은 남편이 결정한다. 젊은 부부에게 있어서 자녀양육과 가사역할 분담이 공평한가에 대해 상반된 견해를 보인다. 예전 같으면 부인이 가사역할을 수행하고 직장 일을 수행했지만, 최근에는 맞벌이 부부에게 있어서 가사역할의 형평성으로 인해 갈등적 관계에 있기도 하다.

그러나 남성/여성의 역할, 부부관계에 대한 문화적 기대가 급격히 변화하는 현 시점에서 평등한 부부관계에 대한 새로운 대안적 문화현상을 파악하기는 쉽지 않다. 연구결과에 의하면 평등한 부부이려면 "인격존중"이 중요하다. 즉 "상대방의 의사를 존중"하는 것, "같이 의논해서 결정"하는 것, "동등한 의사교환" 등이 평등한 부부관계를 유지하는 데 있어 무엇보다도 중요하다. 이것은 세대에 따라 다르게 나타난다. 20대 젊은 여성은 가사노동을 분담하는 것이 큰 관심으로 나타났다. 성별에 의해 분담하기 보다는 둘이서 똑같이 하거나 또는 시간 여유가 있는 사람이 해야 한다고 주장한다. 30 · 40대 부인은 '자녀교육을 함께 하는 부부'로 대화 또는 의사교환을 동등하게 하는 부부, 마음 편하게 대화하는 부부로 나타났다. 50대 부인들은 '아내의 사회생활을 후원해주는 등 각자 생활을 인정하는 부부'가 평등

20) 2010년도 여성의 행정고시 합격률은 51.2%, 사법고시 합격률은 30.08%로 역대 최고를 기록했다.

한 부부라고 생각한다(변화순 외, 2000a).

사실 부부관계는 부부 당사자만이 판단할 수 있는 주관적인 관계로서 겉으로 보기에는 행복하고 평등한 부부처럼 보이지만 집안에서는 남남처럼 살고 있는 부부가 있는가 하면, 남들이 보기에는 어울리지 않을 것 같지만 둘이서는 잘 지내는 경우도 볼 수 있다. 같은 조건을 가진 부부라도 가족의 형태에 따라 어떤 부부는 행복한 삶을 보내는가 하면 어떤 부부는 갈등을 겪을 수 있다. 즉, 부부관계를 객관적인 잣대로 잰다는 것이 사실 대단히 어렵다.

나. 평등은 사랑의 필수조건!

평등은 부부의 만족에 커다란 영향을 미치며, 평등한 부부가 아니라면 건강한 결혼생활을 지속할 수 없다. 최근 이혼 및 별거의 증가로 인해 결혼을 통한 남녀의 만남이 더 이상 '검은머리 파뿌리가 되도록' 함께 사는 것을 기대하기 힘든 세상이 되었다.

결혼 직후 성격의 차이로 인해 갈등을 겪는 젊은 세대는 헤어질 바에는 일찌감치 헤어지는 것이 서로의 인생을 위해 낫다고 생각하기도 한다. 이른바 '신혼기 이혼'으로 볼때 부부는 행복하지 않으면 지속되기 어렵다는 것을 보여준다. '황혼기 부부'에게서 이혼율이 높아진 것은, 젊었을 때는 뭣 모르고 고생하면서 살았지만 자식을 다 키우고 난 이제는 권위적인 남편과 함께 사는 것 보다는 자신의 인생을 찾는 것이 더 의미가 있다고 여기는 부인들이 늘어나기 때문이다.

이와 같은 부부관계에 영향을 미치는 사회적 변화로는 첫째, 여성의 경제, 사회적 지위 향상으로 경제력이 상승됨에 따라 여성도 혼자 살 수 있는 조건이 갖추어졌다. 교육기회의 균등으로 여성은 더 이상 남성보다 열등한 존재가 아니라는 의식이 자리잡았다. 둘째, 가정에서 부부의 배려가 최우선의 가치로 자리잡게 되었다. 셋째, 가족법 개정으로 이혼시 부부의 재산분할권과 자녀양육권을 인정하게 됨으로 여성도 재산 청구 및 자녀 양육 권리를 갖게 되었다. 따라서 여성은 불평등한 관계를 더 이상 참고 살 이유가 없어졌다.

미국의 여성학자 킴벌(Kimball, 1983)은 평등한 부부들의 관계상의 특징을 파악하고자 150여 쌍의 부부들을 심층 탐색하였다. 그 결과, 평등한 관계를 유지하면서 살고 있는 부부들의 공통된 특징은 권리, 책임, 의무를 공유하면서, 서로 존중하고 개방적인 대화를 통하여 높은 친밀감을 보였다. 권리, 책임의 공유란 부양자 역할, 가사노동, 육아, 의사결정에 있어 성별 분업체계에 기준을 두지 않고 융통성 있게 서로 분담하는 형태를 의미한다. 말하자면 가사노동이 자동적으로 여성의 책임으로 규정되지 않고, 남편이 하는 것을 '도와주는 것, 즉 특별히 호의를 베푼 것'으로 생각하지 않는다는

쉬어가기 ....

부부의 사랑, 그것은 어떻게 발전하는 것일까?

로버트 스턴버그 외(1998)는 사랑이 친밀감, 열정 그리고 결심/헌신이라는 세 요소로 구성되었다고 설명한다. 친밀감은 사랑하는 관계에서 나타나는 가까움, 연결·결합되어 있는 느낌을 말하는데, 여기에는 사랑하는 사이에서 경험하는 따뜻함 같은 느낌들이 포함된다. 열정은 사랑하는 관계에 있는 사람들을 낭만, 신체적 매력, 성적 몰입으로 이끄는 욕망을 말한다. 결심/헌신은 두 가지 측면으로 구성되어 있는데, 결심은 단기적으로 어떤 사람을 사랑하기로 하는 것이고, 헌신은 장기적으로 그 사랑을 지속시키겠다는 것이다.

사랑의 각 요소들은 시간에 따라 상대적인 중요성이 달라진다. 사랑의 발달적 특성에 따르면, 로맨스, 열정, 신체적 매력, 자기 개방, 상대방과의 유사성은 시간이 지날수록 그 중요성이 점차 줄어들면서 인정감, 충성, 책임감, 정서적 친밀감이 점차 중요한 것으로 지각된다. 그러므로 결혼 초기에는 부부가 낭만적으로 사랑하나 시간이 흐를수록 표현이 우애적이 되고 열정이 감소하고 친밀감은 일관성있게 남아 있다(박의순, 1996).

변화순(1999b)

것이다. 킴벌은 평등한 부부는 남편과 부인이 속한 사회적 세계나 활동이 분리되지 않고 권력, 책임이 평등하게 분배되는 부부로서, 심리적으로도 매우 밀접한 관계를 가진다고 결론지었다.

사회문화적 배경이 서구와 상이하고 따라서 가족에 대한 사회적 태도, 기대에 있어 차이가 있는 한국에서는 평등한 부부는 어떻게 정의되고 있는가? 이에 대해 박민자(1992)는 우리나라의 부인들의 평등한 부부관계의 기준을 의사결정권, 경제권과 같은 권리와 가사노동, 육아 등에서의 책임을 공유하는 정도에 두고 있는 것으로 보고 있다. 연구자는 우리나라 부인들이 부부의 평등을 관념적으로만 이해하고 있거나, 아니면 부부관계에서 가장 기본적인 인격적 대우도 받지 않은 상황을 반증하는 것으로 해석하였다.

우리사회에는 부부 두 사람이 평등하려고 애를 써도 안 되는 부부들도 적지 않다. 즉 의사소통의 방법을 서로 모르는 상태에 있는 부부관계, 혹은 평등한 부부관계를 유지할 수 있는 잠재력을 가진 부부도 대가족의 잔재가 두 사람의 평등한 관계를 막기도 한다.

평등 부부관계를 유지하기 위해 부부는 제도와 가치의 변화를 함께 인식하는 데서 출발한다. 산업화, 정보화 사회는 여성을 사적영역에서 공적영역으로 끌어 들이는 민주적 제도가 중시 여겨지는 사회이다. 민주사회의 가치는 '평등'이 중심된다. 따라서 남성중심의 가부장적 가치관을 고수하려 할 때 평등한 부부관계는 유지되기 힘들다.

가장 우선되는 것은 부부의 경제적 공동책임이다. 여자가 부부생활에서 참고 사는 것은 스스로 경제적 문제를 해결하지 못한 경우일 때가 많다. 이러한 의미에서 '재산의 공동 소유'는 중요하다. 부부관계가 좋을 때는 재산상의 문제는 없지만, 이혼시 재산상의 문제가 노골적으로 드러난다. 개정 가족법에서는 배우자의 재산분할권을 인정하지만, 재산 공유의 개념을 갖고 있는 것도 실제 공동소유 여부 못지않게 심리적으로 중요하다. 그것을 객관적으로 나타내 주는 것은 바로 '공동명의'이다.

둘째, 여성이 경제활동을 가정과 양립할 수 없는 상황이 있다. 직장과 가정생활을 양립할 수 없으면 여성들은 직장을 포기하고 가정으로 들어올 수밖에 없다. 그러므로 우리사회의 일의 배분, 조직 원리에 제동을 걸고, 여성의 경제활동에 저해가 되는 요인을 제거하고, 남성의 일에 대한 부담을 줄여 주는 사회적 장치가 필요하다. 남성에게도 직장과 가정이 모두 중요하다는 분위기가 조성되어야 한다. 남성들도 평등해지고 싶지만 현실적으로 못하는 부분들이 있다. 이러한 문제는 사회적으로 해결하도록 해야 한다.

셋째, 의식의 변화가 뒤따라야 한다. 맞벌이 부부에게 있어서 '부인이 남편보다 월급이 많은 것을 남편은 어떻게 생각하는가?'하는 질문에 대부분의 여성들은 '자신의 수입을 남편에게 이야기하지 않는다'는 답변을 하였다. 남편이 부인보다 수입이 많을 때 수입을 이야기하지 않을 남편이 얼마나 있을까? 이렇듯 부인은 남편보다 못해야 한다는 의식이 자리잡고 있는 한 평등한 부부관계를 유지하기는 힘들다. 그러므로 평등한 관계에는 책임도 뒤따라야 할 것이다.

다. 평등부부의 방향성은?

'평등부부'란 부부가족을 정상적으로 보고 한부모가족이나 독신가구 등 다양한 가족들을 배제한 것이 아니다. 단지 부부관계에 초점을 맞춘다는 점에서 출발한다. '평등'부부는 반드시 화목한 것만은 아니다. 평등하기 때문에 갈등과 불화가 더 잦을 수도 있고, 남편이나 아내 어느 한쪽이 불만스러운 경우도 있다. 싸움 그 자체도 평등하기 위한 조건일 수 있다. 그러나 갈등을 통해 상대방을 이해할 수 있어야 하며 합치점을 찾아야 한다.

'평등부부'는 가족의 모든 일에서 책임, 의무, 권리를 함께 하고, 상호 존중하며, 우애적 관계로 밀착되어 있는 부부이다. 돈벌이, 집안일, 자녀

키우기를 가족의 상황에 따라 함께 하고, 각각 맡기도 하지만 업무 및 책임의 할당을 성역할 구분 없이 융통성 있게 하며 여가시간을 함께 즐긴다. 재산의 공동 소유의식을 가지므로 여성과 남성의 일이 다르더라도 동등한 가치를 지닌다고 인식한다.

'평등부부'는 사랑을 기반으로 신뢰와 우정을 창출하는 부부이다. 서로 존경하며 친밀하고 밀접하며 많은 것을, 또는 생활의 모든 것을 나눈다. 상호간의 관계에 관한 감정을 자연스럽게 주고받는다. 서로 좋아하고 대화에 흥미와 관심을 갖는다. 남편과 아내가 서로를 가장 좋은 친구로 생각하고 상호존중하며 대화에 많은 시간을 보낸다. 따라서 갈등해결을 힘이나 힘의 남용에 의지하지 않으며 갈등을 분명히 밝히며 그것에 관해 대화하고 타협한다.

그러므로 '평등부부'는 부부간의 동료의식에 바탕을 두고 사회공동체 의식을 함께 하며 이웃과 지역사회와 더불어 살아가는 민주성, 성차별 불식, 사회공동체 의식을 함께하는 부부이다.

평등한 부부관계를 논의할 때 제일 먼저 거론되는 것이 남성의 가족역할 참여의 확대이다. 참여하는 만큼 목소리도 내야 한다. 남성은 여성에 비해 논리성이나 구체성이 떨어지는 경향을 보이는데 이것이 의사소통에 장애요인이 되기도 한다. 불평등한 부부관계의 개선은 우선 가정내 역할과 의사소통의 비대칭성을 극복하는 데 있다. 이것은 가사분담정도와 '아버지' 역할에 얼마나 적극적으로 참여하고 대화를 하는가에 따라 결정된다.

사회가 남성을 '가족 부양자'로 계속 규정하는 한 남성들의 가족 내 역할 참여가 제한적일 수밖에 없다. 우선 무엇보다도 남성의 직업역할이 남편/아버지로서 가정에 참여하는 데 필요한 시간과 에너지를 제한한다. 직업역할이 남성의 일차적 역할로 규정되므로 남성으로서의 정체감, 자아가치 그리고 사회적 지위의 획득에 직업에서의 성공은 매우 중요하며, 따라서 가족역할과 경쟁관계에 있다는 점도 한 요인으로 지적된다. 소득 및 지위의 극대화 즉 부양자 역할의 성공적 수행은 많은 경우 직업역할에 투자한 시간 및 에너지와 비례하므로 이 두 가지는 상호 밀접히 연관되어 있는 문제이다.

쉬어가기 ....

가족의 역동성을 결정하는 세 가지 특성

건강하고 행복한 관계를 유지하는 가족들은 가족 공동의 시간과 개인의 사적인 시간 사이에 균형을 이루어낸다. 각 가족원들은 독립적으로 행동할 수 있을 뿐만 아니라, 동시에 다른 가족원들과 상호의존적이 된다. 균형을 이룬 가족들은 가족의 '우리의식' 속에서 개인의 '자아'를 인식한다.

적응성의 균형 또한 중요하다. 삶에서 변화는 불가피하며, 가족들은 때에 따라서 변화에 개방적이어야 하며 적응할 수 있어야 한다. 그러나 자녀에 대한 훈육, 규칙에 있어서는 안정성과 일관성이 요구된다.

균형을 이루고 건강한 가족체계를 유지하는 데는 많은 노력과 헌신이 요구되지만, 돌아오는 보상은 그러한 노력과 헌신을 가치 있게 만든다

미네소타 대학의 올슨(Olson)과 그의 동료들은 가족체계이론에 근거해서, 가족의 세 가지 특성-응집성(closeness), 적응성(flexibility), 그리고 의사소통(communication)-에 의한 가족관계의 역동성으로 가족을 이해하는 방법을 개발했다.

1. 가족 응집성

응집성은 가족원들이 느끼는 감정적인 친밀감과 유대감을 말하며, 결속력(togetherness)이라고도 한다. 응집성은 분리(disconnected), 조금 연결(somewhat connected), 연결(connected), 매우 연결(very connected), 그리고 밀착(overly connected) 등 다섯 가지 수준으로 분류한다.

대부분의 가족은 분리와 밀착이라는 양극단 사이에서 상황에 따라 이동하면서 균형을 이루게 된다. 항상 분리되어 있거나, 항상 밀착되어 있는 가족보다는 분리와 밀착 간에 균형을 이루는 가족이 건강한 가족이다. 즉, 분리와 밀착이 균형을 이룬 연결된 가족, 분리 쪽으로 좀 더 기울어져 있지만 균형을 이루는 조금 연결된 가족, 그리고 밀착 쪽으로 조금 기울어져 있지만 균형을 이루는 매우 연결된 가족은 건강한 가족이다. 다시 말해, 이들 가족은 가족이

그러므로 평등한 부부관계를 기대하려면 우선 '남성다움'에 관한 사회적 정의, 여성들의 기대, 그리고 남성들 자신의 인식도 변화되어야 할 필요성이 있다. 우리나라 남성들이 현실적으로 직장에 투자하는 시간을 고려

함께 보내는 시간에 대해 그리고 얼마나 가깝게 느끼는지에 대해 만족한다. 동시에 가족원 각자는 직업, 취미 등 개인적인 활동에도 만족한다.

2. 가족 적응성

적응성은 변화에 대한 가족의 개방성으로, 상황에 따라 리더십, 역할수행, 규칙들에서 생기는 변화의 정도를 의미한다. 적응성은 경직된(inflexible), 조금 융통성 있는(somewhat flexible), 융통성 있는(flexible), 매우 융통성 있는(very flexible), 그리고 혼동된(overly flexible) 등 다섯 가지 수준으로 분류된다. 이 중 극단적인 두 체계(경직된, 혼동된)를 제외하고 변화와 안정 간에 균형을 이루는 세 유형의 가족이 바람직하다.

가족은 때로는 균형 상태에서 벗어나, 지나치게 경직되거나 혹은 또 다른 극단적인 혼동된 모습으로 변화하기도 한다. 그러나 가족이 변화에 적절히 대처하면서 가족원들의 성장을 도모하기 위해서는 안정과 변화 사이에 균형을 이루어야 한다. 즉, 가족은 안정을 제공해 주는 기본적인 토대가 되어야 하지만, 때에 따라서는 변화에 개방적일 필요가 있다. 특히 가족이 스트레스를 받고 있으며, 위기에 처에 있을 때 변화할 수 있는 능력은 매우 중요하다.

3. 가족 의사소통

가족관계를 이해하는 데 중요한 세 번째 특성은 의사소통이다. 의사소통은 다른 사람과 생각이나 느낌을 공유하는 것을 의미한다. 효과적인 의사소통은 가족들이 응집성과 적응성에서 균형을 이루고 유지하는 것을 도와준다. 균형을 이루지 못한 가족들은 의사소통에 있어서 많은 문제점을 갖고 있지만, 균형을 이룬 가족들은 긍정적인 의사소통 기술들을 많이 갖고 있다.

21세기가족문화연구소 편역(1998)

해 볼 때, 근무시간, 근무형태의 융통성 증가 등과 같은 직업구조의 변화와 같은 고용주의 노력도 필요하다. 이러한 변화없이 남성에게 '성공은 기본이고, 거기에다 가정내 영역 참여/표현적 역할까지' 요구하는 것은 슈퍼맨을 기대하는 것이다.

최근 직장에서도 조기 퇴근제나 탄력근무제를 도입하는 회사들이 늘고 있다. 이러한 변화가 당장 남편을 가족으로 끌어 들이는 직접적 효과는 적을지 몰라도 장기적으로는 그러한 방향으로 나갈 수 있는 조건을 제시하고 있다.

제3장 중년기 여성의 빈둥지 증후군

가정 내 남편과 부인의 생활과 관심은 긴밀하게 밀착되어 있는 만큼 갈등과 긴장, 화합의 강도도 높다. 다만 이러한 갈등을 어떻게 해결하는가에 따라 부부관계의 질이 다를 뿐이다.

전통적으로 우리사회는 부부관계의 마찰에서 부인이 주로 참는 것이 미덕이었다. 그러나 최근 부인뿐만 아니라 남편도 참고 지내는, 즉 서로 참기도 하고, 협상하는 대등한 부부관계로 바뀌고 있다. 각자의 입장에서 보면 그 참는 정도나 사안이 다르고, 해결방법도 다르지만 예전 보다 평등한 관계로 나아가고 있는 경향을 보인다. 이러한 점에서 볼 때 부부는 애정에 바탕을 둔 합의, 균형, 조화를 이루기도 하지만, 반대로 전혀 조화를 이루지 못하면 끊임없는 갈등 속에서 헤어나지 못하고, 형식적으로 부부라는 이름으로 가족을 유지하거나 이혼하기도 한다.

한국가정법률상담소의 통계자료에 의하면 2008년 한 해 동안 이혼상담을 하는 가장 주된 이유가 여성의 경우 가정폭력, 남성의 경우 성격차이인 것으로 나타났다. 총 면접 상담 8,695건을 분석한 결과 이혼상담이 4,194건(48.2%)으로 가장 많았으며, 그 다음이 부부갈등(1,892건, 21.8%), 파산(435건, 5.0%), 양육비(261건, 3.0%), 위자료 · 재산분할(202건, 2.3%) 순으로 나타났다. 즉 남성의 경우 성격차이로 인한 이혼상담이 전체 이혼상담 중 22.2%로, 부인의 경우 가정폭력이 전체 이혼상담의 25.6%를 차지하고 있다(한국가정법률상담소, 2009). 이는 남편의 입장에서는 부인과의 성격차이로 표현할 수 있지만, 부인의 입장에서 보면 부부간 갈등해결의 방법으로 배우자로부터 폭력을 당하는 것으로 해석할 수 있다. 따라서 서로 남남이 함께 가족을 이루는 현시점에서 부부간의 갈등은 필연적이지만 이를 해결하는 방법이 매우 중요하다. 중년기 남성은 퇴직 이후 가족과 사회에 대한 부적응의 어려움이 크다면[21] 중년기 여성은 가족 내 빈둥지 증후군으로 인한 어려움이 크다. 따라서 남성과 여성의 갈등원인, 해결방법의 차이에 대한 이해가 필요하다.

중년기 여성의 부부갈등

가. 중년기 여성

한동안 중년기 여성들이 텔레비전 드라마 '겨울연가'에 빠져들어 사회적으로 화제가 되었다. 이 드라마는 한류바람을 타고 특히 일본의 중년기 여성들 삶의 의미를 바꾸어 놓았다. 일본 열도의 중년기 여성들이 이 드라마를 보면서 자신들의 잃어버렸던 젊은 시절의 '애틋한 사랑'의 감정을 대리만족하고 한국에 방문하면 드라마 촬영지 방문, 주인공 관련 기념물품 구입으로 즐거워한다. 지금까지 드라마 주인공에게 대한 사랑의 투사감정은 10대들의 전용물이라 생각했던 고정관념이 깨어지고 중년기 여성들에게 확산되었다. 2009년 상반기 SBS 드라마 '꽃보다 남자'에 나오는 젊은 남자주인공에게 관심을 가지는 층도 중년여성들이다.

최근 중년 여성들은 왜 젊은 남성 연예인에게 관심을 가지며, 촬영지 방문, 사진 등 그와 관련된 상품 구매까지 하는가? 이들은 이성에 대해 어느 정도 환상을 가지고 있는 연애관을 가지고 있지만, 현실에서 이러한 환상을 실현시키지 못하였던 것이다. 특히 일본사회 여성들이 바라는 감수성을 채워준 문화상품이 '겨울연가'였던 것이다. 게다가 탤런트 배용준 씨가 부인들에게 인기를 끄는 이유도 이들이 젊은 시절 자주 꿈꾸어 봤을 그런 소녀

21) 현대 사회에서 중년기 남성의 퇴직이후 가족 갈등은 그 비중이 크므로 다음 장에서 별도로 다룰 것이다.

적인 환상에 가장 잘 부합하는 캐릭터이기 때문이다.

여성이 자신을 되돌아 보는 첫 번째 중요한 사건은 40대에 일어난다. 막내 아이까지 학교로 떠나고 나면 '나는 누구인가, 나는 내가 하는 일을 좋아하는가, 나는 중요한 일을 하고 있는가' 등의 의문이 찾아온다. 삶이 덧없이 흘러가고 있음을 자주 느낀다. 남편은 직장에서 한창 활동할 때이고 아이들은 학교에 다니며 스스로의 삶을 향해 분주하다. 자신의 삶은 무의미하게만 여겨진다. 어머니와 아내의 역할을 해온 결과는 과연 무엇인가? 이제부터 무엇을 하며 살아갈 것인가? 자신의 삶을 재평가하려는 강한 욕구가 생긴다(짐코웨이, 1996).

쉬어가기 ....

중년여성 성애적 태도의 자유스러움

「월드컵 꽃미남 쇼크, 여성의 원초적 본능 깨운다」는 제목의 기사에서 양성희 기자는 "퇴약볕에 얼굴을 시커멓게 그을린 선수들이 죽기 살기로 공을 쫓아다니는, '단순무식' 하고 촌스러운 스포츠라는 인식이 강했던 축구"의 이미지를 전 세계의 꽃미남 축구 선수들이 완전히 바꾸어 놓았다는 점을 지적하면서, 이 때문에 한국여성들은 자신의 억눌렸던 성적 판타지를 즐기게 되었다고 설명한다.

한국여성들이 남성들의 몸매나 얼굴 등을 꼼꼼하고 정교한 언어로 표현한 것은 남성들에게는 꽤나 당황스런 경험이다. '섹시하다', '멋있다' 는 찬사를 받는 남성들 옆에서, 평범한 모습으로 존재하는 '현실속의 남성들' 은 자존심이 상하고, 이를 만회하고자 여성의 욕망을 천박한 것으로 비웃고 싶어 한다. 오를 수 없는 미인의 기준으로 '현실속의 여성들' 의 몸과 외모를 평가하며 조소했던 남성들이 보복을 당한 셈이다. 여성의 성애적 욕망이 '공론화' 되면, 빠른 감염효과를 지니게 되고, 한국의 여성들은 결혼 여부, 나이와 지역과는 상관없이 집단적 성애화(sexualization)의 경험을 갖게 되었다. 여성들이 '보이는 자' 로서 익숙했던 입장에서 벗어나 남성의 몸을 '보는 자' 로서 등장하게 된 것은 응시를 통한 남녀간의 권력관계에 균열을 일으키는 일이었다.

김현미(2005)

신경숙(2008)의 「엄마를 부탁해」 판매량이 100만부를 돌파할 정도로 열띤 반응을 보이고 있다. 이 책이 대중에게 공감을 불러온 이유는 딸(너)의 입장에서 행방불명된 엄마를 장편의 형식을 띠고 처음부터 끝까지 엄마라는 존재의 내면과 외면을 파헤쳐 들어갔기 때문이다. 작가는 다음과 같이 말했다. "오늘의 우리들 뒤에 빈껍데기가 되어 서 있는 우리 어머니들이 이루어 낸 것들을 어찌 다 헤아릴 수 있을까. 그 가슴 아픈 사랑과 열정과 희생을 복원해 보려고 애썼을 뿐이다. 이로 인해 묻혀 있는 어머니들의 인생이 어느 만큼이라도 사회적인 의미를 갖기 바라는 것은 작가로서 나의 소박한 희망이다."

남편 뒷바라지와 자녀 교육의 임무가 웬만큼 이루어진 뒤라 관심의 대

쉬어가기 ....

엄마를 부탁해

생각해봐. 엄마는 상식적으로 한 사람이 할 수 있는 일을 하면서 살아온 인생이 아니야. 엄마는 엄마가 할 수 없는 일까지도 다 해내며 살았던 것 같아. 그러느라 엄마는 텅텅 비어갔던 거야. 종내엔 자식들의 집 하나도 찾을 수 없는 그런 사람이 된 거야. 엄마를 잃어버리고도 이렇게 내 아이들 밥을 챙겨먹이고 머리 빗기고 학교 보내고 있느라 제대로 엄마를 찾아나서지도 못하는 내가 아주 낯설어.

한 가지는 알아. 나는 엄마같이 못해. 할 수도 없어. 나는 내 아이들 밥 먹이면서도 자주 자주 귀찮아. 아이들이 내 발목을 붙잡고 있는 거 같이 느껴져서 부담스러울 때도 있어. 내 아이들을 사랑하고 이 아이들을 진짜 내가 낳았나? 싶어 감격하지만 나는 엄마처럼 인생을 통째로 아이들에게 내맡길 순 없어. 나는 상황에 따라 내 눈이라도 빼줄 수 있을 것처럼 굴지만 그렇다고 엄마처럼은 아니야. 셋째가 조금만 더 자라면 놀이방에 보내거나 사람을 구해 아이를 맡기고 내 일을 할 거야. 그럴 거야. 내 인생도 있으니까. 이런 나를 깨달을 때마다 엄마는 어떻게 그리 할 수 있었는지 엄마를 모르겠다는 생각이 들었어.

엄마가 우리만 생각할 수밖에 없었던 건 엄마 상황에서 그렇다고 쳐. 그런데 우리까지도 어떻게 엄마를 처음부터 엄마인 사람으로 여기며 지냈을까. 내가 엄마로 살면서도 이렇게 내

상을 가정 안에서 찾을 수 없다. 그래도 자녀가 학교에 다닐 때는 자녀의 진학, 학원결정 등 자녀중심으로 어머니 그룹이 형성되기 때문에 자신의 정체성을 자녀의 학교, 성적, 진학에서 찾을 수 있었다. 그러나 자녀가 대학에 진입하면 그 때 위기감이 고개를 든다. 성장한 자녀들이 부모의 간섭이나 통제에서 벗어나면서 자녀를 보살피거나 통제하는 데 한계를 느낀다. 자녀들은 학교생활에 빠져 있고 휴일이라고 해도 또래 집단이 모이는 곳을 좋아한다. 어쩌다 마주쳐도 이런 저런 얘기를 하며 시간을 보내기가 부담스럽고 '밥 먹었니, 피곤할 텐데 씻고 자라'는 말이 고작이다. 남편은 일찍 출근하고 늦게 퇴근하며 틈이 나도 집에 있기보다는 술집에서 술을 마신다.

대부분 중년기를 결혼 생활의 안정기로 여기기 쉽지만 여성에게는 반

꿈이 많은데 내가 이렇게 나의 어린 시절을, 나의 소녀시절을, 나의 처녀시절을 하나도 잊지 않고 기억하고 있는데 왜 엄마는 처음부터 엄마인 것으로만 알고 있었을까. 엄마는 꿈을 펼쳐볼 기회도 없이 시대가 엄마손에 쥐여준 가난하고 슬프고 혼자서 모든 것과 맞서고. 그리고 꼭 이겨나갈 다른 길이 없는 아주 나쁜 패를 들고서도 어떻게든 최선을 다해서 몸과 마음을 바친 일생이었는데. 난 어떻게 엄마의 꿈에 대해서는 아무런 생각도 해본 적이 없었을까.

엄마가 옆에 있을 때 왜 나는 이런 생각을 한번도 하지 않았을까. 딸인 내가 이 지경이었는데 엄마는 다른 사람들 앞에서 얼마나 고독했을까. 누구에게도 이해받지 못한 채로 오로지 희생만 해야 했다니 그런 부당한 일이 어떻게 있을 수 있어.

언니. 단 하루만이라도 엄마와 같이 있을 수 있는 날이 우리들에게 올까? 엄마를 이해하며 엄마의 얘기를 들으며 세월의 갈피 어딘가에 파묻혀버렸을 엄마의 얘기를 들으며 세월의 갈피 어딘가에 파묻혀버렸을 엄마의 꿈을 위로하며 엄마와 함께 보낼 수 있는 시간이 내게 올까? 하루가 아니라 단 몇 시간만이라도 그런 시간이 주어진다면 나는 엄마에게 말할 테야. 엄마가 한 모든 일들을, 그걸 해낼 수 있었던 엄마를, 아무도 기억해주지 않는 엄마의 일생을 사랑한다고. 존경한다고. 언니, 언니는 엄마를 포기하지 말아줘. 엄마를 찾아줘.

신경숙(2008)

전기로 다가온다. '인생을 헛살았구나' 하는 회한에 사로잡힌다. 현실적으로 취업을 통한 사회 참여는 거의 막혀 있으므로 각종 교양 강좌나 취미 교실을 찾거나 종교 활동에 열심이다. 가끔 신흥 종교에 빠져 가정까지 버리거나 알코올 중독, 게임 중독, 화투판을 벌이는 파행적인 사건도 일어난다.

중년 여성은 성적 공허감을 느껴 연애에 빠지기도 하지만 이것은 단순히 성적 욕망을 해소하려는 몸부림으로 보기보다는 보다 근본적인 맥락에서 중년여성의 '성과 사랑'을 파악해야 한다. '모성'이라는 제도와 이성관계(이성애의 정상성)라는 제도는 규범화된 남성성과 여성성의 조건을 만들어낸다. 이 규범과 조건들은 '사실'이 아님에도 불구하고 우리가 처해 있는 상황을 규정하게 된다. 제도화된 이성관계, 이러한 사회적 조건은 특히, 모성(motherhood)이 여성의 당연한 본성이라며 사회 구조(가부장제) 속에서 내재화시킨다(마가렛 생거, 1928).

쉬어가기 ....

중년기 특성

중년기란 용어는 성인의 중간나이(middle-adult age)를 의미하고 있으나, 한 개인에게 중년의 의미는 사회적 변동과 함께 인간의 평균수명과 개인차로 나타나는 노화문제, 그리고 생물학적인 성별의 차이와 같은 문제가 고려되고 있다. 따라서 중년기에 대한 그 시기 설정에 있어서는 생활연령과 가족생활주기가 주요 지표로 사용되고 있다.

가족관계의 변화과정과 생활사건을 기준으로 가족생활 주기를 중년기 지표로 삼은 볼란드(Borland, 1978) 등은 막내자녀가 고등학교를 졸업하고 독립한 시기의 부모를 중년기로 규정하였으며, 서봉연과 유안진(1984)은 중년기를 부모역할의 '빈 보금자리의 시기'로 간주하여 막내자녀가 만 10세 이상이 되어 자녀들이 부모로부터 심리적으로 독립한 부모를 중년기로 정의하였다. 김명자(1989)는 생활연령과 가족생활 주기 개념을 고려하여 40세~59세 사이의 연령을 중년기로 정의하였다.

장하경 · 서병숙(1992)

직업여성의 경우는 다소 다른 양상을 보인다. 아이 키우기와 집안일, 직장일 모두를 완벽하게 해내기 위해 끊임없이 동동거리고 스스로도 놀라울 정도로 극성스럽게 살아왔다는 그녀의 고백처럼 그 성공은 결코 쉬운 일이 아니다. 여성의 성공담은 여성의 사회적 역할을 강조하든 혹은 현모양처로서의 본분을 강조하든 사실상 그 두 가지 역할을 모두 성공적으로 수행한 여성들이라는 점에서는 같다. 우리가 흔히 '슈퍼우먼'이라고 할 때 떠올리는 이미지는 바로 이러한 여성들이다. 이제 중년의 나이에 어울리는 여유로움과 세련된 매너, 어머니이자 아내로서의 희생과 노력 그리고 전문가로서의 능력을 겸비한 그야말로 완숙하고 완전한 인간을 떠올린다.

중년기를 대비한 예비 사회화가 거의 없는 상태에서 중년기에 겪는 일련의 변화가 혼란과 갈등을 가져오는 것은 당연하다. 대부분은 이러한 과정을 몇 단계 거친 후에야 비로소 이겨 낸다. 처음에는 자신이 늙어 간다는 사실을 부인한다. 그러나 아무리 부인한다고 해도 자신이 실제로 중년으로 넘어가고 있음을 깨달으면서 분노한다. 젊음의 시기가 그렇게 짧다는 사실, 열심히 살았건만 허망하다는 사실에 화가 나고, 젊음을 떠받들고 중년 여성을 업신여기는 말에 분노한다. 그러다가 분노가 차츰 가라앉고 그 자리에 환상이 몰려든다. 한 번만 더 젊은 시절이 왔으면. 그러나 늙어 가고 있을 뿐만 아니라 그 과정을 멈출 방법이 없으므로 우울해진다. '도대체 가치 있는 것은 무엇인가' 하는 물음과 함께 움츠러들어 누구와도 말하고 싶지 않고 아무것도 보고 싶지 않으며 아무것에도 관여하고 싶어 하지 않는다. 그러다 마지막으로 중년의 위기에서 빠져 나오고 새롭고 생산적인 시기로 넘어가는 유쾌함을 느낀다. 그럴만한 이유가 없는데도 삶을 다르게 보게 된다. '난 경험이 풍부하고 능력 있는 사람이다.' 그리고 자신의 몸과 능력에 대해 더 잘 이해하고 분노 없이 자신에게 맞는 활동을 하길 원한다. 생산적이며 더 원숙한 시기를 맞는 것이다.

장하경 · 서병숙(1992)에 의하면 중년기 우울증 원인에 대해서 일반적으로 3가지 견해로 집약하고 있다. 첫째, 중년기 여성에 나타나는 생리적 변화인 폐경은 개인 특성에 따라 생리적 기능과 여성다움의 상실에 대한 두려움으로 우울과 불안 및 신경과민의 정서장애를 유발한다고(Flint, 1976; Lennon, 1980; 김태주, 1987; 박애심, 1980; 정혜란, 1985) 보는 견해이다. 사회학자 버트(Bert, 1972)는 여성들은 "비어 있는 난소" 즉, 부모됨이 끝나버린 단계에 이르렀다는 생각과 함께 호르몬 감소가 중년의 정체감 문제와 함께 우울증을 발생시킨다고 하였다. 둘째, '역할상실'이 중년기 우울증을 증가시킨다는 견해로 자녀의 성장과 독립으로 인한 자녀와의 유대감을 약화시킨다. 어머니는 역할 변화로 인해 위기를 경험하고, 이로 인하여 우울감에 빠지거나 스트레스를 경험하게 된다(Norval, 1975; Lennon, 1980; 석재호, 1986). 셋째, 중년기 여성은 지나온 생애를 통찰하면서 자아정체감을 재확립하는 과정에서 심리적 허탈감을 느낀다. 뿐만 아니라 전업주부인 경우에는 매일 반복되는 주부역할의 비구조성과 비전문성으로 중년기까지 수행해온 주부역할에서 별다른 성취감을 느끼지 못하여 심리적 문제를 겪는다는 견해이다(재인용, 장하경 · 서병숙, 1992).

나. 부부갈등

중년기 여성들은 가족구성원과의 마찰로 야기되는 문제점을 자기 자신 스스로가 삭히거나, 참는 것이 미덕이라고 배우며 성장했다. 한편 사적인 문제라고 생각하고 가족 또는 주위 사람들에게 이야기하면서 해결하려 한다. 그러나 개인의 문제를 개인적인 것으로 치부하는 것은 해결점도 없으며, 시간이 지나도 동일한 문제를 안고 답보하게 되므로, 개인적 문제를 사회적으로 풀 수 있는 인간에 대한 이해 및 상호간의 의사소통 방법 숙달기회 마련이 매우 필요하다.

이것을 전통사회의 가치 구조인 "가족주의"라는 개념을 빌어서 설명해

보면 이해가 된다. 가족 안에서 문제가 생기면 이를 터뜨려서 해결하려는 노력보다는 남에게 알리지 않으려는 생각이 앞선다. 겉으로는 사회적인 지위가 높은 안정되고 화목한 가정인 것 같지만, 그 속을 깊이 들여다보면 가족 구성원들 사이에서는 조화롭지 못하고, 불만이 가득한 가정을 흔히 보게 된다. 최근 중년기 부부 사이에서 각 방을 쓰는 '한 지붕 두 가족' 현상이 증가한 것도 이렇게 사소한 문제가 커져서 세월이 지나 애증의 관계에 이른다. 그러나 자녀들 출가를 위해 겉으로 다정한 척 사회적 행사를 한다.

확대가족에 비해 정서적 기능이 강조되고 있는 핵가족에서의 부부관계도 훨씬 더 많은 애정을 필요로 한다. 그러나 처음 남녀가 만났을 때의 자

쉬어가기 ....

시애틀의 러브랩(love lab)

시애틀 대학에는 <러브랩-사랑의 실험실>이라는 곳이 있다. 이곳은 고트만(John Goyyman) 교수가 부부들을 대상으로 감정에 관한 정밀한 검사를 하는 곳이다. 비디오카메라를 통해 부부의 일상생활을 녹화하고 각각의 얼굴에 스쳐지나가는 아주 작은 표정들까지 탐지한다. 센서가 심장박동 간격을 측정하고 혈압도 잰다. 러브랩이 생긴 뒤, 100여 명의 커플이 이곳에서 가사일 분담이나 자녀들 문제, 그리고 재정문제, 시부모님들과의 갈등, 담배, 술 등과 같은 일상에서 겪는 갈등의 주제들을 놓고 열띤 토론을 벌였다.

고트만 교수가 밝힌 바에 따르면 일상적인 갈등이 전혀 없이 항상 애정관계가 지속되고, 행복해 하는 부부들은 없다는 것이 첫 번째 결론이었다. 고트만 교수는 오히려 이런 갈등이 없는 커플들의 경우가 더 문제의 소지가 많다고 주장했다. 갈등이 없다는 것은 감정적으로 거리감이 있다는 뜻으로 진정한 의미의 관계가 형성된 것이 아니라고 했다. 두 번째 결론은, 놀라지 않을 수 없는데 고트만 교수는 부부가 다투는 장면을 5분만 관찰해도-5분이라니!-90% 이상 정확하게 앞으로 그 부부가 이혼하게 될지, 그렇지 않을지를 예견할 수 있다고 했다. 아무리 신혼생활의 단꿈에 젖어 있는 신혼부부들의 경우에도 말이다.

다비드 세르방 슈레베르(2004)

유롭고 평등한 관계가 점차 시간이 지나면서 남편과 부인은 공적 세계와 사적 세계의 분리로 인해 점점 더 거리가 생긴다. 남편의 입장에서는 바깥 세계에서 적응하기 위하여 가정 보다는 직장에 더욱 신경을 많이 쓰고, 가정에서는 휴식을 취하려고 한다.

산업 사회에서 핵가족 구조의 갈등 원인 분석과 해결 방안을 제시한 글을 찾기는 어렵지 않다(조은 외, 1996; 변화순 외, 2000a). 그러나 이 갈등이 어떤 과정을 통해 심화 또는 해결되고, 어떤 조건들이 부정적 또는 긍정적인 영향을 미치는가를 역동적인 관점에서 다룬 글은 찾아보기 어렵다.

갈등에 대한 필자의 견해는 갈등 그 자체가 사회에 역기능을 하고 있다기보다는 집단간의 또는 개인간의 갈등의 발생은 회피할 수 없지만 그 원인, 형태, 과정 및 해결 방안을 정확히 제시함으로써 이것도 순기능을 할 수 있다는 코저(Coser, 1956; 박영신 편저, 1980)의 생각에 기본적으로 바탕을 두고 있다. 왜냐하면 현대 가족에서 부부 관계에서 갈등을 잘 해결하면 더욱 강한 부부 결속 관계를 이룰 수 있기 때문이다.

다. 갈등은 어디나 있다

갈등은 개인간 혹은 집단간의 상호작용 과정에서 없어서는 안 되고, 정도에 따라 결속력을 강화시켜주기도 하고, 또는 관계가 악화되면 적대감을 가져오기도 한다. 또한 문제를 인식한다 하더라도 상대방과 마찰을 일으키지 않고 자신 혼자 삭히는 정도에서 시작해, 심하면 권력을 가진 자가 그렇지 않은 상대방에 대해 일방적으로 권위를 행사하는 상태에까지 이르는 역동적인 개념이다.

따라서 갈등의 피할 수 없는 특성 때문에, 문제의 초점을 갈등의 회피에 두지 말아야 하고, 어떻게 그것을 해결할 수 있는가에 맞추어야 한다. 게다가 코저(Coser)는 서로가 만족할 정도로 갈등이 해결되면, 한 편이 상대방에 대해서 부당하다고 느끼는 감정이 사라지고 처벌을 줄 필요성도 없어진다고 하였다. 이와 같은 의견충돌의 해결방법은 각자에게 유익하다. 즉 갈등이 해결됨으로써 전개되는 새로운 관계는 갈등이 터지지 않았던 상태보다 더 개선되고 이로써 더 지속적인 관계가 될 수 있기 때문이라고 한다(Coser, 1956).

그러나 갈등은 집단을 분리시킬 수도 있고, 부부 및 가족관계를 끊어버릴 수도 있음을 잊어서는 안 된다. 남편과 부인이 폭력에 호소하거나 권력을 남용해서 갈등을 해결한다고 하면, 착취, 불만 및 경시의 감정은 격화된다. 자신이 이용당했다고 느끼는 편은 결국 배우자를 떠나게 될 것이다(변화순, 1994a).

스프레이(Sprey)는 '결혼을 통해 가족이 형성되는 과정에서 가족구성원간의 갈등과 화합간의 균형은 어떻게 가능한가' 라는 문제를 제기하면서, 이를 설명하는 데 갈등이론 개념이 가장 효과적인 것이라고 보았다. 결국 모든 사회체계 내부에서 당사자간 이해의 갈등은 편재한다는 점은 간파하면서 가족 안에서의 인간관계의 조화, 체계의 안정성 등도 이해할 수 있다는 것이다. 우리 사회에서 이성과 세대간의 끊임없는 대결과 충돌이 계속되는데, 결혼과 가족은 그 대결과 충돌이 발생하는 주요 장으로서, 갈등이론은 결혼과 가족의 제반 현상을 가장 잘 설명해 줄 수 있다고 보았다.

스프레이는 "무엇보다도 가족의 조화는 가족집단이 정상적으로 관계를 맺는 상황이라기보다는 함축하고 있는 제반 문제를 풀어나가는 과정"이라고 주장한다. 가족과정은 차후 "가족구성원의 지속적인 협동이 어떻게 가능한가"라는 의문에 해답을 주고 있다. 가족행위를 분석하는 데 있어서 문제 해결의 실마리가 되는 개념은 조정 · 순응 · 합의라는 개념이라기보다, 협동의 개념일 것이다. 스프레이는 호로비츠(Horowitz)의 개념을 빌어, 협동이란 "구성원간의 차이와 근본적인 불일치마저도 지속하게 해주는 개념으로서 문제해결을 위한 과정"이라고 말한다(Sprey, 1979; 한국가족학연구회(편), 1991).

협동은 흔히 결혼의 안정성과 긴밀하게 결속된 것으로 간주되는 두 가지 태도, 즉 비슷한 태도나 공통된 가치관을 의미하는 것이 아니라 바로 상호간의 이해와 공유과정의 총체이다. 가족과정은 현존하는 차이를 제거하는 것이 아니라, 그 차이들을 극복할 수 있는 효율적인 능력과 관계가 있다. 이러한 관점에서 관심의 초점이 이동한다. 즉 문제가 되는 논점은 가족 구성원간에 내재해 있는 차이가 아니라, 상호관계 속에서 이러한 차이들을 극복하려는 구성원들의 태도인 것이다. 이러한 새로운 문제제기는 사회학자들에게 가족과정을 이해할 수 있는 전략, 타협, 그리고 교환개념을 활용하도록 한다(앙드레 미셸, 1990).

라. 부부간 갈등 원인과 표출

부부간의 갈등은 커다란 문제에서 시작되는 것이 아니라 사소한 일상생활에서부터 시작된다. 그러나 부부가 갈등을 느낀다고 모두가 이혼을 하는 것은 아니다. 사소한 일에서 발단이 되어 이를 해소하지 못하면 결국 부부관계는 소원해진다.

부부간 갈등 원인으로서 중요한 비중을 차지하는 원인은 시대에 따라 그 유형을 달리하는데, 1970년대 초기에는 '배우자 부정'이 부부갈등의 심각한 원인으로 나타났으나 최근에는 '부부간 성격차', '자녀 문제'가 점점 주요 원인으로 꼽히고 있다. 예전에는 부부생활에서 성격 차이는 부인이 주로 참았으며, 다만 배우자가 부정한 행위를 했을 때 이혼을 생각했다. 그러나 요즈음에는 부부간 성격차이가 중요한 비중을 차지하고 있다 가정법률상담소에서 1991년 한 해 동안 상담한 사례(9,414건)를 분류한 결과에 의하면 이혼이 46.4%로 가장 많았는데, 그 사유를 보면 '기타 혼인을 계속하기 어려운 중대한 사유가 있을 때'가 가장 많아 여자의 37.3%가 남자의 41.7%가 이에 해당한다. 그 구체적인 내용은 성격차이, 생활력, 질병 등이 가장 높은 비중을 차지하고 있는 것으로 나타났다. 2008년도의 집계를 보면 부부간의 갈등에 가장 높은 비율을 차지하는 원인은 여전히 부부간의 성격차이이며, 그 다음 가정폭력인 것으로 나타났다. 90년대 이후 부부간의 성격차이, 가정폭력의 문제가 중요한 원인으로 나타나고 있으나 '성격차이'라는 포괄적 개념 분석이 필요하다(한국가정법률상담소, 2009).

이처럼 부부싸움의 원인은 주로 경제적 문제, 자녀문제, 시어머니, 자존심 손상, 사고방식의 차이 등의 문제로 의견이 안 맞을 때 싸우는 것으로 나타나며 부부갈등의 원인 및 해결방안에 있어서 세대간에 차이를 보인다. 40-60대 여성에게 있어서는 부인이 싸우지 않으려고 하고, 또는 부부 싸움이 발생했다 해도 남편을 배려하고 싸움을 피하려는 태도를 보인다. 그러나 20-30대 여성에게 있어서는 싸움을 부인이 주도하기도 하고 사과도 부인이 하는 경우가 많음을 발견할 수 있다. 즉 40대까지만 해도 남편은 집안의 가장으로서 존경심 내지는 대우해 주려는 태도가 많이 남아 있으나 30대부터는 이런 사고와 의식이 많이 희석되어 있고 대등한 관계를 유지하려는 경향을 보인다(변화순 외, 2000a).

싸우는 방식에 있어서는 세대간 차이를 보인다. 50-60대 부인은 젊어서 남편에게서 맞은 적도 있지만 근래에는 비교적 폭력사용은 없었다고 한다. 요즘은 남편에게 정면으로 저항하기보다는 잠시 상황을 피해서 딴 곳에 있다가 집에 들어가는 방식으로 대처한다. 40대는 침묵작전을 쓰고, 20-30대는 부인이 더욱 도전적인 형태를 보이기도 한다.

다음 사례에 의하면[22] 60대 여성은 지난 30-40년간 부부간의 사소한 일상생활을 해결함에 있어서 사고방식의 차이로 문제는 해결되지 않고, 주로 부인이 참고 지내다가 감정적 앙금이 남아, 노인이 되어 사건이 생기면 이

22) 여기서 인용되고 있는 사례는 변화순 · 백경희 · 김현주(2000a), 「한국가족의 변화와 여성의 역할 및 지위에 관한 연구」, 한국여성개발원의 사례 중 일부이다.

것이 다툼으로 연결된다고 한다. 특히 시부모를 모시고 살면서 하고 싶은 말을 하지 못하고 참고 지내 속병이 생겼다고 말한다.

싸우게 되는 경우는 주로 돈 문제 때문이에요. 내가 돈 문제에 대해서 이야기하는 것을 남편은 무척이나 싫어하거든요. 하던 일이 잘 되다가 요 몇 년 전부터는 아이들도 살림이 좀 어려워지고, 남편도 벌이가 시원치 않게 되어서 내가 돈 때문에 많이 이야길 하는 편인데, 그러면 남편은 남자를 무시하느냐면서 화를 내지요. 남편은 여자가 왜 그렇게 남자들 하는 사업에 참견을 하느냐, 가만히 잠자코 있는 게 가장 좋은 거라고 이야길 합니다. 그래도 나는 답답하니까 자꾸 잔소리를 하게 되고 그러다 보면 싸움이 나는 거죠. 그럴 때는

쉬어가기 ....

대장부의 굴욕(?)

내 어머니도 요즘 아버지를 많이 구박(?)하신다. 어머니가 손수 해주는 밥을 아버지가 그토록 좋아하시는데도 잘 안 해주신다. 그리고 '가난한 집안 7남매의 잘난 맏아들(이는 아주 전형적인 며느리의 한 스토리텔링의 주제다)'에게 시집와 고생한 이야기를 아직도 반복하신다. 돌아가신 지 오래된 시어머니의 교묘한 시집살이와 시누이들의 행태를 이야기하실 때는 아직도 눈물을 글썽거리신다…

내 아버지는 올해 여든이시다. 이젠 어머니의 오래된 시집살이 스토리텔링에 완전히 면역이 되셨을 만도 한데, 아직도 못 견디시겠는지 슬그머니 보청기를 빼신다. 그리고 이내 책으로 눈길을 돌리신다…

내 어린 시절, 그토록 큰 나무여서 도무지 그 그늘에서 벗어나고 싶어도 벗어날 수 없었던 그 아버지가 저렇게 쉽게, 그리고 저토록 일방적으로 당하실 수는 없는 일이다. 그런데 그냥, 그리고 아주 맥없이 당하신다.

내 아버지의 이야기만이 아니다. 이 땅에서 한때 폼 잡으며 천하를 호령하던 남자들의 후반기는 한결같이 이런 식이다.

김정운(2009)

내가 괜히 쿵쾅거리면서 집안일을 합니다. 빨래하면서도 목욕탕에서 쿵쾅거리고 문도 쾅 닫고.. 그러면 남편이 내가 화난 줄을 알고 먼저 화를 풀어주는 편이에요(67세 홑벌이 여성).

40-50대 여성에게 있어서도 싸움의 원인은 고부관계로 인한 부부갈등이 두드러진다. 부부갈등의 직접적 원인으로는 서로 자존심을 긁어서, 서로 생각이 달라서, 돈 문제, 즉 '보너스 받아서 남편이 꿀꺽'했기 때문에, 또는 일상생활의 사소한 일, 애들 문제 등으로 싸우는 일이 있다. 대부분의 경우 아내가 주로 참지만 아직 포기하지 않고 같이 싸우는 경우가 많다.

남편하고 자주 싸우지요. 남편 성격이 불같아서 조금만 비위에 맞지 않으면 큰소리를 내지요. 저도 그냥 참고 지는 성격은 아니라 같이 큰소리를 내기 때문에 싸움이 커집니다. 가장 많이 싸우게 되는 이유는 시어머니 때문입니다. 시어머니가 일찍 혼자 돼서 억척스럽게 살아왔기 때문에 시집살이를 말도 못하게 시켰어요. 여든이 넘은 노인네가 아직도 시집살이를 시키려고 하거든요. 그러니까 이제 낼모레면 저도 환갑인데 시집살이가 말이나 되요? 그래서 시어머니와 다투게 되면 꼭 남편은 시어머니 편을 들어요. 그래서 늘 싸우게 되죠. 평생을 그랬어요. 최근에도 비슷한 이유로 싸웠던 것 같아요. 화해를 정식으로 해본 적은 한 번도 없었던 것 같아요. 그냥 좀 심하게 싸우면 며칠 씩 말을 안 하고 있다가 필요한 사람이 먼저 말을 걸면 자연스럽게 화해가 된다고 봐야죠(57세 맞벌이 여성).

30대 여성에게 있어서 싸움 원인 역시 사소한 일로서 출발한다. 예를 들면 남들 앞에서 부인 이야기를 해 자존심을 상하게 한다던가, 부인이 먼저 신경질을 부려서, 집안일에 대한 남편의 잔소리, 재혼가족으로서 서로 자식에게 소홀했다는 느낌을 받았을 때나 애들끼리 싸울 때 또는 양쪽 집안에서 인정해 주지 않을 때이다. 또한 남편의 적은 가사역할 분담, 늦은 귀가 등 남편의 아버지 역할이나 가사역할을 분담하지 않은 데 대한 불만 표시, 시댁 문제나 돈 문제, 아이들 문제 등 싸움의 원인은 다양하고 보다 구체적이며 부인의 주장이 좀 더 구체적이다. 이들은 자기주장을 좀 더 강하게 표현하는데 그러나 이 역시 동등한 입장이라기보다는 여자가 양보하는 편이 많다.

싸우는 건 주로 돈 문제예요. 시어머니가 같이 사실 때는 시어머니의 주사 때문에 많이 다투었구요. 시어머니가 평상시에는 괜찮으신데 술만 드시면 욕을 하시고 한바탕 집안을 뒤집어 놓으셔요. 요즘엔 돈 문제 때문에 싸

쉬어가기....

감정적 앙금

63세인 전업주부 A씨는 병원에서 우울증 진단을 받았다. 남편은 파출소 소장을 끝으로 은퇴를 하고 인근 중학교 학교 폴리스 업무를 맡고 있고, 1남 2녀 자녀들은 모두 교직생활을 하고 있고 두 딸은 출가시킨 상태이다. 아내는 자신의 우울증 원인을 남편의 성적인 방임으로부터 시작된 것이라고 판단한다. 아내는 결혼생활 내내 적극적인 성생활을 원했지만 남편이 그런 자신의 태도를 싫어할까봐 내색도 못하고 살아왔고 설상가상으로 아내가 갱년기를 맞이하면서 여성으로서의 역할이 줄어드는 것에 불안했다. 이것이 감정적으로 남아 있어 은퇴 후 집에 있는 시간이 많은 남편이 싫어서 아내는 자신의 바깥 활동을 더 늘렸다. 아내는 남편과 가족을 위해서 항상 최선을 다하고 생활해 왔는데 자신의 기본적인 욕구조차도 남편에게 표현하지 못하고 산 것에 대한 실망감과 그런 자신을 배려해주지 않는 남편에 대한 아쉬움이 장기화되어 우울증으로 나타났다고 한다. 반면 남편은 아내의 우울증에 무거운 책임을 느끼면서도 언젠가부터 자신이 느껴온 가족들로부터의 감정적 소외를 가슴에 담아두고 있다. 결국 60대 아내와 남편 모두 서로에게 감정적 배려를 받고 싶은데 이전의 부부관계에서 서로의 감정을 교환하는 것이 덜 익숙해져 있어 발생되는 문제로 본다.

부부관계는 남편과 아내가 서로 의사소통과 배려의 상호작용을 하며 관계를 형성해 나갈 때 감정적 앙금이 줄어들 수 있다.

김경희b(2009)

우는데, 내가 당신이 돈을 많이 못 갖다 주니까 이러는 거 아니냐고 하면 남편은 미안하다고 하면서 말아버립니다. 좀 미안하기도 하지만 사실이잖아요. 그럴 때는 내가 먼저 나가서 술 한 잔 하자고 하면서 풀어버립니다. 둘 다 술을 좋아하거든요. 그래서 밤에 둘이 나가서 술 마시면서 기분도 풀고 남편 기도 살려주곤 합니다(37세 맞벌이 여성).

20대의 경우 일상적인 삶에서 일어나는 일 이외에 성격과 가치관, 생활 습관 차이, 남편이 부인을 무시하는 말투를 쓸 때, 또는 아이들 돌보는 일을 소홀히 한다고 생각될 때 부부싸움을 한다. 특히 부인의 심리적 상태를 이해하지 못할 때 갈등의 원인이 되는데 이는 젊은 세대에게 있어서 심리적으로 얼마나 상대방을 이해하고 배려해 주는가에 따라 부부관계의 질이 결정되고 있음을 의미한다.

가사노동은 여성의 일이라는 사회적 통념이 여전히 존재하는 상황에서 20대 젊은 아내는 당당하게 남편에게 가사노동을 하도록 요구한다. 남녀가 평등한 사회에서 자기 남편만 구태의연한 남자로 남아 있다고 생각하면 참을 수 없어 당당히 요구하는 것이다. 젊은 세대는 분명 변화하고 있다. 이들은 부인이 일방적으로 참는 식이 아니라서 싸움도 심각하게 안 하는 경우가 많고 싸운 뒤 금방 훌훌 터는 식으로 화해하는 특징을 보인다.

한 번 조금 크게 싸운 적이 있었는데… 친정에 신랑이랑 함께 가서 식사를 했는데 집에서는 모든 것을 잘 하는 신랑이 처가에 가서는 손 하나 까딱 안 하고 있으니까 정말 화가 나서 제가 엄마 아빠 있는데 큰소리로 '너 설거지 하라'고 그랬어요. 왜 나만 시댁 가서도 일하고 친정에 와서도 일해야 하냐고요. 남편이 그 자리에서는 그냥 묵묵히 가만히 있더니 집에 돌아와서 한마디 하더라고요. 이것이 최근에 싸운 일이고, 하루 정도 말을 안 하고 있으면 그냥 자연스럽게 말을 하게 되고 화가 났던 문제를 이야기하고 잘못한 사람이 사과하면 풀어져요(26세 홀벌이 여성).

부부갈등 유형

부부관계의 유형을 부부갈등과 연결시켜 보면 부부간에 만족하면서 안정적인 유형(만족/안정 : D), 만족하지만 불안정한 유형(만족/불안정 : C), 불만족하지만 안정적인 유형(불만족/안정 : B), 불만족하면서 불안정한 유형(불만족/불안정 : A)으로 나누기도 한다(최선희 · 전명희, 1999). 최선희 · 전명희 연구에 의하면 우리나라 부부의 과반수(68.4%)는 D형에 속하는 것으로 나타났으며, A형의 부부는 8.3%로 나타났다. 한편 큐버와 해로프는 부부적응과 부부관계의 질적 측면을 갈등에 길들여진 관계, 생동력이 없는 관계, 소극적 적응 관계, 생동적 관계, 전적인 관계로 나누기도 한다(Cuber & Harroff, 1980).

쉬어가기 ....

당신은 부부갈등 어떻게 대처하십니까?

사람들은 대인관계 상황에서 갈등에 대처하는 특정한 개인적 유형을 지니고 있다. 바인텐(Weiten, 1986)은 사람들의 갈등대처유형을 다음과 같이 제시하고 있는데 특히 조사시 당사자들이 부부갈등에 대처하는 방식도 다음의 유형과 유사하게 나타난다고 한다. 그럼, 당신은 어떤 유형에 속하는지 한번 테스트 해보자.

Type1. 회피형(avoidance)

- 회피형에 속하는 사람은 문제에 직면하지 않고 모른 척 함으로써 갈등해소를 희망하는 사람이다. 대체로 이런 유형의 사람들은 갈등이 매우 불쾌하고 혐오스럽다는 것을 잘 알고 있으므로, 갈등에 직면했을 때는 주제를 변화시키거나 갈등상황 또는 현장으로부터 재빨리 벗어 나온다. 그러나 갈등에 대한 회피는 단지 상황을 지연시키거나 대인관계의 난설을 가져올 뿐이다.

☞ 이혼하는 부부들 중 갈등 문제를 적극적으로 직접 해결하고자 하는 부부는 합의이혼을 통해 관계를 매듭지으려 하는 경향이 많지만 이혼소송을 제기한 부부들 중 일부는 갈등문제에 대해 직접 부딪혀 해결하기 보다는 그것을 회피하려는 경향이 많다.

이렇게 부부간의 갈등을 바탕으로 한 부부관계의 유형은 매우 다양하나, 갈등이 부부관계에 미치는 영향은 긍정적인 측면과 부정적인 측면이 있다(변화순, 1994a).

긍정적인 측면으로는 첫째, 긴장을 제거한다. 즉 갈등의 표출은 마음속에 두었던 긴장과 적의 등을 해소함으로써 건강하게 될 수 있다. 그러나 마음속의 긴장과 부정적 감정 유지는 고혈압과 궤양과 극적인 신경증을 유발하게 된다.

둘째, 분노를 감소시킨다. 분노는 결코 표현되지 않은 상대방에 대한 화가 곪아진 것으로, 갈등을 노출시키면 이런 감정들의 해소에 도움이 된다.

셋째, 문제가 무엇인지 알 수 있다. 관계가 없는 문제는 버리게 될 수 있고, 실제 문제에 대해 오해한 것을 인정할 수 있다.

Type2. 순응형(accommodation)

- 순응형은 회피형처럼 갈등상황에 대해 매우 불편해하며, 자신에 대한 신뢰감이 부족하고 불안정적인 태도 때문에 갈등상황에서 상대방 입장에 쉽게 굴복한다. 상대로부터 수용받고자 하고 인정받고자 하는 욕구가 강하면서 자존감이 약한 사람은 대부분 이와 같은 항복 전략을 사용할 가능성이 높다. 이런 사람들은 상대에 대한 불만족 감정을 계속 지니고 있으면서도 자신의 '해결책'은 제시하지 않고 굴복해버림으로써 갈등상황에 더욱 빈번하게 노출된다.

☞ 소송을 제기하는 여자들 중에는 순응형이 많은데 문제가 되는 상황을 해결할 방법을 더 이상 모색하지 않고 그 상황에 순응하여 참고 살다가 더 이상 참지 못하게 되는 계기가 생겼을 때 이혼소송을 제기한다.

Type3. 지배형(domination)

- 지배형인 사람은 모든 갈등상황을 승패의 게임으로 인식하고 승리자가 되려 한다. 이 유형은 이기기 위해서 공격적이고 기만적이고 심지어는 위협과 신체적 완력을 사용하기도 한다. 오로지 상대의 굴복을 강요하기 위해 일방적이고 집요한 행동을 보인다. 상호 수용될 수 있는 갈등해결이 아니므로 패배자는 갈등 후에 긴장, 원한, 분노, 적대감의 감정을 갖게 된다.

넷째, 상대방을 이해한다. 갈등은 서로가 서로를 더 많이 이해함으로써 매우 긍정적인 이익을 제공하게 된다.

다섯째, 관계를 새로이 평가한다. 결혼관계에 대해 새로운 평가가 이루어지면, 갈등은 유익한 관계를 제공하게 되고 유익하지 않은 관계라면 부부가 서로 소원함을 느끼게 될 것이다. 또한 이러한 단계를 통해서 상호 긍정적인 감정을 새롭게 평가할 수 있을 것이다.

부정적인 측면을 보면, 격렬하고 해결되지 않은 갈등은 긴장을 유발하여 신체적 부적응의 원인이 되며, 상대방에 대해 계속적인 공격을 가해 부정적인 자아관과 두 사람 사이를 소원하게 한다. 부부사이의 신뢰가 감소될 때, 갈등은 관계에 있어 역기능적인 작용을 하게 되어 심리적으로나

☞ 이혼하는 부부들 중 지배형에 속하는 남자들이 많은데, 가부장적인 남성상이 사회에 지배적이기 때문에 이 유형이 더욱 드러나고 있다. 이 유형의 남자들은 아내를 정복의 대상, 지배 대상으로 보기 때문에 복종을 강요하며 상대가 말을 안 들을 때에는 폭력을 행사하여 굴복시키려는 경향이 있다.

Type4. 타협형(compromise)

– 서로 상이한 욕구를 인정하는 실용적인 접근방식을 취한다. '양자의 중간선에서 타인을 만족시키려는' 의지와 협상적 태도를 유지한다. 서로 간에 합리적이고자 노력하지만 자신의 욕구만족을 극대화시키려고 노력한다. 그러므로 가끔은 속임수나 거짓 정보를 사용하는 경우도 있다. 이 방법은 매우 건설적인 갈등해결 형태이지만 속임수가 개입된다는 점에서 다음 통합형에 비해 불완전한 유형이다.

☞ 부부간에 갈등이 극대화되었을 때 부부는 어느 정도 타협점을 찾기 위해 노력하기도 한다. 남편의 술주정에 힘들어진 부인은 남편에게 다시는 술을 먹고 횡포를 부리지 않겠다는 약속을 받아내기 위해 각서 쓸 것을 강요한다. 남편은 그 순간을 모면하기 위해 잘못은 시인하며 다시는 그러지 않겠다는 각서를 쓰지만 그 효과는 오래 가지 않아 얼마 지난 후 남편은 또 술을 마시며 각서만 늘어가게 된다. 근본적인 문제가 개선되지 않으면 부부간

육체적으로 부작용을 일으키게 된다.

'비온 뒤 땅이 더 굳어진다'는 우리의 속담이 의미하는 바와 같이 부부간 의사소통이 대등한 관계에서 이루어질 때, 갈등은 상대방에 대하여 미처 깨닫지 못한 면을 인식시켜 주며, 또한 부부의 관계를 더욱 결속시켜 주는 역할을 한다. 그러나 갈등이 부부 사이에서 해결되지 않을 때 부부관계는 소원해지며, 결국은 상대방에 대해 체념을 하게 되거나 극단적인 단계에 가서는 헤어질 수도 있다. 따라서 부부간의 갈등을 어떻게 해결하는가에 따라 부부 사이가 좋아질 수 있으며, 반대로 한 집안에서 남남처럼 살거나 갈등에 길들여져 살 수도 있다.

의 타협은 일시적인 것일 뿐이다.

Type5. 통합형(integration)

- 통합형에 속하는 사람은 상호간의 만족을 극대화시키기 위해서 서로 진실된 노력을 다하는 사람이다. 이런 사람들은 갈등상황을 최대한 효과적으로 해결해야 할 상호적 문제로 인식한다. 의견의 불일치가 있는 경우 상대를 공격하기 보다는 상대의 생각을 공격한다. 또한 상호 입장의 차이점과 유사점을 최대한 분명히 한다. 타협은 단지 서로의 입장 차이를 줄이려는데 그치지만 통합은 상호 진실로 만족할만한 해결책을 찾고자 노력한다. 그러므로 통합형은 갈등해결 후에 상호 신뢰감을 진전시킬 뿐만 아니라 미래의 갈등상황도 감소시키는 효과를 가져온다.

☞ 부부가 결혼생활에서 부딪치는 심각한 갈등상황을 두 사람 모두 최대의 만족을 얻을 수 있게 해결하기란 실로 어렵다. 그러나 문제 해결을 하고자 한다면 일방적인 승리만을 추구해서는 안되며, 서로 적극적인 협상을 통해 해결하려는 자세가 필요할 뿐이다.

최선경(2001)

퇴직한 중년층 남성들이 가정에 머무르는 시간이 늘어나면서 가족 관계는 재구성되고 있다. 그동안 생계부양자로서 아버지는 집 밖에서 주된 활동을 해 온 반면, 가족 내 부인과 자녀와의 관계를 소홀히 했다. 남자는 밖에서 일하고 돈벌어 주면 되는 것으로 생각했다. 그러다가 퇴직으로 인해 집에 있는 시간이 늘어나면서 부인과 자녀와 갈등상태에 직면한다. 아버지

쉬어가기 ....

"당신, 이젠 제발 좀 혼자 나가 놀 수 없어?"

한국에서 대기업 사장으로 명예롭게 은퇴한다는 것이 얼마나 어려운 일인가? 그는 정말 열심히 일했다. 해외지사, 지방공장 등 정열적으로 일하던 시절의 대부분은 집 밖에서 보냈다.

그러다가 은퇴하는 날 불현듯, 아내 생각이 났다. 아이들이 훌륭하게 자라 각각 가정을 꾸리고 있었던 것은 다 아내 덕분이라는 생각이 든 것이다. '그에게도' 아내가 있었던 것이다. 이토록 당연한 생각이 이처럼 늦게 떠오르다니, 뒤늦은 통찰에 그는 결심했다.

'내 이제부터는 아내를 위해 살리라!'

은퇴한 후, 그는 매일같이 아내와 함께 즐거운 시간을 갖고자 애썼다. 백화점에서 아내의 손가방을 들고 서 있기도 했다. 우아한 호텔에서 저녁식사도 자주 했다. 해외 골프여행, 크루즈여행을 다녀오기도 했다. 주말이면 아내가 다니는 교회에 따라 나가 구석에서 꾸벅꾸벅 졸기도 했다. 그에게 아내와 함께하는 시간은 더 이상 의무가 아니었다. 서서히 아내의 존재가 즐겁고 감사해지기 시작했다. 정말 얼마 남지 않은 인생, 자신에게 아내밖에 없음을 피부로 느끼게 됐다. 아내도 즐거워하는 듯했다.

그런데 딱 3개월이 되던 날, 아침 식탁에서 아내는 자못 심각한 표정으로 이야기를 꺼냈다.

"당신, 이젠 제발 좀 혼자 나가 놀 수 없어?"

김정운(2009)

가 집에서 더 이상 받아들여지지 않는다는 심리적 충격을 받는다. 현실적으로 집에 있는 시간이 늘어나면서 아버지는 물론이고, 가족이 느끼는 스트레스가 매우 크다. 그동안 중장년층 남성 의식 속에 가장으로서 아버지는 생계부양의 역할이 가장 중요했다. 이 역할을 더 이상 지속할 수 없게 된 상황은 아버지의 심리적 위축감을 증폭시킨다. 또한 이로 인해 파생되는 가족들 간의 긴장관계는 쉽게 해결될 수 있는 것이 아니다.

가장으로서 아버지 역시 '가족원 중의 한사람'이라는 인식 하에, 그동안 전통적인 남성상을 왜곡해서 그려왔던 부분을 수정할 필요가 있다.

아버지 역할 변화 인식하기

전통적으로 '효'를 바탕으로 형성된 한국 가족의 부모와 자식과의 관계는 수직적 관계로 특징지어진다. '부모의 뜻을 따라야 한다'는 가정교육을 받은 남성들은 부모로서 권위는 인정받지 못하고, 반대로 자녀를 이해하고 수용해야 한다는 사회적 요구에 당황하게 된다.

특히 이들은 가정에서는 노부모부양에 대한 책임과 자녀의 과중한 교육비 등의 이중적 부담과 더불어 직장에서는 컴퓨터 사용 및 정보에의 접근성이 떨어져 신세대에게 밀린다는 위기의식을 느끼고 있어 이중적 어려움에 봉착해 있다.

자녀양육에 있어 아버지의 참여가 자녀에게뿐만 아니라 아버지에게도 매우 중요하다는 것이 인식되었지만 사회적 의미부여가 쉽지 않았다. 그러다가 최근 경제위기의 맥락에서 변화하는 사회에서 무엇이 중년기 아버지의 위치를 어렵게 만드는 것인가, 생계유지의 역할을 주로 담당해 온 아버지의 자녀와의 관계는 어떠한가, 그리고 가정내에서 바람직한 아버지의 위치와 역할은 어떠해야 하는가? 하는 점에 문제의식을 느끼게 되었다.

이들은 국가의 발전을 위하여 피땀을 흘린 세대이면서 늙어서는 자식의 부양을 기대하지 않는 소위 '샌드위치' 세대이다. 이들도 한편 바깥일에 열중하도록 요구받아 가정에서 소외당하는 가부장적 이데올로기의 희생자라 할 수 있다. 이것은 생계유지자로서 '성공하는 남성' 만이 살아남을 수 있다는 경제논리가 우리 삶을 지배했기 때문이다. 그러면 우리사회에서 성공하는 아버지의 이데올로기는 어떻게 형성되었는지 간략히 살펴보면서 문제를 풀어보기로 하자.

경제적 발전도약 시기인 7-80년대 아버지는 가정의 생계를 담당하고, 어머니는 가사역할, 자녀양육을 전담하고, 자녀들은 대학 진학을 위한 공부에 몰두하는 것이 중산층 가족의 일반적 생활양상이었다. 노동력에 기반을 둔 수출위주의 정책하에서 아버지는 가정의 생계유지를 위해 혹은 출세를 위해서 열심히 일을 함으로써 저녁에 늦게 들어와 시간적 여유가 없거나 혹은 일찍 들어와서도 가정일에 관여할 정신적 여유는 없었다. 그동안 아버지의 권위는 도전받지 않은 채 가장의 위치를 지킬 수 있었다. 아버지는 집에 일찍 들어오는 것 보다는 늦게 들어오는 것이 당연한 일로 받아들여졌다. 자녀의 대학 진학이 가정의 최대 목표가 되어 아버지가 자녀교육에 방해되지 않도록 늦게 오는 것이 장려되는 기현상도 아버지 소외에 기여했다.

2008년도 우리나라 남녀 사망률은 남성 553.1명(인구 10만명당), 여성 443.0명으로, 남성이 여성보다 평균 1.3배 높다. 그러나 남녀간의 사망률 성비는 연령이 높아질수록 증가하여 40-49세에서 남성 사망률은 인구 10만 명당 299.0명인 반면, 여성은 118.0명으로 남성 사망률이 여성보다 2.5배가량 높고, 50-59세에서는 남성사망률이 여성보다 2.9배 높다〈표 3-12〉. 생계주부양자로서 남성의 과다한 책무가 높은 남성사망률에 직접적인 영향을 미친다고 설명할 수는 없겠지만, 40-59세 연령구간에서 남성의 높은 사망률은 우리사회의 지배적인 가장이데올로기와 무관한 것은 아니라고 본다.

가족내 남성과 여성의 정서적 지위는 경제적 능력여부를 떠나서 친밀한 관계에서 얼마나 가족에게 배려받는가의 정도에 따른다. 즉 아버지의 형

표 3-12 2008년도 남녀 연령별 사망률

(단위 : 해당연령 인구 10만명당)

	30-39세	40-49세	50-59세	60-69세	합계
남	107.3	299.0	686.4	158.2	553.1
여	62.0	118.0	237.4	600.7	443.0

자료 : 통계청(2009), 「2008년 사망 및 사망원인 통계결과」

식적 권위만이 인정되던 과거와는 달리 이제는 자녀양육과 가사역할, 도덕적 판단자로서의 역할을 실제로 담당하지 않으면 의사소통 및 의사결정과정에서 아버지는 소외되고, 가장으로서의 아버지의 위치는 추락한다. 한편 아버지의 입장에서 볼 때 바깥에서 열심히 일하고 집에서는 부인과 자녀를 위해 또한 봉사한다면 그들은 어디서 안식처를 찾는가 하는 문제를 제기할 수 있다. 물론 이러한 문제제기는 당연하다. 그러므로 이러한 사회적 분위기를 조성하기 위한 전제조건으로 '일과 가정생활의 조화'를 위한 제도적, 사회적 여건이 갖추어져야 한다. 이제는 남성과 여성 모두 일과 가정생활의 조화를 이루지 않으면 남성은 가정에서 소외당하고 여성은 사회에서 소외당해 전인적인 성장을 기대하기 어렵다. 따라서 남성의 가정에서의 소외현상 원인 및 대책 방안 모색이 시급하다.

중년기 퇴직남성, 그들은 누구?[23)]

가. 일하기 위해 살기

우리나라 근로자의 평균근로시간은 세계최고 수준인 것으로 널리 알려져 있다. 그러나 직업만족도는 매우 낮다. 경제협력개발기구(OECD)가

23) '중년기 퇴직남성'에 관한 사례는 변화순 · 이미정 · 김지경 · 하현정(2007)의 연구보고서 「중년기 퇴직남성 부부의 갈등과 적응」의 면접조사 내용의 일부를 수정 · 보완하여 사용하였다.

발표한 2008년 통계연보에 따르면 한국 노동자의 1인당 연간 근로시간은 2,357시간이다. OECD 평균이 1,777시간인 것을 감안하면 한국인들이 OECD 국가의 사람들보다 1년에 평균 580시간 정도 더 일하는 것으로 볼 수 있다. 그러나 이러한 국내 상황은 과거에 비하면 나아진 것이다. 통계청의 자료에 따르면 2008년 근로자의 주당 평균근로시간은 39.4시간으로 전

쉬어가기 ....

중년기 남성은 누구?

중년기 범위는 다소 유동적이다. 사회경제적 환경의 급격한 변화로 남성의 연령별 역할 및 정체성 역시 변화하고 있다. 영양상태와 생활여건이 개선되면서 노년층이 점차 젊어지고 있고, 노동시장이 유연화되면서 과거의 정년퇴직이나 은퇴의 개념 역시 다양해지고 있다.

통상 노년기는 전일제 직장에서 일을 마치는 정년퇴직 이후의 시기를 지칭하였고, 노년기 이전의 시기를 중년기로 보았다. 연구자나 기관에 따라 중년기를 규정하는 연령은 다소 차이가 있다. 40~59세, 40세~65세 구분이 가장 자주 사용되고 있고, 미국통계청은 35~44세와 45~54세 연령그룹을 중년기로 규정하고 있다.

퇴직

퇴직(退職)은 현재의 직업에서 물러남을 의미한다. 이것은 직무상 맡은 책임에서 물러나거나 노동시장 활동에서 물러나 비경제활동상태로 머문다는 의미의 은퇴(隱退)와는 개념이 다르지만, 1997년 경제위기 이전까지는 통상 '퇴직은 은퇴'로 이해되었다. 전통적 의미에서 퇴직은 전일제 직장에서 커리어를 마친 후 일하기를 중단하는 것을 의미했다.

그러나 1997년 이후 노동시장 여건의 급속한 변화로 퇴직의 의미와 유형이 다양해지고 있다. 퇴직 시점이 빨라지면서 퇴직 이후에도 일을 찾고, 일을 하는 사람이 증가했기 때문이다. 따라서 퇴직자의 범주는 ①일하기를 중단한 자, ②퇴직 후 새로운 일을 찾고 있는 자, ③새로운 일에 종사하는 자를 포함한다

변화순 외(2007)

년에 비해 4.1시간 감소한 것이고, 2005년 45.1시간, 2003년 45.9시간, 2000년 47.5시간에 비하면 상당히 줄어든 것을 알 수 있다(통계청, 2009.). 80년대와 90년대의 근로시간은 더 길었다. 중년기 남성들에게 있어서 직장은 이들 생활의 전부였다 해도 과언이 아니다.

우리사회의 중년기 남성과 직장생활을 분리해서 생각하기 어려울 정도인 만큼, 중년기에 맞게 되는 퇴직, 특히 우리 사회에서 가족 내 주부양자인 가장의 퇴직(또는 실직)은 퇴직 당사자뿐만이 아니라 가족 구성원들에게 큰 영향을 미치면서 이전과는 다른 갈등양상을 불러온다.

그렇다면 중년기 남성의 퇴직과 그로 인해 당사자와 가족이 겪는 어려움은 어떤 것이었을까? 변화순 외(2007)는 만45세 이상 만60세 미만의 퇴직 남성과 부인을 조사대상으로 심층면접 조사를 하였다.

면접 결과에 의하면 조사대상자[24] 거의 대부분이 '직장이 인생에서 가장 절대적으로 큰 비중을 차지한다'고 응답하였다. 그들은 직업 종류를 막론하고 생산직, 사무직 구분할 것 없이 근무시간이 길고, 작업강도가 센 만큼 직장 생활에 예속된다. 이러한 생활이 때로는 스트레스를 유발하기도 하고, 때로는 즐거움도 주지만 직장이 있어 일할 수 있다는 것으로 만족했고, 세 끼 밥만 먹을 수 있다면 행복했고, 직장에 대한 불만을 느끼기보다는 그냥 월급 받고 생활할 수 있다는 것만으로도 행복을 느끼는 세대이었다.

> 그때는 직장생활이 다지 전부 다지. 전부지. 아침 6시에 통근버스를 타야 하거든. 저녁 9시 30분 넘어서 오면 집에서 자야 하고, 전부지… 가족들하고 대화가 없지. 피곤하니깐 자는 거지. 잠자는 게 이익이야. 자는 거야(○○ 엘리베이터 퇴직자, 56세).

24) 이 연구에서는 퇴직자를 ① 동일직종에서 10년 이상 근무하다 퇴직한 자, ② 퇴직한 지 10년 이내에 있는 자, ③ 현재 구직을 하고 있거나 재취업하였거나 더 이상 일할 의사가 없는 자로 규정하고, 이들 퇴직자와 부인을 대상으로 면접을 실시하였다.

처음에 저는 건설, ○○ 건설을 들어갔습니다… 전기 쪽에서는 수석으로 들어갔고 해서 자부심이 있었는데 새벽 6시 반까지 출근을 하라고 하더라고요. 건설 회사는 진짜 책상 위로 뛰어다니고 걸상 같은 거 집어던지고 그럴 때니까, 그러면서 365일중에 딱 2일 쉬었어요. 그게 쉬는 날 쉬어준 게 아니라 예비군 훈련 받으라고 이틀 쉬고 나머지는 다 일했어요. 거기에 스트레스가 많았죠. 제가 그래도 공부 꽤나 했고, 다른 사람들, 연인들은 여의도 광장에서 자전거 타고 그러는데 나는 잠도 못자고 지하 콘크리트 바닥에서 자고, 자고 싶은 게 최고 소망이었죠. 근데 4층 5층 올라갈 때 보면 사람들이 자전거 타고 다니고 연인들끼리 놀러 다니고 그런 거 보면, 내 인생이 평생 이렇게 살아야 되나, 내가 한 5년만 직장생활을 하고 사업을 해야겠다, 생각을 했었습니다. 내 시간을 내 마음대로 쓸 수 없는 게 상당히 스트레스가 됐었어요(○○ 전기안전 퇴직자, 49세).

중년 남성에게 있어 일은 가족을 유지하기 위한 생계 부양의 수단이자 자신의 이상을 실현하는 수단, 그리고 정체성 확립의 수단이다. 이들은 우리나라 산업이 고도로 성장하는 시기 직장에 첫발을 내딛고 이후 도래하는 대중 소비사회 시대에 가족을 형성하고 부양하였다. 경제와 기업의 성장이 개인에게 제공할 수 있는 단맛과 쓴맛을 모두 맛본 세대이다. 당시 우리나라 평균 근로시간 통계가 보여주듯이 이들은 대부분의 시간을 직장에서 보냈다. 직장은 헌신에 대한 보상을 약속하는 평생직장이었다. 그 믿음 때문에 마음껏 일할 수 있었고 가족에게 경제적 안락함을 마련해줄 수 있었다. 경제활동으로 가정내 아버지 역할과 남편 역할은 유예되었다. 생계부양자 역할에 집중하더라도 못다 한 아버지 역할 및 남편 역할은 나중에 가족들에게 너그럽게 이해될 것으로 생각했다.

이렇게 밤낮없이 직장생활을 하던 남성들이 퇴직을 하게 된 것이다. 이들 삶의 큰 부분을 형성하던 일터와 일이 더 이상 지속되지 않게 된다는 사실이 이들에게 어떻게 다가왔을까? 퇴직 후에 다가온 경제적 어려움, 사회적 고립 문제 외의 실질적인 문제는 이들이 그동안 가족들 간에 긴밀한 유대를 형성하지 못한 데서 오는 '관계의 서먹함' 혹은 '소외감'이었을 것이다. 가족 내에서 생계부양자가 아닌 자신을 어디에 위치시켜야 할지 방향을 잡기 쉽지 않음을 짐작할 수 있다.

나. 남성다움의 허상과 진실[25)]

왜 남성들은 이토록 사회생활에 집중해야 했는가? 이 역시 생계부양자로서 사회생활을 잘 하는 것이 결국 가장이 해야 할 역할이었고, 사회생활을 잘 하기 위해서는 조직의 전통과 분위기에 맞추어야 했기 때문이다. 성공하기 위해서는 사회적 관계유지가 매우 중요하고, 학연, 지연, 혈연의 사회적 연결망 형성이 중요하다. 그러나 이러한 가장이데올로기는 결국 남성들 자신을 자유롭지 못하게 하고 얽매는 고리가 된다.

남성들은 가족을 부양해야 하는 주 책임자라는 의식이 밑바탕에 깔려 있다. 성공하기 위해서는 강해야 하며, 술 잘마시고, 화통하며, 사소한 일에 너그러울 수 있어야 한다. 그리고 이러한 모습을 남성다운 남성으로 보는 문화풍토에서 생계능력을 갖추었을 때 결혼하며, 결혼하여서도 가족을 부양하는 생계책임자로서 살아간다(문소정, 1995). 이것은 학력, 능력, 성향과 관계없이 대부분의 사람들이 이상적으로 생각하는 남성의 가부장적 역할 유형이다. 그들에게는 직장 비중이 크므로 주중의 일과는 업무 중심으로 이루어진다. 이들이 가장으로서 역할 수행하는 시간은 휴일이다.

여기서 남성이 가족 부양의식이 강하다는 점을 부정하거나 과소평가하자는 것이 아니다. 사실 성인이 가장으로서 책임의식이 없다면 그것은 한 가족을 이끌어 갈 자격은 없다. 다만 생계유지자의 역할을 수행하기 위

25) 이 부분은 변화순(1997), "남성의 사회적 연결망", 「남성과 한국사회」, 여성한국사회연구회, 사회문화연구소의 일부를 수정 · 보완한 것이다.

해 바깥에서 보내는 시간이 늘어남에 따라 가정에서의 따뜻한 아버지의 역할 비중은 줄어들고, 또한 남성도 인간이기 때문에 무거운 짐을 혼자서 질 때의 고독감과 어려움은 매우 클 것이라는 점이다. 남성이 가장 역할을 제대로 수행하지 못할 때 당사자의 고통은 매우 심각하다. 최근에 중년기 남성들의 조기 명예퇴직은 남성들에게 심리적, 경제적으로 커다란 압박감을 주게 되고 이 어려움을 극복하지 못하면 심리적 스트레스는 신체에 영향을 미친다.

그러나 남자들도 때로는 인간적인 면을 솔직히 드러내고 싶지만 자신에게 강한 면만을 기대하는 주위로 인해서 약한 면을 드러내지 못 할 때도 있다. 남자들도 강한 것 같지만 나약한 면이 있으며, 또한 사회의 기대에서 벗어날 수 있는 자신감이 없을 때도 있다. 즉 사회적 규범이 역할을 구속하는 것이다. 그러나 사람들은 자신의 인간적인 면 보다는 현재 자신의 위치에 따라 이미지를 달리 본다는 점을 의식해 스스로를 얽매기도 한다. 예를 들면 조직생활에서 기업의 이미지 때문에 중소기업에 종사하는 남성보다는 대기업에 있으면 더 능력이 있다는 선입견을 갖기도 한다. 이러한 왜곡된 시각을 남자들 역시 과감하게 벗어나지 못한다. 그것은 사회가 변했다 할지라도 남자들은 생계유지 책임의식에서 벗어나지 못하기 때문이다. 이러한 부담이 있는 한 남자들이 이 사회를 이끌어나가려고 할 것이며 그 기득권을 쉽게 내주려 하지 않을 것이다.

이 때 남성은 자신의 부담감, 혹은 어려움을 배우자에게 솔직히 표현하고 여성은 이를 진솔하게 받아들인다면 남성과 여성은 비로소 동반자적 관계를 이룰 수 있다.

남성에 대한 고정관념은 가족을 이끌어가기 위해서는 '강인하고, 울어서는 안된다'는 강박관념을 갖게 한다. 그러나 남성들도 자신이 강하고 성공해야 한다는 관념에 대해서도 중압감을 느낀다. 다만 이것을 극복해 나가는 과정에 따라 그 결과가 달라질 뿐이다. 그러면서도 남성으로 존재

한다는 현실에 만족감을 느끼는데 그것은 사회 활동영역의 기회가 여자들보다는 남자들에게 넓게 열려 있고 여기에 도전할 수 있으므로 일의 성취감을 느낄 수 있기 때문이다.

다. 퇴직 이후, 그로 인한 갈등

부인의 입장에서 볼 때 남편이 심리적으로 위축되어 있어 당황하게 된다. 부인 생각에 남편이 여유시간에 밖에 나가 여가와 취미활동이라도 했으면 하는데 막상 남편은 집 밖에 나가는 것을 꺼린다고 한다. 이유는 자신이 "놀고" 있는 것을 남들이 흉볼까봐 두려워서라는 것이다. 중년 퇴직 남성뿐만 아니라 부인도 남편 퇴직 이후 친목모임에 가는 것이 불편하다. 경제적으로 여유 있을 때 형성된 자신의 소비수준과 그에 걸맞는 이미지가 훼손되는 것이 두렵기 때문이다. 사람들의 연락에 답하지 않게 되면서 점점 사회적으로 고립되어 간다(변화순 외, 2007).

따라서 남편은 부인이나 자녀의 평범한 말 한마디나 행동에 예민하게 반응하여 갈등을 일으킨다. 가족들도 "가장"의 마음을 상하게 하지 않으려고 눈치를 보며 조심하려 한다. 그럼에도 불구하고 중년 퇴직 남성들은 가족들의 사소한 말과 행동에 쉽게 노여워한다. 아버지의 수입이 줄어든 것을 알고 자녀가 하던 부탁을 철회할 때 무시당한 것 같은 기분이 든다. 현재로서는 퇴직자 입장에서는 변화된 현실을 있는 그대로 수용하기가 어렵기 때문에 가족들의 언행에 방어적으로 행동하게 되고 그 결과 다툼도 발생한다. 어떤 경우는 변화에 적응하지 못하고 오히려 더 권위를 세우려고 한다. 퇴직자의 이런 태도나 상태가 지속되면서 함께 지내는 가족들도 어려움을 호소한다.

부인들이 생각하기에 남편들이 자격지심으로 인해 비뚤어진다고 생각한다. 이것도 위축되는 자기 위상을 세우려는 노력이다. 가사역할을 분담하는 일도 자연스럽게 수행하기보다는 집에 있어 무시한다고 생각한다.

자격지심이 있지. 그리고 말을 제대로 못해요. 전에 직장 다닐 때는 그래도 제가 남편한테 큰소리도 치고 했는데 지금은 더 조심해야 해. 지금은 '무시하나'해서 조용히 넘어갈 일도 조용히 안 넘어가… 사소한 일이에요. '허리가 안 좋으니까 청소 한번 밀어줘'라고 하면 눈빛이 달라져요. 내가 집에서 노니까 무시해서 시킨다, 자기는 집안일 하는 성격이 아닌데, 그런 얘기죠. 애들은 학생이다 보니까 아침에 가서 늦게 와요. 그럼 낮에 둘이 있잖아요? 그럼 앉아 있다가 청소기 한번 밀어주지? 하면 눈빛이 달라지고 그런 사소한 거에서도 자격지심을 느끼고 그것마저도 안 해주고 그래서 나 혼자 밀고 닦고 다 하고…(○○나염 퇴직자의 부인, 46세).

표 3-13 중년기 퇴직 남성의 성별역할에 대한 인식

(단위 : 명, %)

	전혀 그렇지 않다	별로 그렇지 않다	보통이다	약간 그렇다	매우 그렇다	합계
아버지는 가족을 부양하고 어머니는 살림과 양육에 전념하는 것이 이상적이다	2	13	18	32	26	91
	2.2	14.3	19.8	35.2	28.6	100.0
맞벌이 가구에서 남성도 여성과 동등하게 자녀양육과 살림에 참여해야 한다	0	8	18	46	19	91
	0.0	8.8	19.8	50.5	20.9	100.0
병든 시부모 수발은 반드시 며느리가 해야 한다	17	34	18	15	7	91
	18.7	37.4	19.8	16.5	7.7	100.0
직장일로 바빠 자녀에게 소홀히 하여도 좋은 아버지로서 아무 문제없다	29	32	12	15	3	91
	31.9	35.2	13.2	16.5	3.3	100.0
남자도 육아휴직제도를 적극 활용해야 한다	2	14	26	31	18	91
	2.2	15.4	28.6	34.1	19.8	100.0

자료 : 변화순 외(2007)

〈표 3-13〉은 중년기 퇴직 남성이 성별 역할에 대해서 어떻게 생각하는지를 보여주고 있다. 전통적 성별분업을 보여주는 "아버지 생계부양, 어머니 살림과 양육"에 동조하는 사람이 63.8%에 달하고 있다. 그러나 이들이 일방적으로 성별역할과 관련하여 전통적 입장에 있기만 한 것은 아니다. 여타 항목에 대해서는 유연한 입장을 보이고 있다. 맞벌이 가구에서 남성의 동등한 가사·육아 참여에 대해서 71.4%가 동조하고 있다. 또한 직장일로 바빠 자녀에게 소홀히 한 아버지는 문제가 없다고 생각하는 사람은 19.8%에 불과하였다. 남자의 육아휴직제도 적극 활용해야 한다는 점에 동조가 53.9%이고 그렇지 않은 경우가 17.6%였다. 시부모 병수발은 꼭 며느리가 해야 한다는 강한 입장에 대해서 동조하는 경우는 24.2%인 반면 동조하지 않는 경우는 56.1%였다. 전통적 성별분업에 따라 오랫동안 생활해 왔음에도 불구하고 성별역할에 대한 생각은 새로운 변화에 대해 유연하게 대처하고 있다.

그런 남성들은 퇴직 후에 자신이 점점 왜소해지고, 작아진다는 느낌을 갖는다. 왜냐하면 직장이 있을 때는 집에서 쉰다는 느낌을 가지고, 가장으로서의 역할을 수행하므로 편안하고 당당한 느낌을 가졌지만, 퇴직 이후 집에 있을 때는 불편함을 느끼기 때문이다. 가장으로서 이제 책임을 다하지 못한다는 느낌이 많이 든다. 따라서 함께 있어도 혼자 있는 것 같고, 가족을 위해 못해준다는 생각이 들면 어디론가 도망가고 싶다는 생각이 든다.

퇴직 사실을 부인과 상의하는 사람도 있지만, 부인, 자녀, 친척, 친구에게 알려지는 것을 꺼린다. 퇴직이 알려짐으로써 발생하게 될 사회적 관계의 파장을 두려워서이다. 퇴직은 생계부양자 역할의 약화나 중단을 의미하는데 이것과 관련된 사회의 부정적 시각을 두려워하는 듯하다. 긍정적 역할변화는 아니다.

라. 의사소통 훈련 필요성[26)]

지금까지 한국사회에서 아버지 역할이 생계부양에 치우쳐져 있었다면 이제는 생계부양 역할과 가족관계를 긴밀하게 쌓아가는 역할 수행에 있어서 조화를 찾아야 한다. 이와 더불어 우리나라에서 가족간 갈등이 가장 심각한 대상은 아버지와 자녀와의 갈등으로 나타난 바 이에 대한 실태 파악과 의사소통을 위한 대안 모색이 시급하다.

의사소통의 내용은 요즈음 청소년들의 가장 큰 고민거리는 무엇인지? 고민이나 걱정거리가 있을 경우 누구와 상의하는지를 알아보았다. 그 결과 학교성적, 진학문제로 인한 고민이 거의 전부를 차지하고 있었다. 최근 PC를 이용한 음란물, 포르노게임 등이 청소년문제로 심각하게 부각되고 있다.

자녀의 고민에 대하여 아버지는 어떤 역할을 하고 있을까? 오늘날의 아버지들은 자녀가 찾아가서 의논하고 싶은 대상자의 한 사람일까? 자녀의 나이가 어린 경우 즉 중학교 저학년의 경우에는 어머니나 아버지에게 의논하는 경우도 있지만 대개 학교성적 문제에 국한되어 있다. 일상적인 대화는 아버지보다 어머니와 더 많이 하고 있다고 말하지만 학년이 올라갈수록 형제자매나 친구들과의 대화, 상담이 많아지고 아버지와 의논하는 경우는 적어진다. 그러나 비록 아버지와 대화하는 정도가 어머니보다는 낮지만 아버지가 자녀의 마음을 이해할 때는 마음을 열어 대화를 하는 사례들을 고려해 볼 때 아버지의 자녀에 대한 이해가 매우 중요한 점이다. 여기서 아버지를 위한 교육이 강조된다.

가족의 의사소통은 가족마다 관계를 맺는 방식이나 의사결정, 느낌의 교환, 갈등의 처리가 다르므로 각 가족의 독특한 메시지 체계는 가족생활 나름대로의 모양을 갖추게 하는 수단이 된다. 때로는 자신의 배경을 당연

---

26) 부성훈련과 관련한 본 내용은 변화순 · 서명선 · 김홍숙(1995), 「부성계발에 관한 연구」, 한국여성개발원의 일부를 수정 · 보완한 것이다.

한 것으로 받아들이기 때문에 가족이 의사소통 학습의 장을 제공한다는 사실을 인식하지 못하지만 일반적으로 대부분의 사람들은 가족이라는 맥락에서 일반적인 문화적 언어와 특별한 가족의 의사소통 부호를 배우면서 자신의 의사소통 기술을 발전시킨다(캐슬린 & 버나드, 1988).

의사소통은 가족의 적응이라는 기능에 있어서 중요하다. 가족은 의사소통을 함으로써 가족체계 내에서 자신이 어느 정도 적응할 수 있는가를 분명히 판단하게 되고 가족원들의 행동은 가족 전체를 위해 규제된다. 가족역할은 의사소통 과정과 복잡하게 연결되어 있다. 그것은 의사소통을 통하여 발전되고 유지된다. 가정에서 자녀는 그 가정의 아들이나 딸이라면 마땅히 어떻게 해야 하는가에 대하여 직접적인 훈계를 받는다. 그리고 자녀들은 "인지능력과 사회적 규범들과 기대와의 상호작용"을 통하여 의사소통상의 역할들을 발전시켜 나간다. 의사소통에 영향을 미치는 변수는 가족의 권력구조(주장과 통제), 협상의 방식, 역할관계, 관계규칙과 긍정적인 혹은 부정적인 피드백을 포함할 수 있다.

가족내 부모-자녀 관계는 자녀들이 부모에게만 전적으로 의존하는 아동기까지는 가족의 내적 단합이 비교적 강하게 유지하게 되나, 자녀들이 사춘기에 이르면 자녀에게 또래 친구 및 학교와의 관계가 증가함에 따라 부모-자녀관계는 약화되고 복잡해지며, 이에 따라 전에 없던 문제가 생기게 된다. 즉 친구와의 관계에서 평등한 자주성을 얻기 시작하면서 부모와의 불평등한 권위관계에 불만을 느끼게 되며, 부모의 통제를 불편해 하며 지배에 반항하려 하고 부모로부터 독립하고 자신의 정체감을 형성하고자 시도하므로써 가족 내에서 긴장과 갈등을 일으키게 된다(유영주, 1984).

따라서 일반적으로 한국의 가정에서 부모는 자녀에 대해서 공부만 열심히 할 것을 기대하는 반면, 자녀는 부모가 자신을 이해해 주지 않으면 대화의 창구를 닫아버려서 가족간 대화의 부족현상을 보이는데, 이런 대화부족은 세대간의 단절로 나타나게 된다.

의사소통을 명확히 한다는 것은 가족간의 생각을 항상 일치하게 하지는 않으나 일치하지 않는 면을 이해하고 인지하는 데 도움을 주는데 이러한 이해는 가족관계에서 기본이다. 특히 자녀에게 충고나 지시를 할 때 부모 자신이 자존심을 갖는 것과 같이 자녀들의 자존심도 존중해주고 자녀의 감정을 이해해야 한다.

그러나 입시경쟁의 와중에서 청소년기의 고민을 안고 살아가는 자녀들이나, 신세대를 이해하며 선도하여야 한다는 버거움을 느끼고 있는 부모들이 마땅히 찾아갈만한 상담기관이나 시설은 없는 편이며 학교도 전혀 도움이 되지 못하고 있는 실정이다. 많은 부모들이 자녀를 키우면서 어려움을 느끼고 부모로서의 교육을 다시 받거나, 전문적인 상담의 도움을 받아 보기 원하지만 실제로 부모교육이나 자녀를 대하는 방법, 대화기술 등에 대하여 교육을 받거나, 전문 상담기관을 이용한 적은 없다고 응답하고 있다. 따라서 부모가 자녀를 이해할 수 있도록 돕는 상담기관의 활성화가 필요하다.

쉬어가기 ....

"너 요즘 몇 등 하나?"

자녀와 제대로 된 대화 한 번 없던 한 아버지가 있었다. 우연히 아버지 역할에 관한 책을 읽고 느낀 바가 많았다. 그날 저녁 그는 아들을 식탁으로 불러 이야기한다.

"아들아, 우리 이제부터 대화하자?"

당황한 아들은 어찌할 바를 모른다.

한참을 기다리던 아버지는 참다 못해 한마디 한다.

"너 요즘 몇 등 하나?"

김정운(2009)

04부

이혼,
어떻게 이해해야 하나!

제1장 이혼이 증가하고 있다

이혼은 한 개인에게 있어 가장 스트레스가 심한 사건이다. 이것은 당사자인 남편과 부인뿐만 아니라 자녀에게 있어서도 매우 충격적인 사건이다. 이혼이 미치는 스트레스는 성별에 따라 다르다. 이혼 과정에서는 부인 측이 스트레스를 심하게 느낀다면, 이혼 후에는 남편 측이 더 어려움을 느낀다고 한다. 이혼은 부부간의 갈등해결 방법 중 하나로서 이 과정을 잘 극복하면 새로운 삶의 형태로 변하고, 그렇지 않으면 어려움을 겪는다. 이혼에서 가장 어려운 점은 이혼을 결혼의 실패로 생각하고, 자신의 결정을 떳떳하지 않게 생각하는 것이다. 누구에게도 쉬운 이혼은 없지만, 각자가 고민을 드러냄으로써 새로운 삶의 방향을 찾아나가는 과정이 필요하다(변화순, 1996).

이혼에 대한 고민 양상은 남성과 여성에 따라 다르다. 왜냐하면 우리사회는 남성의 역할과 여성의 역할이 분리되어 그들이 겪는 경험 역시 분리되었기 때문이다. 따라서 이혼에 대한 제반 문제를 다루기에 앞서 남성과 여성의 경험을 소개할 것이다. 여기에 인용된 이혼여성의 사례들은 다양한 채널 또는 필자의 90년대 논문을 통해 수집된 것이다. 새로운 사례들을 보완하고자 하였으나 당시 이혼 원인이 현재 이혼 원인과 크게 다르지 않았다. 세월은 지나도 부부의 갈등문제는 과거와 여전히 비슷한 양상을 보이며 크게 변화된 것은 없었다. 다만 대응하는 방식에서 능동적으로 대응하는 여성들이 상대적으로 많아졌을 뿐이다. 그런 이유로 일부는 이미 소개된 사례들을 다시 인용하기로 하였다. 다양한 채널을 통해서 자신의 진솔한 이야기를 풀어내 준 익명의 여성들의 용기에 다시 한 번 감사의 말을 전한다.[27)]

이혼율 변동과 입법동향[28)]

가. 이혼율 증가

한국의 이혼율은 1990년 이후 2003년까지 계속 증가하면서 인구 1,000명당 이혼건수를 나타내는 조이혼율은 2003년도에 3.5로 가장 높았다. 그러다가 2004년 이후로 이혼율이 감소추세로 돌아서면서 2009년도에는 이혼건수가 116,535건(쌍), 조이혼율이 2.4가 되어 지속적으로 감소하는 경향을 보인다〈표 4-1〉.

〈표 4-1〉에 제시하였듯이 인구 1,000명당 혼인건수를 나타내는 조혼인율은 꾸준히 감소하다 최근 증가 추세에 있다. 2004년 조혼인율은 6.4건으로 9년 전인 1995년(8.7건)부터 꾸준히 감소하였다가 이후 2007년 상승세를 보이다가 2009년 6.2로 감소하였다. 통계청에 의하면 이러한 변동의 이유는 재혼이 많이 늘고 외국인과 혼인이 늘어났기 때문으로 해석한다. 따라서 외국인과의 결혼과 이혼에 대한 심도 깊은 연구가 필요하다. 혼인율과는 달리 인구 1,000명당 이혼건수를 나타내는 조이혼율은 2003년까지는 꾸준히 증가하다가, 2004년 조이혼율 2.9를 시작으로 2008년 2.4로 감소하다가 2009년 2.5로 증가하였다. 이러한 감소 추세의 이유에 대해서는 2008년 이혼숙려제도 시행으로 다소 주춤하다 큰 효과를 거두지 못한 것으로 파악된다.

당해 년도 결혼 대비 이혼율도 지속적으로 증가하여 1970년 3.9%에서 2003년 54.8%를 정점으로 꾸준히 감소 추세를 보이다 2008년부터 다시 증

27) 이 글이 인용하고 있는 개인 사례들의 출처는 다음과 같다. 변화순(2005), 최지현(2003), 장정순 엮음(1994), 김혜련(1993), 사잇소리 엮음(1994), 현민시스템(1994). 연구의 객관성을 위해 인터뷰에 참여한 여성들의 사회경제적 특성, 당사자의 수, 이혼연도 등 개인적 신상을 밝히는 것이 마땅하겠으나, 이 글에서는 재인용의 차원이므로 밝히지 않을 것이다. 이것이 본 연구의 제한점이나, 어디까지나 사실에 근거를 둔 우리들의 이야기이다.

28) 이 글은 변화순(2005), '이혼의 증가와 이혼 담론', 한국여성의 전화연합의 글을 수정 · 보완한 것이다.

가하고 있는데, 이는 전체 결혼한 부부의 3분의 1 이상이 이혼한다는 의미는 아니며 당해 년도 결혼대비 이혼율이므로 해석상의 주의가 필요하다. 즉, 법원행정처는 적절한 이혼율 산정방식으로 특정시점 이혼경력자의 총 이혼횟수를 혼인경력자의 총 혼인횟수로 나눠 계산한 백분율을 제시하는 방법이 더 타당하다는 주장을 하고 있는데(법원행정처, 2004), 이러한 방법으로 산정한 2002년도 우리나라 이혼율은 9.3%에 불과하여 부부 11쌍중 1쌍이 이혼한 셈이 된다(결혼 대비 이혼율 : 44%). 한편 유배우 1천명당 이혼건수,

표 4-1 조혼인율 및 조이혼율

(단위 : 건, %)

	연도결혼수	이혼수	조혼인율	조이혼율	결혼대비 이혼율	유배우 이혼율
1970	295,137	11,615	9.2	0.4	3.9	
1975	283,226	16,453	8.0	0.5	5.8	
1980	403,031	23,662	10.6	0.6	5.8	
1985	376,847	38,838	9.2	1.0	10.3	
1990	399,312	45,694	9.3	1.1	10.8	
1995	398,484	68,279	8.7	1.5	17.1	
2000	334,030	119,928	7.0	2.5	35.9	5.3
2001	320,063	135,000	6.7	2.8	42.2	5.9
2002	306,573	135,014	6.4	3.0	44.0	6.3
2003	304,932	167,095	6.4	3.5	54.8	7.2
2004	310,944	139,365	6.4	2.9	44.8	6.0
2005	316,375	128,468	6.5	2.6	40.6	5.5
2006	332,752	125,032	6.8	2.6	37.6	5.3P
2007	345,592	124,590	7.0	2.5	36.1	5.2P
2008	327,715	116,535	6.6	2.4	38.0	4.8P
2009	309,759	124,000	6.2	2.5	40.0	5.11P

자료 : 통계청, 각년도 「인구동태통계연보」

* 조이혼율 : 인구 1천명 당 이혼건 수
* 유배우 이혼율 : 유배우 1천명 당 이혼건 수
* P : 잠정치

표 4-2 평균 이혼 연령

(단위 : 세)

연도	1990	1995	1998	1999	2000	2002	2003	2004	2005	2006	2007	2008	2009
남성	36.8	38.3	39.8	40.0	40.1	40.6	41.3	41.8	42.1	42.6	43.2	44.3	44.5
여성	32.7	34.5	36.1	36.4	36.6	37.1	37.9	38.3	38.6	39.3	39.5	40.5	40.7
차이	4.1	3.8	3.7	3.6	3.5	3.5	3.4	3.5	3.5	3.3	3.7	3.8	3.8

자료 : 통계청, 각년도 「인구동태통계연보」

표 4-3 동거기간별 이혼율

(단위 : %)

동거기간	1990	1995	2000	2002	2003	2004	2005	2006	2007	2008	2009
0-4년	39.5	32.6	29.3	26.9	24.6	25.2	25.9	26.5	27.1	28.4	27.2
5-9년	29.1	25.1	22.3	23.2	23.1	22.9	22.2	21.9	20.5	19.0	19.1
10-14년	18.2	20.6	18.7	19.4	19.6	18.9	18.4	18.0	17.5	16.0	16.1
15-19년	7.9	13.1	15.3	14.7	14.9	14.7	14.8	14.5	14.7	14.1	14.8
20년이상	5.3	8.2	14.3	15.7	17.8	18.3	18.7	19.2	20.2	23.1	22.8
계*	100.0	100.0	100.0	100.0	100.0	100.0	100.0	100.0	100.0	100.0	100.0

자료 : 통계청, 각년도 「인구동태통계연보」

유배우 이혼율을 보면 2003년 7.2에서 2008년 4.8로 감소하였으나 2009년 다시 증가하였다.

평균이혼연령도 점점 증가하고 있다. 1990년 남성 평균 이혼연령이 36.8세, 여성 32.7세이었는데, 2000년에는 남성 40.1세, 여성 36.6세, 2009년 남성 44.5세, 여성 40.7세로 나타나고 있다. 이는 황혼이혼이 점점 증가하기 때문에 평균이혼연령도 증가하는 것으로 해석할 수 있다〈표4-2〉.

동거기간별 이혼 비율을 살펴보면, 1990년에서 2009년 사이 동거기간 0~4년의 집단에서 이혼율이 가장 높다〈표 4-3〉. 흔히 신혼 초 6개월에 부부간의 권력관계의 양상이 결정된다는 말이 있듯이 이 시기는 가족주기상 결혼 초에 해당하는 가족형성기이다. 결혼전 개인주의적 사고방식과 성평등 및 제도적 평등에 익숙한 개인들이 결혼을 통해 가부장적인 가족문화와 상호구속적인 결혼관계에 적응하지 못하고 갈등을 경험하게 되면 이혼을 선택하는 것으로 해석된다. 가족주의적 가치와 결혼에 대한 전통적 규범의식이 강했던 과거에는 개인적 희생이나 인내를 감수하면서 결혼과 가족관계를 유지해 왔다면, 오늘날에는 개인의 행복추구가 우선돼 이혼을 선택한 결과이다.

최근 두드러지는 현상은 이혼한 부부 중에서, 20년 이상 동거부부가 차지하는 구성비율의 증가이다. 전체 이혼자 가운데 이 집단의 이혼비율은 1990년 5.3%에서 이후 10년 동안 대폭 증가하여 2000년에는 14.3%를 기록하였고, 2009년에는 22.8%에 달했다. 아울러 동거기간 15-19년에 속한 집단의 이혼 비율도 꾸준히 증가하여, 동일 기간인 1990년 7.9%에서 2000년 15.3%, 2009년 14.8%를 보이고 있다 〈표 4-3〉.

쉬어가기 ....

가족 정책의 의도하지 않은 결과

황혼이혼이 심각한 일본에서 2005년과 2006년, 갑자기 이혼율이 급격히 하락했다. 황혼이혼에 대한 대책에 골몰하던 정책담당자들은 자신들이 수립한 각종 대책이 이제야 성과를 거뒀다고 기뻐했다. 그러나 착각이었다. 2007년 4월 이후, 황혼이혼율은 오히려 급증했다. 새롭게 시행되기 시작한 '연금분할제도' 때문이었다. 이혼한 부인도 남편의 연금을 받아갈 수 있도록 한 제도다. 남편의 연금 중에서 최대 50%까지 가져갈 수 있다는 이 제도가 국회에서 논의되기 시작한 2005년부터 아내들은 이혼을 꾹 참고 미뤘던 것이다. 그리고 이 법이 시행되자마자 서둘러 이혼을 개시했다.

김정운(2009)

그렇다면 왜 20여 년 이상을 부부라는 이름으로 살아온 이들의 이혼, 소위 '황혼이혼'이 증가하는 것일까? 그 이유 중 하나를 이혼 관련 제도적 측면에서 찾아볼 수 있다. 1990년 가족법 개정으로 여성의 자녀양육권, 재산분할 청구권을 인정받게 되었다. 그동안 희생을 감수해온 여성들이 자녀와 재산 문제로 불이익을 받지 않으므로 그동안의 참고 지냈던 불행한 결혼을 종식시키기 때문이다.

또 다른 한편 1998년 IMF로 인한 경제적 위기를 경험한 가족이 증가하고, 이와 함께 경제적 요인에 의한 가족불화가 급증하면서 이혼율 또한 급증하는 가운데 황혼이혼 역시 증가한 것으로 해석할 수 있다. 50~60대 여성들은 그 당시 자녀들, 혹은 이혼에 대한 낙인, 경제적 어려움, 여성으로서 혼자 살기 어려웠던 정황을 감안해 볼 때, 자녀들을 결혼시킨 뒤 부부로서 함께 사는 의미를 찾기 어려워 이혼을 하는 것이다. 1998년 전체 부부중 20년 이후 동거한 부부의 이혼율이 12.5%(1995년 8.2%)로 갑자기 증가한 사실은 경제적 불화가 더 이상 부부의 연을 연결시키지 못하기 때문이다. 다음 이혼의 원인에서 보다 자세하게 밝히고자 한다.

나. 이혼 종류와 세계의 입법동향

이혼은 법률상으로 유효하게 성립한 혼인관계를 결혼 당사자들의 협의 또는 재판상의 절차를 거쳐 소멸시키는 것으로 정의할 수 있다. 우리나라의 이혼 종류는 부부가 서로 합의하에 이혼을 하는 협의이혼과 합의가 안 될 경우 재판상 절차를 걸쳐 결혼을 소멸시키는 재판이혼이 있다. 이혼종류별 이혼 건수에 있어서는 2007년에 이르기까지 협의이혼이 대부분 80% 이상을 차지하고 있고, 재판이혼은 20% 미만을 보이고 있다〈표 4-4〉. 그러나 2008년에는 협의이혼의 비율이 77.9%로 감소의 추세를 보이고 있다. 협의이혼 절차는 매우 간소하여 부부가 합의하면 이혼을 쉽게 할 수 있도록 되어 있는데, 이로 인해 감정에 휩싸여서 철저한 이혼에 대한 숙고 없이 이혼 절차에 이르게 되는 사례가 많다는 지적이 있다(장혜경 외, 2002). 이에 따라 서울 가정법원에서는 2005년 3월부터 협의이혼의사확인 신청이 있은 날로부터 일정한 기간의 숙려기간을 거친 후, 이혼의사를 확인함으로써 부부들에게 이혼을 재고할 기회를 주고 있으며, 그에 따른 이혼 취하율의 상승도 기대하고 있다. 이처럼 재판이혼의 비율이 증가하고 있는 사실은 이혼숙려제도의 도입으로 3개월, 6개월의 숙려기간이 필요해지자, 최근에는 재판이혼을 선택하는 부부가 증가하고 있다고 한다(한국경제, 2009.3.4).

세계 이혼법의 추세가 배우자의 유책행위를 이혼사유로 한 제한주의 이혼제도에서 파탄주의(자유주의)이혼제도를 채택하여 혼인의 자유와 함께 이혼의 자유를 허용하고 있다. 따라서 배우자의 유책행위가 더 이상 이혼원인이 되지 않고 도저히 혼인생활을 할 수 없을 정도로 가정이 파탄되었을 경우에는 이혼을 할 수 있게 이혼법을 개정함에 따라 이혼율이 급등하게 되었다.

서구에서 이러한 현상을 가족법의 조용한 혁명이라 표현한다(Glandon, 1982). 유책주의 법률하에서는 이미 부부관계가 파탄된 가정의 이혼을 법으

표 4-4 협의 및 재판이혼 건수와 비율

(단위 : %)

	2000	2001	2002	2003	2004	2005	2006	2007	2008	2009
협의이혼	99,797 (83.5)	111,349 (82.7)	121,508 (83.9)	143,195 (85.9)	117,268 (84.4)	110,747 (86.5)	107,897 (86.7)	105,055 (84.7)	90,752 (77.9)	94.400 (76.2)
재판이혼	19,213 (16.0)	22,620 (16.8)	22,693 (15.7)	22,279 (13.4)	20,984 (15.1)	16,433 (12.8)	16,405 (13.2)	18,817 (15.2)	25,766 (22.1)	29,600 (23.8)
미상	455 (0.4)	639 (0.5)	709 (0.5)	1,143 (0.7)	680 (0.5)	855 (0.7)	222 (0.2)	146 (0.1)	17 (0)	
계	119,455 (100.0)	134,608 (100.0)	144,910 (100.0)	166,617 (100.0)	138,932 (100.0)	128,035 (100.0)	124,524 (100.0)	12,4072 (100.0)	116,535 (100.0)	124,000 (100.0)

자료 : 통계청(2010), 「2009년 이혼통계 결과」

로 제지하는 것은 배우자의 유책성을 입증하기 위한 격렬한 다툼과 이혼사건의 지연으로 인하여 개인의 법익을 침해할 뿐 아니라 이혼의 피해를 더욱 가중할 우려가 있다. 또한 배우자의 잘못을 입증하는 과정에서 자녀에게도 나쁜 영향을 미친다. 즉 재판과정에서 생부 혹은 생모의 잘못을 주입시킴으로 인해 어린자녀는 부모를 부정하는 매우 치명적인 영향을 미치게 된다. 따라서 현대 이혼법은 유책배우자에 대하여 제재를 가하는 것보다 이혼의 평화적 해결과 그 결과에 대한 공평한 대책을 강구하게 함으로써 이혼의 아

쉬어가기 ....

재판이혼상 이혼의 원인

재판이혼상 이혼의 원인으로 우리나라 법은 배우자의 부정행위(제840조 제1호), 악의의 유기(동조 제2호), 배우자 또는 그 직계존속으로부터 심히 부당한 대우(동조 제3호), 자기의 직계존속에 대한 배우자의 심히 부당한 대우(동조 제4호), 배우자의 3년 이상의 생사불명(동조 제5호), 그리고 혼인을 계속하기 어려운 중대한 사유(동조 제6호)를 재판이혼의 원인으로 규정함으로서 유책주의와 제한적 열거주의를 기본원칙으로 하고 파탄주의와 상대적 이혼원인주의도 부분적으로 채택하고 있다.

유책주의(有責主義)와 파탄주의(破綻主義)

오늘날 세계적으로는 유책주의 원칙에서 벗어나 혼인을 계속하기 어려운 사정이 있으면 잘못이 있는 자의 이혼소송을 인정하는 파탄주의와 포괄적 · 추상적인 이혼원인을 인정하려는 상대적 이혼원인주의로 전환되고 있는 경향이 강하다.

파탄주의 이혼법을 채택하고 있는 법체 아래에서는 이혼판결 그 자체보다는 이혼에 뒤따르는 문제, 예를 들면, 자녀의 양육문제나 부부재산의 청산문제가 더 중요한 의미를 갖는다. 자녀양육문제의 해결을 위하여서는 '자녀의 복리'는 재판에 절대적 기준이 된다.

이화숙(2007)

픔을 치료하고 조속히 건강한 사회생활을 영위할 수 있게 하는 방향으로 입법하고 있다. 특히 이혼배우자와 "자녀의 복리"를 위하여 보완책을 수립하고 있다. 오늘날 급증하는 이혼율은 파탄가정의 부양문제를 야기하고 부양의무를 성실하게 이행하지 않음으로 인하여 파탄가정의 경제적 빈곤화와 비행청소년 문제는 심각한 사회문제로 대두되었다. 그러나 현대 이혼법에서는 배우자의 유책여부에 관계없이 일방 배우자의 부양료 지급능력과 배우자 부양의 필요성과 자의 유무에 따라 이혼부양료를 책정하고 있다. 이혼부양료도 평생 부담하는 것이 아니라 구체적 상황에 따라 형평적, 한시적으로 부담하게 하며 이혼당사자 간의 깨끗한 결별로 그 후유증을 축소시키고 빨리 정상적인 사회생활을 할 수 있도록 유도하기 위하여, 수당(alimony) 대신 양육비(maintenance)란 용어를 사용하고 있다(변화순 외, 2003b).

이러한 세계적 동향에 대한 흐름에 맞추어 한국에서도 정상적 결혼생

쉬어가기 ....

파탄이혼의 인정

광주고법 제1가사부(부장판사 선재성)는 2009년 6월 8일 A(42 · 여)씨가 남편 B(46)씨를 상대로 낸 이혼 청구소송 항소심에서 이혼을 불허한 1심 판결을 취소하고 이혼하도록 했다. 재판부는 그러나 이혼을 청구한 A씨가 두 자녀를 키우는 남편에게 매달 40만~60만원의 양육비를 주도록 했다.

재판부는 판결문에서 "혼인파탄의 주된 책임이 A씨에게 있다고 볼 수 있지만 부부의 별거기간이 10년 이상으로 길고, 이혼청구를 받아들인다고 해서 상대방이나 중 · 고생이 된 2명의 자녀가 현저히 힘든 상태에 처하게 될 가능성이 크지 않는 등 사회정의에 반하지 않는다"고 판시했다.

장선욱 기자(2009)

활을 할 수 없다면 가정파탄의 책임이 있더라도 상대방과 이혼하게 허용해야 한다는 판결이 나왔다.

이는 그동안 결혼생활 파탄의 주된 책임이 있는 자의 이혼 청구를 원칙적으로 허용하지 않아온 대법원의 '유책주의' 판례를 깬 것으로 향후 유사한 이혼소송이 잇따를 것으로 예상된다. 다시 말해 바람을 피우는 등 가정파탄의 원인을 제공한 남자 혹은 여자가 상대방과 헤어지기 위해 청구하는 무분별한 이혼소송을 막기 위해 책임없는 피해자 쪽에서만 이혼절차를 밟을 수 있도록 제한해 온 사법적 관행이 변화의 바람을 맞고 있는 셈이다.

이혼의 원인

한편, 재판이혼 사유 중 유책사유(부정, 부당한 대우, 폭력 및 학대)보다 6호 사유가 증가되고 있다는 사실을 통해서 이혼사유가 다양해지고 있음을

표 4-5 이혼사유별 구성비

(단위 : %)

	2000	2002	2003	2004	2005	2006	2007	2008	2009
배우자 부정	8.1	8.6	7.4	7.0	7.6	7.6	7.8	8.0	8.3
정신 · 육체적 학대	4.3	4.8	4.3	4.2	4.6	4.5	4.8	5.0	5.0
가족 간 불화	21.9	14.4	13.0	10.0	9.5	8.9	8.0	7.7	7.4
경제문제	10.7	13.6	16.4	14.7	14.9	14.7	13.7	14.2	14.4
성격차이	40.1	44.7	15.3	49.4	49.2	49.8	46.9	47.8	46.6
건강문제	0.9	0.6	0.6	0.6	0.6	0.8	0.7	0.6	0.6
기 타*	14.0	13.3	13.1	14.1	13.7	13.8	18.0	16.5	17.6
계	100.0	100.0	100.0	100.0	100.0	100.0	100.0	100.0	100.0

출처 : 통계청(2010), 「2009년 이혼통계 결과」

알 수 있다. 6호 사유의 내용으로는 경제적 무능력, 성적인 문제, 도박, 주벽, 빚 등 배우자의 개인적 문제, 시댁 및 처가와의 마찰 등 대인관계 갈등요인, 무관심, 무시, 불신, 애정상실, 대화단절 등 부부관계의 문제 등으로 다양하게 나타나고 있다(김만웅, 2004; 이명신, 2005).

통계청의 2009년 이혼통계 자료에 따르면, 전체 이혼사유 중 '성격차이'가 차지하는 비중은 47.8%로 가장 높았다. 가족간의 불화, 성격차이 등이 차지하는 구성비는 전년보다 다소 감소하였으나, 배우자 부정, 경제문제는 전년보다 다소 증가하였다〈표 4-5〉.

가. 배우자 부정[29)]

재판상 이혼사유로 배우자 부정행위가 가장 높은 비율을 차지한다. 애정을 기반으로 형성된 부부관계에서 배우자 부정은 부부유대관계에 심각한 타격을 준다. 남편의 외도가 주된 이혼사유로 제기되고 있는가 하면 여성의 부정행위에 의해 남편이 청구하는 이혼도 증가하고 있다. 남편의 일시적인 외도는 부부싸움의 원인이 될지언정 이혼으로 해결하는 경우는 드물다. 남편의 습관적 외도에 대해 부인이 상대방 여인과의 관계를 끊게 하려고 몇 번이나 시도하다가 도저히 참지 못할 때 이혼을 결심한다. 그러나 부인의 부정행위에 있어서는 일시적이라도 남편은 용서를 하지 못하고 이혼을 청구하는 이중적 성윤리관을 보인다.

그녀가 이혼한 것은 햇수로 3년째 접어든다. 대학시절 서클에서 만난 두 사람은 소문난 대학커플이었다. 결혼 3년째에 접어든 어느 날 남편은 조심스럽게 "다른 여자를 사랑한다"고 고백하였다. 이미 깊은 관계로 접어들어서 어떻

29) 이 글은 변화순(1995a), "가족 해체와 재구성", 「한국가족문화의 오늘과 내일」, 여성한국사회연구회, 사회문화연구소의 글을 최근 자료로 수정 · 보완한 것이다.

게 해야 할지 모르겠다는 얘기도 덧붙였다. 당시 남편은 자기가 저질러놓고 아내 쪽에서 어떻게 해주기를 바라는 태도였다. 그녀는 남편의 이야기를 들은 뒤 곧바로 죽고 싶다는 생각이 들었다. 자살까지 시도하였다(강은희, 1995).

아내가 남편의 외도로 위기를 느껴 상담을 청하는 경우란, 그 남편이 상대 여성과 한 번 이상 만나면서 성욕배출 이상의 이성관계를 형성한 경우이다. 남편이 성매매여성을 상대로 일회적인 성관계만 가진 경우는 아내가 모르기도 쉽고 또 알아도-외도했다는 사실에 기분 나빠도- 모른 척하고 말기 쉽다. 따라서 성매매 여성이 아닌 여성과 만나거나 유흥업소 여성이라도 지속적으로 만나면서 감정적인 유대를 만들어 가면, 아내는 외도를 이유로 이혼을 청구한다.

외도하는 남편들의 유형은 크게 두 종류로 나누어진다. 그것은 가부장적 남성성에 충실한 가장들이 하는 외도이다. 그들은 남성다우려면 정력이

쉬어가기 ....

외도의 징후

이혼에 빠지지 않으려면 무엇보다 예방이 최선책이다.

외도는 현장을 잡아야 해결된다는 생각은 이미 엎질러진 물을 주워 담겠다는 생각과 같다. '외도'라는 종착지로 가는 직행열차는 가속이 붙기 전에 브레이크를 걸어야만 사태 수습이 가능하다. 적을 알고 나를 알면 백전백승. 외도하는 배우자의 초기·중기·말기 증세를 경험자들의 이야기를 종합해 살펴본다.

우선 남자와 여자는 외도 징후에 있어서 약간의 차이가 난다. 이것은 생활 반경의 차이에서 오는 것으로 보인다. 남자의 경우 귀가 시간이 늦어지고 외박을 하게 되면 의심해볼 만하다. 이혼을 경험한 조사 대상의 18.6%가 외도 초기에 이런 증세를 보인다고 응답했다. 여자의 경우는 '사소한 일로 짜증을 내고 자주 다투게 된다'(12.8%). 또한 외도는 한마디로 '딴 짓'에 정신이 팔리는 것이므로 남자나 여자나 '말이 줄어들고 대화가 단절된다'(10.9%). 그러면서 남자는 애꿎은 '술과 담배를 많이 하고', 여자는 '상대방에 대해 무관심해진다'고.

좋아야 하고 가능한한 많은 여성을 정복하고 지배해야 한다는 고정관념을 가지고 있다. 그들은 감정이 별로 중요하지 않다는 고정관념을 가지고 있고 사회에서 느끼게 되는 긴장과 스트레스를 풀기 위해 외도를 한다. 또 하나는 '비가부장적 외도'이다. 전화상담 사례들을 살펴보면 외도하는 남편 중 많은 이가 공통적으로 드러내는 심리특성이 있는데, 그것은 '여성지향의 심리'이다. 그들은 남성보다 여성을 편하게 여기며, 다정다감하며 여성에게 친절하다. 그리고 소심함이나 우유부단함을 보인다(김예숙, 1995).

그러면 외도는 남성의 전유물인가? 그렇지 않다. 미국여성들의 외도하는 이유는 "내가 포기해 버렸던 느낌들을 회복해야만 할 것 같기 때문"이라는 답변이 있었다면, 한국여성들의 전화상담 사례들을 보면 아내가 외도를 하는 경우들은 남편에게 큰 불만이 있는 경우들이다. 성적인 불만, 남편의 무관심에 대한 불만, 착하고 성실하나 도무지 애정을 느낄 수 없는 감정적 불만 등 구체적인 불만이 있는 것이다(김예숙, 1995). 그러나 부인의 외도로

이러면서 외도 징후는 중기로 접어든다. 중기의 가장 큰 특징은 초기와 같다. 단지 그 특징이 좀 더 두드러지는 정도다. 그러나 10.9%의 남성은 '폭력을 행사'하고 여자도 대담하게 '외박'(9.9%)을 하는 현상이 나타난다. 또한 남자나 여자 모두 '부부관계에 문제'(7.9%)가 생기기 시작한다.

이제 이혼을 요구하면 끝장이다. 외도 징후 말기에는 여성이나 남성이나 30% 가량이 이혼을 요구한다. 차마 이혼하자는 말을 못하는 부부는 '방을 따로 사용'하거나 '자신의 본가로 돌아가' 버린다.

그러나 무엇보다 외도의 징후를 가장 극명하게 드러내는 바로미터는 바로 부부관계의 횟수다. 평균적으로 신혼 초기의 경우엔 주당 3.7회 가량 부부관계를 갖지만, 중기에는 일주일에 한두 번 정도인 1.5회, 말기에는 일주일에 한 번도 채 안되는 0.7회의 부부관계를 갖는다고 한다.

이웅진(1999)

인해 이혼을 청구하는 남편은 그 사실을 믿고 싶지 않지만 현실을 인정하기 에는 너무도 비참하고 자괴감에 견디기가 어렵다고 한다.

어느 날 갑자기 아내가 이혼을 요구했다. 다른 남자가 생겼다는 것이다. 아내가 나에게 불만이 많다는 건 알고 있었다. 하지만 이런 식으로 나를 떠나려고 하다니. 그때까지만 해도 나는 순진하게 그렇게만 생각했다. 하지만 아내의 말은 진짜였다. 같은 회사에 다니는 남자였고 매너도 좋고 ~ 그러다가 그만 깊이 빠지고 말았다는 것이다. 나는 결국 그 남자를 찾아가 설득을 했다. 하지만 그 남자는 이미 자기 아내와는 별거 중이라며 내 아내를 포기할 수가 없다고 말했다. 아내가 떠나고 난 후 자괴감과 외로움 때문에 견딜 수가 없었다. 내 모습은 점점 비참해져갔다. 이 세상에 수많은 부부가 서로를 속이면서 살아간다고는 하

쉬어가기 ....

간통죄

사회적 논란이 됐던 '간통죄'가 또다시 합헌 결정을 받았다. 간통죄는 앞서 1990년, 1993년, 2001년 세 차례에 걸쳐 헌법재판소 위헌심판대 위에 올랐지만, 매번 '합헌' 결정이 났다.

이 때문에 이번 네 번째 심판에서 '위헌'(헌법불합치) 결정을 기대하기는 사실 어려웠다. 그러나 "국가가 개인의 성생활까지 관여하는 것은 지나치다고 생각한다"는 의식이 확산되고 있어 간통죄에 대한 획기적 판결이 나올 것을 기대하는 이들도 적지 않았다. 더욱이 탤런트 옥소리가 박철에 의해 간통죄로 고소당한 뒤 위헌법률심판을 제청한 것이어서, 대중적 인지도가 높은 방송인이 연루돼 있다는 점에서 간통죄 존폐 논란이 더욱 뜨거웠다.

30일 전원재판부는 "간통죄는 과잉금지원칙에 위배해 성적자기결정권, 사생활의 비밀과 자유를 침해하지 아니하고, 또한 그 법정형이 책임과 형벌간 비례원칙 등에 위배해 과중한 것으로 볼 수 없다"고 합헌에 대한 이유를 밝혔다.

반면, 위헌 의견을 낸 재판관들은 "간통죄는 헌법상 과잉금지의 원칙을 어기고 개인의 성적 자기결정권과 사생활의 비밀과 자유를 침해한다"며 "간통 및 상간 행위의 유형 중 단순히 도덕적 비난에 그쳐야 할 행위 또는 비난 가능성이 없는 행위에까지 형벌을 부과해 국가

지만, 어쩐지 나만 이런 괴로움을 겪는 것 같아 억울하기도 했다(이웅진, 1999).

배우자의 '간통죄'를 폐지할 것인가 아니면 고수할 것인가에 관하여 법조계, 여성계에서 논란이 많았다. 배우자에 대한 '간통죄' 고소는 반드시 이혼을 전제로 한다. 그러므로 일단 간통죄로 고소를 하고 이혼을 하거나, 아니면 배우자나 그의 정부와 합의를 하고 고소를 취하하는 방법을 쓴다. 이 제도는 원래 배우자의 재산분할권과 자녀양육권이 인정되지 않는 법제도하에서 여성을 보호하기 위한 방편으로 제정된 법이지만 개정가족법에서는 부부간의 재산분할권과 자녀양육권을 인정하고 있으므로 '간통죄'의 폐지 여부가 논란이 된다. 최근 법무부 산하 형법개정위원회가 간통죄를 폐지하기로 가닥을 잡았다고 한다. 간통죄 폐지문제는 우리 사회에서 오랫동안 논

형벌권을 행사한 것은 헌법에 어긋난다"고 판단했다.

재판관 9명 중 과반수인 5명이 위헌의견을, 4명이 합헌의견을 각각 냈으나 '위헌 결정'이 되려면 3분의 2인 6명 이상이 동의해야 하기 때문에 결과적으로 '합헌' 결정이 내려졌다.

옥소리는 박철로부터 2006년 5월 말부터 7월 초까지 A씨와 3차례 간통한 혐의로 불구속 기소됐고, 위헌법률심판을 제청했으나, 헌재로부터 기각 당했다. 이에 따라 잠정 중지됐던 옥소리의 간통죄 관련 형사재판은 다시 진행될 예정이다. 현행 형법 제241조는 '배우자가 있는 자가 간통한 때에는 2년 이하의 징역에 처한다, 그와 상간한 자도 같다'고 규정돼 있다.

다시 한 번 간통죄가 합헌이라는 소식이 전해지자 대다수의 네티즌들은 "어떠한 경우도 가정을 파괴하는 행위가 합법화 될 수 없다"며 헌재의 결정에 대해 적극적으로 지지하고 나섰다. 그러나 "간통죄는 이미 법으로서 실효성을 잃었다", "현재 국민정서로 볼 때 위헌결정이 옳지만, 결국 없어질 법임에는 분명하다", "도덕적 책임을 지어야 하는 것은 분명하나 개인의 마음마저 형사처벌 대상으로 삼는 것은 아닌 것 같다" 등 폐지론을 주장하는 이들의 목소리도 여전히 높다.

나유나 기자갤로그 : http://gallog.dcinside.com/komlove11(2009)

의되어온 문제다. 우리는 이 문제를 가지고 헌법재판소에 4차례나 소송을 제기하여 재판을 한 경험도 있다. 최초 재판인 1990년의 심판 때와 비교하여 2008년의 심판에서는 위헌 의견이 2인 더 늘었다. 물론 18년 사이에 사회가 변화하여 위헌 여지가 더 강해졌다고 할 수도 있지만, 재판관이 바뀐다고 재판의 결론에서 변화가 심하면 그 재판은 권위를 가질 수 없다(정종섭, 2010).

부부간의 애정 문제는 죄라기보다는 윤리적 행위이므로 형벌로 처벌을 받는 간통죄는 폐지되어야 하고 이혼의 원인인 '배우자의 부정행위'로서 근거를 제공하는 것으로 충분하다고 주장하는 법조계의 의견과, 원칙적으로 폐지하는 것이 바람직하나 한국의 현실상 여자는 이혼을 하면 불리한 위치에 있게 되므로 폐지는 시기상조이고 그대로 존속시키는 것이 바람직하다는 주장이 팽팽히 맞서왔다. 그러나 가족법에서 이혼시 배우자의 재산분할권과 자녀양육권이 인정되고 있는 이상 이제는 부부간의 성문제를 법으로 해결하려고 하기보다는 부부간의 애정문제로 생각해야 할 사회적 분위기는 마련되었다.

나. 배우자의 부당행위

배우자의 부당행위 역시 이혼 원인 중 하나이다. 법적으로 배우자의 부당행위라 함은 신체상, 정신상 또는 명예에 대한 모욕을 의미한다. 그러나 그 정도는 사회의 통념과 당사자의 신분지위를 참작하여 각 경우에 구체적으로 판정한다. 요즈음 우리사회에서는 배우자의 폭력이 사회문제화되고 있다. 정신적 부당행위는 구체적인 증거를 제시할 수 없으므로 그 피해의 심각성을 밝히기 어렵다지만 신체적 부당행위는 정신적, 신체적 그리고 자녀에 대한 악영향으로 그 후유증이 매우 심각한 것으로 나타나고 있다. 폭력의 주기에서 남편은 부인을 이유도 없이 트집을 잡아 구타를 하고, 그리고 나면 언제 그랬냐는 듯이 사과하고 잘해주다가 또 다시 폭력을 휘두르는 행위의 반복에서 부인은 판단력을 잃고 길들여진 양처럼 순종하면서 살게 된다. 1997년에 제정된 '가정폭력방지법'에 의하면 피해자는 가해자를 경찰에 고발할 수 있으며, 접근금지 명령을 요청할 수 있다. 그러나 가정폭력의 정도가 매우 심할 경우 이혼이라는 방법을 사용하지 않고는 배우자의 구타

쉬어가기 ....

법은 부부 이불 어디까지 들추나!

결혼하면서 한국으로 온 필리핀 여성 V(25)씨는 지난해 7월 한국인 남편 L(43)씨를 성폭력특별법상 특수강간 혐의로 고소했다. 남편은 그가 생리 기간 중 잠자리를 거부하자 가스분사기와 과도를 겨누며 죽여 버리겠다고 위협했다. 칼로 유두와 음부를 자르는 시늉을 하기도 했다. L씨는 폭행과 협박으로 끝내 강제로 성관계를 맺었다. 지난 1월 16일 부산지법 제5형사부는 L씨의 유죄를 인정해 징역 2년 6월, 집행유예 3년을 선고했다. 이 판결은 부부 사이에도 강간죄가 성립될 수 있음을 밝힌 국내 첫 판례로 큰 관심을 모았다.

지금까지 법원은 '실질적인 부부관계'에 있는 배우자는 강간죄의 객체가 될 수 없다는 입장을 고수해왔다. 부부는 상대방의 성관계 요구에 응해야 할 의무를 진다는 이유에서다. 이에 대해 학계와 여성계, 인권단체 등을 중심으로 "부부강간은 배우자의 성적 자기결정권과 인격권을 침해하는 중대한 범죄"라는 반대 목소리가 높았다. 재판부는 이번 판결문에서 "자신의 부당한 욕구 충족만을 위하여 처의 정당한 성적 자기결정권의 행사를 무시하고 …차마 사람으로서 생각할 수도 없는 행동을 서슴지 않고 자행한 피고인의 행동은 도무지 이해할 수도 용인할 수도 없는 것"이라고 적시해 이 같은 의견을 수용했음을 밝혔다.

그러나 모든 문제가 해결된 것은 아니다. '부부간 문제에 법이 어디까지 개입할 수 있는가'라는 또 다른 논제가 수면 위로 떠오르고 있기 때문이다. 판결 나흘 뒤 남편 L씨가 "억울하다"는 내용의 유서를 남긴 채 스스로 목숨을 끊으면서 법원의 판단이 신중했느냐에 대한 논란이 이어지고 있다. 국선변호인으로 L씨의 변호를 맡았던 K 변호사는 "피고인의 사망 소식을 접한 뒤 부부 사이 문제를 칼로 무 자르듯 판단하는 것이 가능한 일인가 하는 생각이 들었다"고 털어놓았다.

주간동아(2009. 2. 11)

에서 벗어나기가 쉽지 않다. 피해자는 이혼을 청구한다 하더라도 일반적으로 가해자는 학대할 상대를 잃게 되므로 이혼을 해주려 하지 않는다. 또한 도망간다 하더라도 온갖 협박, 회유, 그리고 용서 등 갖은 수단을 다 동원해 끝까지 찾아다니므로 이혼이 힘들다.

> 불문학 박사이자 시인인 남편은 경제활동 능력이 없는 무능력자이다. 그러나 스스로는 사회에서 자기를 알아주지 않는다며 심한 열등감에 시달린다. 그는 아내를 무시하고 폭력을 일삼는다. 폭력은 가정을 파탄으로 이끌고, 한 여자의 삶을 망가뜨린다. 문제가 생기자 아내의 오빠는 두 사람을 격리시키기 보다는 서로 참고 살아주기만을 바란다. 하지만 폭력은 고쳐지지 않는다(이다담, 2001).

최근 배우자 강간도 이혼의 사유가 된다는 판결이 있었다. 이를 계기로 부부간 강간이 성립되는가, 그리고 이것을 처벌할 수 있는가에 대한 논쟁이 뜨거웠다. 처벌해야 한다고 생각하는 입장은 '가정폭력 때문에 이혼을 고민하는 여성 중 절반가량은 부부강간 피해자이며, 가혹한 폭행과 학대 이후 강압적인 성관계가 이어지는 경우가 많다는 것이다. 하지만 이 가운데 남편을 신고해 법정에 세우는 이는 거의 전무하다고 한다(주간동아, 2009. 2.11). 실제로 부부간의 강간이라 함은 남편의 폭력 이후 자신의 행위를 합리화하려는 수단으로 아내에게 성적인 힘을 보여주려고 하는 수단이다. 그러나 피해자인 아내 입장에서는 수치심과 모멸감을 주는 행위이다.

다. '기타 혼인을 계속하기 어려운 중대한 사유'

이것은 상대적 이혼원인으로 무엇이 이에 해당되는가는 법원이 판단하게 되며 결혼생활에서 갈등이 소지가 될 만한 사유는 다 포함된다. 시부모와의 갈등, 종교적 차이, 부부간 성격차이, 황혼기 이혼 등이 여기에 해당된다. 이밖에 성적불능, 성병감염, 이유 없는 성행위 거부 등도 이에 해당된다.

1) 고부간 갈등

가족간 갈등에서 높은 비율을 차지하는 원인이 고부간 갈등이다. 예전부터 가족관계의 주축을 이루는 관계가 부모-자녀 관계이며, 가문의 재산유지, 제사와 같이 가문의 재산이나 명예와 관계되는 축은 아버지와 아들 사이의 관계라 한다면 가족의 내적 관계에서 주축을 이루는 관계는 어머니와 아들 사이이다. 아들에게 전 인생을 거는 어머니의 사랑에 대하여 아들은 효로서 그 은혜를 갚는다고 생각하고 그것은 어머니에게 순종하는 것이라고 생각하는 것이며, 부인에게 어머니의 며느리로서의 역할을 기대한다.

> "…며느리 등장은 어머니 뒤를 이어 희생의 긴 릴레이에 새로 뛸 선수의 등장이다. 시어머니는 '나는 이제 끝났다. 이제 네 차례다'라는 반가운 심정으로 며느리를 맞아들인다. 남성 편의적 가족제도 안에서 며느리란 바로 희생의 진면목을 유감없이 보여줄 사람인 것이다. 시집 사람들은 가족의 화목을 위해 '이 한 몸 바쳐' 기꺼이 희생할 여자를 기대한다… 며느리에게 희생을 과하게 강요하는 쪽은 남성이 아니라 같은 피해자인 여성이란 점이다… 시어머니는 자신의 희생을 며느리를 통해 보상받고 싶어 한다. '내가 아들을 어떻게 키웠는데' 하는 자부심 속에는 '내가 키워준 아들, 네가 가져갔으니 대신 해내라' 라는 빚 독촉 의미가 강하게 내포되어 있다"(최지현, 2003).

최근에는 시부모와 며느리 관계양상이 많이 바뀌었다고 하지만 고부간의 갈등의 근본 핵심은 변함이 없다. 다만 시어머니의 요구를 며느리가 솔직하게 표현하고 대응하므로 시어머니가 며느리에 대한 기대를 포기하는 것이다. 아들에게 모든 기대를 하며 키운 대가로 결혼시 충분한 예단으로 보상을 받으려고 한다. '여자는 남편을 잘 만나야 행복하다' 는 전통적 가부장적 생각과 물질만능주의 관념이 결합되어 특히 사(士)자 붙은 아들을 가진 어머니로서는 예단과 혼수를 과다하게 요구하기도 하고, 처갓집에서도 딸을 위해 당연한 것으로 생각한다. 요즈음은 이러한 풍조가 중산층에도 확산되어 일반 회사원 남편도 결혼을 통해 재산을 장만하는 기회로 생각하고 처갓집에 요구하기도 한다.

그러나 역고부 갈등도 늘고 있고 이것 못지않게 사위와 장모간 갈등으로 인한 이혼도 증가하고 있다. 이혼경험이 있는 20~50대 남녀 3,007명을 대상으로 한 조사에서 '부부 당사자만이 아닌 다른 가족과의 불화'가 직접 또는 간접으로 이혼에 영향을 미친 경우는 34.2%였다. 이 가운데 90년대에 결혼한 107명 중 '사위와 장모의 갈등'으로 인해 갈라선 부부가 21.1%나 되는 것으로 나타났다. 조사에 따르면 양쪽 집안의 생활환경이나 사회·경제적 지위의 차이로 인한 갈등이 가장 많았다. 사위 눈치를 보기에는 처가 또는 장모의 힘이 너무 세졌고, 또 그 힘을 장모가 발휘한다는 것이다. 처가와의 관계를 이혼 사유 중 하나로 꼽은 남성의 절반 이상이 '처가의 무시'를 지적했다(이웅진, 1999).

2) 부부간 성격차이

성격 차이로 인해 더 이상 부부관계를 지속시킬 수 없는 부부가 증가하고 있다. 결혼 동기가 상대방의 인격이나 인품보다는, 자신의 인생관과는 관계없이, 나이가 차서, 부모님이 원하기 때문에, 혹은 상대방 학벌과 재력에 이끌려서 결혼하는 경우를 빈번히 접한다. 이때 결혼할 상대편과 인생에 대해 논의하는 것이 아니라 그냥 사는 경우가 허다하다.

남녀가 결혼해서 살면 여자와 남자의 세계가 분리되고 상대방이 무엇을 고민하는지 이해하기가 힘들다. 여자들은 남편에게 모든 것을 기대고 살아가지만, 남편들은 아내의 기대와 갈등에 대해 이해하지 못할 뿐더러 그 의미를 깨닫지 못하는 인식의 차이를 보인다. '화성에서 온 남자 금성에서 온 여자'(존그레이, 2007)가 젊은 세대에게 공감대를 얻는 이유가 남성과 여성이 다르다는 전제하에 상대방을 이해하는 전략이 필요하기 때문이다. 여자들의 경험과 욕구를 알 수 없는 남편은 아내를 자기 방식으로 이해한다.

아내의 침묵은 '이기적인' 전략이고, '보기 싫은' 모습이며, 10년 전이나 지금이나 쌓인 고통의 반복적 표현은 '지난 것을 들추는 나쁜 버릇'이라고 본다. 그러나 앞에서 논의한 바와 같이 '지난 것을 들추는' 현상은 심리적 상처를 입은 것으로 표출하는 자기 방어의 한 방편이다. 특히 여성에게 침묵이 많은 것은 여성들은 성장기 사회화 과정에서 혹은 초기의 부부관계에서 의사소통이 원활치 못하고 '참는 것이 미덕'이라는 생각에서 의사표현을 하지 못했기 때문이다.

그들의 왜곡된 관계, 단절된 의사소통의 절정은 성관계이다. 아내의 결혼에 섹스가 문제되는 경우는 남성들에 비해 적다. 그러나 남편은 결혼생활에서 부부 '관계'에 관심을 갖는다. 그들은 아내와의 '관계'에서 남자가 해야 할 가장 중요하고 유일한 역할로 섹스를 말한다. 어떤 어려움도 어떤 갈등도 '밤일'로 해결될 수 있다고 믿는다. 실제로 남자는 섹스=사랑이라고 생각한다. 그들은 아내가 쇼를 해서라도 남자의 자존심을 만족시켜주기를 원한다. 섹스는 남성으로서의 힘의 과시이고, 힘을 확인하는 행위이다. 그래서 여자를 성적으로 만족시키지 못하는 것에 심한 충격과 열등감을 느낀다(김혜련, 1993).

> 남자에게 제일 중요한 건 성입니다. 여자를 절정에 다다르게 해야 이겼다고 볼 수 있지요. 안그러면 굉장한 열등감에 시달려요. 밤에 지면 낮에도 지는 것이니까요. 난 조루에 임포까지 됐었습니다. 미치겠더군요. 남자 구실 못하는 것 같고, 자신감을 잃었습니다… 남자로서 행위를 했을 때, 여자가 그 행위에 의해 만족됐을 때, 만족감, 희열을 느끼고 힘을 갖게 됩니다. 여자는 쇼라도 해서 남자가 자신의 성에 대해 부족감을 느끼지 않도록 해줘야 하구요. 그런데, 그 여자는 그걸 못했거든요. 남자의 본질은 힘이니까, 그것이 직접적으로 나타나는 것이 섹습니다. 성적 트러블이 정신적인 것으로까지 갔어요(김혜련, 1993).

물론 여성에게도 섹스가 부부관계에서 큰 비중을 차지하기는 하지만 그들에게 있어서 섹스는 정신적으로 따뜻함을 느끼는 행위, 친밀함을 확인하는 대화 창구이기를 바란다. 여자에게 남편의 외도는 대화의 통로, 유대의 끈이 끊기는 일로 여겨지기 때문이다. 더 나아가 그것은 삶의 근거를 위협받는 일로 다가온다. 남자들에겐 열려진 기회로 존재하는 외도, 숱한 에피소드 중의 하나일 뿐인 경험이 여자에겐 삶 전체가 흔들리는 경험이 된다.

3) 종교적 차이

우리나라는 종교 박물관이라 할 정도로 다양한 종교가 공존한다. 부부간의 종교차로 인한 갈등은 때로는 부부관계를 돌이킬 수 없을 정도로 악화시킨다. 특히 조상에 대한 제사를 절대시하는 유교와 유일신을 믿으며 조상에 대한 제사를 반대하는 기독교 사이에서 교리의 차이는 심각한 갈등을 유발한다.

> 우린 연애결혼을 했다. 종교가 다르다는 것이 함께 살아가는 일에 그렇게 큰 영향을 끼치리라고는 생각도 못했다. 더구나 그의 성격이 나의 이상형과는 다르다는 생각은 들었지만 사랑하기 때문에 그것 역시 그다지 문제가 되지 않았고 나는 부모님의 반대를 무릅쓰고 결혼을 감행했다. 그러나 함께 살기 시작한 뒤 얼마 되지 않아 사랑의 감정은 사라지고 그런 이질감들이 내내 우리를 부딪히게 하고 서로를 상하게 만들었다(사잇소리, 1994).

결혼 전에는 성격 차이, 혹은 종교 차이는 사랑만 있다면 큰 문제는 되지 않는다고 생각한다. 그러나 막상 살다보면 자신의 성장배경과 다른 배우자의 성장배경을 이해하기 힘든 면이 하나씩 늘어간다. 그러나 이러한 차이를 인정하고 이해하려는 노력이 없다면 서로간의 두꺼운 벽이 쌓이기 마련이다. 그러다보면 한집에 살아도 무슨 생각을 하는지 모르는 남남이 되고 만다.

이상에서 이혼 사유들을 살펴보았다. 이혼의 주요 사유가 되는 배우자 부정행위에 있어서 남성의 부정은 일시적인 행위에 의해 이혼을 하기 보다는 정도가 더 이상 참을 수 없을 지경에 이를 때 부인이 이혼 소송하게 된다. 그러나 여자의 부정은 일시적이라 해도 이혼 대상으로 남편에 의해 소송당하는 경우가 많다. 최근 들어 배우자의 부당행위로 이혼 소송하는 비율이 늘어나고 있다. 이는 현대사회에서는 스트레스, 성격 이상 등의 원인으로 해서 과거보다는 배우자 폭력 등 부당행위의 빈도가 증가한 것도 한 이유이지만 더 이상 아내들은 남편의 학대를 참고 살지 않겠다는 자기의사 표현이 확실해진 것이다. 또한 60대 이상 노인에게서 남편이 구박받는 경우도 흔히 볼 수 있다. 이는 젊어서 하고 싶은 일을 하고 처자식을 돌보지 않다가, 늙어서 돌아오게 될 때 부인과 자식에게 홀대받기 때문이다. 과거에는 늙어서 돌아온 남편을 구박하면서도 부부관계는 유지되었으나 이제는 부부관계를 청산하는 아내들의 자기표현이 확실하다.

가족간의 갈등 또한 이혼 원인 중 하나이다. 이는 부부가 큰 문제없이 살 수 있지만 주위 사람이 두 사람의 관계를 방해하면 부부관계가 끊어진다는 것을 보여준다. 최근 감소추세를 보이나 실제로 부부 사이에 큰 문제가 없는데 시댁으로 인해 갈등을 겪는 부부들이 여전히 적지 않다. 부부간의 성격 차이는 의사소통 방법을 서로 모르는 상태에 있는 부부관계, 혹은 평등한 부부관계를 유지할 수 있는 잠재력을 가진 부부도 대가족 잔재가 두 사람 사이를 갈라놓기도 한다. 특히 성장기에는 아들, 딸 차별 없이 자란 신세대 젊은 여성의 경우 결혼해서 아들과 며느리의 차이를 느낄 때 이로 인해 겪는 갈등의 인식은 정도가 심각하다. 과거에는 여자들이 참고 사는 것이 미덕이었으나 이제는 참는 것이 여자의 삶이 아니라는 것을 여성들도 자각하게 된 것이다. 이렇게 여성의 의식이 부부간의 애정을 기반으로 평등을 추구하게 된 배경에는 사회적 변화에 따른 의식의 변화가 수반되었기 때문이다.

제2장 쉬운 이혼은 없다

이혼, 어떻게 바라보아야 하나

이혼은 개인의 생애사적으로 보면 결혼 다음으로 경험하는 매우 중대한 사건이다. 이혼 당사자에게도 그렇지만 자녀에게는 더욱 충격적이다. 다양한 가족에 대한 가치관 확산, 이혼에 대한 부정적 가치관의 감소로 인해 과거보다 이혼을 낙인화하는 경향은 감소하였다. 그러나 이혼을 바라보는 시각에 있어서 당사자를 포함한 많은 사람들이 이혼을 새로운 삶의 시작이라기보다는 결혼의 실패로 보려고 한다. 이혼을 결혼의 실패로 생각함으로써 자신을 감추고자 하고, 점차적으로 가족과 사회에서 소외되어 간다. 이혼당사자들도 '이혼 자체는 사실 힘들지 않은데, 다른 사람들이 자신을 이상하게 보고 안됐다'고 하는데 이런 것들이 자신을 싫어하게 만든다고 한다.

이 장에서는 이혼 과정, 이혼 후 여성과 남성의 경험 차이 등을 다루고자 한다. 예전의 여성들은 가정에서 남편으로부터 가정폭력, 혹은 시집살이의 어려움을 당했지만, 이혼하지 않고 자녀들을 위해 일생을 참고 살았던 분들도 많다. 이혼 관련 자전적 소설을 보면 어머니가 가정폭력 희생자였지만 '왜 이혼을 안 할까' 고민을 했다는 내용이 등장한다. 이에 대해 어머니는 딸 넷을 결혼시키기 위해서 가정을 지켜왔다고 생각했는데, 성인이 된 자녀는 이제 그것이 '가정을 지킨 것이 아니며, 그 가정은 지켜진 것이 아니라 이미 깨진 거라는 것을 알게 되었다'고 한다. 그리고 그것이 어머니 자신을 가정에 유지할 수 있도록 하는 '정치적 생명'이라는 것을… 거기서 주인공은 어머니가 이혼을 하지 않고 참고 사는 이유를 어머니로부터 '돈 벌 자신 없어. 가난하게 살기 싫어. 이십년을 돈 한 푼 받지 못하고 살았는데. 엄마는 그냥 아빠가 못된 상사라고 생각하고 이 직장을 다닐 테야'라는 이야기를 듣는다. 이제는 그 못된 상사가 없어도 자신이 지탱할 수 있는 심리적, 경제적 자원을 획득할 수 있기 때문에 황혼이혼이 증가한다(공지영, 2007).

일생을 참고 살다 이혼하는 이들의 입장에서 보면 젊은이들이 너무 쉽게 이혼을 하는 경향이 있다고 말한다. 그러나 어느 누구에게 있어서나 쉬운 이혼은 없다. 즉 노력을 통해서 가정이 회복되어 질 수 있다면 노력해야 한다고 생각하지만 폭력, 상호이해부족 등과 같은 원인이 있다면 이혼을 하게 되며, 이혼이 가볍게 결정되는 것이 아니다. 그러나 여성들이 견디기 어려워하는 점은 이혼을 사회적으로 낙인화하기 때문에 힘들고 남편 없이 경제력을 가져야 하는 점, 자녀문제의 어려움을 들고 있다.

이혼 후 감정적 해결의 어려운 점은 전 배우자에 대한 양가감정으로 인한 앙금이 남아 있어 남보다도 못한 사이가 되는 것이 가장 큰 문제점으로 대두된다. 즉 배우자에 대한 미움이 가득 차게 되며 이성적으로는 '미워하지 말아야지' 하면서도 감정적 차단이 잘 안 된다는 것이다. 그리고 자녀들에게도 전배우자에 대해 좋지 않은 이야기를 하게 된다. 배우자에 대한 미운 감정이 해소되지 않는다면 상담을 통해 자신의 감정을 다스릴 수 있어야만, 새로운 삶을 다시 시작할 수 있다. 그렇지 않으면 전 배우자를 미워하는 감정에서 벗어나기 어렵다. 자녀에게 전 배우자에 대해 나쁜 감정을 심어주면, 결국 자녀의 이성관 혹은 부모관이 왜곡될 수 있기 때문에 있는 그대로 설명해주는 훈련이 필요하다.

문제가족 이야기가 나오면 꼭 이혼해서 엄마/아빠 혼자 애를 키우는 가정 이야기가 나온다. 일탈학생의 가정환경에서 한부모 가족의 자녀가 많은 것도 사실이다. 그러나 모든 한부모 가족 자녀가 일탈하는 것이 아니라는 점을 주지해야 한다. 자녀에게 부모로서 책임감을 가지고 관심과 애정을 얼마나 가지는가가 중요하다.

이혼 자녀에 대해 주위에서 그리고 학교에서 부모의 이혼을 어떻게 바라보는가에 따라 자녀들의 삶은 달라진다. 즉 이혼이 반드시 부정적인 것만은 아니라 긍정적인 측면이 있다. 특히 자녀에게 있어서 긍정적으로 변하게 되는 것은 대안적 가족의 삶으로서 다양한 가족 모습을 보여주는 것도 중요하다. 이혼 전에는 배우자와의 갈등으로 인해 심리적으로 자녀에게 집중할 수 없고, 최소한 돌보는 것만 했고 정신적으로는 돌볼 수 없었다. 그러나 헤어지고 나서 자녀에게 집중할 수 있게 됐고, 자녀에 대해 긍정적으로 대할 수 있다는 변화도 있다. 반드시 양부모가 있어야 하는 것이 아니라 자녀를 얼마나 사랑과 책임으로 양육하는가가 중요하다.

한편 자녀와 함께 살지 않는 부모에 대해 아이들은 그 부모로부터 버림받았다는 감정을 지울 수 없다. 부모에 대해 왜곡된 정보를 들을 수밖에 없는 자녀는 커서 부모가 자신을 버렸다는 점에 대해 깊은 상처를 받을 수 있다. 따라서 자녀에게 헤어질 수밖에 없는 이유를 설명하고 부모에 대해 왜곡된 정보를 주지 않는 것이 매우 중요하다. 자녀들 역시 학교에 알려지면 창피하기 때문에 이혼을 반대하기도 한다. 이에 대해 여성단체에서는 제도적으로 가정 환경서를 바꿔야 한다는 제안도 하고 있다. 한편 식당 등에서도 둘만 오면 '아빠가 더 오시나요?' 하고 물어보는데 답변하기 힘들 때가 있다고 한다. 자신들은 아무렇지도 않은데 사회가 이상하게 보는 것이다. 유럽이나 미국에서는 학생의 기록 작성시 '부모'라는 개념보다 자녀에게 '의미있는 사람'이라는 표현으로 아이들에게 상처를 덜 주고자 노력한다.

---

30) 이 부분은 변화순(1996), 「이혼가족을 위한 대책 연구」, 한국여성개발원의 글을 최근 자료로 수정 · 보완한 것이다.

그 지난한 과정[30)]

가. 이혼 과정의 어려움

'오죽하면 이혼을 하는가'라는 말이 함축하듯이 이혼은 불행한 결혼을 해결하기 위해 택하는 최후의 방법이다. 과거에 이혼을 하면 여자들은 팔자가 사납다고 주위로부터 낙인찍히는가 하면, 경제적으로 독립해 살 수 없어 주로 서비스업에 종사하게 되고 어려운 생활을 계속할 수밖에 없었다. 이에 따른 심리적 고통도 대단히 컸다. 한편 남자들은 이혼 후 미혼 처녀와 결혼할 수 있는 가능성도 비교적 컸다. 일단 부부가 헤어지면 자녀들의 양육이 중요한 문제이지만 예전에는 조부모가 자녀를 키우고, 아버지는 재혼을 하기도 했다. 이제는 법적으로 여자도 자녀에 대해 친권을 가질 수 있으며, 경제적으로도 보장이 되므로 마음만 먹으면 어머니가 양육할 조건은 갖추어져 있다. 그러나 최근에는 부모의 이기주의로 인해 자식을 서로 맡지 않으려 하는 것이 오히려 사회문제화되고 있다.

이혼은 쿨하게 결정하지 못하고 여전히 지난한 과정을 거친다. 그 과정에서의 어려움은 싫은 사람들끼리 만나야 한다는 점, 재판과정에서의 힘든 협상, 자녀양육의 어려움, 경제적 어려움을 들 수 있다.

첫째, 남성의 입장에서 가장 커다란 문제로 봉착하는 점은 홀로 자녀를 키울 때 많은 어려움을 겪는다. 다음 사례에 의하면 이러한 어려움을 겪는다 하더라도 본인이 이혼을 원한 것은 아니어서 거부할 수도 있었으나, 이해와 사랑이 없는 결혼생활을 하는 것보다 헤어져서 사는 것이 더 낫다고 판단하였기 때문에 이혼에 합의하였다고 한다.

> 이혼과정에서 부인이 집을 나가, 자녀를 혼자 키워야 했기 때문에 자녀양육에 어려움이 있었다. 출근 후 20분마다 집에 전화를 해서 자녀를 학교에 보내는 등 자녀들을 챙겨야 했고, 퇴근 후에도 집에 와서 자녀들을 돌보아야 했다.

결국, 직장과 집의 거리가 너무 멀어서 직장을 그만두고 자녀를 돌보았다. 그럼에도 남자 혼자서 자녀를 키우는 것이 어려워서, 전 부인이 자녀를 키운다는 조건으로 이혼을 하였다(김미숙 외, 2005).[31)]

둘째, 배우자 잘못으로 이혼청구시 이혼 관련 절차를 모르면 상대방이 의도적으로 기피하게 됨으로 인해 정서적, 경제적 어려움을 겪으며, 이혼과정이 쉽지 않다. 그러나 관련 법률정보를 용이하게 얻을 수 있으면 신속하게 처리할 수도 있다. 이때 관련 이혼상담소에서 심리상담과 법률 상담, 특히 재산분할과 관련된 법률 정보와 이혼수속에 관한 정보를 접하고 심리 상담을 받으면 많은 도움이 된다.

친정엄마가 입원하던 2002년 6월부터 남편과 별거에 들어갔고 9월에 친정엄마 가신 후, 사례는 아이를 데리고 서울로 올라와 월세 방을 얻어 살았다. 남편이 이혼해 주겠다고 하여 법원에 3차례 정도 갔으나, 매번 남편이 이혼을 기피하여 무산되었다. 이에 재판이혼을 하려고 하였으나, 절차를 몰랐고 도와주는 곳도 없었다. 주위에서는 이혼하지 말고 그냥 살라고 하였다. 별거 중에는 자녀 양육비와 월세 등의 생활고가 심해 정부 지원을 받으려 하였으나, 법적으로 이혼한 상태가 아니었기 때문에 지원도 받을 수 없었다. 결국, 생활고가 너무 심해서 남편에게 사정을 이야기하자 이혼에 합의해 주었다(김미숙 외, 2005).

주위 사람들이 남편과 같은 사람들은 이혼을 해주려 하지 않을 것이라는 말을 듣고 재판이혼을 했다. 폭력이 있을 때마다 여러 차례 경찰에 신고했었는데 경찰들은 가정폭력은 가정문제라고 하면서, 남편한데 '아저씨가 좀 참아요!', '때리지 마세요'라는 말만 하고 갈 때가 많았다. 남편의 폭력시 신고해서 남편은 접근금지 명령을 3번이나 받았다. 처음에는 이혼을 하기 위해 재판을 할 수 있는 것도 몰랐는데, 접근금지명령 내려준 검사가 법률구조공단을 알려

31) '이혼 과정과 이혼 이후의 삶'에서 인용하고 있는 사례는 김미숙 · 장혜경 외(2005), 「한국의 이혼실태와 이혼가족 지원정책 연구」의 사례를 인용하였다.

주어 재판이혼을 하게 되었다. 변호사는 선임하지 않았고 서류만 제출하여 재판을 진행하였다.

자녀를 데리고 나와 친정에 있으면서 재판이 진행되었다. 이혼은 6개월 가량 기간이 걸렸으며, 이혼 기간이 너무 길고 법에 대해 모르는 게 많아서 어려움이 있었다(김미숙 외, 2005).

이혼 후 어려움에는 성(性)과 관계없이 이혼자가 공동으로 겪는 것이 있는가 하면, 남녀에 따라 특유하게 겪는 어려움이 있다. 또한 자녀들이 겪는 심리적, 경제적 어려움은 성장기 자녀의 감수성을 자극해 사회문제를 야기할 위험성을 내포한다.

나. 이혼 후 삶

이혼과정과 이혼 후 적응에 있어서 남성과 여성이 겪는 어려움은 다르다. 이혼 과정에서는 여자들이 새로운 삶을 살아감에 있어서 닥치는 두려움, 아이와의 이별 등의 어려움을 생각하면 스트레스를 더 받는다고 한다. 그러나 막상 이혼 후 여성들은 남성에 비해 적극적으로 어려움을 헤쳐 나가는 적응력이 있어 주로 경제적 어려움을 경험한다. 그러나 남성들에게 있어서 이혼 과정에서는 이혼 후 삶에 대한 예측 및 경험 부재로 스트레스를 덜 받지만, 막상 이혼을 하고 나면 가정살림을 혼자서 해결해야 하기 때문에 더 많은 심리적 스트레스를 받게 된다.

1) 남성들이 겪는 어려움

이혼 후 남자들이 겪는 어려움은 크게 정서적 어려움, 자녀양육과 경제적 문제이다. 그러나 그 어려움 양상은 여자들과 다르다. 우리 사회는 남자 혼자서 아이를 키우기 위한 조건이 마련되지 않았다. 자녀양육은 주로 어머니가 담당하여 왔고, 학교에서도 어머니의 도움을 대단히 필요로 하는 사회이다. 조부모와 함께 사는 경우 그래도 어려움이 덜하지만 핵가족인 경우 아이들의 의식주뿐만 아니라 학교생활까지도 신경써야 하는 현실이 직장생활하는 남자들에게 가장 큰 어려움이다. 가사문제를 남성 스스로 해결해야 할 현실 앞에서 대부분 남성들은 혼란에 빠지게 된다. 가사로 인한 불편이 누적되다 보면 정서적으로나 심리적으로 불안정해진다.

남성들에게서도 경제적 어려움 역시 심각하나 여성들의 경험과는 그 양상이 다르다. 남성들의 경우 사업상 어려움, 이혼시 재산분할로 인한 재산 감소, 위자료 지불, 자녀 양육비 지불 등으로 경제수준이 과거보다 떨어지는 상대적 빈곤감을 경험한다.

주택은 나의 소유로 되어 있고… 이혼 전에는 경제적으로 어렵다는 생각을 못했으나 이혼 후에는 계획적으로 지출하지 못해서 과거와 다르다… 혼자 있다 보니까, 친구들과 어울릴 기회가 많았고… 식당에서 먹는 기회가 많아졌다. 이혼시 재산분할로 재산의 1/3을 주었다. 이 타격이 심했다. 돈을 매꿔야 하니까… 전부가 다 돈이다. 아이들이 취직을 하면 나아질 것이다. 저축은 못한다. 상상 외로 지출이 많다(변화순, 1996).

경제적 문제 외에 남성은 자녀양육에 있어서 큰 어려움을 겪는다. 일상생활 속에서 직장과 자녀 양육을 병행하기는 결코 쉽지 않기 때문이다. 특히 한국사회에서 남성이 학부모로서 자녀의 학교행사에 참여하는 일은 아직까지도 어색하고, 여성들처럼 자녀교육을 섬세하게 돌봐주는 것이 쉽지 않다. 요즘은 학교에서 급식을 제공하지만 급식 이전에는 자녀들 도시락을 싸야 하는 일이 자녀를 혼자 키우는 남성들의 큰 어려움 중 하나였다.

학교에 대한 부모의 역할부분은 매우 안타깝게 생각한다. 학교에서 모임이 있으면 대부분 아내가 갔었는데, 남자가 가는 것은 사생활이 노출되기 때문에 될 수 있으면 안 보이려고 한다. 아이들도 엄마가 없다는 사실을 알리지 않으려고 한다. 아이를 내가 혼자 키우는 것이 가장 어렵다. 특히 도시락 싸는 일과 학교에서 부모회의를 할 때 가장 어렵다(변화순, 1996).

자녀를 양육하지 않고 혼자 사는 경우에도 이혼에 따른 어려움이 있다.

이혼 후 생활변화는 주거생활과 경제생활에 있었다. 전부인과 자녀들이 살 수 있게 집을 마련해 주느라고 빚을 내었다. 이혼 두 달 전부터는 자녀양육 때문에 직장도 그만둔 상태여서 경제적으로 어려운 편이다. 생활은 퇴직금으로 하고 있고, 현재 고용보험을 신청해 놓은 상태이다. 거주지를 마련하는 데 사용한 빚을 갚아야 하고 월세도 내야 한다. 아울러 이혼과정에서 모든 가전제품(냉장고, 밥솥 등)을 자녀양육을 위해서 전부인에게 다 주어 식사 준비 등 집안일을 하기 어려운 상황이다.

이혼 후 가장 어려운 점은 자녀들에 대한 그리움과 혼자 사는 것에 대한 외로움이다. 자녀들과 현재 전화 통화는 하고 있으나 같이 있지 못해서 마음이 아프다. 이혼자에 대해서 사회적인 편견이 많다는 것을 인식하고 있지는 않으나, 구직시 이혼자가 불리함을 체감하고 있다. 기업주들이 이혼자들을 고용하는 것을 꺼려하기 때문이다(김미숙 외, 2005).

그러나 이혼이 오히려 잘 됐다고 생각하는 사례도 적지 않다. 다음 사례자는 부인의 외도로 이혼한 사례에서 본인이 이혼에 대해서 책임은 없는가를 질문한 결과 본인이 직장일에 너무 충실하였고 부인이 어떠한 상태에 있는가를 살펴보지 않은 것이 문제라고 하였다.

이혼에 대해 후회하지 않고, 오히려 잘 하였다고 생각한다. 이혼 직전까지는 가정을 지켜야 한다는 생각 때문에 이혼하는 것이 어려웠으나, 이혼 후 갈등적인 상황이 사라져서 심적인 부담감이 덜어진 면도 있다. 가족에 따라 불가피하게 이혼할 수도 있다. 따라서 사회에서 이혼가족에 대해서 일방적으로 부정적인 시각을 갖는 것은 부당하다(김미숙 외, 2005).

이혼 직후 심리적으로 매우 불안정하였고, 특히 증오심이 많아 힘들었다. 본인의 잘못으로 이혼한 것이 아니기 때문에 부인에 대해 저주도 많이 하였고, 마음에 갈등도 많았다. 그러나 마음을 다스리고 조급해하지 않고 자녀들을 생각해서 일어서려고 하였다. 현재는 정서적으로 많이 안정되고 편안한 상태이나, 외로움을 느끼고 있고 이혼가족에 대한 사회적 편견이 크다는 점이 가장 어렵다. 특히 자녀들이 아직 결혼 전이라 걱정이다(김미숙 외 2005).

이혼 후 정서적 안정을 되찾으려면 남녀 관계없이 2년 이상 걸린다는 조사도 있듯이 이혼 여성들 못지않게 남성들 중에도 심한 우울증이나 알코올 중독 혹은 마약 등의 유혹에 빠지는 비율이 높다는 것은 이혼에 따른 남성들의 갈등 정도를 반영한다. 남성은 이혼을 하더라도 성적충족을 채워 줄 수 있는 기제는 주변에 많다. 그러나 성매매 등의 불안정한 성관계는 만족을 주지 못할 뿐더러 자괴감만 더해줄 수 있어 남성들의 성적 욕구에 대한 문제 역시 심각하다.

2) 여성들이 겪는 어려움

이혼 이후 여성에게 가장 먼저 부딪히는 구체적인 문제는 경제적 어려움이다. 김혜영 외(2006)의 연구에 따르면, 조사대상 취업 이혼 한부모의 종사상 지위가 매우 낮음을 알 수 있다. 임시일용직이 48.5%로 가장 많고 그 다음 상용직이 33.0%로 조사되었다. 남성은 상용직(49.2%), 자영업자(28.8%) 순이고, 여성은 임시일용직(55.5%), 상용직(49.2%)의 순으로 나타났다. 특히 비취업 상태에서 이혼 이후 취업한 여성의 종사상 지위를 보면 65.0%가 임시일용직으로 나타나, 이혼 이후 새로이 취업하게 되는 여성들의 경우 불안정한 고용상태에 진입하고 있는 경향이 크다.

이혼을 경험한 여성(한부모)가구에 있어 이혼의 경제적 영향을 보면, 첫째, 한국사회에서 이혼으로 인한 여성의 경제적 지위 감소가 매우 심각하며, 둘째, 이혼 전 여성의 취업여부가 이혼 후 여성(한부모)가구의 빈곤 지위 상승에 관계없이 여전히 빈곤하다. 이러한 결과를 통해 노동시장에서 제공되는 여성의 일자리가 여성개인이 독립적인 가구를 형성 · 유지할 수 있는 좋은 일자리가 아니라는 점에 주목해야 한다(변화순 외, 2006).

결혼하고 집에서 수년간 살림만 하던 여자들에게 이 사회에서 내어주는 자리는 단순 노동력을 필요로 하는 특정한 직업을 제외하고 거의 없다. 이혼 후 자녀양육에 따른 경제적 부담 역시 여성의 빈곤화를 가중시킨다. 여성이 직업을 선택하려면 우선 건강해야 한다. 특히 경제적 곤란을 겪는 저소득층의 경우 노동을 통해 생계를 유지해야 하기 때문이다. 그러나 건강과 젊음조차 불행한 결혼 생활을 통해 잃었거나 어린 아이가 딸린 경우 경제적 어려움은 더욱 심하다.

> …예전 같으면 파출부고 뭐고 닥치는대로 하겠지만… 그 인간한테 맞아 척추가 부러졌었어, 그 후로 육체노동을 제대로 할 수가 없어. 그것마저 안 되는 거지. 그 인간하고 살았던 세월 중 가장 원통한게 그거야. 내가 너무 많이 다쳤어. 정신도 육체도, 그 모두가 상처투성이야. 애도 있으니까 월세방도 못 면해. 밤에 스텐드바에 한 코너잡아서 일해도 돈벌이가 될텐데…(김혜련, 1993)

이에 반해 남편에게 전적으로 경제적 의존을 하고 살아왔던 중 · 상층의 여자의 먹고사는 문제는 저소득층과 다른 의미에서 심각하다. 이들은 스스로를 독립적이라고 생각하기도 하고, 자신에 대한 상대적으로 높은 기대와 예민한 권리의식을 지녔지만, 실제로는 정신적, 경제적 의존에서 벗어나지 못하고 있는 경우가 많다. 더구나 경제적인 문제는 단지 '돈벌이 문제' 인 것만은 아니다. 당연히 자신이 누려야 하는 생활수준이라고 생각하는 것과 그들 앞에 다가온 현실은 크게 다르다(김혜련, 1993). 그러나 이혼 후 겪는 문제 중 심각한 것은 이들의 삶을 지지해 줄 공간이나 집단이 없다는 것이다. 가장 가까운 사람들조차 자신의 경험을 잘 이해받지 못하면, 자신의 고통스러운 결정을 지지해 주는 사람은 드물다.

> 이혼 전에는 시댁의 사회적 지위와 남편의 안정된 직장생활로 살았다가 이혼 후, 친정 쪽에선 가문의 수치로 생각하여 친척들로부터 수년간 외면을 당하였다. 10년이 지난 지금은 이혼에 대해 이해를 하고 있다. 이혼 초에는 집안 동생들의 혼사에 걸림돌이 된다고 피하는 친척들이 있어 지금도 행동의 제약을 많이 받는다(김미숙 외, 2005).

예전에는 이혼 후 자녀양육에 대해서 어머니가 키우고 싶어하며, 다만 여건이 안 돼서 아이를 키우지 못하는 경향이 컸다. 혹은 이혼을 하고 싶어도 아이들 때문에 "차라리 내가 참고 사는 것이 낫겠다"는 경우가 빈번했다. 그러나 최근 여전히 아이들은 아버지 보다 어머니가 기르는 것이 아이와 자신을 위해 바람직하다고 생각하는 비율이 높지만, "법적으로 내 몫의 재산을 받고 내 스스로가 혼자 살 수 있도록 생활대책을 마련하여 내가 원하는 대로 자유롭고 편안하게 살 것이며 아이는 생활이 안정될 때까지 남편에게 맡겼다가 안정된 후 찾아오겠다"고 이야기 하는 여자들이 늘어가고 있다.

부모가 헤어지면 가장 고통을 받는 당사자는 아이들이다. 성장기 아이들은 부모 중 한사람과 헤어져야 한다. 특히 어머니와 헤어질 때 심리적 고통은 대단히 크다. 또한 아버지와의 헤어짐으로써 경제적 어려움을 겪기는 마찬가지로 힘들다. 이러한 상황에서 자녀들의 정신적 · 경제적 타격은 성장기 자녀에게 고통을 수반한다. 그러나 불행한 부모 밑에서 갈등을 보며 자라는 것과 둘 중의 한 부모와 건강한 삶을 살아가는 것과 어느 편이 자녀에세 좋을 것인가에 대해서는 다시 한 번 생각해 보아야 할 것이다. 한부모 밑에서 건강하게 자란 아이들은 오히려 불행한 부모와 함께 사는 것보다 더 낫다는 연구결과도 있듯이 가족이 해체되는 것만을 막을 것이 아니라 건강하게 살아가는 방법을 모색하는 것이 중요하다(변화순, 1996).

제3장 결혼이주여성과 이혼[32)]

통계청 자료에 의하면 2009년 10쌍 중에 1쌍이 국제결혼이며, 한국남성과 외국여성의 결혼 건수는 2001년 9,684건에서 2005년 31,180건, 2009년 25,142건으로 나타났다. 동일한 시기에 결혼이주 여성이 크게 증가한 출신국은 중국, 베트남, 필리핀으로, 중국국적의 신부들의 경우 동기간 6,799명에서 11,364명, 베트남 국적 신부들은 134명에서 7,249명으로 급속한 증가세를 보여주고 있다〈표 4-6〉. 그러나 이러한 증가추이와 더불어 국제결혼 이주가족의 해체현상도 눈에 띄게 증가하고 있다. 통계청에 의하면 2009년 한국인 남편과 외국인 부인의 이혼 건수는 11,692건으로 지속적으로 증가하고 있다〈표 4-7〉.

국제결혼, 그 가운데서도 2000년 이후 한국남성과 외국인 여성의 결혼 증가에는 상대방에 대해 파악하기도 전에 서로 얼굴만 보고 결정하는 현지 중개업자의 역할이 크게 작용하였다. 이들은 결혼에 있어서 배우자 선택이 대등한 입지에서 이루어지기보다 주로 남성에게 선택 권한이 주어지고 있으며, 중개업자를 통해 여성들은 남성의 건강 및 사회경제적 지위에 대한 정확한 상태를 알지 못하고 오는 경우가 많다. 신부의 연령이 훨씬 젊어 부부간 연령 차이는 20-30살에 이르는 경우가 많다고 한다. 이들 여성의 한국국적 취득은 정착 후 2년이 지나야 가능하고 취득 시 남편의 보증이 필요하기 때문에 가정 내 이들 여성의 지위는 절대적으로 열세에 있다(변화순 외, 2008).

결혼이민자 여성들 이혼의 중요한 원인 중 하나가 배우자 폭력으로 인한 이혼이다. 2008년도 '이주여성긴급지원센터 1577-1366'자료에 의하면

32) 본 논문은 변화순·이미정·김혜영·황정미·이선형(2008), 「결혼이민자 여성의 가정폭력 피해현황과 지원체계 개선방안」, 한국여성정책연구원의 일부를 수정보완한 것이다.

2006년 11월부터 2008년 7월 상담내용에서 가정폭력과 부부갈등이 차지하는 비중이 높아서 각각 12.8%와 31.9%를 구성하고 있다. 2006년 보건복지부 보고서에 의하면 가정폭력을 경험하는 결혼이주 여성은 30%이고 성적 학대에 시달리는 경우는 23.1%로 나타났다. 또한 2007년도 여성가족부의 전국가정폭력 실태조사에서도 다문화가정의 가정폭력 문제가 심각한 수준임을 보여주고 있다(김승권 외, 2007). 그러나 이혼 원인 및 결과에 관해 구체적으로 연구된 논문은 아직 찾아보기 어려울 뿐더러, 가정폭력으로 인한 이혼을 밝힌 글도 찾기는 어렵다.

한편 이혼은 부부 쌍방의 문제이므로 일방의 이야기만 들어서는 안 된다. 또한 가족 및 사회환경적으로 볼 때 결혼이민자 여성이 약자임에는 틀림이 없지만 이들이 국적으로 취득하기 위해 수단으로 폭력을 유발해 이혼을 하는 경우도 종종 있다는 이야기도 듣는다. 그러나 이 경우 또한 보다 심도깊은 연구가 필요하므로 이 글에서는 결혼이민자 여성에 초점을 맞추고자 한다. 따라서 이 장에서는 결혼이주여성의 결혼과 이혼의 특성, 그리고 가족갈등요인과 이혼의 개연성에 초점을 맞추고자 한다.

결혼이주여성 현황

2009년 외국인과 한국인의 결혼은 총 33,300건으로 전체 결혼의 10.8%를 차지하지만, 정작 이 가운데 외국인 여성과 한국인 남성의 결혼이 총 25,142건으로 국제결혼의 75.5%, 전체 결혼에 비해 8.1%를 차지하고 있다.

한국남성과 외국여성의 결혼이 일반인에게 많이 알려지고 사회적으로 수용되기 시작한 것은 90년대 초 한국의 농촌총각과 중국연변 조선족 처녀와의 짝지어주기 운동으로부터이다. 조선족 여성들이 노동이주의 방편으로 결혼을 선택하는 경향이 늘어나고, 한중 수교를 기점으로 한국 남성과 조선족 여성의 결혼이 급속하게 증가하기 시작하였다(윤형숙, 2004). 한국남성과 조선족 여성의 결혼은 언어와 문화, 혈연적 배경의 동질성으로 인해 사회적으로 무리 없이 받아들여질 수 있었는데, 특히 이들의 결혼은 국제결혼임에도 불구하고 민족내혼으로 별다른 거부감 없이 수용되어졌다. 따라서 적기에 배우자를 찾지 못해 사회문제로 부각된 농촌총각들의 대안적 결혼방식으로 국제결혼이 적극 추진되기 시작하였고, 이에 여성단체와 농민단체는 물론 심지어 지방자치단체들까지 적극 호응하였다(한건수, 2006).

그 결과 소수에 불과했던 한국남성과 외국여성의 결혼은 1990년대 중반부터 크게 증가하였다. 90년대 후반부터는 대상국가 또한 매우 다양화되는 양상을 보여주었다. 이는 동일 민족이라는 관념에 의해 쉽게 용인되어 온 조선족 여성과의 결혼이 점차 위장결혼사례 등의 폐해가 언론에 집중 보도되면서 그 대안으로 피부색의 부담이 적은 베트남, 태국, 몽골 등 아시아 저개발 국가의 여성들로 점차 국제결혼대상이 확대되었기 때문이다. 한국인과 결혼한 여성배우자 국적의 증가 추이를 보면 2009년 현재 중국이 45.2%로 가장 높은 비율을 차지하며, 베트남이 28.8%, 필리핀이 6.5%, 일

표 4-6 한국남성과 결혼한 여성 배우자의 국적별 증가 추이

(단위 : 건, (%))

	2001	2003	2005	2006	2007	2008	2009(구성비)
중국	6,977	13,347	20,582	14,566	14,484	13,203	11,364(45.2)
베트남	134	1,402	5,822	10,128	6,610	8,282	7,249(28.8)
필리핀	502	928	980	1,117	1,497	1,857	1,643(6.5)
몽골	118	320	561	594	745	521	386(1.5)
캄보디아	2	19	157	394	1,804	659	851(3.4)
일본	701	844	883	1,045	1,206	1,162	1,140(4.5)
계	9,684	18,751	30,719	29,665	28,580	28,163	25,142(100.0)

자료 : 통계청(2010), 「인구동향조사」

본이 4.5%, 캄보디아가 3.4%, 몽골이 1.5%를 차지하고 있다〈표 4-6〉.

이러한 국제결혼은 다양한 이유로 한국여성과 결혼이 어려운 도시 중하층 남성들과 농촌남성들이 주축이 되고 있다. 실제로 통계청 자료에 따르면, 2009년 남성 국제결혼의 27.2%가 농어촌(읍 · 면) 남성이 차지한다. 더욱이 일부는 중개업소를 통해 일정한 금액을 지불하는 방식으로 이루어진다. 그러한 중개업체를 통한 결혼방식은 만남과 결혼에 이르는 결정과정이 매우 빠르게 진행되고 있어 상대방에 대한 충분한 정보를 주고받기 어렵다. 따라서 이들은 결혼출발부터 상당한 취약성을 내포하고 있다. 이들의 결혼은 사설중개업자나 종교단체, 친구나 친척의 소개 등 다양한 방식으로 이루어지고 있지만, 맞선부터 결혼에 이르는 과정이 극히 짧아 서로에 대한 정보가 없거나 불충분한 상황에서 결혼이 성립될 뿐만 아니라 중개업자를 통할 경우 대개 결혼 자체가 금전적 거래 형식을 내포하는 경향이 있다.

가족갈등 요인과 이혼율

가. 이혼율 변동과 가정폭력

국제결혼의 이같은 취약성은 이혼율 증가를 통해서 쉽게 확인된다. 예를 들면 외국인 아내와의 이혼 건수는 2003년 547건, 2004년 1,567건으로 점점 증가하여 2009년 8,300건수에 이르렀다(통계청, 2010). 이는 무엇보다 다문화가족의 경우 부부간 상호 이질적인 문화에 대한 부적응과 한국남성들의 불안정한 사회적 지위 등 다양한 요인들이 복합적으로 작용하면서 이들의 가족관계를 불안정하게 만들기 때문이다.

이주여성의 가정폭력 경험은 결혼 지위에 따라 큰 차이가 있는 것으로

표 4-7 국제결혼 이혼자 수 추이

(단위 : 건, %)

구분	2002	2003	2004	2005	2006	2007	2008	2009
총 이혼건수	144,910	166,617	138,932	128,035	124,524	124,072	116,535	123,999
외국인과의 총 이혼	1,744	2,012	3,300	4,171	6,136	8,671	11,255	11,692
총 이혼대비 구성비	1.2	1.2	2.4	3.3	4.9	7.0	9.7	9.4

자료 : 통계청(2010), 「2009년 이혼통계 결과」

나타났다. 특히 별거나 이혼 상태에 있는 여성결혼이민자들의 폭력경험율은 그렇지 않은 여성에 비해 매우 높았다. '손발로 구타'를 당했다는 응답은 기혼여성의 경우 8.1%에 불과하였으나, 별거인 여성은 48.7%, 이혼한 여성은 57.9%로 매우 높았다. '성행위 강요'는 기혼여성이 6.9%, 별거 63.2%, 이혼 47.4%로 별거와 이혼 집단의 폭력 경험이 상당히 심각한 수준임을 알 수 있다.

2007년 경기도 결혼이민자 조사에서도 가정폭력을 경험한 여성들이 이혼을 고려하는 비율이 높은 것으로 나타났다. 즉, 가정폭력 피해를 경험한 여성들 중 '이혼을 심각하게 고려한 적이 있다'는 응답은 43.9%인 반면, 폭력을 경험하지 않은 여성들의 응답은 5.3%로 큰 차이를 보인다(정기선 외. 2007; 재인용, 변화순 외, 2008).

여성 결혼이민자들은 결혼이주 과정에서 불리한 위치에 놓이는 경우가 많고, 결혼이주 과정 자체에서 아내와 남편, 송출국과 유입국 간의 위계적인 권력관계가 형성된다. 몽골과 베트남 여성들의 결혼이주 과정에서 일어나는 인권침해 사례를 조사한 연구(김현미 외, 2007)에 따르면, 이주 후 정착과정에서 여성결혼이민자들은 사회적 고립 및 이동의 자유 제한, 체류 자격 및 권리 제한에 있어 남편의 일방적 권한 행사, 남편과 가족의 학대와 폭력, 문화적 박탈 등을 경험하게 된다고 한다. 가정폭력은 다문화 가족에게만 나타나는 현상은 아니지만, 한국 사회 안에서 자신들을 지지해주는 인적

표 4-8 결혼지위별 부부폭력 경험

(단위 : %, (명))

결혼이민자 조사	모욕적 말	때리겠다고 위협	물건 던짐	세게 밀기	손발로 구타	성행위 강요	변태적 성행위 강요
전체 (921)	31.0	18.4	23.7	13.9	13.5	14.0	9.5
기혼 (755)	24.1	11.1	19.5	7.6	8.1	6.9	3.4
별거 (76)	84.2	74.7	60.5	57.6	48.7	63.2	47.4
이혼 (38)	68.4	50.0	52.6	52.6	57.9	47.4	42.1

자료 : 설동훈 외.(2005), 〈표 4-20〉 재구성.

사회적 연계망을 가질 수 없는 외국여성들은 한국 남성의 잦은 폭력에 노출될 가능성이 더 많다.

나. 가족갈등과 이혼

국제 결혼한 이들 역시 모든 부부들처럼 다양한 요인에 의한 갈등상황에 봉착하기도 하고, 때로는 결혼 위기와 파국을 경험하는가 하면, 갈등극복을 통해 더욱 응집된 부부 및 가족관계로 발전하기도 한다. 따라서 가족의

표 4-9 남편에 의한 폭력피해 경험 유무 별 외국인 부인의 이혼고려 비율

(단위 : %, (명))

폭력피해 / 이혼고려	피해경험 있음	피해경험 없음	전체	차이검증
없음	56.1	94.7	92.7	$\chi^2 = 85.75$ p〈.001
있음	43.9	5.3	7.3	
전체 (921)	100.0	100.0	100.0	
전체 (921)	41	769	810	

자료 : 정기선 외(2007)

갈등요인이 반드시 부부 및 가족관계의 파국을 의미한다고 볼 수는 없다.

그러나 이들은 내국인끼리의 결혼에 비해 상대적으로 상호 소통과 이해가 부족하여 갈등상황을 극복하기가 쉽지 않다. 따라서 이 절에서는 결혼이민자가족의 갈등으로 인한 이혼 양태를 살펴보고자 한다.

1) 언어 등 사회문화적 차이

보건복지부가 전국 결혼이민자가족을 대상으로 한 실태조사결과에 따르면, 결혼이민자 여성들이 경험하는 부부갈등의 가장 큰 원인은 남편과 성격차이(33.4%)와, 생활방식 차이(22%)에 기인한다고 응답하고 있다(설동훈 외, 2005). 부부간 성격차이는 대다수 한국부부갈등에서도 가장 높은 비중을 차지하는 요인이라는 점에서 내국인 부부갈등과 비슷하다고 유추할 수 있다. 그러나 두 번째로 응답 비중이 높은 '생활방식의 차이'는 이들 가족갈등의 특성을 반영한다.

이주여성들은 한국에 와서 새로운 가족을 형성하였다는 점에서 한국사회 적응이 그들의 생존과 직결된다. 그러나 시댁식구와 남편은 결혼이민자 여성의 문화적 특질과 배경에 대한 체험적 인식이 전무한 상태인 상태에서 그들 배우자의 고유한 생활습관 등을 배려하기 어렵다. 특히 이들 부부들은 대화 시 주로 한국어를 사용(92.8%)하고, 영어(7.5%)와 본국어(6.9%)를 사용하는 비율이 매우 낮을 뿐만 아니라 대화를 거의 하지 않는다고 응답한 부부도 2.7%로 나타나고 있다(설동훈 외, 2005). 따라서 상당기간 한국어가 미숙한 결혼이민자 여성들은 언어장벽으로 자신의 상황이나 속마음을 쉽게 표출하기 어렵다. 이러한 상황에서 이들은 대화 부족은 물론 상호 소통과 이해의 충분한 자원을 마련하기 어렵기 때문에 쉽게 갈등이 유발될 수 있다.

의사소통의 어려움은 이주여성의 시댁 및 친족과의 관계형성에 가장 큰 장애요인으로 작용한다. 전반적으로 이주여성들은 결혼을 통해 남편의 친족망에 편입되지만 일상생활에서 친척들과 긴밀한 관계를 맺지는 못하고, 오히려 시부모와의 갈등이 이주여성에게 보편적인 현상으로 나타나곤 한다. 일차적으로 이러한 갈등은 한국문화에 익숙하지 못한 며느리와 외국문화를 접하지 못한 시어머니의 문화적 갈등에 기인한다(홍기혜, 2000). 상호 이해부족으로 인해 시어머니는 며느리를 불신하게 되고, 때로 이러한 불신은 아들부부에 대한 일상적 간섭이나 가정 경제권 장악, 남존여비적인 태도로 며느리에게 무조건적인 아들에 대한 순종과 복종을 강요하는 시어머니의 태도를 강화시킴으로써 이들 가족의 불안정성을 부추기는 요인으로 작용하기도 한다(윤형숙, 2004). 더욱이 국제결혼가족 구성은 한국의 일반가족에 비해 시댁식구와의 동거비율이 높은 것으로 나타나 고부갈등은 곧 결혼이민자 부부관계는 물론 나아가 이들 가족 안정성에도 부정적인 영향을 가져다 준다(설동훈 외, 2005; 재인용, 변화순 외, 2008).

> …처음에는 저를 잡을라고 그러는 거에요. 시어머니가. 막~ 부려 시켜먹고. 처음에는 [남편보고] 조심해라, 여자 돈 챙겨서 도망간다, 막 이랬는데, 인제 왔으니까, 자기 옛날에 못 했는 말이 다 했는데,[33] 지금이가 조금, 그런 말들 때문에, 생각 들겠죠.… (베트남 이주여성, 1996년 입국)[34]

따라서 결혼이민자 남편들과 가족들은 그들의 익숙한 방식만을 고수하기 보다는 이민자여성의 모국문화에 대한 관심을 기울이고, 결혼이민자 당사자들의 문화적 차이를 개인의 성격문제로 오해하지 않도록 해야 한다.

2) 경제적 요인

2005년도 실태조사 결과에 따르면, 국제결혼 가정의 52.9%가 최저 생계비 이하 소득수준이다(설동훈 외, 2005). 따라서 이질적인 문화와 민족의

33) 옛날에는 못 할 말 없이 다 했는데

34) 가정폭력 피해와 관련된 사례중 이혼과 관련된 사례를 인용하였음.

차이에 더해 경제적 취약성은 이들 가족의 불안정성을 증폭시키는 주요한 요인이 된다.

이같이 이주여성과 결혼한 남성들의 대다수가 경제적으로 불안한 위치에 있는 사람들로서 때로 결혼으로 인한 빚을 갚아야 하거나 그들이 결혼 조건으로 이주자 여성의 친정식구나 결혼 전 자식들에게 매월 일정액을 송금하기로 약속한 비율도 적지 않아 이를 둘러싼 부부 및 가족갈등이 자주 발생하고 있다. 실제로 많은 기존의 논의에서 부부갈등 원인 중 하나가 바로 여성결혼이민자 친정에 돈을 보내는 문제로 나타나고 있는데, 이는 많은 아시아 국가여성들이 가난한 친정에 보탬이 되기 위한 목적으로 국제결혼을 선택하고 있음에 기인한다(홍달아기 외, 2006; 재인용, 변화순 외, 2008).

이주여성들이 한국 남성과 결혼을 선택하는 이유는 한국이 모국보다 경제적으로 풍족하다는 사실에 있으며, 남편으로부터 경제적 도움을 받고자 했지만 이러한 환상은 짧은 결혼과정 동안 벗겨진다. 따라서 결혼이민자 여성들은 한국의 높은 물가와 턱없이 부족한 수입에 직면하여 심한 좌절이나 회의를 느끼기도 한다. 뿐만 아니라 일부 남성들은 경제적인 무능력으로 이민자 여성들이 한국사회에 적응도 하기 전에 생계를 걱정하는 처지에 놓이거나 역으로 남편을 부양하게 되는 사례도 나타나고 있다.

> … 맞아요. 나는 이혼하고 싶었어요. 너무 힘들어서. 나는 여기 한국 와서, 저 남편 말고, 다른 사람 만나면 이런 일이 있지 않았을까 생각하는데, 저도 친구 되게 많아요. … 그냥 친구뿐이고. 솔직히 말해서, 연애도 안 했는데, 남편 만나고, 결혼하니까 너무 억울하지. 게다가 여기 와서 남편 사업 잘못 돼서, 빚 갚고, 나는 쓰는 대로도 못 쓰고, 안산에 이사 가면은 3년 내내, 겨울에 춥잖아요. 난방도 안 틀었어요. 그렇게 살았어요. 애는 춥고. 옷 맨날 입혀 재우고. 집에서 이불 깔아서 이불 위에서 놀고 그랬는데, 갖고 싶은 것도 많이 못 해주고, 집에서 돈 부쳐준 적도 없는데, 겨우 빚 다 갚으려고 하는데, 술 먹고, 하튼 안 좋은 면을 많이 하니까…, 남편 지금 빚 많이 져서, 생활비 많이 못 줘요. 한 달에 20만원밖에 못 줘요. 그럼 20만원 갖고 뭘 하겠어요? (베트남 이주여성, 1996년 입국)

3) 자녀양육과 연관된 갈등 요인

결혼이민자 부부의 자녀양육을 둘러싼 갈등에는 사교육비와 자녀양육 비용문제, 보육담당자, 자녀언어습득문제, 자녀교육, 남편과의 자녀양육태도 불일치 등 다양한 요인들이 포함된다(광주여성의 전화, 2004; 신경희, 2005; 설동훈 외, 2005; 재인용, 변화순 외, 2008).

국제결혼의 경우 재혼비율이 적지 않은 상황에서 결혼이주자 여성들은 전처소생의 자녀와는 거의 대화가 없다고 답한 비율이 39%나 되고 있어 이로 인한 부부갈등의 소지가 적지 않다(설동훈 외, 2005). 조사 사례에 의하면 남편이 결혼 후 전처 소생자식과의 동거사실을 숨기고 결혼하였으며, 결혼 후 동거한 딸의 문제로 갈등이 증폭되어 이혼한 경우를 발견할 수 있다고 한다.

> … 전부인하고… 아들만 하나 있는 줄 알았어요. 그런데 딸이 하나 더 있었어요. 그리고 어머니는 따로 살고 본인하고 남편하고 아들하고 같이 사는 것으로만 알고 있었는데…(한국에 오니) 딸이 있더라… 중략 – 자식한테 통화가 안 되도 여기 본인에게 묻고, 막 왜 통화안하냐고. (상담원 통역) : 명절 무렵에 딸이 집에 들어오는 것에 대하여 가족과 이야기를 했었고. …그런데 왜 그 아이를 데려 오느냐 데려오면 안 된다 했었고. 그 다음날 남편이 딸과 통화를 하였고, OO(결혼이민자 여성)에게 폭력을 행사…(베트남 여성, 2006년 입국)

다음은 자녀출산을 미루는 며느리에게 시어머니가 자녀출산을 강요한 사례이다. 이 역시 친정을 돕기 위해 구직을 우선적으로 생각하는 며느리에 대한 불만에서 비롯되지만, 결국은 자녀양육을 둘러싼 지속적인 갈등으로 확징되고 있다.

> …(통역자) 왜냐하면 본인이 집에서 가난해서, 여기 한국에 와서, 솔직히 말도 안 통하고, 바로 애기 생기면 집에 도와 줄 수 없으니까, 본인은 한국 들어올 때 피임약 갖고 왔어요. 한 달 지나고 시어머님이 알고 난리 쳤어요. 난리 쳤

고, 결혼정보업체 통역 사람 불러서 본인한테 여기 한국 살고 싶으냐, 살고 싶으면 애기 낳아야 되고, 안 살고 싶으면, 너는 가도 된다고.… 애기 나서는 후에는 본인 취직 됐는데, 애 놀이방 보내고, 집에 도와주겠다고 했는데, 시어머니 비싼 유치원비니까, 속상한거야. 못 보내고, 본인도 화 나서, 집에서 애 보겠다고, 놀이방 안 다닌다고(베트남 여성, 2002년 입국).

4) 기대격차

대부분 결혼 이면에는 남녀 모두 어느 정도 자신의 이해를 추구하는 경향이 있지만, 국제결혼은 이러한 이해관계가 두드러진다. 예컨대 한국 남성들은 급속한 문화변동을 통해 점차 향유하기 어려운 가부장적 결혼관계를 국제결혼을 통해 이루고 싶어한다. 즉 사회계층적 지위가 미약한 남성에게는 한국여성으로부터는 순종적인 돌봄서비스를 기대할 수 없어 한국보다 경제적 지위가 낮은 출신국 여성을 기꺼이 배우자로 선택하려는 욕구가 높게 나타난다. 대부분 이주여성들은 집안일에 몰두하기 보다는 비교적 자유롭게 경제활동, 사회활동을 벌이는 여성의 모습이 당연한 것으로 생각한다. 또한 가사와 육아, 자녀교육 등은 부부가 함께 하기를 기대한다. 그런데 한국에서는 더 이상 이러한 기대가 힘들다는 점을 파악한다. 아무리 많은 양의 가사를 감당해도 자신과 전혀 관계없는 일로 치부하는 남편의 태도를 이해할 수 없다(김이선 외, 2006). 이같이 국제결혼을 희망하는 남녀의 기대격차는 때로 이들 결혼 및 부부관계의 긴장과 갈등을 유발하는 주요한 원인으로 작용한다(이혜경, 2005).

이 밖에도 배우자 기대차이의 이중적 모순으로 갈등적 상황에 놓이게 된다. 예컨대 한국남성들 가운데 일부는 그들 배우자가 하루 빨리 한국에 적응하기를 바라면서 오로지 자신과 자신의 가정에만 충실하기를 기대한다. 그 결과 결혼이주자 여성에 대해 과도하게 간섭하거나 개입하는 사례가 빈번하게 나타나기도 한다. 즉 자신의 배우자가 한국사회에 원만하게 적응하기 위해서는 다양한 사회생활에 노출되고 몸소 경험해야 함에도 불구하고 다른 외부인이나 동일국가 출신의 모임으로부터 나쁜 영향을 받지 않도록 집안 생활만을 강요하는 모순적 태도를 보여주기도 한다는 것이다(박경동, 2007). 이 같은 고립상황은 결과적으로 이주여성들의 과도한 스트레스와 부부 갈등 요인으로 작용할 수 있다.

또한 결혼이민자 가족구성의 복잡성이나 부부간의 나이 차이 또한 부부갈등의 한 요인으로 작용할 수 있다. 예컨대 재혼을 위해 국제결혼을 선택한 남성들의 경우는 연령대가 이미 40대를 넘어서고 있어 전처와의 자녀를 두고 있는 경우가 허다하다. 따라서 이들은 결혼이민자와의 사이에서 혼혈의 자녀출생을 원치 않게 되는데, 이 경우 자녀출산을 원하는 부인과의 갈등이 예견되기도 한다. 특히 배우자와의 나이 차가 많은 결혼이민자의 경우 남편의 노후나 사망시 자신들의 미래는 불안하여 결혼생활에 부정적 영향을 미친다.

이혼 예방 및 대책

가. 여성가족부, 다문화가족지원 전담부서

정부는 「다문화가족지원법」에 근거하여 결혼이민자 여성의 한국사회 적응을 지원하고 있다. 다문화가족지원법은 2008년 3월 제정되어 2008년 9월부터 시행되었다. 법의 주요 내용은 결혼이민자 가족이 한국사회 적응을 지원하는 것으로 한국어 및 직업 관련 교육지원과 생활정보를 제공하는 것이 주요내용이다.

정부조직의 기능변화에 의해 2010년 현재 결혼이민자정책 주무부서는 여성가족부이고 외국인의 법적 지위에 관한 정책을 수행하는 부서는 법무부로 역할 분담하고 상호 업무조정을 한다.

결혼이민자 가정폭력 피해자 지원에 참여하는 단체 및 개인들은 결혼 중개업 관리와 관련하여 다음과 같은 요구를 하고 있다. 가장 중요한 것은 중개업자가 결혼을 추진하는 과정에서 쌍방에 정확한 정보를 제공하는 것인데 이것을 중개업자 의무로 규정하자는 것이다. 한국남성의 가정폭력 전과기록 등 범죄기록, 정신병력기록, 결혼기록을 상대에게 제공해야 한다는 것이다. 또 결혼 이전에 외국인 배우자에게는 가정폭력 발생 시 제공받을 수 있는 지원과 피해자 권리에 대해서 정확하게 알려주어야 한다. 정보 제공은 문서로 이루어지며 이것을 결혼당사자와 중개업자가 보관하여 폭력 및 분쟁 발생시 증거자료로 사용될 수 있게 해야 한다고 주장한다. 중개업자를 통한 국제결혼에서 '근거 없는 과다한 수수료 부과, 허술한 통역 서비스 제공, 비전문적이고 남성 고객 중심적인 사후관리, 사후 피해 발생에 대한 보상의 미비' 등이 빈번하게 발생하는 것을 고려할 때, 표준 계약서를 작성하여 최소한 포함되어야 할 내용을 법령으로 규제하여야 한다(이영희 2008; 전진희 2007; 재인용, 변화순 외, 2008).

미국에서는 국제결혼중개업자규제법에 따라, 결혼관련 인터뷰 시 구두로 결혼상대자의 범죄기록 등에 관하여 통보하여 준다. 또 결혼중개업자는 여성의 모국어로 작성된 남성의 신상정보, 범죄기록, 성적 범죄기록 등을 제공, 가정폭력법과 그 밖의 관련법에 관한 정보를 제공하고 서면으로 작성된 동의서를 얻기까지 여성과 연락을 주선할 수 없는데, 이를 위반하면 2만 5천불 이하의 벌금형에 처하거나 5년 이하의 징역에 처한다(차별시정위원회 2006).

법무부에서는 결혼중개업체에 대한 법률을 제정하여 관리를 하고 있지만 현장에서 중개업체로 인해 발생할 수 있는 피해를 방지할 수 있는 것은 아니다. 상대방 지위, 혹은 과거의 전과 경력 등에 대한 정보가 제공되지 않고, 좋은 점만 부각시키다보니 결혼생활이 폭력, 이혼으로 이어지는 경우가 있다. 결혼중개업도 사업이므로 개개인이 책임을 부과하기에는 사회문제를 유발하므로 이들을 중매하기 전에 배우자에 대한 신원 확인, 가정폭력, 이혼 등 배우자 교육을 활성화시킬 필요가 있다.

나. 체류자격 유지 완화

결혼이민자 여성의 불안정한 법적 지위로 가정폭력을 당했을 경우 이들은 무기력하다. 가정폭력 피해자는 간이귀화여건에 의하여 본인이 희망한다면 일시적으로 체류할 수 있다.

한국정부 1997년 12월 국적법 전문을 개정하였는데, 양성평등에 입각하여 한국인 여성과 결혼한 외국인 남성에게도 국적취득을 허용하였다. 과거 한국인 남성과 결혼한 외국인 여성에게 결혼과 동시에 제공하였던 국적취득 기회를 결혼 이후 한국에 2년 이상 거주하였을 경우 국적을 취득할 수 있는 자격을 부여하는 것으로 바꾸었는데, 이러한 개정의 주요 목적은 위장결혼을 방지하기 위한 것이었다. 국적법의 개정으로 한국 국민과 결혼한 외국인은 국내에서 2년 이상 거주한 후 귀화 허가를 받아야 한국국적을 취득할 수 있게 되었다(국적법 제6조2항). 이에 따라서 1998년 6월 이후 한국남성과 결혼한 외국국적의 여성들은 2년간 한국인 배우자와 혼인한 상태로 한국에 거주하다가 기간이 되면 배우자와 함께 출입국관리사무소 법무부 국적출장소를 방문하여 국적 취득을 신청한다(안현주 2006). 결혼이민자 여성들은 국적 취득 신청 이전 거주기간 동안 일 년마다 비자를 갱신해야 하는데 이 때 남편의 신원보증이 필요하다(유영은 2006; 재인용, 변화순 외, 2008).

국적취득까지 2년 기간 동안 남편이 신분을 보증하기 때문에 부인은 남편의 부당한 대우도 받아들여야 하는 상황에 처한다. 이에 간이귀화요건과 관련하여 예외적인 사항에 대해서 2004년 법 개정이 있었다. 혼인에 의한 간이귀화 요건 중 한국인 남편이 사망, 실종하였을 경우, 남편 귀책사유에 의해 이혼, 별거를 하였을 경우, 미성년자 자녀를 부양할 경우 간이귀화 잔여기간을 충족하고 법무부 장관이 인정하는 자에 한하여 귀화자격을 부여하도록 자격요건을 확대한 것이다. 이처럼 법무부는 체류자격과 관련하여 가정폭력 등으로 인한 피해를 최소화하기 위해 결혼이민자 여성을 배려하는 방향으로 정책을 추진하고 있다.[35)]

2005년 9월 가정폭력 피해여성과 관련된 가장 중요한 변화 중 하나로 귀책사유 없이 국민과 이혼한 외국인에 대한 체류여건을 개선하였는데, 자신의 잘못 없이 불가피한 사유로 이혼하거나 귀책여부에 상관없이 한국인 배우자와의 사이에 출생한 자녀를 양육할 경우에는 거주(F-2)자격으로 국내 체류와 취업을 허용하고 있다(법무부 2008).

2007년 1월, 혼인파탄 귀책사유 입증과 관련된 어려움을 고려하여 결혼이민자의 혼인파탄 귀책사유 입증 책임을 완화시켰는데, 그 내용을 보면 판결문, 진단서 등 이외에 '공인된 여성 관련단체 확인서'를 증빙 서류로 인정함으로써 결혼이민자의 체류를 지원하고 있다.[36)] 2007년 1월, 가출 등의 이유로 신원보증이 철회된 외국인배우자에 대한 신원보증 해지 신고가 접수되면 바로 소재불명자로 등재하지 않고 확인절차를 거치기로 하였는데, 이를 위해서 혼인파탄의 귀책사유, 자녀양육여부 등에 대한 실태조사를 실시하고(법무부 2008), 새로운 신원보증인을 세울 수 있는 충분한 준비기간 제공하고 있다.

법무부에서는 결혼이민자여성이 한국에서 안정적으로 체류할 수 있도록 많은 법적 · 제도적 개선을 하였다. 그러나 일선 현장에서는 여전히 문제점들이 많이 노출되고 있다. 예를 들어 이혼의 귀책사유가 남성에게 있음을 밝혀야 할 경우 그것을 입증하기 어렵다. 앞에서 논의했듯이 결혼이민자여

35) 법무부 자료 (2008). "결혼이민자를 위한 체류지원 제도개선 내용"

36) 관계기관 및 단체 등과 협의를 통해 여성단체 197개를 '공인된 여성 관련단체'로 선정하였다.

성의 가정폭력은 가시적으로 드러나지 않는 정서적 · 경제적 폭력이 많다. 신체적 폭력의 경우라 하더라도 결혼이민자 여성이 병원 진단서 등 물적 증거를 확보하기는 쉽지 않다.

결혼이민자여성의 가정폭력을 해결하는 것은 그것이 이혼으로 끝나든, 재결합으로 끝나든 상당한 시일이 걸린다. 그러나 그 사이 여성의 체류자격은 3개월, 6개월 단위로 연장이 되기 때문에 실제 사건 해결에 걸리는 시간에 턱없이 모자란다.

제4장 이혼 후 여성의 빈곤화[37)]

최근 이혼으로 인한 여성가구주가 증가하고 있다. 이에 대한 정책적 관심과 사회적 우려는 이혼이 여성가구주 빈곤화에 영향을 미친다는 점에서 출발한다. 실제로 미국의 경우 이혼이 여성 및 아동을 빈곤에 처하게 하는 중요한 원인 중 하나로 지적되고 있다. 특히 90년대에 들어와 여성가구주에 대한 사회적 관심이 집중되었는데, 이는 여성 한부모와 여성가구주 집단이 과거에 비해 수적인 규모에서뿐만 아니라 구성적 측면에서도 변화하고 있기 때문이다(Lewis and Hobson, 1997). 즉 과거에는 사별이 여성가구주의 주요 발생요인이었다면, 이제는 사별의 비중은 점차 감소하고 이혼이나 미혼에 의한 여성가구주가 증가되는 추세이다.

한국의 경우 가구주의 혼인상태 변화 중 이혼이 1985년 남성은 0.5%에서 2005년 3.2%로, 동 기간동안 여성은 4.3%에서 14.4%로 여성의 증가속도가 더 빠르다〈표 2-5〉. 여성가구주가 빈곤에 처해 있을 가능성이 높음을 감안해 볼 때, 이혼가구주 증가는 빈곤의 여성화를 심화시킬 가능성이 크다. 한국의 경우 이혼, 사별로 인한 저소득 모자가족에 대한 연구는 찾아볼 수 있지만(장혜경, 2005; 박영란 외, 2003), 이혼 전후의 사회경제적 지위변화에 관한 종단적 연구는 거의 없다. 다만 1998년부터 2003년까지 총 5년간의 한국노동패널조사 자료를 이용하여 이혼 및 별거상태에 이른 161명을 추출하여 이혼 1-2년 전의 이혼자가 속한 가족의 총소득과 이혼 1-2년 후 이혼자가 속한 가족의 총소득을 비교한 김미숙 외(2005)의 연구가 이혼 여성의 빈곤화에 접근한 연구라 하겠다. 그러나 이 연구에서는 이혼을 전후로 한 단순

---

37) 본 논문은 변화순·김혜영·윤홍식(2006), 「이혼후 여성의 사회경제적 지위변화」 한국여성정책연구원의 연구결과 일부를 수정 · 보완한 것이다.

가구소득의 평균비교일 뿐 소득의 변화 양상 및 가구원 수 등의 사회인구학적 요인들은 고려되지 않고 있다.

이혼의 증가를 단순히 사회적 측면에서 가족구조 변화를 야기하는 측면으로만 볼 것이 아니라, 한국사회 복지정책의 기본 전제를 바꾸는 시각에서 접근해야 한다. 비록 한국은 복지국가 초입에 들어선 상태에 불과하지만 복지체제의 기본 전제는 남성생계부양자와 피부양자인 여성과 아동을 상정하고 설계되어 있다. 예를 들면, 국민연금은 단순히 노령 노동자 자신의 생활을 유지하기 위한 소득보존뿐만 아니라 해당 노동자에게 생계를 의지하는 피부양자에 대한 부양 역할을 포괄한다. 명목적인 측면이 강하지만 피부양자가 있을 경우 추가로 지급되는 가급연금, 이혼한 배우자에게 지급되는 분할연금 등은 한국 사회보장체제의 이러한 특성을 반영한다. 또한 2008년 현재 여성의 국민연금 적용률은 19.8%에 불과한 데 반해 남성의 적용률은 34.9%라는 사실(국민연금관리공단, 2009)은 여성의 연금수급권이 파생적 권리(배우자의 수급권에 근거한 권리)에 기반한다는 추정을 가능하게 한다.

이러한 전제에 근거해 이혼율 증가는 남성생계부양자를 중심으로 사회적 위험에 대응하기 위해 설계된 사회복지체제의 근본적인 변화를 요구한다. 더 나아가 결혼관계 내에서 가족 구성원에 대한 돌봄을 주로 제공했던 전업주부 여성도 이혼 후 노동시장 참여를 통해 생계부양자 역할을 요구받고 있다. 특히 여성 한부모가족의 노동시장 참여는 선택이 아니라 가구의 생존을 위해 필수적이다. 이혼 후 여성의 사회경제적 지위 변화를 단순히 평가하기는 어렵다. 이혼이 불행한 결혼을 해결해 주는 방안이기도 하지만, 이혼 후 경제적으로 어렵거나 혹은 심리적 안정성을 가져다주지 못할 경우 또 다른 문제점을 야기하기 때문이다. 특히 이혼 후 자녀 양육은 여성의 빈곤화 현상을 가중시키는 중요한 요인이 되고 있다(변화순, 1996).

따라서 이 장에서는 이혼 후 이혼여성의 생활실태변화와 이혼여성의 빈곤화 양상을 파악하고, 이혼가족지원정책 현황과 대안을 제시하고자 한다.

이혼 후 여성의 사회경제적 지위 변화

이혼 후 여성의 사회경제적 지위변화는 이혼 전 여성 개인의 사회경제적 지위 수준에 따라 각기 상이한 양상으로 나타난다. 여성 개인의 인적자본이나 연속적인 직업경력과 여성고용의 질, 사회적 지원망, 심리 · 정서적 유대, 네트워크 등과 같은 사회적 자본에 따라 여성들이 체감하는 사회경제적 지위변화의 폭은 매우 다르게 나타난다.

특히 여성들의 직업경력과 직업지위는 이혼 후 소득원과 소득수준을 결정하는 가장 중요한 요인이며, 이혼 이후 여성이 부양해야 하는 자녀 수와 자녀연령, 그리고 돌봄 노동을 대체할 수 있는 가족 내 자원여부는 이혼 이후 여성의 사회경제적 지위변화에 주요한 변수가 된다.

미취학 아동이 있을 경우에는 취업으로 인해 자녀를 대신 돌볼 수 있는 대체 인력 또한 매우 중요하다. 또한 사교육비의 부담이 중산층 가구에게도 과도한 부담으로 작용하는 한국적 현실에서 이혼여성의 학동기 및 청소년기 자녀들은 빈곤으로 인해 교육을 제대로 받지 못해 빈곤대물림이라는 새로운 문제를 낳게 된다. 중산층 전업주부들과 동일한 수준에서 자녀들에게 물리적, 정서적, 학습정보제공 등과 같은 뒷바라지가 가능하지 않다는 현실적 여건은 향후 이들 자녀세대의 계층적 지위 결정에도 주요한 영향을 미친다. 이러한 점에서 자녀양육을 지원하는 돌봄 노동의 사회적 분담화와 방과후 자녀를 돌봐줄 수 있는 교육지원체계를 확대할 필요가 있다.

한편 전배우자의 사회경제적 소득 수준 역시 이혼 후 여성의 사회경제적 지위에 영향을 미친다. 전배우자의 위자료, 자녀양육비 등의 경제적 지원은 자녀를 양육하는 이혼여성의 생활수준에 중요한 영향을 미친다. 부부공유 재산의 일부를 분할 받거나 일정액수 이상을 정기적으로 지원받는 이혼여성과 그렇지 않은 여성의 삶의 질은 크게 다를 수밖에 없다. 재산 분할

규모와 경제적 지원액은 이혼 후 여성의 사회경제적 지위변동 폭을 감소시킨다. 또한 이혼여성을 지원해주는 친인척은 자녀부양을 지원해주거나 빈곤층으로의 유입을 막을 수 있는 주요한 자원으로 활용될 수 있다.

유배우 가족과 이혼가족의 전반적인 생활변화를 조사한 한국보건사회연구원(2003)의 연구는 유배우 가족의 경우는 '1년 전에 비해 가족생활이 더 나빠졌다'는 비율이 28.1%이지만 이혼가족의 경우는 거의 절반에 가까운 비율을 보인다. 특히 이혼가족의 삶의 질 하락 인식은 이혼여성가구주 보다 이혼 남성가구주가 다소 높은 비율을 차지하지만 유의미한 차이는 없다. 이는 이혼결과에 대해 여성 · 남성 모두 부정적임을 보여준다.

변화순 외(2006)는 이혼 후 여성의 사회경제적 지위변화를 살펴보기 위한 첫 단계로서 여성의 노동시장내 지위변화를 보았다.[38] 먼저 이혼 전후 취업변화 경험을 질문한 결과, 응답자의 49%가 이혼 이후 취업변화를 경험하였다고 응답하였다. 이는 이혼으로 여성 스스로가 생계부양자가 되기 위해 취업활동에 참여한 결과이다. 이들의 직업변동을 직종별로 자세히 살펴보면, 대부분 서비스판매직이거나 단순노무자이며, 이들 대부분의 종사상 지위는 비정규직이거나 임시고용의 형태이다〈표 4-10〉. 이는 단순히 이들의 직업경력이 부족하거나 인적자본이 열악하다는 사실뿐만 아니라 이미 노동시장구조가 남성과 여성이 분절화 되어 있기 때문이다.

한편 여기서는 표로 제시하지 않았지만 이혼 경험 여성(한부모)가구의 경제적 영향과 사회안전망 대응을 분석한 결과 이혼 전, 당시, 후를 거치면서 미성년아동이 있으면 빈곤화 정도는 낮아졌다. 이는 전남편으로부터의 자녀양육비 수급이 경제적으로 도움되기 때문이다(변화순 외, 2006). 따라서

38) 본 조사의 조사대상자는 20대-50대 이혼여성 274명으로 이혼 전후(3년간)의 변화과정을 조사하였다. 그러나 샘플 표집에 있어서 이혼여성에 대한 전국표본조사는 아니고, 이혼한 여성들 중에서 연령, 교육 등을 고려한 눈덩이 표집으로 추출하여 중산층 이상의 여성비율은 낮았다. 따라서 이혼여성을 일반화하기에는 무리가 있음을 밝힌다.

표 4-10 시점 별 직업지위의 변화

(단위 : 명, %)

구분직업 \ 시점	이혼 전	이혼 당시	이혼 후(현재)
고용주	1(0.7)	1(0.7)	1(0.4)
자영업자	28(19.4)	26(17.6)	34(14.9)
상용직 근로자	61(42.4)	60(40.5)	76(33.3)
임시직, 일용직 근로자	48(33.3)	56(37.8)	116(50.9)
무급가족종사자	6(4.2)	5(3.4)	1(0.4)
계	144(100.0)	148(100.0)	228(100.0)

자료: 변화순 외(2006)

아동양육에 대한 비용을 부 · 모가 서로 일정부분 분담한다면, 이혼 후 여성(한부모)가구가 빈곤에 처할 가능성이 그 만큼 줄어든다.

이혼후 여성의 심리정서적 변화를 보았다〈표 4-11〉. 첫째, 이혼여성들의 이혼 전, 이혼 당시 심리적 상태는 자녀 유무와 관계 없으나 이혼 후 자녀가 없는 것이 정서적 안정에 긍정적인 영향을 미치는 것으로 나타났다. 이는 여성들이 자녀 양육에 많은 어려움을 겪어 자녀양육을 포기하는 것으로 해석할 수 있다. 또한 현재 취업 유무는 이혼 여성의 전반적인 정서 부분에 모두 유의미한 영향을 미치며 일자리가 있으면 정서적 안정을 보인다. 특히 이혼 후 일자리는 정서적 안정에 많은 영향을 미치고 있다. 둘째, 이혼 형태별로 분석해 본 결과 협의이혼이 재판이혼 경우보다 이혼 1년 전 정서와 이혼당시 정서에 더 안정적이었다. 이는 이혼시 부부간 합의된 의사가 정서에 긍정적인 영향을 미치는 것으로 추정할 수 있으며, 양자간의 합의가 이루어지지 않아 법에 호소하는 재판이혼 과정에서 많은 심리적 어려움을 경험하는 것으로 해석할 수 있다. 따라서 이혼과정에 갈등을 해소할 수 있는 갈등해소기제를 마련하는 것이 필요하다.

표 4-11 인구사회학적 변인과 심리 · 정서적 상태의 차이

구분 \ 시점		이혼 1년 전		이혼 당시		현재	
		M(SD)	T	M(SD)	T	M(SD)	T
자녀 유무	자녀 없음	1.98(.73)	1.2	1.69(.62)	0.32	2.71(.62)	2.3*
	자녀 있음	1.85(.70)		1.65(.66)		2.42(.84)	
현재 취업 유무	일자리 있음	1.92(.71)	2.54*	1.71(.67)	2.87**	2.55(.78)	3.98***
	일자리 없음	1.63(.65)		1.41(.5)		2.04(.84)	
이혼 형태별	협의이혼	1.92(.70)	2.54*	1.70(.66)	2.01*	1.92(.70)	-.30
	재판이혼	1.63(.68)		1.48(.59)		1.63(.68)	
교육 수준별		M(SD)	F	M(SD)	F	M(SD)	F
	중졸 이하	1.68(.67)	1.64	1.58(.61)	0.24	2.26(.87)	1.94
	고졸	1.85(.66)		1.66(.64)		2.44(.79)	
	대졸 이상	2.00(.86)		1.70(.72)		2.64(.86)	

자료: 변화순 외(2006)

*<.05, **<.01, ***<.001

* Mean 값이 높을수록 안정적임

이혼가족만을 위한 정책은 없다

무엇보다 이혼여성 한부모는 경제적, 정서적, 자녀양육형태 및 주거방식 등의 변화와 어려움을 동시에 경험하게 된다는 점에서 이혼 후 이들에 대한 사회적 지원방안은 매우 중요하다. 특히 최근 들어 이혼가족의 빈곤 유입가능성과 대물림 등이 주요한 사회적 이슈로 부각되어 이들에 대한 경제 및 자녀양육지원 등 구체적인 지원 방식과 범위가 확대되어야 한다. 우리나라의 한부모 가족정책은 2010년 부터 여성가족부로 이관되었으나 이혼가족만을 대상으로 하는 경제 및 자녀양육지원정책은 없다.

한국사회에서 이혼가족이 지원대상이 될 경우는 먼저 이혼가족 가운데 빈곤층에 해당되어 일정한 혜택을 받는 것으로서, 이 경우 최저생계비

이하의 극빈층을 위한 국민기초생활보장제도에 의한 생계급여, 주거급여, 의료급여, 교육급여, 해산급여, 장제급여, 자활급여를 지원받을 수 있다. 다음으로는 저소득층 모 · 부자가정을 대상으로 하는 「한부모가족지원법」에 의거하여 자녀양육, 교육 및 주거를 지원받는 경우인데, 이 경우 역시 한부모가족의 하위 범주로서 이혼가족의 지원이 이루어지고 있을 뿐이다. 그 밖에 법적 차원에서는 민법의 가족법 중 이혼관련조항, 호주제 폐지, 그리고 건강가정기본법에서 이혼가족 지원관련 규정이 있으며, 건강가정지원센터 혹은 민간단체에서 운영하는 이혼가족 심리 · 정서적 지원 프로그램이 있다. 여기서는 이혼가족에 대한 실질적인 지원이 이루어지는 정책만을 간략히 살펴보고자 한다.

국민기초생활보장제도의 수급권자에 해당하는 이혼가족들은 규정에 따라 생계급여, 교육급여, 의료급여, 장제급여, 자활지원, 해산급여를 지급받을 수 있는데, 사실상 국민기초생활보장제도 수혜자 가운데 이혼가족이 차지하는 비율을 정확히 추정하기는 쉽지 않다. 생계급여는 최저생계비를 기준으로 차액을 보충하여 지원하는 보충급여의 방식으로, 이는 수급자에게 의복 · 음식물 및 연료비, 기타 일상생활에 기본적으로 필요한 금품을 지급하는 것이다(보건복지가족부, 2009).

그러나 국민기초생활보장제도는 최저생계비를 넘나드는 이른바 차상위 계층에 대한 지원은 극히 미비하고, 특히 수급기준에 미치지 않는 여성 이혼가족들의 경우에는 경제적 부양과 자녀양육이라는 이중적 어려움에 봉착해 있음에도 불구하고, 이들에 대한 별도의 지원이 가능하지 않다는 문제를 안고 있다(김경희, 2001). 따라서 이혼으로 인한 여성가구주의 증가 추세를 고려해 볼 때 이들 가족에 대한 보편적 지원방식이 고려될 필요가 있다. 한편 2007년에 일부 개정된 「한부모가족지원법」은 우리나라 한부모가족을 주요 정책 대상으로 한 유일한 '명시적인' 지원책이며, 유자녀 이혼가족은 이 법에 의해 지원받을 수 있다.

한편 모 · 부자 중 저소득 무주택자는 모자보호시설(일명 모자원)에서 보호받도록 되어 있는데, 이 대상자에 한해서 생계급여가 한시적으로 지급된다. 한시적이라 함은 모자보호시설에서 3년 동안 기거(2년 연장가능)가 가능하며, 이 기간 동안에만 생계급여가 지급된다는 의미이다. 그러나 대부분의 한부모가족 복지사업 대상자는 시설거주자가 아니라 재가이혼자이기 때문에 생계급여가 지원되지 않는다.

저소득 모 · 부자가정의 자활 및 경제적 안정을 도모하기 위한 직업훈련 및 취업알선 지원 또한 「한부모가족지원법」에 근거하고 있는데, 주 대상은 재가 저소득 모 · 부와 모자보호시설 거주자로 직업훈련을 받고자 하는 사람이다. 직업훈련 기간 중에는 가계보조수당을 노동부로부터 지급 받을 수 있으며, 취업알선은 직업훈련 이수자에게 제공되고 공공시설의 각종 매점 및 시설운영권을 우선적으로 허가한다(「한부모가족지원법」 제15조). 그러나 모 · 부자에게 제공되고 있는 직업훈련은 훈련기간 동안의 낮은 생계비 지원으로 참여자가 적은 문제점을 안고 있다.

이혼가족의 자녀양육을 지원하기 위해 이들에 대한 양육비와 학비지원, 그리고 이들에 대한 보육과 학습지원이 이루어지고 있다. 이혼 한부모가족의 자녀지원책으로는 「국민기초생활보장제도」에 의한 교육급여와 「한부모가족지원법」에 의한 자녀학비(입학금, 수업료) 및 양육비 지원(6세미만 아동, 월 5만원)이 있다. 국민기초생활보장 대상자 자녀는 중 · 고등학교 학비를 전액 면제받는다. 한부모가족 복지 대상 가족 자녀에 대한 학비지원은 저소득 모자가정에게 경제적 부담이 큰 학비를 지원하여 자활을 도모하기 위한 사업으로 고지된 입학금 · 수업료 전액을 지원하고 있다. 아동양육비는 저소득 한부모가족의 6세 미만 아동에 대하여 양육비를 지원함으로써 자활을 도모하기 위한 사업으로 2009년도 현재 1인당 양육비 월 5만원을 지원한다(보건복지가족부, 2010). 그러나 이러한 금액은 현실적인 양육비에 비해 턱없이 적은 금액이며, 자녀의 고등학교 입학금과 수업료의 경우

대학등록금이나 학자금지원은 제외되어 있어 대학생 자녀를 둔 한부모가족에 대한 지원책이 적극 검토될 필요가 있다(송다영, 2003; 김혜영 외, 2006).

그 밖에 모자보호시설이나 모자자립시설에 기거하는 학동기 전 아동에게는 보육시설이용 시 보육료를 감면하는 혜택이 있으며, 학동기 자녀들에게는 민간을 중심으로 공부방 사업이 진행되고 있다. 이혼가족을 위한 주거지원으로는 국민기초생활보장제도에 의거한 주거급여와 모·부자가정을 대상으로 한 영구임대주택 우선입주 및 시설보호가 있는데, 「국민기초생활보장법」에서는 수급자의 주거 실태에 따른 적정한 급여를 지급함으로써 수급자가 보다 나은 주거환경에서 거주할 수 있도록 유도하기 위하여 '주거급여'를 분리·신설하였다(보건복지부, 2010).

또한 무주택 저소득 모·부자가정의 주거안정을 위해 실시된 영구임대주택 공급지원은 현재 중단되었으며, 2004년부터는 건설교통부 산하 주택공사를 통해 매입임대주택사업이 실시되고 있다. 이는 기존 다가구 주택을 저렴하게 매입하여 임대하는 사업으로 매입임대주택의 임대 기간이 2년에 연장 2회(2년 단위)로 최장 6년으로 한정되어 있어서 영구임대아파트에 비해서 저소득층을 위한 주거지원 방안으로서는 영속성이 떨어지는 것이 사실이다(김혜영 외, 2006).

끝으로 모자보호시설과 모자자립시설을 꼽을 수 있는데, 이는 무주택 저소득 모·부자가정을 모자보호시설에서 일정기간 보호함으로써 자립·자활 기반을 조성하는 것을 목적으로 한다. 모자보호시설은 18세 미만 아동을 양육하는 무주택 저소득 모자가정의 기본생계와 자립기반 조성을 지원하기 위한 것으로 보호기간은 3년 이내이며 필요하다고 인정되는 경우 1년 미만 단위로 2년 범위 안에서 연장할 수 있다. 모자보호시설 거주자에게는 생계비지원, 학비지원, 방과후 아동지도, 복지자금 융자, 퇴소 시 자립정착금 지원, 보육시설 이용 시 보육비가 지원되며, 통합관리운영비, 학용품비, 부교재, 교양도서비(중·고생), 아동교통비(중·고생), 아동급식비

등도 지급된다. 모자자립시설은 모자보호시설에서 퇴소한 모자가정으로서 자립준비가 미흡한 가정과 무주택 저소득 모자가정이 시 · 도, 시 · 군 · 구 또는 상담원의 상담을 거쳐 입소하여 보호를 받게 된다.

따라서 다음과 같은 정책을 제언하고자 한다. 첫째, 이혼 한부모를 위한 사회안전망 대응의 구조적 변화를 위해 제도화된 사회보장체제의 근본적 변화가 필요하다. 한 개인은 양(한)부모의 자녀로서, 부부로서, 자녀의 부모로서, 한 부모가구의 가구주로서 다양한 형태의 가족으로 생활할 가능성이 그 어느 때보다도 높아지고 있다. 그러므로, 사회보장체제는 남성 생계부양자 가구라는 전형적인 가족 상에 입각해 정책을 제시하기보다, 다양한 형태의 가족들이 제 기능을 수행할 수 있도록 사회보장기능을 다원화하고 강화해야 한다. 예를 들면, 경력 단절 없이 지속적으로 노동시장에 참여하는 남성 생계부양자를 전제로 설계된 사회보장 체계를 가족 내 돌봄 등의 필요에 따라 경력단절이 수시로 발생할 수 있는 여성노동자(비정규, 임시직 노동자 등)를 포괄할 수 있도록 자격조건을 대폭 완화해야 한다. 둘째, 특수한 조건에 처한 사람들의 욕구에 부응하기 위해 별도의 수당 등을 고려할 수 있다. 보편적인 아동수당과는 별도로 한부모가구를 위한 한부모가구수당 등이 그 예가 될 수 있을 것이다. 셋째, 이혼전 혹은 이혼과정에 대한 갈등을 해소할 수 있는 이혼상담, 자녀양육에 대한 상담의 활성화가 필요하다. 이혼 후 여성의 심리정서적 변화를 보면 전반적으로 이혼 전, 이혼 당시의 심리상태가 가장 불안하다. 현재 한국의 유책주의에 입각한 재판이혼에서는 상대방의 잘못을 드러내야만 자신의 재산권을 확보할 수 있다. 이러한 상황에서 심리 · 정서적 안정은 기대하기 어렵다. 따라서 이혼과정에 갈등을 조정, 해소할 수 있는 갈등해소기제를 마련하는 것이 필요하다.

제5장 쿨하게 이혼하기[39)]

젊은 층의 개인주의적 삶의 방식 확산과 더불어 중년기 여성들의 권리 자각에 따른 행동양식의 변화가 전통적 가족주의와 갈등을 빚게 되면서 이혼이 증가하고 있다. 이에 따라 이혼에 대한 가치 격차는 성별, 세대별로 대립되면서 다양한 갈등과 마찰을 유발하고 있다. 따라서 이혼시 부부간 감정 대립으로 인해 서로 상처받기 보다는 쿨하게 이혼해야 하며, 이를 위해서 이혼에 대한 개인적 태도 변화와 더불어 이혼 예방 혹은 사후 처리를 할 수 있도록 갈등관리 체계가 확립될 필요가 있다. 따라서 이 장에서는 이혼시 갈등관리 체계에 대한 한국의 현황 파악과 외국의 사례를 검토하고자 한다.

이혼 시 조정상담이 필요하다

이혼협상기간은 개인이나 가족에게 가장 고통스러운 시기이다. 이 때 합리적인 결정을 내리지 못하거나 배우자에 대한 부정적 인식을 갖게 되면, 이혼부부는 만성적 갈등관계에 빠지기 쉽다. 선행연구들에 의하면 이혼협상의 결과와 질에 영향을 미치는 요인으로는 이혼당사자의 심리적 특성, 부부의 권력특성, 이혼욕구수준, 협상수준(의사소통수준, 갈등해결방식), 제3자의 개입, 협상소요기간 등이 지적되었다(전영주, 2005).

갈등을 겪고 있는 부부에 대한 상담적 개입은 결혼관계에서 개인 및 부부의 욕구가 충족될 수 있는지 여부를 확인할 수 있도록 돕는 서비스이다.

39) 이 글은 변화순·장혜경·김혜영·전영주·정재동(2005), 「가족 · 성별 갈등현황 및 정책과제」, 경제인문사회연구회, 한국여성개발원의 연구보고서를 수정 · 보완한 것이다.

상담유형은 개인상담, 부부상담, 집단상담 등 다양하다.

협의이혼하는 부부 중에 중립적인 제3자에 의한 향상된 의사소통 후에 결혼관계를 종결하는 경우는 극히 적은 것으로 드러났다. 이는 상담료에 대한 금전적 부담과 더불어 상담자에 대한 공적 신뢰도의 결여, 상담서비스 기관의 전달체계가 제대로 구축되어 있지 않기 때문이다. 심지어 상담이 보편화된 미국에서도 부부가 심각한 결혼관계의 문제를 지각하는 때부터 상담을 받기까지 평균 6년이 걸린다고 한다. 부부간의 갈등 기간이 길어질수록 한 쪽 또는 양 쪽 배우자의 에너지가 고갈되어 갈등을 해소하기 어려워짐을 고려할 때, 일찍 체계적 도움을 받을수록 갈등의 예후가 좋을 수 있다(전영주, 2005).

이혼을 둘러싼 갈등에 단계별 개입이 가능하다. 사전 예방과 사후 처치(상담과 조정)의 두 가지 형태의 개입이 가능한데, 구체적으로 다음과 같다.

사전예방은 아동, 청소년기에 공교육과정과 가정에서의 사회화를 통해 의사소통훈련과 갈등해결방법을 교육하는 방법이다. 또한 대학생과 결혼적령기의 청년들을 대상으로 결혼 전 가족생활교육 프로그램을 실시하는 방법이 있다. 대학 학생상담센터에서의 집단상담프로그램(예 : 이성교제를 위한 상담프로그램)이나 교양강좌를 통한 교육(예 : 결혼과 가족), 종교기관이나 시민단체에서의 결혼준비교육 프로그램들이 사전예방 차원의 개입을 제공할 수 있는 세팅일 것이다. 또한 심각한 갈등이 없는 기혼자 대상으로 결혼관계 강화 프로그램을 참여하도록 하는 것도 갈등의 사전 예방 효과가 강하다. 이러한 결혼관계강화 프로그램 역시 종교단체, 시민단체, 연구기관 등 다양한 세팅에서 이루어지고 있다.

예방적 차원의 결혼준비교육은 강좌 형식과 소그룹 형태의 집단상담 방식이 있으며, 후자가 상대적으로 더 효과가 큰 것으로 알려져 있다. 그러나 대규모 강좌 형식의 결혼준비교육도 결혼관과 가족관, 성역할과 성의식 등의 가치관에서 성차를 감소시키는 데 효과가 있는 것으로 알려져 있다.

부부갈등 발생 후에 부부가 함께 상담 받을 수 있는 합동 치료적 개입으로는 부부상담, 이혼상담, 성치료 등이 있다. 물론 개인상담도 가능하나, 갈등을 보다 효과적으로 다루기 위해서는 분쟁 당사자인 부부 모두 함께 상담을 받는 것이 바람직하다.

한국의 이혼갈등관리체계

가. 갈등조정기구

이혼을 비롯하여 기타 가족갈등 해소에 있어서는 정부를 주축으로 한 다각적이고 통합적인 가족 갈등관리시스템 구축 모색이 필요함에도 불구하고, 현재 우리나라에서 가족갈등 조정 서비스를 위한 전달체계는 가정법원을 중심으로 이루어지고 있다(변화순 외, 2005).

먼저, 재판 이혼의 경우 필요한 조정 서비스를 위한 시스템으로서 가정법원을 들 수 있다. 서울가정법원은 소년 심판부 5개부와 가사 심판부 5개부로 구성되는데, 이혼과 관련된 문제의 접근은 가사 심판부에서 담당하며, 가사조정(家事調停)과 가사심판을 한다. 여기서 가사조정은 재판절차가 아니라 당사자의 합의에 따라 가정 분규를 자주적으로 해결하게 하는 특별절차이다. 이러한 가사조정은 법관이나 학식과 덕망이 높은 사회 저명인사로 구성된 조정위원이 주재한다.

이러한 조정서비스는 이혼을 고려하는 클라이언트들의 심리상담을 통한 화해권유 등을 시도할 수 있지만 동시에 화해가 형식적으로만 진행될 수 있는 한계점도 있다. 즉, 이혼사건에서 가사조사관들이 합의를 목적으로 임의적인 합의조항을 만들어 당사자들의 합의를 유도한다는 것이다. 이에 따라, 클라이언트 입장에서 문제를 해결하려는 전문적이고 훈련된 인적자원 구축이 필요하다.

둘째, 2004. 12. 27. 서울가정법원 가사소년제도개혁위원회에서 협의이혼의사확인절차와 관련하여 숙려기간제도 및 상담제도를 도입하기로 의결함에 따라 서울가정법원에서는 2005. 3. 2.부터 숙려기간 및 상담을 시범적으로 실시하였다. 이렇게 함으로써, 이혼결정에 대해 다시 한 번 재고할 기회를 주기 위하여, 가정폭력 등 급박한 사유가 있는 경우를 제외하고 협의이혼의사확인신청을 한 때로부터 1주일(일종의 숙려기간임) 후에 협의이혼의사확인기일을 지정하게 된다. 그리고 협의이혼신청을 하는 부부 중 혼인기간이 1년 이내이거나 15세 이하의 자녀가 있는 경우에는 원칙적으로 부부 쌍방을 대상으로 상담을 실시하고 상담을 받은 후에는 그 다음날로 협의이혼의사확인이 가능하다. 즉, 위와 같은 부부의 경우에는 상담을 받은 후 그 다음날에 확인을 받든지 상담을 받지 않고 1주일 후에 확인을 받든지 둘 중 하나는 선택할 수 있다.

셋째, 한국의 갈등조정기구로서 건강가정지원센터의 역할 모색 및 가능성을 들 수 있다. 2005년말 현재 건강가정지원세터에서 이혼 조정의 기능을 어느 정도 수행할지는 정해지지 않았으나, 기능 정립을 위한 노력을 시도하고 있다. 현대 사회에서 가족문제로 대두되고 있는 출산율 하락, 이혼율 증가, 가족의 부양기능 약화 등을 해결하기 위해 보건복지부에서는 2004년 2월 건강가정기본법을 제정하게 되었다. 이에 2004년 5월에 3개의 '건강가정지원센터'의 시범사업이 시행되었고, 이후 건강가정기본법이 2005년 6월 여성가족부로 이관, 2005년부터 전국적으로 15곳에서 건강가정기본법에 의거한 가족지원서비스가 건강가정지원센터를 중심으로 운영되고 있다. 2010년 현재 주무부처는 여성가족부에 속해 있다.

「건강가정기본법」에 명시된 건강가정사업 중 제31조는 '이혼예방 및 이혼가정 지원'에 대한 조항이 다음 〈표 4-12〉와 같이 제시되어 있다.

이제 이혼을 억제하기 위한 노력만을 기울일 것이 아니라 부부가 이혼을 결정하는 과정과 이혼 후 발생될 수 있는 제반 문제들을 최소화하면서도 가장 잘 적합하게 해결할 수 있는 방안을 강구하는 것이 필요하다. 즉, 좀 더 체계적이고 장기적인 안목으로 이혼 과정과 그 이후 발생될 수 있는 갈등을 사전에 조정·협의할 수 있도록 하는 전달체계를 확립해야 하며, 건강가정지원센터가 직접적 역할을 맡는 것을 제안한다.

표 4-12 건강가정기본법에 명시된 이혼예방 및 이혼가정 지원 조항

제31조 (이혼예방 및 이혼가정지원)

① 국가 및 지방자치단체는 이혼하고자 하는 부부가 이혼전 상담을 받을 수 있게 하는 등 이혼조정을 내실화 할 수 있도록 필요한 조치를 강구하여야 한다.

② 국가 및 지방자치단체는 이혼의 의사가 정해진 가족에 대하여 이들 가족이 자녀양육 · 재산 · 정서 등의 제반문제를 준비할 수 있도록 도움을 주는 지원서비스를 제공하도록 하여야 한다.

③ 국가 및 지방자치단체는 이혼한 가족에 대하여 양육비에 대한 집행력의 실효성을 강화하고 그 적용대상을 확대하도록 하여야 한다.

나. 상담/조정 전달체계 미흡

갈등 해결을 위해 예방, 상담, 조정에 대한 개념 명료화 작업이 우선적으로 이루어져야 하며 상담과 교육을 동시에 접합하는 접근이 필요하다. 현재 발급되는 조정/상담 관련 자격증은 국가 공인 자격증이 없으며, 각 학회에서 발급하는 자격증으로 이에 대한 공적 규제가 시급하다. 현재 부부 및 가족 갈등을 중재할 수 있는 상담 자격증을 발급하는 학술진흥재단에 등록된 학술단체로, 한국가족치료학회(가족치료전문가), 한국상담학회 산하 가족상담학회(전문상담사), 한국가족관계학회(가족상담사) 등이 있으며, 그 밖의 상담과 관련된 자격증을 발급하는 학회들이 다수 있다. 그러나 학회마다 자격증을 발급하므로 자격증 취득에 따른 비용이 크고, 국가공인 자격증이 아

니므로 취업이나 개업에서 실제로 이용하는 데 한계가 있다. 이러한 상황은 분쟁 당사자인 소비자의 입장에서도 어떤 자격증을 가진 전문가에게 도움을 받아야 하는지 혼란스러울 수 있다. 따라서 정부가 인증하는 조직(학회, 협회)에서 엄격한 자격관리를 통해 전문가를 배출해야 한다.

한편 조정/상담을 받을 수 있는 전달체계가 확립되어야 하며, 계층에 따라 서비스의 근접성이 다르게 확보되어야 한다. 예컨대 저소득층 가족의 갈등은 건강가정지원센터나 복지관에서 무료 또는 저렴한 비용으로 중재될 수 있어야 하며, 중산층이나 고소득층은 선택적으로 높은 비용을 지급하여 민간가족치료연구소나 정신과 클리닉에서 개별적인 중재를 받을 수 있다.

마지막으로 가족갈등을 다룰 수 있는 전문 조정자 훈련과정(조정자 양성과정)을 개설하여 법 또는 상담관련 전공자들을 대상으로 교육과 훈련을 시킬 수 있어야 한다. 조정자는 일반적으로 이혼과 관련된 이슈들(자녀양육 문제, 위자료, 양육권 및 면접권, 세금 문제 등)에 익숙해야 한다.

다. 이혼절차특례법

1) "이혼절차에관한특례법"에서 이혼 숙려기간

이혼의 갈등해소를 위한 중재개입에 대한 법적근거로는 이혼절차에관한특례법이 있다. 이 법은 계속되는 높은 이혼율 증가에 대한 대책으로서 현행 이혼제도의 골격을 유지하되, 경솔한 이혼을 방지하기 위하여 3개월의 숙려기간을 두고 재판이혼절차에서의 조정전치주의에 상응하는 상담전치주의를 협의이혼절차에 도입하며, 협의 이혼 시 미성년자인 자(子)의 복리를 도모하기 위하여 친권, 양육에 관한 사항을 미리 합의하도록 한 것이다(이혼절차특례법, 2005).

이 이혼절차에 관한 특례법에서 제시하는 이혼 숙려기간에 대해서는 다양한 논의들과 담론들이 제기되었다. 먼저, 이혼숙려기간을 두는 것이

헌법상 보장된 행복추구권에 위배된다는 지적이 있다. 사생활 침해라는 논란과 더불어 '국가가 이혼에 간섭해도 좋은가'라는 지적과 반발도 있다. 지금도 이혼 전 조정이나 협의이혼시 3개월의 유예기간을 두고 있지만 별 도움이 안된다는 지적과 더불어, 제도가 없어 이혼이 증가하는 것으로 볼 수 없다는 주장도 있다(유재성, 2004). 그러나 법 시행 후 2008년 이혼율이 감소하였지만, 2009년 이후 다시 증가하고 있고, 재판이혼 비율 역시 증가하고 있어 법 시행 이후 파급효과에 대한 논의가 필요하다. 이혼숙려기간제도 도입에 대한 여러 논의와 담론들이 있지만, 이 장에서는 이혼과 관련해 개인적 수준의 갈등관리 체계 구축에 대한 정책을 제시하는 것이 목적이다. 따라서 좀 더 현실적으로 이혼을 중재하고 조정하고자 하는 장기적인 관점에서 보충되어야 할 부분을 제시하고자 한다.

첫째, 이혼절차에 관한 특례법에서는 이혼숙려기간에 대해 "법원은 이혼절차 개시일부터 3개월 후에 협의이혼의사확인, 이혼조정 등을 함으로써 그 기간 내에 당사자가 충분히 숙고할 수 있도록 함. 다만, 이혼절차개시일 전 3시간의 법원 외 상담을 받았거나 숙려기간 내에 3시간의 법원 외 상담 또는 법원상담을 받은 때, 급박한 사정이 있는 때에는 숙려기간을 단축하거나 면제할 수 있음(제3조)"으로 제시하고 있다.

이에 대해 가정폭력, 그리고 실질적으로 부부관계가 파탄에 이른 대상자들이 숙려기간 동안에 변할 수 있는 내용은 없다는 반론도 만만치 않으며 특히 가정폭력 피해자의 경우 숙려기간이나 부부상담, 부부캠프 등은 실행 자체가 어려우며, 즉각적인 위기개입이 필요하다는 반론도 있다. 폭력남편에 대한 상담수강명령제도도 효과적으로 수행되고 있지 않은 현 시점에서 이들에게는 이혼숙려기간을 예외로 해준다고 하더라도 예외를 적용하기 위한 판단절차 자체가 피해여성에게는 고통이 될 수 있기 때문이다(변화순, 2005).

우리나라의 이혼절차에 관한 특례법에서도 가정폭력과 부모 중 일방으로부터 폭력을 당하는 구체적이고 정확한 사유에 근거하여 일반적 숙려 기간의 적용에서 제외된다는 조항을 명시하고 있어 가정폭력은 범죄임을 밝히고 있다.

둘째, 동 법에서는 상담전치 및 상담명령에 있어서 다음과 같이 명시하고 있다. 미성년자인 자(子)가 있는 부부가 협의이혼을 하고자 하는 때에는 이혼의사확인신청 전 3개월 내에 3시간의 법원 외 상담(공공기관이 하는 경우 무료. 이하 같다)을 받아야 하고, 이혼 후의 친권, 양육 등에 관한 사항을 미리 합의하여야 한다(상담전치 등 : 안 제4조 1항). 미성년자인 자(子)가 있는 부부가 사전에 상담을 받지 않은 경우 법원은 3시간의 법원 외 상담 또는 법원상담(무료)을 받을 것을 명한다. 다만, 상담을 받을 수 없거나 받기 어려운 정당한 사유가 있는 때에는 상담시간을 단축하거나 면제할 수 있다(상담명령 : 안 제4조 제2항). 일반적으로 법원에서 지정하는 상담 서비스에 대해서 보통의 클라이언트 경우에는 형식적인 상담 서비스만을 제공받을 수 있는 경우가 많다. 이러한 상담 서비스는 부부갈등이 최고조에 이르기 전 되도록 자발적으로 전문적인 상담 서비스를 제공받을 수 있도록 조장하는 것이 필요하고, 그 성과를 단계적으로 평가해보는 것이 필요하다. 따라서 상담 전치 혹은 상담 명령에 따른 시행에 있어서, 이와 관련한 보다 구체적인 프로그램이 제안되어야 할 것이다.

셋째, "법원은 필요하다고 인정한 때에는 법원 외 상담을 권고할 수 있다(상담권고(안 제5조)"로 명시하고 있다. 이에 대해서는 단순한 상담을 넘어 이혼 및 이혼 과정에 대해 전문적인 조정(mediation)서비스를 실시하는 기관을 추천하는 것이 바람직할 것으로 보이고, 이러한 법률적인 근거를 중심으로 이혼의 갈등을 조정하고 중재하는 상담 시스템과 서비스 시스템들의 전문적인 네트워크 구축이 이루어져야 할 것이다.

라. 체계적 관리체계 구축 필요성

이혼과 관련된 갈등 조정 프로그램은 갈등이 발생하기 전(결혼 전, 결혼 후)부터 갈등이 발생하여 진행되는 단계(초기, 후기), 이혼 후 잠재된 단계까지 체계적으로 적용되어야 한다. 따라서 발달단계, 사회경제적 계층에 따라 조정기관의 근접성을 높이기 위한 전달체계를 확립하고 홍보하는 과정이 필요하므로 다음과 같은 프로그램 전달체계를 제안한다(변화순 외, 2005).

1) 결혼 전 단계

가) 아동, 청소년기

아동기와 청소년기부터 가정과 학교의 공교육을 통해 남녀 차이와 의사소통, 갈등해결에 대한 내용을 습득할 수 있도록 한다. 매스미디어를 통해 분쟁에 대한 감정적 대처보다 합리적인 해결과정을 접하도록 하고, 다양한 갈등장면에 대한 개방적인 토론을 통해 민주적인 사고방식을 갖도록 한다. 특히 청소년기부터는 남녀간에 의사소통방식이나 사고방식에 성차가 있음을 이해할 수 있도록 하는 것이 중요하다.

나) 대학생

많은 대학이 교양강좌로서 〈결혼과 가족〉, 〈결혼준비특강〉 등, 결혼준비교육의 성격을 갖고 있는 과목을 수강할 수 있도록 하고 있다. 이러한 강좌는 주로 수십 명 이상의 대규모 강의로 진행되는 한계는 있지만, 의사소통교육, 성의식과 성역할, 배우자 선택과 사랑, 갈등해결방법 등의 이슈를 다룸으로써 대학생들이 남녀차를 이해하고 실제 결혼생활에서 직면할 수 있는 여러 가지 문제를 생각해볼 수 있도록 한다. 또한 대학부설 학생상담센터에서도 주기적으로 소규모 집단상담이나 강좌형식의 결혼준비 프로그램을 제공할 수 있다.

다) 일반인

현재 여러 시민단체, 종교단체 등에서 다양한 형식의 이성교제/결혼준비 교육을 제공하고 있다. 주로 소그룹활동 중심으로 진행되며, 약간의 참가비를 내거나 무료로 참가할 수 있다. 또한 결혼정보회사는 단순한 배우자 선택을 돕는 서비스에서 범위를 확장시켜 결혼준비교육 제공을 생각해볼 수 있다.

2) 갈등 단계

가) 결혼갈등 단계

(1) 갈등초기

갈등초기에 부부관계강화 교육프로그램이나 상담을 통해 부부관계를 평가받고 효과적인 갈등관리방법과 의사소통 방법을 배운다면, 부부가 함께 성장할 수 있는 건설적인 갈등이 된다. 특히 결혼초기에 발생하는 갈등에 부부가 어떻게 대처하는가에 따라 평생에 걸친 갈등관리방법이 결정되므로 이 시기가 중요하다.

(2) 이혼숙려 시기

이혼을 구체적으로 고려할 때, 가능한 부부합동상담을 통해 결혼이 개인과 부부의 욕구를 충족할 수 있는 삶의 수단이 될 수 있는지 체계적으로 살펴보고 합리적인 의사결정을 할 수 있도록 한다.

나) 이혼결정 후 단계

(1) 협의이혼시

결혼 1년 이내의 신혼기이거나, 미성년자녀가 있는 경우에는 법원이

명령하는 이혼숙려기간동안 상담을 받고, 이혼이 부부본인과 자녀들에게 최대 행복을 보장하는지 충분히 검토한 후에 이혼결정을 한다. 이혼상담에서 이혼을 재고하게 되면 부부상담을 통해 부부관계강화를 위해 노력하게 되며, 이혼하기로 결정한다면 가족의 재구조화를 위한 조정에 들어간다.

(2) 재판이혼시

이혼과 관련된 분쟁에서 부부간 합의에 이루지 못해 법원의 판결을 원할 때, 법원에서 임명한 조정위원들에 의한 조정을 한 차례 이상 받게 된다. 조정에 의해서도 합의에 도달하지 못한다면 판결에 의해 결정된다.

3) 이혼 후 단계

가) 자조집단상담

이혼자들의 역량강화와 정보교류, 정서적 지지 등에 매우 효과적인 수단이 된다. 이혼자들이 가질 수 있는 어려움과 갈등에 대해 비교적 개방적으로 교류하고 이혼 후 잔재한 갈등에 대해 서로 공감하며 합리적으로 다룰 수 있는 장이 된다.

나) 한부모 가족의 부모-자녀관계 강화 프로그램

한부모 가정이 안고 있는 독특한 부모-자녀관계와 이혼가정의 공동양육의 어려움을 다룰 수 있다. 부모-자녀간의 갈등뿐만 아니라, 이혼한 부부의 해결되지 않은 감정이 자녀양육에 미치는 영향을 이해할 수 있도록 돕는다.

다) 개인상담 및 교육

개인심리치료/상담을 통해 이혼한 개인의 내적 치유와 성장에 초점을 둔다. 심리내적 갈등을 풀어줌으로써 대인관계적인 갈등도 해결해나갈 수 있도록 한다.

외국의 이혼중재프로그램

가. 영국

1) 이혼 중재 프로그램 대두 배경과 기능

가) 이혼조정 대두 배경

영국에서의 이혼조정은 1980년 가족 중재 프로그램의 하나로서, 이는 1996년 영국 가족법의 근본적인 개혁에 해당하는 Family Law Act의 제정을 배경으로 볼 수 있다. 이 법에서는 이혼법 개정을 주된 내용으로 하고 있는데, 이러한 이혼법 개정에 대한 논의는 10여 년간 지속되어 왔고 몇 차례의 조사를 시행한 결과이다.

이토록 신중하게 이혼개정을 둘러싼 논의가 지속되었던 것은 1969년 이혼법의 개정 이래 이혼율과 동거율이 급증하고 혼외자의 출생율이 증가하는 등의 변화가 나타남에 따라, 혼인 성립을 보다 강화하고 결혼 절차를 보다 엄격하게 하여야 한다는 필요성이 제기되었기 때문이다(이화숙, 1999).

개정 이혼법에서 가장 주목할 만한 변화는 정부가 적극적으로 별거 및 이혼 절차에 있어 필요한 조정개입을 지원한다는 것이다. 이러한 과정에서 영국 정부는 1997년 가족법의 제III부를 통해 정부의 공식적인 가족조정에 대한 법적 근거를 더욱 명확히 하였다. 즉, 가족조정에 필요한 공적 자금과 가족조정 기구들에 대한 실천 지침 및 능력 평가제와 감사제도를 도입하였다.

1999년에는 Advisory Committee on Legal Education and Conduct (법률 교육 및 행동 자문 위원회)라는 정부기구가 가족조정자들의 교육 지침과 훈련, 행동 표준에 대한 검토결과를 발표하였고, 2002년에는 조정의 질적인 기준(Quality Mark Standard)이 발표됨으로써, 정부의 공적 자금 지원을 통한 조정서비스 기준 및 지침이 만들어졌다.

나) 기능

영국에서의 이혼조정 개입은 가족 및 젠더 갈등에서 시행될 수 있는 다양한 분쟁 해결 절차 중 하나이다. 이때 제기될 수 있는 요소는 보통 양측 모두에게 공정성을 부여하고 불균형한 권력의 차이를 어떻게 절충해 나갈 것인지에 달려 있다. 이혼 즉 가사 분쟁의 경우는, 부모의 필요뿐 아니라 아동의 권리와 욕구가 포함되는 점이 중요하다.

이러한 조정의 장점은 특히 가족 분쟁에 있어서는 비공개적으로, 비공식적인 환경에서, 복잡한 법적 절차 없이 진행된다는 것이다. 또한 합의 내용이 위배되었거나 향후 이슈가 제기될 때, 다시 조정서비스 요청을 통해 서비스를 제공받을 수 있는 기회가 주어진다. 중요한 것은, 클라이언트가 조정 서비스를 제공받고자 할 때 반드시 클라이언트 스스로 선택하고 결정해야 한다.

결과적으로 조정서비스는 분쟁해결에 있어 좀 더 우호적인 방법과 수단을 활용해서, 클라이언트 스스로 의사결정을 하도록 역량을 강화한다. 특히, 영국에서는 공정하고 안전한 결과를 도출할 조정 개입을 한다. 이는 클라이언트들의 자발적인 참여를 강조하고, 더 나아가 절차상, 심리적, 윤리적인 기본 원칙들을 준수하도록 한다.

2) 법적근거[40)]

가) Family Law ACT 1996

영국에서 실시하고 있는 조정(mediation)의 법률적 근거는 가족법(Family Law ACT, 1996)에서 찾아볼 수 있다(FLA, 1996).

40) 이 부분은 영국의 가족법(Family Law ACT, 1996)과 이화숙(1999) "영국의 별거제도에 관한 입법론적 연구"를 참고하였다.

이 법은 전체적으로 보았을 때, 파탄주의에 따른 재판이혼을 선택하고 있었지만 여러 가지 사유에서 영국에서는 파탄주의 이혼은 채택되지는 않았다. 그럼에도 개정 이혼법은 다음 4가지 원칙을 선언하고 있다(이화숙, 1999).

첫째, 혼인은 지지되어야 한다.

둘째, 파탄된 혼인 당사자들은 결혼상담이나 다른 방법을 통해 결혼 관계의 회복을 위한 모든 단계를 거칠 수 있도록 정보가 제공되어야 한다.

셋째, 회복할 수 없을 정도로 파탄된 혼인은 다음과 같은 방법으로 해소되어야 한다.

① 혼인 당사자들과 자녀들의 고통이 최소화되도록

② 당사자들과 자녀들 사이의 좋은 관계가 유지되도록

③ 혼인종료 절차상의 불합리한 비용이 들지 않도록

④ 혼인당사자와 자녀들이 전 배우자로부터 폭력을 당할 위험이 제거되도록

(1) 이혼단계

• 정보를 얻기 위한 미팅 참여(information meeting)

이혼하려는 부부는 이혼절차를 시작하기 전에 information meeting에 참가하여야 한다. 이 만남에서 그들은 이혼에 관련된 정보와 그 결과를 얻고 혼인 상담전문가를 만나며 자녀들의 복지와 희망사항, 그리고 감정 등에 따르는 중요성, 경제적인 문제, 폭력으로부터의 보호조치, 법적 도움과 이혼절차에 관한 모든 정보를 얻게 된다.

• 혼인파탄의 진술(statement of marital breakdown)

경솔한 이혼을 피하기 위해 정보제공회의에 참가한 후 적어도 3개월의 냉각기를 가져야 한다. 이 기간 후에도 이혼결심이 변치 않은 배우자 일방 또는 양측 배우자는 혼인이 파탄되었음을 설명하는 진술서를 법원에 제

출한다. 이 때 혼인파탄의 이유나 그 파탄이 회복하기 불가능하다는 것을 설명할 필요는 없으며, 소송을 제기하는 것도 아니다.

혼인파탄의 진술서를 작성하는데 참여하지 않은 배우자에게는 별도의 적합한 기회가 주어지고 설명회에 참가가 권유되며 그의 권리 등에 관한 설명이 부여된다. 이로서 이혼절차는 시작된다. 혼인의 중요성을 강조하기 위해, 이혼진술서는 혼인 후 1년이 경과되기 전에는 수리되지 않는다(이화숙, 1999).

• 숙고와 고려기간(period for reflection and consideration)

이혼의 유일한 원인인 혼인파탄여부는 숙고와 고려기간의 경과로 자동적으로 드러나게 된다. 이 기간의 기본적인 지속기간은 9개월이지만 16세 이하의 자녀가 있는 가정 혹은 일방배우자가 좀더 숙고하기 위해 기간연장을 요구할 경우 6개월이 연장된다. 자녀들이 있는 경우 이혼을 어렵게 해야 한다는 요구는 부모가 오히려 자녀를 원망하게 만들어 그 관계를 망칠 수 있다는 이유로 정책 입안자들이 반대했으나 의회의 관심은 자녀들의 요구에 초점을 맞추어 6개월을 연장하였다. 그러나 부모 중 일방으로부터 폭력이 있거나 기간의 연장이 자녀와 가족의 복리에 심각한 손해를 입힐 것으로 법원이 판단한 경우 기간연장을 피할 수 있다.

• 숙고와 고려기간에 무엇을 할 것인가?

당사자들에게 고려기간을 주는 것은 첫째 화해를 위함이고, 화해가 불가능하다고 생각될 때에는 이혼배우자와 그들 자녀의 향후 생활 설계에 필요한 사항을 합의하도록 지원하는 데 두 번째 목적이 있다. 이러한 숙고와 고려 및 화해와 이혼 후의 설계를 위해 상담을 하여야 한다. 상담은 법원의 복지관(court welfare office)이 맡게 될 가능성이 높다.

• 이혼명령신청

숙고기간이 지나면 일방 또는 쌍방 배우자는 이혼명령을 신청할 수 있다. 이 때 혼인이 파탄되었음과 모든 준비가 충족되었음을 선언하여야 한다. 이혼명령은 일반적으로 당사자들의 미래에 대한 계획이 일치된 때 허용되기 때문이다. 미래의 설계에는 경제적인 문제와 자녀문제가 포함됨은 물론이다.

• 이혼금지명령

현행법의 이혼금지명령은 개정 이혼법에도 남아 있다. 이 규정에 근거하여 성공한 예는 거의 없음을 이유로 반대하는 의견이 많았으나, 이혼으로 인해 어려움을 겪는 소수의 사람들이 있음을 인정하여, 금지조건을 약간 수정함으로써 배우자 일방이 이혼에 반대하거나 연기하는 것이 가능하도록 하였다. 그 조건은 혼인의 종료가 상대방 혹은 가족 내 자녀들에게 중대한 재정적 혹은 고통을 야기할 것, 그리고 혼인이 해소되는 것이 당사자의 행위를 포함한 모든 환경과 자녀의 이익에 반할 것을 요구한다.

• 이혼명령

위의 모든 조건이 충족되면 법원은 일방 또는 양측 배우자의 신청을 받아 이혼명령을 발한다. 현행법에 존재하는 이혼의 두 단계, 즉 decree nisi(이혼가판결)와 decree absolute(이혼확정판결)은 폐지되며, 이혼명령과 동시에 혼인은 종료 된다(이화숙, 1999).

3) 전달체계[41)]

영국에서 가족 조정에 대한 책임은 현재 정부의 헌법부(the Department of Constitutional Affairs)와 교육 기술부(the Department for further Eduacation and Skill)가 함께 분담하고 있으며, 서비스 전달을 위해 정부 산하의 가족

조정기구(Family mediation bodies)를 두고 있다.

이에 이혼을 포함한 가족 조정서비스는 이러한 정부 산하의 기구들이 거의 전담하고 있고, 그러한 기구의 한 예로는 앞에서 밝힌 바와 같이 1996년 설립된 The UK College of Family Mediators를 들 수 있다. 본 기구는 가족 조정자들의 훈련과 영국과 웨일즈 내에 있는 가족조정기구의 역할을 점검하는 기능을 수행한다.

다음에서는 가족조정을 위한 영국 정부산하 가족조정기구인 The UK college of family mediation과 공적 자금 조달 담당자의 역할을 맡고 있는 Legal Service Commission에 대해 간략하게 살펴보고자 한다.

가) The UK college of family mediation

본 기구는 1996년 비영리 부분을 대표하는 National Family Mediation(이하 NFM)과 Family Mediation Scotland, 영리 부문을 대표하는 Family Mediation Association(이하 FMA)에 의하여 창설된 모든 가족 조정자들을 위한 최초의 국가 전문 기구이다.

가족 조정(Family mediation - 이혼 혹은 별거 상황에 있어서 서로의 욕구를 충족시키고 아동의 욕구를 돕는)을 향상시키기 위한 목적으로 영국의 브리스톨(The College runs a small office in Bristol)에 설립되었다. 이곳의 가족 조정가들은 가족 조정에 대한 평가와 설립 기준에 대한 국가적인 지침 마련, 개선 및 유지하는 것을 목표로 한다. 이곳에서는 효과적인 가족조정자들의 리스트화된 장부를 보유하고 있는데, 이러한 장부에 등록된 조정자들을 여러 도시로 지원하는 것과 더불어 가족 조정에 대한 여러 가지 정보도 함께 제공한다.

본 기구의 가족조정자들은 영국의 모든 영역에서 일하고 있고 대개

41) Tina Kaulbach(2005). "ADR Management and Linkages to the Government on Family and Gender Conflict Cases". 「국민통합을 위한 사회갈등 해소방안 국제전문가회의 자료집」 참고할 것.

법률가, 카운슬러, 사회사업가 등의 전문가 역할을 수행한 사람들로서 가족중재훈련코스를 성공적으로 마친 효과적인 가족 조정가이다.

본 기구에서는 모든 형태의 커플들(예: 결혼 혹은 동거 커플, 젊은 커플 혹은 나이가 많은 커플, 자녀 혹은 무자녀 커플 등)을 대상으로 가족 조정을 수행한다. 이들의 별거 혹은 이혼에 있어서 가능한 공정하고, 이들의 욕구에 적합한 해결책을 이끌어내기 위한 조정이 실시된다. 조정 기간은 클라이언트의 상황과 문제에 따라 다르지만, 보통 클라이언트와 기관의 조정자는 3~6번 정도 미팅을 실시한다.

가족 조정자는 자원봉사 협력기관, private practices, solicitors offices, 각 단계마다 요금이 부과되는 영역 등 매우 다양한 영역에서 일한다. 따라서, 비용에 있어서는 클라이언트와 함께 일하게 될 조정자에게 사

표 4-13 영국의 이혼 조정 전달체계

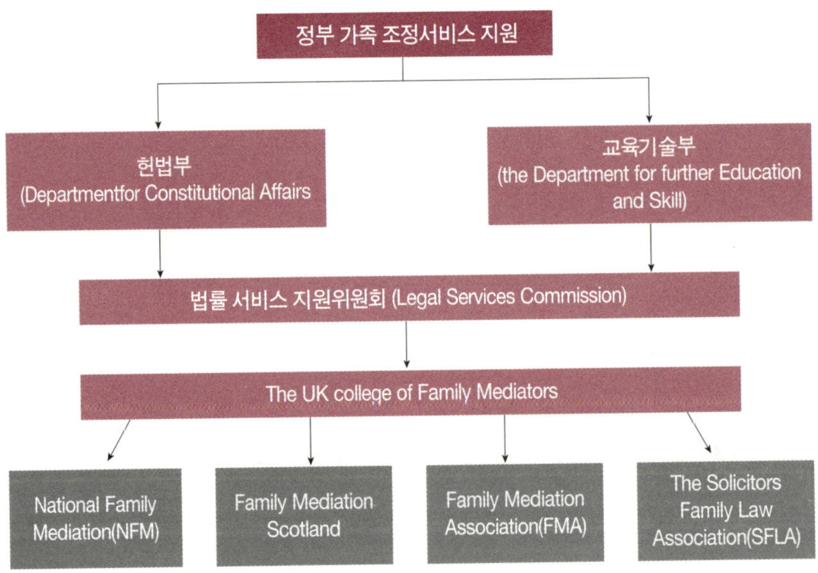

자료: Tina Kaulbach(2005)

전에 가족 조정 비용 정도를 확인할 수 있다.

또한, 본 기구에서는 좀더 좋은 조건의 가족 조정을 위해, 가족조정에 대한 정보가 설명된 광고물을 제공한다. 이 광고물에는, 이용가능한 가족 조정 기관과 가족 조정자들이 리스트화 되어 있다.

나) 법률지원위원회(Legal Service Commission)

법률지원위원회는 헌법부(Department for Constitutional Affairs-이하 DCA)로부터 공적자금지원을 받아 1997년부터 가족조정 서비스를 제공하는 영리·비영리 기구들을 원조한다. 본 기구는 넓은 범위의 일반적인 모든 문제(예 : 인간관계 문제, 분쟁, 주택, 가정 폭력, 이익다툼 등)를 다루고, 그러한 문제를 해결하는 과정에 있는 사람들에게 그들의 권리를 보호하며, 정보와 조언을 제공, 법적 문제를 해결하는 것을 원조하는 기능을 한다. 더불어, 도움을 요청하는 사람들에게 보호시설, 이주, 교육, 고용, 정신 건강, 지역사회 보호 등의 이슈에 대해서도 원조할 뿐만 아니라, Solicitors, Citizens advice Bureaux 등과 같이 질 높은 서비스를 제공할 수 있는 지원 체계와의 네트워크를 수행한다.

법률지원위원회는, 가족 문제 해결에 있어 전체론적 접근 방식을 장려하는 가족 자문 및 정보 서비스(Family Advice and Information Services - 이하 FAIns)를 시범 사업으로 도입하였다. 이러한 시범 사업은 갈등 해결을 포함한 기타 서비스와 함께 클라이언트가 가지고 있는 문제를 포괄적으로 진단하는 것을 목표로 한다.

이 사업의 실행은 처음에는 가족 사무 변호사(family solicitors)들을 중심으로 추진되었으나 현재는 가족 조정들도 함께 수행하고 있다.

나. 미국

1) 이혼중재 프로그램의 대두 배경과 기능

미국에서의 전통적인 이혼은 당사자의 직접적인 의사소통을 최소화하고 제3자의 의사결정을 최대화하는 적대적 규범에 기반을 두었다. 그러나, 점차 가족관계의 시작 및 종결이 공적인(제도의) 의미에서 사적인(관계의) 의미로 변화되었다. 이에 전통적인 법정소송에 소요되는 정서적, 경제적 비용에 대한 사람들의 불만이 증가하고 더불어 자녀양육, 위자료, 재산분할 등과 관련된 결정을 용이하게 할 수 있는 조정의 필요성이 증가하게 되었다. 이러한 맥락에서 1970년대 초반 파탄주의 이혼(no-fault divorce) 철학을 가진 일부 변호사들이 "비적대적 법률 서비스"를 제공하기 시작하였다.

쉬어가기 ....

플로리다의 프로그램사례

플로리다 주의 Lee and Collier 카운티에서는 변호사와 판사들이 양육 코디네이터(Parent Coordinator)를 활용하여 양육권과 면접교섭권을 둘러싸고 첨예한 갈등을 겪는 이혼사건들을 성공적으로 해결하고 있다고 보고되고 있다. Parent Coordinator의 가장 큰 역할은 부모 간의 의사소통 기술과 문제해결 기술을 향상시키는 것으로 이를 위해서 부부의 갈등발생 아래 숨겨진 문제를 다루어 자녀양육을 협조적으로 할 수 있도록 유도한다. 이것이 어려운 경우, Parent Coordinator는 부모가 자녀가 있는 곳에서는 갈등 없이 상호 대화하는 방법을 교육시킨다.

Parent Coordinator는 다음과 같은 과정을 통해 조정 작업을 한다.

- 양쪽 부모의 변호사가 Parent Coordinator의 도움을 받기로 합의하면, 판사가 명령을 내림.
- Parent Coordinator는 먼저 양쪽 부모의 변호사를 만나고, 부모와 자녀를 함께 그리고 개별적으로 만남.

이와 비슷한 시기에 정신보건 전문가들이 이혼가정을 위한 서비스 제공을 시작하였는데, 이들은 이혼가정의 심리적, 정서적 문제들을 다루며, 이혼을 법률적 과정일 뿐만 아니라 심리적, 사회적 문제가 엮인 다차원적 과정임을 주목하였다(변화순 외, 2005).

미국의 조정에 관한 법적 근거는 입양 및 가족안전법(Adoption and Safe Family Act, 1997)에 근거한다. 연방국인 미국에서의 조정 자격은 주별로 규정되어 있으나, 조정자자격, 면허, 그리고 훈련에 대한 규정은 아직 합의에 이르지 못했으며, 따라서 조정자에 대한 윤리강령도 아직 구축하지 못한 상태이다. 이것은 조정에 대한 정의, 최소한의 자격, 표준에 대한 합의에 이르지 못했기 때문인데, 다만 플로리다, 조지아, 버지니아 등 일부 주에서만 자체적으로 조정자에 대한 훈련, 자격규정 등에 대한 총체적 과정이 수

- 학교생활, 심리적 상태 등에 대한 여러 문서를 검토함.
- 교사나 상담자, 이웃 등, 관련된 제3자(증인)를 만남.
- 부모와 자녀의 의견에 따라 적절한 면접일정을 잡음.
- 양육이나 면접 분쟁을 중재함.
- 부모역할에 대한 교육(의사소통기술, 아동발달 이론, 이혼 시 자녀관련 문제 등)을 시킴.
- 조정이 성공하지 못한 경우, 법원에 면접일정에 대해 건의함.
- 자녀문제에 대해 자녀와 부모의 관점에서 법원에 보고함.
- 부모면접을 거부하는 자녀와 상담하고 교육함.
- 양쪽이 합의에 이르면, 변호사는 성문화된 문서를 작성함.
- 양쪽이 합의에 이르지 못하면, 공청회로 넘어가고 Parent Coordinator는 법정에 나가 판사에게 증언해야 함.

변화순 외(2005)

립되어 있다. 그리고 합의된 자격규정이 부재하므로 조정훈련에 대한 통제가 거의 없으며 매우 다양한 형태로 훈련이 진행되고 있다. 관련 학위과정이 증가하고는 있으나, 조정 실천 커리어나 수련감독에 대한 과정은 구축되어 있지 않다.

2) 전달체계

미국의 이혼조정자들은 정신보건 전문가들(사회사업가, 심리학자, 가족치료자 등), 변호사들이 주로 담당한다.

조정이 이루어지는 기관은 법원연계된 조정 서비스부터 민간 조정, 에이전시와 클리닉, 지역사회의 조정센터까지 다양하다. 이혼 조정에 따르는 비용은 극소수의 회사를 제외하고는 거의 보험이 적용되지 않으며, 비용은 세팅에 따라 무료에서 시간당 400불까지 다양하다. 대표적인 조정 서비스의 세팅은 다음과 같은 네 가지이다.

① 법원 연계 조정

미국의 약 10%의 가정법원(가사지원)이 자체적인 조정 프로그램을 갖고 있으며 이에 대한 재정은 세입으로 충당한다. 법원은 분쟁 당사자인 부모에게 자녀 양육 및 면접과 관련된 분쟁 조정에 참여하도록 강요할 수 있으며 법원 연계 조정자들은 주로 사회사업가와 심리학자들로 가정법원(가사지원)의 책임자로부터 지도감독을 받는다. 법원 조정 서비스의 특징으로는 조정할 수 있는 이슈들이 제한적이라는 것과(주로 자녀양육 계획), 조정 회기 횟수 역시 제한을 받는다는 것이다. 또한 예산과 물리적 공간, 스태프 등의 자원에도 한계가 있다. 조정자들과 법원 시스템간에는 공생적 관계가 있다.

② 사적 영역(민간 조정)

사적 영역의 조정자들의 많은 수가 법률 혹은 정신보건 배경을 갖고 있다. 현재까지는 정신보건 배경의 조정자가 더 많으나, 변호사 조정자도 빠르게 증가하고 있다. 사적영역의 조정자들은 전형적으로 법원의 소개로 분쟁 당사자들에게 수임료를 받고 조정 서비스를 제공한다. 대부분의 사적 조정자들은 재정과 자녀양육, 재산 등 전체적인 서비스를 제공하며, 조정 회기의 횟수가 분쟁 당사자들이 필요한 만큼 제공되는 것이 장점이다.

③ 에이전시와 클리닉

많은 전문가들이 다양한 서비스(예컨대 부모교육, 가족상담, 재정계획 등)를 제공하는 에이전시 또는 클리닉에서 이혼조정 전문가 1~2명을 고용하여 이혼조정 서비스를 제공하고 있다.

④ 지역사회의 조정센터

일부 지역사회 조정 센터도 이웃의 분쟁 해결 차원에서 회사-소비자 분쟁, 고용주-노동자 갈등, 가사갈등 등, 여러 가지 분쟁 중 하나로 이혼조정 서비스를 제한적으로 제공한다. 이러한 지역사회의 이혼조정은 주로 훈련된 자원봉사자나 상근 책임자에 의해 이루어지며, 일반적으로 무료 또는 매우 낮은 비용과 짧은 회기가 특징이다.

참고문헌

국내자료

강은희(1995), 「이혼, 그 새로운 만남」, 아침.

게일 킴벌(1983), 「평등한 부부(The 50 · 50 Marriage)」, 한국여성개발원 옮김.

결혼심리를 이야기하는 여성들의 모임 엮음(2005), 「원더플 XY」, 팬덤하우스.

공세권 · 조애저 · 허남영(1995), 「가족결손의 유형별 특징과 가족정책의 접근방안」,한국보건사회연구원.

공지영(2007), 「즐거운 나의집」, 푸른 숲.

광주여성의 전화(2004), 「광주, 전남지역 결혼이주여성 실태보고 및 토론회」, (사)광주여성의 전화 부설 광주가정폭력 상담소.

국민연금관리공단(2005), 「국민연금통계연보」.

국토해양부(2009), "서민주택정보", 〈http://www.mltm.go.kr/myhouse〉.

권태완 · 조형제 · 한상진(편)(2000), 「정보사회의 이해」, 미래M&B.

권태환 · 김두섭(2002), 「인구의 이해」, 개정판, 서울대학교 출판부.

권태환 · 박영진(1995), "가족구조와 가족형태", 김태헌 · 최진호 공편, 「한국의 인구와 가족」, 일신사.

기든스, 앤토니(1999), 「현대사회의 성, 사랑, 에로시티즘: 친밀성의 구조 변동」, 새물결.

기틴스, 다이애너(1997), 「가족은 없다-이데올로기의 해부」, 일신사.

김경희a(2001), "지방자치단체 여성정책과 예산의 새로운 패러다임을 향하여", 「한국여성민우회 2001」, 한국여성민우회.

김경희b(2009), "감정적 앙금에 대해서," 2009년 봄학기 숙명여자대학교 가정관리학과 박사과정 수업 페이퍼(미간행).

김두섭 외(2007), 「저출산 사회의 결혼 · 자녀양육과 가족생활 연구」, 한국보건사회연구원.

김무숙(2003), "불륜과 이혼에 관한 서사", 「우리 이혼할까요」, 송명희, 여성연구회 공저, 푸른사상.

김미숙 · 장혜경 외(2005), 「한국의 이혼실태와 이혼가족 지원정책 연구」, 한국보건사회연구원.

김민정(2008), "폭력피해 이주여성보호 정책" 「전문가포럼: 폭력피해 이주여성 보호정책」, 2008. 6. 26, 한국여성정책연구원(미간행).

김상균(1987), 「현대사회와 사회정책」, 서울대학교 출판부.

김수영(2000), "동아시아의 자본주의 발전과 가족: 한국과 일본의 사례를 중심으로", 고려대학교 박사학위논문.

김승권 외(2000), 「한국가족의 변화와 대응방안」,

한국보건사회연구원.

김승권 · 이태진 · 김유경 · 송수진(2001), 「최근 가족해체실태와 정책방안에 관한 연구」, 한국보건사회연구원.

김승권 외(2006), 「2006년 전국 출산력 및 가족보건 · 복지실태조사」, 한국보건사회연구원.

_____(2008), 「2007년 가정폭력 실태조사」, 한국보건사회연구원 · 여성가족부.

김예숙(1995), 「외도, 결혼제도의 그림자인가」, 형성사.

김오남(2006), "국제결혼이주여성의 부부갈등 결정요인 연구",「가족과 문화」, 18 (3): 63-106.

_____(2006), "여성결혼이민자의 부부갈등 및 학대에 관한 연구", 「한국가족복지학」, 18: 33-76.

김정석(2002), "가족과 가구", 「한국의 인구」, 김두섭 · 박상태 · 은기수(편), 통계청.

김정운(2009), 「나는 아내와의 결혼을 후회한다」, 샘앤파커스.

김재인 외(2007), 「성평등정책론」, 교육과학사.

김이선 · 김민정 · 한건수(2006), 「여성결혼이민자의 문화적 갈등 경험과 소통증진을 위한 정책과제」, 한국여성정책연구원.

김현미(2005), 「글로벌 시대의 문화번역」, 또 하나의 문화.

김현미 외(2007), 「고용허가제 시행이후 몽골과 베트남의 이주 및 국제결혼 과정에 나타난 인권침해 실태조사」, 국가인권위원회 연구보고서.

김혜련(1993), "여성의 이혼 경험을 통해 본 가부장적 결혼 연구", 이화여자대학교석사학위청구논문.

김혜영(2003), "한국의 가족주의와 여성인권", 「아시아여성연구」, 제 42호.

_____(2004), "여성빈곤의 구조적 요인", 숙대 아시아여성연구소 심포지움발표문.

김혜영 · 이은주 · 윤홍식(2005), 「한국에서의 빈곤의 여성화와 여성복지정책」, 학진결과보고서.

김혜영 · 장혜경 · 김영란(2006), 「이혼 후 자녀양육실태에 관한 연구」, 한국여성정책연구원, 여성가족부.

김혜영 · 홍승아 · 선보영 · 정재훈 · 진미정(2009), 「가족 및 지역사회의 소통과 연대강화를 위한 효율적인 실행방안 연구」, 한국여성정책연구원 · 보건복지가족부.

대통령직속미래기획위원회(2009), "제1차 저출산 대응 전략회의-저출산 현황 및 정책방향".

데이비드 올슨 · 존 드프레인 · 에이미 올슨(2002), 「행복한 결혼, 건강한 가족」, 21세기 가족문화연구소(편역), 양서원.

다비드 세르방-슈레베르(2004), 「치유」, 정미애 옮김, 문학세계사.

대법원(2005), 이혼절차에 관한 특례 법안.

댄 킨들런(2007). 「알파 걸」. 최정숙 옮김, 미래의 창.

로버트 스턴버그 외(1998), 「사랑의 심리학」, 고선주 · 이경희 · 조은숙 · 최연실 편역, 도서출판 하우.

마가렛 생거(1928), 「모성의 굴레」, 형성사.

마이클 램 편저(1995),「아버지의 역할과 아동발달」, 김광웅 · 박성현 옮김, 이화여자대학교 출판부.

문소정(1994), "여성과 법", 「여성과 한국사회」, 여성한국사회연구회 편, 사회문화연구소.

_____(1995), "가족이데올로기의 변화", 「한국가족문화의 오늘과 내일」, 여성한국사회연구회 편, 사회문화연구소.

민현주 · 안상수 · 황정미(2008), “지표를 통해본 한국여성 삶의 변화”, 「한국여성 삶의 변화와 미래 아젠다」, 한국여성정책연구원.

박경동(2007), “다문화가족 형성과 갈등에 대한 연구: 한국의 광주 · 전남지역 사례를 중심으로”, 「청소년문화포럼」, 18: 140-174.

박경숙 · 김영혜 · 김현숙(2005), “남녀 결혼시기 연장의 주요 원인: 계층혼, 성역할분리규범, 경제조정의 우발적 결합”, 「한국인구학」, 28(2).

박민자(1992), “부부관계의 평등성”, 「한국가족의 부부관계」, 여성한국사회연구회편, 사회문화연구소.

_____ (1994), “가족정책과 가족”, 「가족과 한국사회」, 여성한국사회연구회, 경문사.

박숙자(1992), “첫 자녀 출생과 부부관계의 변화,” 「한국가족의 부부관계」, 여성한국사회연구회 편, 사회문화연구소.

_____ (1995), “가족관계의 변화”, 「한국가족문화의 오늘과 내일」, 여성한국사회연구회 편, 사회문화연구소.

박영란(2004), “빈곤의 여성화: ‘신빈곤’ 시대의 여성과 탈빈곤 정책의 뉴패러다임”,「아세아연구」, 61-96, 고대아세아문제연구소.

박영란 외(2003), 「여성빈곤 퇴치를 위한 정책개발연구」, 한국여성개발원.

박영미(2004), “기초생활보장 및 자활지원에 관한 법률안에 대한 제안”, 「한부모가족 Empowerment를 위한 대안모색 토론회 자료집」, 한국여성민우회.

박영신 편(1989), 「갈등의 사회학」, 까치.

박인혜(2005), “이혼숙려기간제도는 필요하지 않다”. 한국여성의전화연합.

박의순(1996), “애착과정으로 본 한국부부의 사랑”, 이화여자대학교 박사학위 청구논문.

백욱인(1998), 「디지털이 세상을 바꾼다」, 문학과 지성사.

법무부(2008), 「결혼 이민자를 위한 체류지원제도개선 내용」. (2008), “재한외국인 정착지원을 위한 정부합동 고충상담 실시결과 보고” 11월.

법원행정처(2008). 「2007 이혼통계결과」, 법원행정처.

변화순(1980), 「여성의 취업과 성역할 태도에 관한 연구」, 연세대학교, 석사학위청구논문.

_____(1987), “한국과 프랑스에서의 가족과 이혼의 비교 연구”, 「여성연구」, 제 5권 4호(겨울), 한국여성개발원.

_____(1989a), “한국의 가족정책에 관한 종합적 접근”「가족, 가족의 변화와 전망」, 서울올림픽국제학술회의, 후기 산업시대의 세계 공동체, 우석.

_____(1989b), “한국가족정책에 관한 종합적 접근”, 「여성연구」, 제 7권 1호, 한국여성개발원.

_____(1991), “국가정책과 여성-출산정책과 성비불균형 현상을 중심으로”, 「여성연구」, 제9권 3호, 한국여성개발원.

_____(1992), “부부간의 갈등과 해소”, 「한국가족의 부부관계」, 여성한국사회연구회 편, 사회문화연구소.

_____(1993), “여성정책”, 「여성과 한국사회」, 여성한국사회연구회 편, · 사회문화연구소.

_____(1994), “공동체적 삶을 향한 가족”, 「열린사회와 가족」, 94 세계가정의 해 기념세미나 보고서, 한국여성개발원 · 유네스코 한국위원회.

_____(1995a), “가족해체와 재구성”, 「한국가족문화의 오늘과 내일」, 여성한국사회연구회 편,

사회문화연구소.
______(1995b), "한국가족정책의 과제", 「한국가족 문화의 오늘과 내일」, 여성한국사회연구회 편, 사회문화연구소.
______(1995c), "가부장적 군사문화가 여성의 삶에 미친 영향", 「광복50주년 기념 논문집」, 광복 50주년 기념사업위원회 · 한국학술진흥재단.
______(1995d), "가족정책 연구의 관점과 쟁점, 자리매김", 「여성연구」, 49호, 한국여성개발원.
______(1996), 「이혼가족을 위한 대책 연구」, 한국여성개발원.
______(1997), "남성의 사회적 연결망", 「남성과 한국사회」, 여성한국사회연구회 편, 사회문화연구소.
______(1999a), "여성정책", 「새로쓰는 여성과 한국사회」, 여성한국사회연구회 편, 사회문화연구소.
______(1999b), "노인의 부부관계", 「노인과 한국사회」, 여성한국사회연구회 편, 사회문화연구소.
______(2000a), "디지털 시대 바람직한 가정구현을 위한 사회기능 확립방안", 「디지털시대 바람직한 가정구현을 위한 심포지엄」, 부산광역시.
______(2000b), "여성주의적 시각에서 본 가족정책", 「건강한 가족 · 희망이 있는 사회」, 한국여성단체협의회.
______(2002), "혼인상태", 「한국의 인구」, 김두섭 · 박상태 · 은기수(편), 통계청.
______(2003), "이혼의 사회적 접근", 「이혼의 사회적 접근, 이혼의 한국적 현황 그리고 원인 대책」, 바른사회를 위한 시민의 모임.
______(2004), "정보화 시대의 가족변화와 여성의 지위", 「동덕여성연구」, 동덕여자대학교 한국여성연구소.
______(2005), "이혼은 가족해체인가", 「이혼은 가족해체인가」, 한국여성의전화연합.
______(2006), 「쉬운 이혼은 없다」, 한국여성의전화연합.
______(2007a), "성평등한 가족정책", 「성평등정책론」, 김재인 외, 교육과학사.
______(2007b), "가족사회학적 관점에서 본 가족법의 변화와 전망", 「사회변화에 따른 한국 · 중국 · 일본의 가족 · 가족법」, 연세대학교 법학연구소.
______(2008), "가족정책의 방향정립과 가족영향평가의 시행", 「젠더리뷰」, 제8호, 한국여성정책연구원.
______(2009), "가족정책과 여성정책의 융합, 일상생활에 자리매김", 「가족 · 여성정책의 융합, 일상생활에 자리매김」, 경기도여성비전센터, 미간행.
______(2010a), "여성정책과 가족정책의 차이 및 정체성 확립", 상명대학교 가족복지학과 대학원 특강, 미간행.
______(2010b), 「여성, 일과 삶을 돌아보다! 워크샵」, 경기도여성비전센터, 미간행.
변화순 · 윤영숙 · 강선혜 · 제갈정(1990a), 「한국가족정책에 관한 연구-여성아동복지정책을 중심으로」, 한국여성개발원.
변화순 · 윤영숙 · 강신혜 · 제갈정(1990b), 「영세지역 가족관계 및 사회적 연결망에 관한 연구」, 한국여성개발원.
변화순 · 원영애 · 최은영(1994), 「열린사회와 가족」, 세계가정의 해 기념세미나, 유네스코 한국위원회 · 한국여성개발원.

_____(1994), "가족에 관한 사안들(FamilyMatters)", 「열린사회와 가족」, IYF(1994), 세계가정의 해 기념세미나. 유네스코 한국위원회 · 한국여성개발원.

변화순 · 서명선 · 김홍숙(1995), 「부성계발에 관한 연구」, 한국여성개발원.

변화순 · 황정임(1998), 「산업형매매춘에 관한 연구」, 한국여성개발원.

변화순 · 백경희 · 김현주(2000a), 「한국가족의 변화와 여성의 역할 및 지위에 관한 연구」, 한국여성개발원.

변화순 · 원영애 · 김성경 · 김영란 · 김민정(2000b), 「최근 가족해체 실태 및 복지대책」, 한국여성개발원 · 보건복지부.

변화순 · 송다영 · 김영란(2001), 「가족유형에 따른 생활실태와 복지욕구에 관한 연구」, 한국여성개발원.

변화순 · 조은희(2003a), 「다양한 가족출현에 따른 쟁점과 가족관련법의 방향정립에 관한 연구」, 한국여성개발원.

변화순 · 조은희 · 백승흠(2003b),「이혼후 배우자 부양법에 관한 연구」, 한국여성개발원, 국회여성위원회.

변화순 · 최윤정(2004),「가족정책 방향정립 및 통합적 시행방안 연구」, 한국여성개발원.

변화순 · 장혜경 · 김혜영 · 전영주 · 정재동(2005), 「가족 · 성별 갈등현황 및 정책과제」, 한국여성개발원.

변화순 · 김혜영 · 윤홍식(2006), 「이혼후 여성의 사회경제적 지위변화」, 한국여성정책연구원.

변화순 · 이미정 · 김지경 · 하현정(2007), 「중년기 퇴직남성 부부의 갈등과 적응」, 한국여성정책연구원.

변화순 · 이미정 · 김혜영 · 황정미 · 이선형(2008), 「결혼이민자 여성의 가정폭력 피해현황과 지원체계 개선방안」, 한국여성정책연구원.

보건복지부(2003),「2004년도 자활사업안내」.

_____(2004),「2003년 국민기초생활보장 수급자 현황」.

_____(2005),「국민기초생활보장사업안내」.

보건복지가족부(2008), "다문화가족지원 법률 및 정책현황", 「이주여성의 인권현황과 개선방안」, 제32회 국회인권포럼 이야기마당. 5월 21일.

_____(2009),「제1차 건강가정기본계획(2006~2010): 함께하는 가족 2010」.

사잇소리 편(1994), 「이혼 또 하나의 선택」, 여성사.

설동훈 외(2005), 「국제결혼 이주여성 실태조사 및 보건 · 복지 지원 정책방안」, 보건복지부.

설동훈 외(2006), 「결혼이민자 가족실태조사 및 중장기 지원정책방안 연구」, 여성가족부.

손승영(1992), "노부부의 가족구성 및 가족관계", 「한국가족의 부부관계」, 여성한국사회연구회 편, 사회문화연구소.

손승영(2003), "한국 부부관계의 현주소와 정책 제언", 「동덕여성연구」, 동덕여자대학교, 제8호.

송다영(2003), "사회적 배제집단으로서의 저소득 모자가족과 통합적 복지대책 수립을 위한 연구", 「한국사회복지학」, 제 54호, 295-319.

송영자(1990), 「부부간의 갈등표출의 방법에 관한 연구」, 숙명여자대학교 석사학위 청구논문.

신경숙(2008), 「엄마를 부탁해」, 창비.

신경희(2005), "국제결혼가족의 부부갈등요인에 관

한 연구-한국남성과 필리핀 여성의 부부관계를 중심으로", 조선대학교 정책대학원 석사학위논문.

신라대학교 가족상담센터 편역(2005), 「이혼조정 매뉴얼」, 양서원.

아드리엔느 리치(1996), 「더 이상 어머니는 없다」, 김인성(옮김), 평민사.

안현주(2006), "한국남성과 국제결혼한 이주여성의 가정폭력 경험과 대응." 신라대학교 석사학위논문.

앙드레 미셸(1990), 「가족과 결혼의 사회학」, 변화순 · 김현주 옮김, 한울아카데미.

앤 쇼우스턱 사쑨(1989), 「여성과 국가」, 한국여성개발원 옮김.

엘리 자레스키(1983), 「자본주의와 가족제도」, 김정희 옮김, 한마당.

여성가족부(2006), 「2006년도 모 · 부자복지사업안내」.

오너, S.M & 헌트, T.C(1992), 「철학에의 초대」, 곽신환 · 윤찬원 옮김, 서광사.

오정진 · 문미경(2002), 「성평등의 관점에서 본 조세제도의 분석과 평가: 소득세제를 중심으로」, 한국여성개발원.

올리브 슈나이더(1971), 「꿈」, 패시픽 그로브, 캘리포니아, 셀렉트 북스.

원영희(2006), "줄어드는 결혼, 늘어나는 이혼", 「보건복지포럼」, (5).

윌렌스키 · 르바드 한 · 재미슨(1992), 「비교사회정책」, 남찬섭 옮김, 한울 아카데미.

유영은(2006), "결혼이주여성의 생활문화적응에 관한 사례연구와 지원방안: 경기도 북부지역을 중심으로", 명지대학교 사회복지대학원 석사학위논문.

유영주(1975), "가정학의 반성적 고찰: 새로운 패러다임의 구축을 위한 시론", 「대한가정학회지」, 34(3).

_____(1977), 「가족 관계학」, 교문사.

_____(1984), 「가족관계학」, 교문사.

_____(2001), 「건강가족연구」, 교문사.

유재성(2004), "한국의 이혼율 감소를 위한 제안: 이혼숙려기간도입 논의와 관련하여", 「한국기독교상담학회지」, 제7호, 385-407.

윤형숙(2004), "국제결혼 배우자의 갈등과 적응", 최협 외 편, 「한국의 소수자 실태와 전망」, 한울, PP.321-349.

윤홍식(2003), "저소득모자가구에 대한 기초생활보장제도의 빈곤감소 효과." 「상황과 복지」, 제16호, 131-172.

윤홍식(2004), "결혼해체를 경험한 여성의 소득수준 및 빈곤실태와 공 · 사적소득이전의 역할", 「한국사회복지학」, 56(2), 5-27.

은기수(2002), "출산율 추이와 그 변화의 원인", 「출산율 1.30 진단과 대안」, 제10차 여성정책포럼, 한국여성개발원.

이금연(2004), "이주여성의 노동권과 인권", 민주노동당 최순영 의원실, 정책위원회.

이다담(2001), 「그녀는 왜 이혼했을까」, 컬쳐클럽.

이명신 · 김유순(2005), "이혼사유별 이혼의향에 영향을 미치는 요인: 남녀 모델 비교", 「여성연구」, 제69호, 한국여성개발원.

이삼식 외(2007), 「출산 및 양육 친화적 가족문화 및 직장문화 조성방안(총괄보고서)」, 한국보건사회연구원.

이삼식 외(2007), 「저출산 · 고령화 영향평가제도 도럽방안」, 한국보건사회연구원 · 저출산고령사회위원회.

이삼식 외(2009),「2009년도 전국 결혼 및 출산 동향조사」, 한국보건사회연구원.

이상석(2003), "이혼에 관한 법적, 제도적 분석과 대안",「이혼의 사회적 접근, 이혼의 한국적 현황 그리고 원인 대책」, 바른 사회를 위한 시민회의, 제36차 심포지엄.

이석경(1987), "청년기 자녀와 아버지와의 대화에 관한 연구", 계명대학교 석사학위 논문.

이선이 · 최문경(1997), "재택근무와 가족생활, 여성의 역할",「가족과 문화 제 3집」, 한국가족학회.

이선주 외(2008), "여성결혼이민자를 위한 사회서비스 현황과 정책과제",「경제 · 인문사회연구회 협동연구총서」, 한국여성정책연구원.

이영희(2008), "현장에서 바라본 가정폭력 피해 이주여성의 실태와 대책", 전문가포럼: 폭력피해 이주여성 보호정책, 2008. 6. 26, 한국여성정책연구원.

이웅진(1999),「결혼한 여자, 이혼한 여자 그리고 결혼할 여자」, 열음사.

이재경(1997), "정의의 관점에서 본 가족",「가족철학」, 이화여자대학교 출판부.

이주희(1999),「취업부부의 역할갈등과 심리적 스트레스에 대한 대처방안, 자아 존중감 및 성역할 정체감의 중개효과」, 숙명여자대학교 대학원, 박사학위 논문.

이창재(2009), "신경증" 수업, 프로이트 정신분석연구소, 미간행.

이태영(1992),「가족법개정운동사 37년」, 한국가정법률상담소 출판부.

이혜경(2005), 혼인이주와 혼인이주가정의 문제와 대응,「한국인구학」, 28(1): 73-106.

이화숙(1999), "영국의 별거제도에 관한 입법론적 연구",「가족법 연구」 제13호, 한국가족법학회.

_____(2007), "이혼법의 변동요인과 개정방향",「사회변화에 따른 한국 · 중국 · 일본의 가족 · 가족법」, 연세대학교 법학연구소.

이효재(1990), "한국 가부장제의 확립과 변형",「한국가족론」, 여성한국사회연구회.

_____(1997), "한국남성의 남성이데올로기",「남성과 한국사회」, 여성한국사회연구회 편, 사회문화연구소.

임인숙(1999), "미국학계의 가족변화 논쟁",「가족과 문화」, 제11집 1호.

장 프랑소와 리오타르(1992),「포스트모던의 조건」, 유정완 외 옮김, 이데아 총서.

장보연(2006), "저출산 대책의 가족영향평가 연구", 경희대학교 석사학위청구논문.

장정순(1994),「왜 이혼 못하는가」, 현민 시스템.

장하경 · 서병숙(1992), "중년기 여성의 우울증에 관한 연구",「한국가정관리학회지」, 제10권 제 2호.

장혜경 · 김혜경 · 이진숙 · 김현주 · 장화경(2002),「외국의 가족정책과 한국의 가족정책 및 전담부서의 체계화 방안 연구」, 한국여성개발원.

장혜경 · 민가영(2002),「이혼여성의 부모역할 및 자녀양육지원방안에 관한 연구」, 한국여성개발원.

장혜경 외(2005),「가족실태조사」, 한국여성개발원, 여성가족부.

장혜경 · 김혜영 · 김영란(2005),「모자가족 지원 정책 및 서비스 연구」, 국회예산결산특별위원회.

장혜경 외(2007),「2007 전국가족조사」, 한국여성정책연구원, 여성가족부.
저출산고령사회위원회(2007), 「저출산 · 고령화 영향 평가제도 도입방안」, 한국보건사회연구원.
전명희(2002), "이혼 후 자녀 양육형태 형성과정에 관한 연구", 「한국가족치료학회지」, 10(1), pp.51-73.
전영주(2005), "이혼 전 상담에서의 임상적 쟁점에 대한 고찰", 「상담학 연구」.
전진희(2007), "국제인권법상 이주여성의 보호에 관한 연구", 전남대학교 법학과 석사학위논문.
정기선 외(2006), 「경기도내 국제결혼 이민자가족 실태조사 및 정책적 지원방안 연구」, (재)경기도가족여성개발원.
정보사회학회(1998), 「정보사회의 이해」, 나남.
정춘숙(2008) "가정폭력방지법 제 · 개정과 여성운동 단체의 역할", 「가정폭력추방운동, 성과와 과제, 미래를 말한다」, 한국여성의전화연합.
조은 외 (1996), 「근대가족의 변모와 여성문제」, 서울대학교 출판부.
조은(1998), 「정보사회의 이해」, 정보사회학회, 나남.
조이여울(2008), " 피해사례를 중심으로 본 현행 친권제도의 문제점", 「친권법, 어떻게 개정되어야 하는가」, 한국여성정책연구원.
조혜정(1980), "현대의 부부관계", 「남녀평등과 인간화」, 연세대학교 여학생처 옮김, 연세대학교.
존 그레이(2007), 「화성에서 온 남자 금성에서 온 여자」, 김경숙 옮김, 동녘라이프.
존 브래드쇼(2006), "진정한 나를 찾아 떠나는 심리여행", 「가족」, 학지사.
주재선 · 이채정(2008), 「2008 한국의 성인지 통계」, 한국여성정책연구원.
중앙건강가정지원센터(2007), 「중앙건강가정지원센터 3년 사업백서」.
짐 코웨이(1996), 「흔들리는 중년기」, 한성연 옮김, 학지사.
차별시정위원회(2006), "혼혈인 및 이주자 사회통합 방안: 차별시정위 보고자료".
최금해(2005), "한국남성들과 결혼한 중국 조선족 여성들의 한국에서의 적응기 생활체험에 관한 연구: 여성주의 고찰", 「아시아여성연구」, 44(1) PP. 329-364.
최선경(2001), "이혼소송에서 나타난 부부갈등 문제의 유형과 조사시 접근방향에 대한 연구", 「실무연구 2001 제7권 실무연구VII-직원실무연구모임」, 서울가정법원.
최선희 · 전명희(1999), "우리나라 부부갈등과 부부관계 유형과의 관계에 관한 연구", 「한국사회복지학」, 제 38호.
최재석(1978), 「한국인의 사회적 성격」, 일신사.
최지현(2003), "여자의 적은 여자? 시집과의 갈등으로 인한 이혼 문제", 「우리 이혼할까요」, 송명희, 여성연구회 편.
캐슬린 M. 갤빈 · 버나드 J. 브롬멜(1998), 「가족관계와 의사소통:응집성과 변화」, 서동인 · 원효종 · 노영주 옮김, 까치.
프랭크 웹스터(1997), 「정보사회이론」, 개정판 (2007), 조동기 옮김, 나남.
통계청(1995, 1999), 「사회통계조사보고서」.
_____(1999), 「통계로 본 여성의 삶」.
_____(1999), 「한국의 삶의 지표」.
_____(1999, 2004, 2009), 「한국의 사회지표」.
_____(2002),「2002년 인구동태연보」, 이혼 · 혼인편.

_____ (2003), 「경제활동인구연보」, (1996-2003).

_____ (2006, 2008), 「사회통계조사」.

_____ (2007), "대한민국 행복테크", 「2004 생활시간 조사」.

_____ (2008), 「2007 근로자의 주당 평균 근로시간」.

_____ (2009), 「2008년 사망원인 통계결과」.

_____ (2009), 「한국의 사회지표」.

_____ (2010), 「2009 이혼통계결과」.

_____ (2010), 「2009 혼인통계결과」.

_____ (각년도), 「인구동향조사」.

_____ (각년도), 「인구동태통계연보」.

_____ (각년도), 「한국의 사회지표」.

_____ (각년도), 「인구주택총조사보고서」.

_____ (각년도), 「인구이동통계연보」.

한건수(2006), "농촌지역 결혼이민자 여성의 가족생활과 갈등과 적응", 「한국문화인류학」, 39(1), pp.195-243.

한국가정법률상담소(2009), 「2008년 상담사례」.

한국가족학연구회 편(1991), 「가족학연구의 이론적 접근-미시이론을 중심으로」, (주)교문사.

한국가족학회(1995), 「한국가족문제-진단과 전망」, 도서출판 하우.

한국보건사회연구원(2003), 「2003년 전국 출산력 및 가족보건・복지 실태조사」.

한국여성개발원(1994), 「여성관련 사회통계 및 지표」.

__________ (2001), 「여성통계연보」.

__________ (2003), 「여성빈곤 퇴치를 위한 정책 개발연구」.

__________ (2004, 2005), 「여성통계연보」.

한국여성의전화연합(2005), 「이혼은 가족해체인가」.

_____ (2006), 「한국사회의 이혼, 과연 문제인가?」, 새로운 이혼담론 만들기 제1차 토론회 자료집.

한국염(2008), "폭력피해 이주여성을 보호를 위한 정책 제안." 「전문가포럼: 폭력피해 이주여성 보호정책」, 2008. 6. 26, 한국여성정책연구원, 미간행.

한국이주여성인권센터(2008), "이주여성 실태조사 및 상담사례를 통해 나타난 이주여성의 인권실태", 「적응과 폭력 사이에서 이주여성 인권의 현주소를 묻다」.

한남제(1972), "직업부부의 가족문제", 「경북대학교 논문집 제16호.

_____ (1972), "한국도시가족의 가족문제", 「경북대 논문집」, 제15호.

홍기혜(2000), "중국 조선족 여성과 한국남성간의 결혼을 통해 본 이주의 성별정치학", 이화여자대학교 석사학위 논문.

홍달아기・채옥희(2006), "사례로 본 여성결혼이민자의 가정생활실태와 갈등", 「한국생활과학회지」, 15(5): 729-741.

황숙연(1987), "한국의 가족정책이 가족에 미치는 영향에 관한 연구", 서울대대학원.

황정미・이미정・윤덕경(2008), "폭력피해 이주여성 보호 종합대책 연구." 「2008 여성전략센터 보고서」, 한국여성정책연구원, 여성부.

국외자료

Baber, K. M. and Allen, K. R.(1992). *Women and Families: Feminist Reconstructions*, New York, Guilford.

Backer, G. S., Landes, E. M, and Michael R. T.(1977). "An Economic Analysis of Marital Instability", *Journal of Political Economy*, No1. 85, No. 61, P. 1142.

Byun Whasoon(1987). *Une Etude Comparative sur la Famille et le Divorce entre la France et la Corée du Sud*, Université de Paris-V, René Descartes, Une Thèse du Docteur en 3ème Cycle.

Cheal D.(1991). *Family and the State of Theory*, University of Toronto Press, Toronto Buffalo.

Cheldelin, S. I and Lucas, A. F. (2004). *Academic Administrator's, Guide to Conflict Resolution*, San Francisco: Jossey-Bass.

Coser, L. A.(1956). *The Functions of Social Conflict*, New York: Free Press.

Cuber, J. F. and Harroff, P.B.(1980). "Five types of Marriage", A. Skolnick and J. Skolnick(ed.), *Family in Transition*, Boston: Little, Brown and co.

Dahrendorf, R.(1959). *Class and Class Conflict in Industrial Society*, Stanford : Stanford University Press.

Dawson, L. and Scanzoni, J.(1984). Social Process and Power in Families, in *Contemporary Theories about the Family*, Vol.II. New York : The Free Press, Macmillan Pub.

Doherty, W.(1999). "Postmodernism and Family Theory", *Handbook of Marriage and the Family*, Sussman, M. Steinmetz, S. Peterson. G.(eds), New York: Plenum Press.

Elliot, F. R.(1986). *The family: Change or Continuity*, Hong Kong: Macmillan Education.

Esping-Anderson, G.(1990). *The Three Worlds of Welfare Capitalism*, Cambridge: Polity Press.

Fisher, et al.(2004). *Working with conflict: Skills and Strategies for Action*, Zed Books.

Franz-Xaver Kaufmann, Anton Kuijsten, Hans-Joachim Schoulze and Klaus Peter Strohmeier(1997). *Family Life and Family Policies in Europe: Structures and Trends in the 1980s* , Vol. I . Oxford University Press.

Freidson, Elliot(1986). Professional Powers: *A study of the Institutionalization of Formal Knowledge*, The University of Chicago Press.

Gauthier, A.H.(1996). *The State and the Family, A Comparative Analysis of*

Family Policies in Industrialized Countries, Oxford: Clarendon Press.

Glendon, M.(1982). *Property Rights upon Dissolution of Marriages and Informal Unions*, Cambridge Lectures Publisher.

Harding, L. F.(1991). *Perspectives in Child Care Policy*, London & New York: Longman.

Hantrais, L.(1995), *Social policy in the European Union*, Houndmills: Macmillan Press.

_________(1996). *Family State and Social Policy*, Basingstoke:Macmillan.

_________(2004). "Family diversification", *Family Policy Matters, Responding to Family Change in Europe*, Bristol, UK: The Policy Press.

Heikki, H.(2002). *The Rise and Fall of Nordic Family Policy?*: National Research and Development Centre for Welfare and Health, STAKES, Finland.

Kamerman, S.B. and Kahn, A.J.(eds)(1978). *Family Policy-Government and Families in Fourteen countries*, New York:Columbia University Press.

Kaulbach, T.(2005). "ADR Management and Linkages to the Government on Family and Gender Conflict Cases", 「국민통합을 위한 사회갈등 해소방안 국제전문가회의 자료집」

Korpi, W.(1999). Ojamlikhetens ansikten: Genus, klass och ojamlikhet I olikatyper av valfardsstater, In *Valfardsstat I brytningstid: Historisksamhallsvetenskapliga studier om genus och klass, ojamlikhet ochfattigdom*, Sociologisk Forskning: Supplement, 1999, 40-92.

Kriesberg, L.(2003). *Constructive Conflicts: From Escalation to Resolution*, Rowman & Littlerfield Publishers, INC.

Lewis, and Hobson, B.(1997). *Lone Mothers in European Welfare Regimes-Shifting Policy Logics*, London: Jessica Kingsley Publisher.

Mason, K.O. and Tsuya, N.O.(1999). "View of Marriage Among Never-Married Young Adult", Unpublished papers.

Moen, P. and Schorr, A. E.(1987). Families and social policy. In M. B. Sussman and S. K. Steinmetz(Eds), *Handbook of Marriage and the Family*, pp.795-813, New York: Plenum.

Montanari, I.(2000). *Social Citizenship and Work in Welfare States: Comparative Studies on Convergence and on Gender*, Department of Sociology, Stockholm University. Stockholm.

Murray, C.(1984). *Losing Ground. American Social Policy 1950-1980*, New York:Basic Books.

Noddings, N.(1984). *Caring: A Feminine Approach to Ethics and Education*, Berkeley:University of California Press.

Rapport, R. and Rosow, I.(1966). “An Approach to Family Relationships and Role Performance”, *Role Theory: Concepts and Research*, B. J. Biddle and E.J. Thomas(eds.), N. Y. : John Wiley & Sons, Inc.

Ratherford, R.D., Naohiro, O. and Rikiya, M.(2002). *Late Marriage and Less Marriage in Japan*, Tokyo: Nihon University Population Research Institute.

Sainsbury, D.(1994). Women's and Men's Social Rights: Gendering Dimensions of Welfare States. In Sainsbury, D.(ed) *Gendering Welfare States*, London: Sage Publications.

Schultheis, F.(1990). *Familles d' Europe sans Frontieres: un Enjeu Social Pardessus le Marchè.* Conference Proceedings.

_____(1999). *Familles und Politik: Formen wohlfahrtsstaatliche Regulierung von Familie in deutsch-franzasischen Gesellschaftsvergleich*, UKVuniversitatsverlag Konstanz GmbH, Konstanz.

Segalen, M.(1996). *Sociologie de la Famille*, Paris: Armand Collin.

Sussman, M., Steinmetz, S., and Peterson, G.(eds)(1999). *Marriage and the Family*, New York: Plenum Press.

Takahashi, H. and Voss, J.(2000). *Parasite Singles-A Uniquely Japanese Phenomenon?*, Japan Economic Institute,<http://www.jei.org>.

The premier's Council in Support of Alberta Families(1992), *Family Policy Grid*, Canada.

Thorne, B. and Yalom, M.(1982), *Rethinking the family: Some feminist questions*, New York: Longman.

사이트 및 언론기사

경향닷컴, 〈http://news.khan.co.kr〉.

국민일보, 〈http://www.kukinews.com〉(2009), 장선욱 기자.

국민일보(2002.08.15), "미국남성들 결혼 급할 거 있나요".

나유나 기자 블로그, 〈http://gallog.dcinside.com/kornlove11〉.

노동자의 힘, 〈http://www.pwc.or.kr〉.

보건복지가족부, 〈http://www.mw.go.kr〉.

사회진보연대, 〈http://www.pssp.org〉.

여성가족부, 〈http://www.mogef.go.kr〉.

여성신문(2010.03.19), "여성가족부에 바란다. 가족 · 여성정책 새판짜라!", 변화순.

연합뉴스(2008.05.11).

조선일보(1998.06.26), "홀아버지의 분가", 변화순.

주간동아(2009.02.11), "법은 부부 이불 어디까지 들추나."

중앙선데이(2009.11.29), "미혼모들이여, 긍정의 힘을 믿고 강한 엄마들 되시라", 김정수 기자.

중앙일보(2009.07.17), "초식남 · 건어물녀, 그리고 디스토피아", 양성희 기자.

중앙일보(2009.12.03), "불법낙태 처벌 앞서 미혼모 지원 인프라부터 갖춰라".

한국경제(2009.03.04).

한국일보(2010.03.22), "간통죄, 위헌 논쟁할 일 아니다", 정종섭.

Policy Institute for Family Impact Seminars, 〈http://familyimpactseminars.org〉.

The University of Wisconsin-Extension, 〈http://www.uwex.edu/ces/familyimpact/state.htm〉.

찾·아·보·기

주제

인명

지·은·이·소·개

변화순(卞化順)

연세대학교 문과대학 대학원에서 사회학을 전공하고, 프랑스 파리V대학교(르네 데카르트)에서 인구 및 가족사회학 제3기 박사학위(3ème Cycle)를 받음.

1987년 이후 현재까지 한국여성정책연구원에 연구위원을 거쳐 선임연구위원으로 줄곧 재직하고, 가족·복지연구부장, 기획조정실장, 여성정책전략센터 소장, 성평등연구실장 등 원내 주요보직을 역임함.

경력으로는 연세대학교, 성신여자대학교, 숙명여자대학교, 경희대학교 대학원에서 가족정책을 강의하고, 미국 East-West Center 겸임교수, 교육과학부 법학교육위원회 위원, 우정국 공익사업운영회 위원, 서울특별시 노인정책위원회 위원, 대통령실 사회정책수석실(여성가족분야) 정책자문위원, 한국가족학회 이사, 한국여성학회 이사를 역임함.

역서, 저서로는「가족과 결혼의 사회학」(공역), 1990, 한울아카데미.「한국의 부부관계」(공저) 1992,「여성과 한국사회」(공저), 1993,「한국가족의 오늘과 내일」, 1994,「남성과 한국사회」(공저), 1997,「노인과 한국사회」(공저), 1999, 여성한국사회연구회, 사회문화연구소.「성평등정책론」(공저), 교육과학사 등이 있음.

공저로써 한국여성정책연구원 연구보고서로는「결혼이민자 여성의 가정폭력피해현황과 지원체계 개선방안」,「여성폭력관련 정책서비스 개선방안연구」,「중년기 퇴직남성 부부의 갈등과 적응」,「가족·성별 갈등현황 및 정책과제」,「이혼여성의 사회경제적 지위변화」,「가족정책방향정립 및 통합적 시행방안에 관한 연구」,「차기정부 여성·가족정책 10대과제」등이 있고, 여성가족부의 연구보고서로는「성매매방지 대책 수립」,「폭력피해여성 지원서비스의 효과적 통합·연계방안 연구」,「여성폭력관련 시설 평가지표 개발에 관한 연구」등 다수가 있음.

비혼, 결혼, 이혼 가족정책으로 바라보는 여자 남자이야기

2010년 11월 15일 1판 1쇄 발행
2011년 9월 30일 1판 2쇄 발행

지은이 : 변 화 순
펴낸이 : 김 동 규
펴낸곳 : 교육과학사

지은이와 협의하에 인지생략

경기도 파주시 교하읍 문발리
파주출판문화정보산업단지 514-5
전화 : (031)955-6956~8 팩스 : (031)955-6037
홈페이지 : www. kyoyookbook.co.kr
등록 : 1970년 5월 18일 제2-73호

잘못된 책은 바꾸어 드립니다.
Printed in Korea.

정가 20,000 원
ISBN 978-89-254-0405-9